노인복지론 개정판

WELFARE FOR THE ELDERLY

노인복지론 개정판

임정문 · 나직균 · 이덕희 · 이상민 · 한현지 공저

dm 동문사

개정판 머리말

우리나라에서 처음에는 60세 이상이면 노인이었으나, 현재는 65세 이상이면 노인으로 분류가 되고 있다. 현재 우리나라는 저출산과 평균수명연장 등으로 인해 노인인구비율은 점점 더 높아지고 있다. 이로 인해 출생인구보다 사망인구가 더 많아지는 "인구 자연감소"가 시작되었다. 이는 1인당 부양해야 할 노인층의 급격한 증가로 이어지게 되고, 청장년층의 부담은 높아지게 된다. 이는 균형있는 국가성장과 산업 등의 급격한 변화로 이어지게 되며 상권붕괴와 사회 전반적으로 도시중심적인 인구이동과 빈집 증가, 유령도시가 생성되고 노인복지예산을 감당하지 못하는 지방자치단체가 나타나게 될 것이다. 결론적으로 국가 전반적인 사회복지제도 운영에 대한 전체적인 실태섬검과 노인복지정책의 기준을 세우고자 노인의 기준을 다시 논의해야 하는 중요한 시기가 되었다는 것이다.

이 중요한 시기를 대비하고자 노인복지론을 2017년 가을 출판한 이후, 2020년 봄을 맞이하여 그동안 변화된 통계자료를 반영하여 개정을 하게 되었다. 완벽이란 없지만 이번 개정에서 더 완성도를 높이기 위해 최선을 다하여, 오탈자와 통계자료 등을 수정하고 전반적인 내용에 보강을 시도하였다. 이번 개정에서 많은 것을 담지는 못하였지만, 보충과 보강을 통하여 내용의 충실함이 점진적인 발전으로 나타나게 될 것이다. 그것은 이 책에 대한 저자들의 관심과 애정으로 거듭나고 있다는 것이며, 이 책을 사랑해 주시는 여러분께도 감사의 말을 전한다. 끝으로 이번 개정에 도움을 주신 동문사 이중수 사장님과 관계자 여러분께 감사를 드린다.

2020년 2월

저자 일동

초판 머리말

우리는 나이가 들어 늙은 사람을 노인(老人)이라 부른다. 하지만 노인이라는 말 자체는 '늙은이'란 뜻으로 긍정적인 표현은 아니다. 낡고 해어졌다는 뜻이기 때문이다. 그래서 연세가 70세 넘어도 老人(노인)이라는 말을 듣는 것을 싫어한다. 이에, '어르신', '시니어(senior)'라는 말로 대체하는 경우가 많다. 사회전반적인 노인의 연령과 명칭에 대한 새로운 호칭과 평균수명의 연장을 반영한 노인 연령에 대한 통합적인 논의가 필요한 시점이다.

국제연합(UN)에 따르면 65세 이상 인구가 전체 인구에 차지하는 비중이 7% 이상을 고령화사회, 14% 이상을 고령사회, 20% 이상을 초고령 사회라고 호칭한다. 우리나라는 2000년에 고령화사회에 진입했으며, 조만간 고령사회를 넘어설 것으로 전망된다. 통계청 자료에 따르면 65세 이상 고령인구 비중은 2015년 12.8%(654만 명), 2025년 20%(1,000만 명)을 넘고, 2037년 30%, 2058년 40%를 초과할 전망이다.

우리사회 인구는 급속도로 고령화되어 가고 있다. 그동안 국가의 발전과 자녀양육을 위해 희생하신 우리들의 부모를 부양해야 할 자녀들은 자신들의 삶의 현장에서 부모 부양이 아닌 방임과 부모에게 의지하여 생계를 이어가는 안타까운 현실 속에서 우리는 살아가고 있다. 이에, 고령인구를 부양하고 사회의 발전을 이끌 주역이 되어야 할 자녀들은 출산하지 않는 저출산과 젊은이들의 일자리 부족으로 인한 청년백수·결혼기피 시대를 해결하기 위한 국가적인 새로운 시각의 접근이 필요한 시점이다. 우리들의 부모인 노인부양을 위한 세금부담에 대한 젊은이의 반대를 줄이고, 취업과 결혼·출산을 장려할 국가정책의 실행만이 이 문제에 대한 해결 방법일 것이다. 하지만 현재의 국가정책은 선거를 위한 정책을 통해 기초연금제도의 변화가 아닌 급여상향에 대한 근거 없는 예산출처와 무분별한 복지제도 시행으로 이어지는 현실이 안타깝다. 더 늦기 전에 우리는 복지의 근본을 세우기 위해 현실에 대한 분석을 통해서 각 분야별 접근이 아닌 "요람에서 무덤"까지 이어지는 복지체계 구축을 해야 할 것이다.

세대 갈등과 급속도로 진행되는 고령사회를 대비하기 위해 본서는 노인복지사업 현장의 목소리를 반영하여 노인복지전문가를 양성하기 위한 기초 지침서를 제시하고자 한국사회복지교육협의회의 사회복지학 교과목 지침서를 근거로 하여 내용을 구성하였다.

본서는 제5부 15개의 장으로 구성되어 있다.

제1부 노인과 노인복지에 대한 이해로서 1~2장에서는 노인에 대한 용어의 정의와 노인의 신체·심리·사회적 특성을 이해하고, 현대사회의 노인문제를 생각해 보고 학습할 수 있다.

제2부 노인과 사회복지정책에 대한 이해로서 3~5장에서는 노인의 소득·의료·주거 및 사회서비스 정책을 구체적으로 학습할 수 있다.

제3부 노인복지관련법에 대한 이해로서 6~7장에서는 노인복지현장에서 적용되는 노인복지법과 노인장기요양보험법, 기초연금법, 치매관리법 등 노인복지관련법을 학습할 수 있다.

제4부 노인과 노인복지실천에 대한 이해로서 8~11장에서는 노인복지실천현장에서 노인복지전문가로서의 노인상담과 노인학대와 예방 그리고 노인복지프로그램의 개발 및 평가를 학습할 수 있다.

제5부 노인과 사회생활에 대한 이해로서 12~15장에서는 노인 생활과 관련된 여가문화와 생애교육 등 다양한 분야에 대한 내용을 학습하여 급변하는 노인복지 환경에 대해 이해할 수 있다.

본서와 함께 학습자는 개별 과제로 첫째, 노인문제, 노인복지와 관련된 영화, 방송의 내용을 정리하고 자신의 견해를 작성한다. 둘째, 노인복지 관련 시설과 단체를 견학하여 보고서를 작성하여 노인복지 실천현장에 대해 SWOT분석을 해보고, 노인복지 사업내용을 분석함으로써 노인복지실천 현장에 대해 이해하고자 노력한다. 셋째, 노인복지 실천현장에 자원봉사활동을 하여 이론에 대한 이해를 제고하고 노인복지실천을 위한 사회복지사의 역할을 습득하고 역량을 강화하도록 한다.

본서의 미흡한 부분은 앞으로도 꾸준히 수정·보완해 나가도록 노력할 것이며, 본서와 각 대학의 노인복지론 과목 수업을 통해 예비 사회복지사로서의 역할과 노인복지에 대해 생각해 보는 시간이 되기를 바란다. 끝으로 본서를 출판하는 데 도움을 주신 동문사 이중수 사장님과 관계자 여러분께 감사를 드린다.

2017. 9. 1

저자 일동

차 례

PART 3
노인복지 관련법에 대한 이해

PART 4
노인과 노인복지실천에 대한 이해

PART

01

노인과 노인복지에 대한 이해

Chapter

01

노인에 대한 이해

국제연합(UN)에 따르면 65세 이상 인구가 전체 인구에서 차지하는 비중이 7% 이상을 '고령화사회'(Aging Society), 14% 이상을 '고령사회'(Aged Society), 20% 이상을 '후기 고령사회'(Post-aged Society) 또는 '초고령사회'라고 호칭한다.

우리나라는 2000년에 고령화사회에 진입했으며, 조만간 고령사회를 넘어설 것으로 전망된다. 통계청 자료에 따르면 65세 이상 고령인구 비중은 2015년 12.8%(654만 명), 2025년 20%(1,000만 명)을 넘고, 2037년 30%, 2058년 40%를 초과할 전망이다.

본 장에서는 우선 노화와 노인의 개념 정의 통해 노인의 특성을 학습하고자 한다.

1. 노화 및 노인의 개념 정의

노인에 대해서 기초적인 이해를 하기 위해서는 먼저, 노화의 개념에 대한 이해가 필요하다.

1) 노화의 개념[1)]

노화(aging)란 시간의 흐름에 따라 인체의 조직세포가 서서히 소멸하면서 일어나는 신체기능의 점진적인 저하로서, 모든 생물체의 생애주기, 즉 태어나서 성장·발달하고 성숙하다가 늙고 죽어가는 과정에서 필연적으로 진행되는 현상이다. 노화는 두 가지 측면에서 살펴볼 수 있다. 노화가 풍부한 경험과 지혜, 인내력, 통찰력 등을 제공한다는 긍정적인 측면이 있다면, 노화가 진행됨에 따라 신체의 기능이 떨어지고 노동능력이 저하된다는 점이 부정적인 측면이라 할 수 있을 것이다. 그런 측면에서 노화란 단순히 생물학적인 개념에만 국한되는 것은 아니다.

1) 김귀환·나직균(2010: 19-23).

생물학적 노화에 따라 인간의 심리적 상태·사회적 역할 등도 함께 변화(노화)되게 마련인데, 이를 심리적 노화·사회적 노화라고 한다.

노인을 고찰하는 데 있어 중요한 점은, 생물학적 노화와 심리적 노화, 사회적 노화가 반드시 일치하는 것은 아니라는 점이다. 예를 들어, 생물학적 노화가 일정 정도 진행되어 특정의 사회적 역할을 그만두어야 할 경우(정년퇴임의 경우를 생각해 보자), 생물학적 노화와 함께 사회적 노화가 발생했다고 볼 수 있다. 그러나 전통사회에서처럼 수명이 다하는 순간까지 사회적 역할을 계속 유지하는 경우에는 생물학적 노화에 비례해서 사회적 노화가 진행되는 것은 아니다. 노화의 다양한 양상을 설명하는 많은 이론이 있으나 어떤 이론도 노화의 모든 현상을 설명하지는 못하고 있다. 여기서 노화의 생물학적·심리적·사회적 측면에 대해 좀 더 구체적으로 살펴보기로 하자.

(1) 생물학적 노화

생물학적 노화란 신체기능이 시간의 경과에 따라 서서히 저하되어 건강악화를 초래하는 것을 말한다. 생물학적 노화에 따라 인간의 신체는 다음과 같은 변화를 겪는다.

① 지방성분은 증가하는 반면 칼슘과 철분 등 고형성분과 수분은 감소한다.

- 피부건조, 골다공증, 관절질환, 복부비만, 검은 반점, 메마름, 주름, 근육약화, 신장 감소, 치아상실, 심장을 제외한 장기의 중량 감소 등이다.

② 신체기능이 저하한다.

- 소화 및 흡수 기능의 저하, 호흡기능 감퇴, 심장박동과 혈액순환의 저하, 수면시간 감소 등이다.

① 사회적 역할의 변화

- 현대사회에서 노인들은 은퇴 등을 통하여 중요한 사회적 역할을 상실하게 된다. 역할상실은 전통사회에 비해 현대 산업사회에서 뚜렷이 나타난다. 물론 노인이 되었다고 해서 모든 사회적 역할을 상실하는 것은 아니지만 현대사회의 중요한 사회적 역할인 노동의 역할을 수행하지 못하게 됨으로써 심한 좌절감과 불안감, 고독에 빠지는 경향이 있다. 또한 고도로 분업화한 현대사회에서는 노인에게 부여되는 사회적 지위와 역할이 불분명해지는 경향이 있는데, 이처럼 노인의 역할정의가 불확실해짐으로써 노인들이 정체감의 혼란이나 무기력감 등에 빠지는 경향이 있다.

② 사회생활 습성의 변화

- 기상·취침시간의 변화, 교통수단 이용의 변화, 식사장소 및 습성의 변화, 만나는 사람들의 계층의 변화 등이다.

2) 노인의 개념

노인(the aged, the elderly, older person)의 개념은 산업사회에서 두드러지게 나타나고 있는 사회적 문제 가운데 하나로서 매우 복합적이고 다의적으로 해석되고 있다. 특히 오늘날과 같이 급속히 변화하는 사회환경 아래에서 효율적인 노인복지 사업을 수립·시행하기 위해서는 노인의 개념에 대한 정리가 필요할 것이다.

(1) 노인에 대한 주요이론

노인의 개념에 관한 주요이론을 살펴보면, 1951년 제2회 국제노년학회에서는 노인을 인간의 노령화과정에서 나타나는 생리·심리·환경적 변화 및 행동의 변화가 상호작용하는 복합적 형태의 과정에 있는 사람으로 다음과 같이 정의하고 있다(Report on the 2nd International Conference of Gerontology, 1951: 5).

① 환경의 변화에 적절히 적응할 수 있는 조직기능이 감퇴되고 있는 사람
② 인체의 자체 통합능력이 감퇴되고 있는 사람
③ 인체의 기관, 조직, 기능에 쇠퇴현상이 일어나는 시기에 있는 사람
④ 인체의 적응능력이 점차로 결손되는 사람
⑤ 조직의 예비능력이 감퇴하여 적응이 제대로 되지 않는 사람을 노인으로 정의하고 있다.

노인에 대한 추상적 정의로서 비렌(Birren, 1959: 3-42)과 브린(Breen, 1960: 145-162)은 생물학적·심리적·사회적 노화의 개념을 포함시켜 노인을 이해하고 다음과 같이 정의하고 있다.

① 생리적 및 생물학적 면에서 퇴화기에 있는 사람
② 심리적인 면에서 정신기능과 성격이 변화되고 있는 사람
③ 사회적인 면에서 지위와 역할이 상실된 사람으로 정의하고 있다.

최성재·장인협은 비렌(Birren, 1959)과 브린(Breen, 1960)의 정의와 같은 관점에서 노인의 개념을 정의하고 있는 바, 생물학적·심리적·사회적 측면에서 노인은 생리적 및 신체적 기능의 퇴화와 더불어 심리적 변화가 일어나서 개인의 자기유지 기능과 사회적 역할 기능이 약화되고 있는 사람으로 정의하고 있다(최성재·장인협, 2002: 47).

(2) UN의 노인을 위한 원칙[3)]

1991년 UN 총회에서는 크게 5가지의 노인을 위한 주요 원칙(United Nations Principles for Older Persons)이 공표되었다. 5대 원칙은 자립(independence), 참여(participation), 보호(care), 자아실현(self-fulfillment), 존엄성(dignity)을 기본

3) 1951년 제2회 국제노년학회의 노인에 대한 개념 정의는 생물학적·심리적·사회적 관점에 국한된 불완전하고 추상적인 성격의 정의라고 볼 수 있기 때문에 1991년 UN의 노인을 위한 주요 원칙을 살펴볼 필요가 있다.

으로 삼고 있다. 5대 원칙에서는 ① 노인은 일상생활에서 기초적인 서비스와 보호를 받아야 하고, ② 소득을 위한 경제활동과 교육 및 훈련프로그램에 대한 접근, ③ 잠재력 개발 등에 대한 기회가 주어져야 하며, ④ 지역사회의 참여활동과 아울러 가족 및 지역사회의 보호와 사회적 자원을 이용할 수 있는 권리를 지녀야 하며, ⑤ 경제적·사회적 배경 등에 관계없이 공정한 대우와 존경을 받아야 할 존재로 정의된다(UN, 1991).

| 표 1-1 | UN의 노인을 위한 5대 원칙

원칙	설명
자립 (independence)	노인은 기초적인 서비스와 보호를 받고, 일하며 소득을 얻을 수 있는 기회가 마련되고, 능력에 따라 직장에서 물러날 수 있으며, 적절한 교육과 훈련 프로그램에 접근할 수 있는 기회가 마련되어야 한다. 또한, 안전한 생활환경 아래에서 가능한 한 오랫동안 가정에서 거주할 수 있도록 지원을 받아야 한다.
참여 (participation)	노인은 스스로 의사결정을 하고 지식을 전파하며 지역사회 봉사를 위한 기회를 찾고, 노인운동이나 협회의 구성에 참여할 수 있어야 한다.
보호 (care)	노인은 각 사회의 문화적 가치체계에 따라 가족과 지역사회의 보살핌과 보호를 받아야 하며, 보건과 사회석 보호 및 법적 보호를 받으며 노인시설이 부호를 받아야 한다.
자아실현 (self-fulfillment)	노인은 자신들의 잠재력을 완전히 개발하기 위한 기회를 추구하여야 하며, 사회의 교육적·문화적·정신적·오락적인 자원을 이용할 수 있어야 한다.
존엄성 (dignity)	노인은 신체적·정신적 학대와 착취를 받지 아니하고 지난날의 경제적 기여나 나이, 성별, 장애, 지위 등에 관계없이 공정하게 대우받고 존중받아야 한다.

(3) 법령의 노인 개념

현재 노인에 관한 법령의 정의는, 노인의 범위가 법령에 따라 상이하다. 「노인복지법」[4])에서는 65세 이상인 자를 노인으로 규정을 하고 있으며, 「국민연금법」에서는 60세(특수직종 근로자는 55세)부터 노령연금 수급권자인 노인으로 규정하고 있다. 또한, 「고령자고용촉진법」에서의 고령자는 55세 이상, 준고령자는 50세

4) 노인복지법은 1981년 6월 5일 제정·공포되었다. 노인의 질환을 사전예방 또는 조기발견하고 질환상태에 따른 적절한 치료·요양으로 심신의 건강을 유지하고, 노후의 생활 안정을 위하여 필요한 조치를 강구함으로써 노인의 보건복지증진에 기여함을 목적으로 제정되었다.

이상 55세 미만인 자로 규정하고 있다(김귀환·나직균, 2010: 25).

2. 노인의 특성

노인의 특성은 신체적, 심리·정서적, 사회·경제적 측면으로 살펴볼 수 있다.

1) 신체적 특성

노인의 신체적 특성은 신체구조의 쇠퇴, 외면상의 변화, 만성질환의 증가 및 시각·청각의 쇠퇴 등으로, 다음과 같이 정리될 수 있다(장세철 외, 2004: 17-18).

(1) 신체구조의 쇠퇴

피부와 지방조직의 감소, 세포의 감소, 골격과 수의근의 약화, 치아의 감소, 심장비대와 심장박동의 약화 등의 현상이 나타난다.

(2) 신체의 외면상 변화

백발의 증가, 머리카락의 감소, 주름살의 증가, 얼룩반점의 증가, 신장의 감소 등의 현상이 나타난다.

(3) 만성질환 관련 병의 증가

동맥경화증, 고혈압, 당뇨병, 심장병, 신장병 등의 만성질환이 나타나며, 만성질환의 출현은 노인의 생리적 기능상의 노화와 밀접하게 연관되어 있다. 생리적 노화현상은 소화기능, 호흡기능, 신진대사기능, 혈액순환, 수면, 배뇨기능 등에 영향을 주어 소화기능의 쇠퇴, 폐활량의 감소, 신진대사율과 속도의 저하, 변비, 수면의 양과 질의 감소, 피로감, 불면증, 야뇨 등이 나타난다.

(4) 시각 및 청각 기능의 쇠퇴

시각의 노화에 따라 수정체의 조절능력이 약해져 가까운 물체에 초점을 잘 맞추지 못하여 노안 또는 원시안이 나타나며, 청각의 기능도 약화되어 소리의 고저와 강도에 감지능력이 떨어져서 높은 소리와 작은 소리를 잘 듣지 못하는 현상이 나타난다.

2) 심리 · 정서적 특성

노인의 심리·정서적 특성과 행동 양식은 자신의 겪어온 개인적 경험과 사건, 문화·사회적 변화 등의 산물이므로 다양한 개인차를 보일 수 있는데, 노인의 심리·정서적 변화의 특성을 정리하면 **표 1-2**와 같다.

| 표 1-2 | 노인의 심리·정서적 변화 특성

특성	설명
의존성 증가	생산자로서 역할 상실에서 오는 경제적 의존성과 신체기능의 약화와 중추신경조직의 퇴화로 인한 신체적 정신적 의존성, 배우자의 사망 등으로 인한 사회적 불안감으로 인해 주위 사람들에 대한 의존하려는 성향이 증가한다.
수동적 내향적 성향 증가	모든 문제를 내면적으로 깊이 고려하여 생각하며 외부지향적인 적극성이 다소 줄어들며, 능동적인 자기 조절능력보다는 타인의 도움을 받아 수동적으로 해결하거나 우연히 되도록 내맡겨버리는 경향도 나타난다.
우울증 경향의 증가	노인의 심리적·정서적 변화의 중요한 특성으로서 우울증 경향의 증가를 들 수 있는데, 이는 신체적 질병이나 배우자의 죽음, 경제적 사정의 약화, 지나온 세월에 대한 회환 등이 원인으로 작용하며, 일반적으로 여성 노인은 남성노인에 비해 우울증이 발생할 가능성이 두 배 내지 세 배 이상 높다고 알려져 왔다.
경직성 증가	생활상의 새로운 기구나 방법 등이 개발되어 편리함에도 불구하고, 기존의 사고 및 태도나 방법을 고수하는 경직성이 증가한다.
조심성 증가 및 자신감 약화	조심성 증가의 주된 원인은 노인 스스로의 의지로서 정확성을 중요시하기 때문이고, 시각이나 청각 등의 감각 능력 감퇴를 비롯한 신체적·심리적 기능이 쇠퇴한 결과이다. 따라서 결정에 대한 자신감이 감퇴한 때문인 것으로 추측될 수 있다.
친근한 사물에 대한 애착심 증가	노인이 될수록 오래 사용해 온 물건이나 친근한 사물에 대한 애착심이 증가하는 경향을 나타내며, 이러한 성향은 지나온 과거를 회상하고 마음의 안락과 만족을 느끼게 하며, 비록 자신의 주변 세상과 세월은 많이 변하였지만 자신과 자신의 주변은 변하지 않고 일정한 방향으로 유지되고 있다는 안도감 및 안정감을 갖기 위한 것이다.

3) 사회 · 경제적 특성

노인의 사회·경제적 특성은 매우 다양한 관점에서 파악할 수 있으나, 대체로 노년기에 접어들게 되면 사회적 제도인 정년퇴직 및 은퇴로 인해 직업의 상실과 이에 따르는 공식적인 사회적 지위와 역할 상실을 맞이하게 된다. 또한, 노년기의 직장 상실은 수입의 감소와 경제적 능력 저하가 초래되고, 사회와 가정에서의 권위가 약화되거나 점차 의존성 증가 및 사기 저하 등 사회적 소외를 경험하게 된다.

3. 고령화사회와 노인복지의 개념

1) 고령화사회[5)]

유럽의 선진국들은 20세기 초를 전후해 고령사회로 진입했다. 영국, 독일, 프랑스 등은 1970년대에 고령사회가 되었으며, 일본의 경우 1970년에 고령화사회가 된 것에 이어 1994년에 고령사회로 진입했다. 우리나라의 경우에도 2000년 고령화사회의 기준인 7%를 넘어서서 이미 고령화사회에 진입했고, 2015년 12.8%로 2018년쯤에는 고령사회로의 진입을 예상하고 있다. 그리고 2026년에는 초고령사회에 진입할 것으로 예상된다.

5) 고령화사회(Aging society)란 65세 이상의 인구가 총인구에서 차지하는 비율이 7% 이상인 사회를 말하고, 65세 이상의 인구의 비율이 14% 이상인 경우 고령사회(Aged Society)라 한다. 65세는 UN에서 제시하고 있는 고령화사회 기준이다. 65세 이상의 인구가 총인구에서 차지하는 비율이 20% 이상이 되면 고령사회를 넘어선 단계로 후기고령사회(Post-aged society) 또는 초고령사회라고 한다.

| 표 1-3 | 주요 국가별 인구 고령화 속도 비교 (단위: 연도, 연수)

구분	도달연도			소요연수	
	고령화사회 (7%)	고령사회 (14%)	초고령사회 (20%)	고령사회 도달	초고령사회 도달
한 국	2000	2018	2026	18	8
일 본	1970	1994	2006	24	12
독 일	1932	1972	2009	40	37
미 국	1948	2015	2036	73	21
프랑스	1864	1979	2018	115	39

출처: 김귀환·나직균(2010: 33).

표 1-3에서 보는 바와 같이, 우리나라의 고령화는 미국, 프랑스 등 기타 선진국에 비해 매우 빠른 속도로 진행되어 고령인구 비율이 14%에서 20%로 도달하는 데 걸리는 시간이 8년에 불과할 것으로 예상되고 있다. 우리나라의 경우, 이러한 고령화사회를 초래하는 가장 직접적인 원인이 바로 '저출산'이다. 우리나라는 1970년대 이후 지속적인 출산율 저하로 인해 2001년에 초저출산 사회(합계출산율[6)] 1.3 이하)에 진입하였고, 이후에도 표 1-4와 같이 초저출산 상황이 지속되고 있다. 또한, 2019년부터는 사망자[7)]가 출생아[8)]보다 많아지는 자연감소가 시작될 전망이다.

| 표 1-4 | 우리나라 합계출산율 비교[9)] (단위: 연도, 명)

년도	1970	1980	1985	1990	1995	2000	2005	2010	2015	2017[10)]
합계출산율	4.53	2.82	1.66	1.57	1.63	1.47	1.08	1.23	1.24	1.05

출처: 통계청(2015). 장래인구추계; 통계청(2019). 특별장래인구추이: 2017-2067년.

6) 합계출산율은 임신이 가능한 여성(15~49세) 1명이 평생 출산하는 자녀 수이다.

7) 사망자는 장래인구특별추계자료에 의하면, 2017년 29만 명에서 2028년 40만 명을 넘어서고, 2067년에는 74만 명으로 증가할 것으로 전망된다.

8) 출생아는 장래인구특별추계자료에 의하면, 2017년 35만 명에서 2021년 29만 명 수준으로 떨어지고, 2067년 21만 명까지 감소할 전망이다.

9) 통계청 장래인구추계 2015~2065년은 2015년 인구총조사(등록센서스) 결과를 기초로, 인구동태(출생·사망)와 국제인구이동통계를 활용, 코호트요인법(Cohort components method)에 의해 2015~2016년까지의 인구규모와 성 및 연령별 인구구조를 추계한 결과이다. 코호트요인법은 인구변동요인별(출생·사망·국제이동) 미래 수준을 각각 예측한 후, 추계의 출발점이 되는 기준인구에 출생아 수와 국제순이

한편, **그림 1-1**과 **표 1-5**에서 보는 바와 같이 생산가능인구 1백 명당 부양할 인구(유소년, 고령인구)인 총부양비는 2015년 36.2명에서 2037년 70명을 넘고, 2059년에는 100명을 넘어설 것이다. 유소년부양비는 유소년인구와 생산가능인구가 동시에 감소함에 따라 2015년 18.8명, 2065년 20.0명으로 소폭 늘어날 것으로 예상된다. 노년부양비는 고령인구의 빠른 증가로 인해 2015년 17.5명에서 2036년 50명을 넘고, 2065년 88.6명 수준으로 2015년 대비 5.1배 증가할 전망이다. 유소년인구 1백 명당 고령인구수인 노령화지수는 2015년 93.1명에서 2017년 100명을 넘어서고, 2029년 203명, 2065년 442.3명으로 증가할 전망이다.

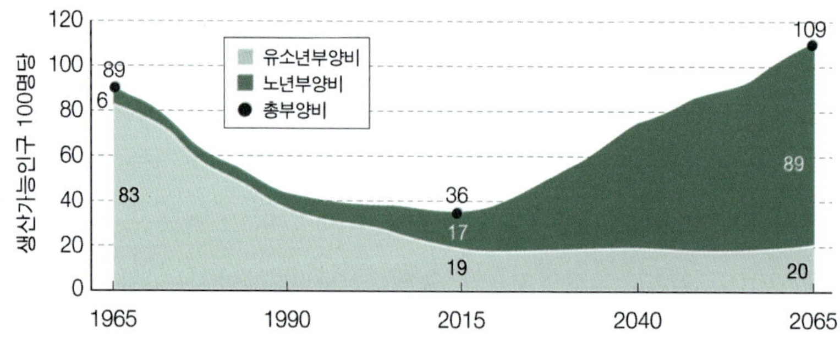

| 그림 1-1 | **총부양비, 유소년부양비 및 노년부양비**

출처: 통계청(2015). 장래인구추계.

동자 수는 더하고, 사망자 수는 빼는 인구균형방정식(Demographic balancing equation)을 적용하여 다음 해 인구를 반복적으로 산출해 나가는 인구추계 방법이다. 본 조사의 기준인구(Base population)란 장래인구추계의 출발점이 되는 2015년 7월 1일 시점의 인구를 말한다.

10) 이 자료는 2017년 인구주택총조사(등록센서스)결과와 2018년까지의 인구변동요인(출생·사망·국제이동) 추이를 반영해 미래 인구변동요인을 가정하고, 향후 50년(2017~2067년)간의 장래인구를 전망한 결과로서 장래인구추계는 5년 주기로 작성되어 2021년에 공표예정이었으나, 최근 초저출산 상황을 반영해 특별추계를 공표한 자료이다.

| 표 1-5 | 부양비 및 노령화지수 (단위: 생산가능인구 1백 명당, 유소년인구 1백 명당)

구분	1965	1975	1985	1995	2005	2015	2025	2035	2045	2055	2065
총부양비	88.3	72.5	52.5	41.4	39.1	36.2	47.1	66.8	84.2	94.2	108.7
유소년부양비	82.5	66.6	46.0	33.0	26.6	18.8	17.8	18.9	18.6	18.2	20.0
노년부양비	5.8	6.0	6.5	8.3	12.5	17.5	29.4	47.9	65.6	76.1	88.6
노령화지수	7.0	8.9	14.2	25.2	46.8	93.1	165.6	253.7	352.7	418.8	442.3

출처: 통계청(2015). 장래인구추계.

2) 노인복지의 개념

노인복지란 노인에게 발생하고 있는 문제들뿐만 아니라 노인 그 자체에 대한 조건들 빈곤, 노쇠, 고독, 무료함 해결은 물론 노인에게 자신이 이 사회에서 꼭 필요한 존재로서 느끼며 긍정적이고 우호적인 자세로 여생을 살아갈 수 있는 사회적 여건을 마련하는 일이라고 할 수 있으며, 다음과 같이 정리할 수 있다(김귀환·나직균, 2010: 25-26).

① 노인의 삶의 질을 높이기 위한 노력
② 경제적 의존성, 건강상의 문제, 고독, 무위 등 노년기의 주요 문제에 대한 국가와 사회의 조직적 활동
③ 노인의 자긍감과 적극적 삶의 자세를 지원하는 사회적 여건 마련
④ 심신의 건강유지 및 생활 안정을 위한 조치
⑤ 저소득층 노인에 대한 기초생활보장, 건강관리강화, 재가복지서비스 확충, 노인여가선용 활용방안 마련

Chapter

02

현대사회의 노인문제와 노인복지의 관계

1. 현대사회 노인인구의 특성[1)]

1) 고령화[2)] 시대에 따른 노인인구의 증가

표 2-1에 따르면, 2017년 현재 65세 이상 우리나라 고령인구는 전체 인구의 13.9%로 고령사회 진입을 눈앞에 두고 있다. 이런 인구 고령화 요인으로는 저출산 지속에 따른 출산율의 하락, 기대수명의 증가에 따른 사망률의 하락 등을 꼽을 수 있다. 장수는 인간의 소망이자 안정된 사회를 상징하는 것이기도 하지만, 반면 고령화사회의 당면 과제로 고령에 따르는 질병, 빈곤, 고독, 무직업 등에 대응하는 사회·경제적 대책의 수립을 요구하는 것이기도 하다. 예를 들어, 출산율 하락은 정년 퇴직자를 대체할 젊은 노동력의 감소를, 평균수명의 증가는 청년층이 더 많은 노년층을 부양해야 하는 문제를 발생시킨다.

| 표 2-1 | 우리나라 고령인구 추이 (단위: 천 명, %)

연도	추계인구	65세 이상	구성비
1990	42,869	2,195	5.1
2000	47,008	3,395	7.2
2010	49,410	5,452	11.0
2017	50,976	7,118	13.97

1) 김귀환·나직균(2010: 29-36) 참고하여 작성하였다.

2) 국제연합(UN)이 정한 바에 의하면, 65세 이상 노인인구 비율이 전체 인구의 7% 이상을 차지하는 사회를 고령화 사회, 65세 이상 노인인구 비율이 14% 이상이면 고령사회, 21% 이상이면 초고령 사회로 구분하고 있다. 한국에서는 2000년 7월 1일을 기준으로 65세 이상의 인구가 전체 인구의 7.1%를 차지해 고령화사회에 진입했다. 고령화사회는 의학이 발달하고 생활환경이 개선되면서 평균수명이 늘어나 생기는 선진국형 사회이지만, 많은 문제점을 가져올 수 있다. 고령화사회에서 발생하는 대표적인 노인문제는 빈곤·질병·고독감 등이다. 선진국의 경우 고령화사회에서 고령사회로 변하는 데 상당 기간이 소요되어 그에 대한 준비도 체계적이고 점진적으로 이루어졌다. 하지만 우리나라의 경우 성장 속도만큼이나 빠르게 고령화사회가 이루어져 20년 정도밖에 걸리지 않을 것으로 예상되고 있다. 따라서 급격한 변화에 따른 해결책 마련에 어려움을 겪고 있는데, 고령사회에 대비해 국가적인 차원에서 제도와 의식을 재정립하고, 무엇보다 선진국형 노인복지체계를 마련하는 것이 시급한 과제라 할 수 있다.

연도	추계인구	65세 이상	구성비
2020	51,435	8,084	15.7
2030	52,160	12,691	24.3
2040	51,091	16,501	32.3
2050	48,121	17,991	37.4
2060	43,959	17,622	40.1

자료: 통계청(2012). 2012 장래인구추계.

표 2-2의 2015년 장래가구추계 자료에 의하면, 가구주가 65세 이상인 고령자 가구는 2015년 366만 4천 가구에서 2045년 1,065만 3천 가구로 2.9배로 증가할 전망이다. 고령자 가구가 차지하는 비중은 2015년 19.3%에서 2045년 47.7%로 증가할 것으로 보인다. 또한, 2015년에 기타 가구를 제외하면 고령자 가구는 부부(33.2%), 1인(32.8%), 부부+자녀(10.0%), 3세대 이상(6.3%), 부(모)+자녀 가구 순으로 많으나, 2045년에는 1인(34.9%), 부부(29.1%), 부부+자녀(9.2%), 부(모)+자녀(4.8%), 3세대 이상 가구(3.3%) 순으로 많아질 전망이다. 65세 이상 1인 가구는 2015년 120만 3천 가구(32.8%)에서 2045년에 371만 9천 가구(34.9%)로 2015년에 비해 3.1배로 증가할 전망이며, 65세 이상 부부가구는 2015년 121만 5천 가구(33.2%)에서 2045년 310만 3천 가구(29.1%)로 2015년에 비해 2.6배로 증가할 전망이다.

| 표 2-2 | **고령자 가구유형** (단위: 만 가구, %)

		가구						구성비				
		2015	2017	2025	2035	2045	연평균 변화	2015	2017	2025	2035	2045
계		366.4	399.9	594.4	865.6	1,065.3	23.3	100.0	100.0	100.0	100.0	100.0
친족가구	계	244.1	263.9	391.2	557.9	680.3	14.5	66.6	66.0	65.8	64.5	63.9
	부부	121.5	131.0	189.7	270.5	310.3	6.3	33.2	32.7	31.9	31.3	29.1
	부부+자녀	36.7	39.3	59.6	83.7	98.0	2.0	10.0	9.8	10.0	9.7	9.2
	부+자녀	5.0	5.6	9.3	14.2	17.1	0.4	1.4	1.4	1.6	1.6	1.6
	모+자녀	15.6	16.5	23.2	30.6	33.8	0.6	4.2	4.1	3.9	3.5	3.2
	3세대 이상	23.3	23.9	28.1	33.7	35.6	0.4	6.3	6.0	4.7	3.9	3.3

	가구						구성비				
	2015	2017	2025	2035	2045	연평균 변화	2015	2017	2025	2035	2045
기타	42.0	47.6	81.4	125.2	185.5	4.8	11.5	11.9	13.7	14.5	17.4
1인가구	120.3	133.7	199.0	300.3	371.9	8.4	32.8	33.4	33.5	34.7	34.9
비친족가구	2.1	2.4	4.2	7.4	13.1	0.4	0.6	0.6	0.7	0.8	1.2

자료: 통계청(2016). 2015 장래가구추계.

2) 여성노인 수와 남성노인 수 간의 불균형

현대사회에서는 사고에 의한 손상 및 중독(교통사고, 작업 중 부상, 전쟁 등), 사망 등에서 여자보다 남자가 현저히 높고, 음주와 흡연에 관련된 사망에 있어서도 여자보다 남자가 현저히 높으며, 여자에 비해 남자가 직업과 관련된 건강악화 가능성이 현저히 높다. 이로 인해 현대사회에서는 유아기 때는 남성의 수가 여성의 수를 앞지르지만 노년기로 오면서는 여성의 수가 남성의 수를 크게 능가한다. 우리나라의 경우도 2015년 기준 65세 이상 노령인구에서 남성 대 여성의 비율이 **그림 2-1**과 같이 나타남으로써 노령인구의 성비 불균형 문제가 뚜렷하다고 할 수 있다.

그림 2-1에 따르면 2015년 11월 1일 기준 65세 이상 고령인구의 성비(여자인구 100명당 남자의 수)는 72.6명이며, 1995년에 58.5명으로 최저점을 나타낸 이후 계속 증가세를 보인다. 이는 남녀 간 사망률 격차가 줄어들면서 남자 고령자 비중이 늘어남에 따라 성비는 지속적으로 증가하는 모습을 보이고 있다. 노령인구의 성비불균형의 결과 남성노인의 유배우율은 높아지는 대신 독신여성 노인의 수는 증가하게 된다. 경제적으로나 사회적으로나 남성노인에 비해 여성노인이 더욱 열악한 처우를 받게 되는 경향이 강하기 때문에 현대사회에서 독신여성 노인이 많다는 사실은 그만큼 노인문제가 심각해짐을 의미한다.

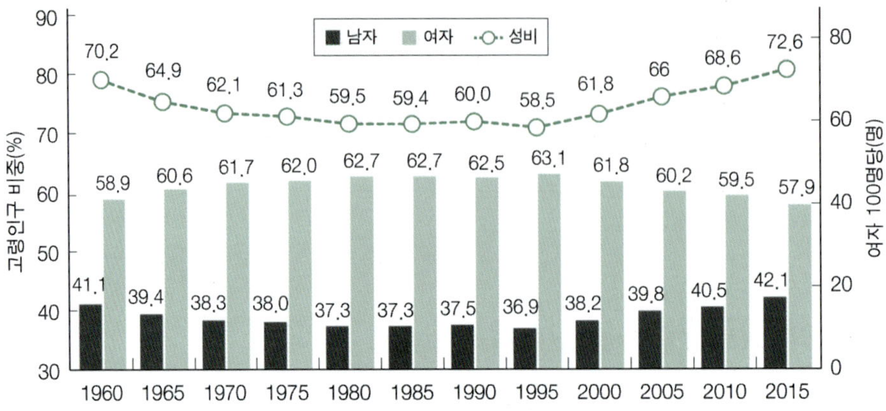

| 그림 2-1 | **고령인구 비중 및 성비**

자료: 통계청(2016). 2016 고령자통계조사 보도자료.
* R(Register-based): 등록센서스 방식.

2. 현대사회 노인문제[3)]

1) 현대사회에서 노인문제가 발생하는 이유

현대 산업사회에서 노인문제의 발생 원인은 근대화 이론(Modernization Theory)이 잘 설명하고 있다. 근대화 이론에 따르면, 보건 및 의료기술의 발전, 생산기술의 발전, 대중교육의 확대, 도시화 등이 근대화의 핵심 변화요인이다. 그리고 이러한 변화요인들이 인과적으로 다른 요인들을 유발시켜 산업사회에서의 노인의 지위를 약화시키기 때문에 근대화의 정도가 높을수록 노인의 지위는 낮아지게 된다는 것이 근대화 이론의 핵심적 내용이다.

근대화 이론의 주요 내용은 다음과 같다.

① 근대 보건의료기술(medical technology)의 발달 → 사망률 감소 / 노인인구 증가 → 직업경쟁에서 젊은이에게 밀려 퇴직하는 노인 증가 → 문제발생

3) 김귀환·나직균(2010: 37-51)

② 근대 생산기술(industrial technology)의 발전 → 노동력에 대한 수요 감소 → 직업기술 측면에서 경쟁에 불리한 노인들 생산 현장으로부터 대량 퇴직 → 문제발생

③ 보건의료기술과 생산기술 발전의 복합작용 → 출생률 감소 → 노인부양지수(젊은층이 부양해야 할 노인층의 비율) 증가 → 노인에 대한 보호상의 문제발생

④ 근대 대중교육의 확대 → 선세대에 비한 후세대의 교육수준 증가 → 선세대의 지식과 기술의 가치 하락 → 문제발생

이러한 근대화 이론을 통해서 본 바와 같이 현대사회의 노인문제는 점점 심각해지는 상황이다.

2) 현대사회의 주요 노인문제

(1) 수입감소 및 경제적 의존성 강화의 문제

특정 연령에 도달한 사람이 경제활동을 중단하는 경향은 특히 현대산업사회에서 뚜렷이 나타나는데, 그 이유는 다음과 같은 산업사회의 특징[4)]으로부터 기인한다.

통계청의 2015년 인구주택총조사[5)]에 따르면, **표 2-3**과 **그림 2-2**를 보면 일반적으로 우리나라 노인들은 생활비를 본인 스스로 마련하는 비율[6)]이 2010년

4) 산업사회의 특징으로는 ① 생산의 기계화 및 자동화로 인한 노동수요의 감소, ② 생산기술과 지식의 발전속도가 빠르기 때문에 고령자의 기술과 지식이 무용화되기 쉬운 경향, ③ 생산조직이 관료화됨으로써 개인차가 무시되고 퇴직의 기준이 일괄적으로 적용되는 특성, ④ 노후에 대한 경제적 보장제도가 발달함으로 인해 퇴직을 수용하기가 용이하다.

5) 본 자료는 2015년 11월 1일 0시 현재를 기준으로 전국의 20% 표본 가구에 대해서 조사원 면접 및 인터넷으로 조사하여 집계한 결과이다. 표본 집계 결과는 전수 결과를 모수로 추정한 것으로 일부 자료에서 전수 집계 결과와 표본 집계 결과의 차이가 발생할 수 있으며, 수록된 천단위 자료는 백단위에서 반올림되었으므로 전체 수치와 표 내의 합계는 일치하지 않을 수 있다. 증감(률)은 원 자료에서 산출하였으므로 천단위 자료를 기준으로 산출한 수치와 다를 수 있으며, 연령은 만 나이 기준이다.

6) 본인스스로 마련 = 본인·배우자의 일, 직업 + 예금, 적금 + 공적연금 + 개인연금 + 부동산 + 주식, 펀드, 채권 등이다.

44.6%에서 2015년 49.7%로 5.1% 증가하였다. 또한, 남자는 62.7%가 본인 스스로 생활비를 마련하지만 여자는 39.6%이다. **표 2-4**와 **표 2-5**를 보면, 학력이 높을수록 본인 스스로 생활비 마련 비율이 높으며, 이는 공적연금에 의한 것으로 자녀에 대한 의존도가 낮음을 알 수 있다. **그림 2-3**을 보면, 60세 이상의 생활비 원천은 단일응답에서 "본인·배우자의 일, 직업"이 2,182천 명(23.4%)로 가장 많고, "국가·지방자치단체의 보조" 1,213천 명(13.0%), 따로 사는 자녀 946천 명(10.1%) 순으로 나타났다. 2010년에는 "본인·배우자의 일, 직업" 20.9%, 따로 사는 자녀 13.1%, 함께 사는 자녀 12.0% 순으로 나타났다. 2010년에 비하여, "본인·배우자의 일, 직업" 2.5%, 공적연금 3.0% 및 "국가·지방자치단체의 보조" 6.3%는 증가하고 자녀의 비율 8.7%은 감소하였다. 상당수의 노인들이 최저생계비[7] 2019년 기준으로 1인 가구는 682,803원, 2인 가구 1,162,611원, 3인 가구 1,504,013원 이하의 생활을 하고 있는 상황이다. **표 2-6**에서 보면 우리나라의 노인들은 어려운 경제적 상황으로 인해 여행·연극·영화 등의 문화생활이나 노인대학 등의 참여를 통한 여가생활에 곤란을 겪고 있다.

7) 최저생계비는 국민이 건강하고 문화적인 생활을 유지하기 위하여 소요되는 최소한의 비용으로서, 보건복지부장관은 중앙생활보장위원회의 심의·의결을 거쳐 매년 9월 1일까지 다음 연도의 최저생계비를 공표한다.

구분	1인 가구	2인 가구	3인 가구	4인 가구
2008년	463,047원	784,319원	1,026,603원	1,265,848원
2010년	540,344원	858,747원	1,110,919원	1,363,091원
2012년	553,354원	942,197원	1,218,873원	1,495,550원
2014년	603,403원	1,027,417원	1,329,118원	1,630,820원
2016년	649,932원	1,106,642원	1,431,608원	1,756,574원
2017년	661,172원	1,125,780원	1,456,366원	1,786,952원
2019년	682,803원	1,162,611원	1,504,013원	1,845,414원

| 표 2-3 | 성, 연령 및 교육정도별 고령자 생활비 원천 (단위: 천 명, %)

구분		인구				구성비		
		계	본인	본인+타인	타인	본인	본인+타인	타인
계		9,318	4,635	1,024	3,659	49.7	11.0	39.3
성별	남자	4,105	2,573	397	1,135	62.7	9.7	27.6
	여자	5,213	2,062	627	2,524	39.6	12.0	48.4
연령	60~69세	4,876	3,260	448	1,169	66.9	9.2	24.0
	70~79세	3,113	1,136	421	1,556	36.5	13.5	50.0
	80세 이상	1,329	240	155	934	18.0	11.7	70.3
교육정도	받지 않았음 (미취학 포함)	1,234	222	133	879	18.0	10.8	71.2
	초등학교	2,925	1,130	364	1,431	38.6	12.5	48.9
	중학교	1,728	949	196	583	54.9	11.3	33.8
	고등학교	2,237	1,428	232	578	63.8	10.4	25.8
	대학이상	1,193	906	99	188	76.0	8.3	15.7

자료: 통계청(2015). 인구주택총조사 표본집계결과.

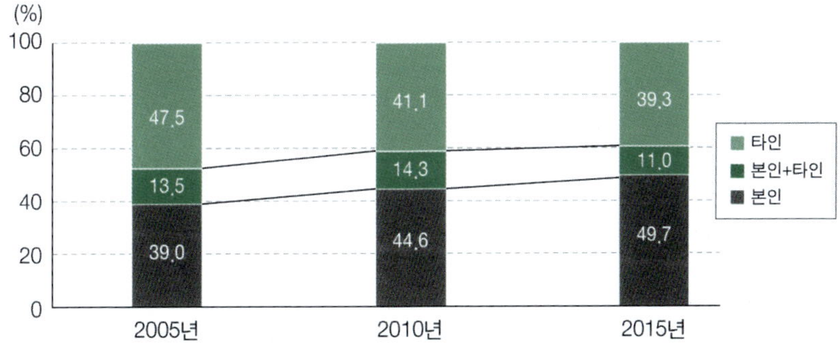

| 그림 2-2 | 생활비 자급도별 고령자(60세 이상)

자료: 통계청(2015). 인구주택총조사 표본집계결과.

| 표 2-4 | 연령별 고령자 생활비 원천(60세 이상) (단위: %)

고령자 생활비 원천	계	60~69세	70~79세	80세 이상
계	100.0	100.0	100.0	100.0
단일수단	69.6	73.8	65.1	64.9
본인·배우자의 일, 직업	**23.4**	**37.5**	**10.5**	**2.0**
예금, 적금	3.2	3.5	3.2	2.3
공적연금	**9.2**	**9.1**	**9.8**	**7.8**
개인연금	1.2	1.3	1.3	0.8
부동산	2.3	2.0	3.0	1.8
주식, 펀드, 채권 등	0.0	0.1	0.0	0.0
함께 사는 자녀	6.2	4.6	7.0	10.5
따로 사는 자녀	10.1	6.5	11.7	19.8
친척·인척	0.3	0.4	0.2	0.5
국가·지방자치단체의 보조	**13.0**	**8.4**	**17.9**	**18.7**
이웃, 종교단체, 사회단체의 보조	0.2	0.2	0.2	0.3
기타	0.2	0.2	0.2	0.4
복합수단	30.4	26.2	34.9	35.1

자료: 통계청(2015). 인구주택총조사 표본집계결과.

| 표 2-5 | 교육정도별 고령자 생활비 원천(60세 이상) (단위: %)

고령자 생활비 원천	계	받지 않았음(미취학포함)	초등학교	중학교	고등학교	대학교 이상
계	100.0	100.0	100.0	100.0	100.0	100.0
단일수단	69.6	65.6	68.3	71.7	72.2	69.2
본인·배우자의 일, 직업	23.4	5.9	19.1	29.7	31.5	27.8
예금, 적금	3.2	1.3	2.6	3.5	4.2	4.7
공적연금	9.2	5.7	6.5	7.8	10.7	18.4
개인연금	1.2	0.5	0.9	1.2	1.6	1.9
부동산	2.3	1.1	2.0	2.6	2.8	2.9
주식, 펀드, 채권 등	0.0	0.0	0.0	0.0	0.1	0.2
함께 사는 자녀	6.2	8.5	7.6	5.8	5.3	3.0
따로 사는 자녀	10.1	16.7	12.0	9.1	7.7	5.0
친척·인척	0.3	0.4	0.3	0.3	0.4	0.4
국가·지방자치단체의 보조	13.0	24.8	16.8	11.4	7.5	4.1
이웃, 종교단체, 사회단체의 보조	0.2	0.3	0.2	0.2	0.2	0.5
기타	0.2	0.4	0.2	0.2	0.3	0.2
복합수단	30.4	34.4	31.7	28.3	27.8	30.8

자료: 통계청(2015). 인구주택총조사 표본집계결과.

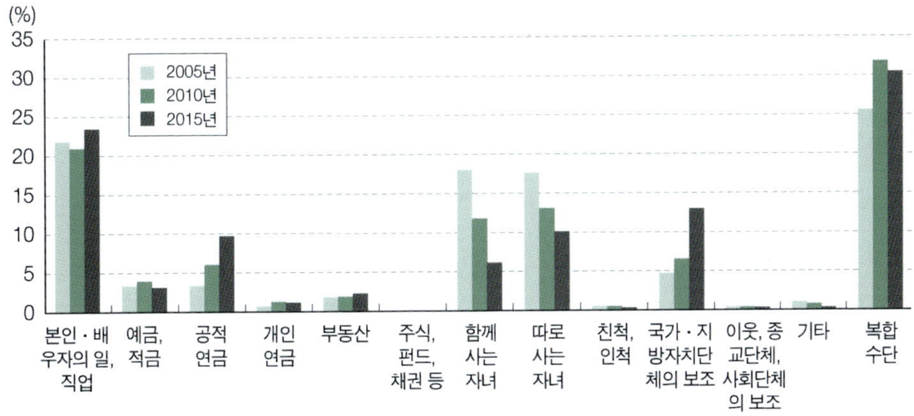

| 그림 2-3 | 고령자 생활비 원천 고령자(60세 이상)

자료: 통계청(2015). 인구주택총조사 표본집계결과.

| 표 2-6 | 고령자의 문화 및 예술 관람 (복수응답. 단위: %, 회)

연도	관람함		음악·연주회		연극·마당극·뮤지컬		무용		영화		박물관		미술관		스포츠	
		횟수		횟수		횟수		횟수		횟수		횟수		횟수		횟수
2007년	19.4	3.4	41.8	1.8	37.2	1.5	3.1	1.9	38.8	3.2	74.6	1.8	48.3	2.2	14.5	3.9
2009년	11.4	4.2	40.2	2.4	28.8	1.7	2.6	2.5	63.4	3.2	87.7	1.8	37.8	2.4	18.3	3.5
2011년	13.8	5.5	27.5	3.5	16.5	2.0	3.1	2.6	47.2	4.0	30.5	2.6	20.1	3.1	18.5	4.6
2013년	18.1	5.8	28.1	2.7	21.5	1.9	2.5	2.4	55.1	4.4	32.9	2.6	18.4	3.0	15.1	4.8
2015년	24.5	5.4	21.4	2.6	15.6	2.0	1.7	2.5	73.0	3.8	29.1	2.4	15.7	2.7	11.5	5.3

자료: 통계청(2016). 2016 고령자통계조사[8].

8) 통계청에서는 2003년 이후 노인의 날(10월 2일)에 맞추어 고령 인구의 특성 및 복지, 문화, 여가 등 고령자의 모습을 다각적으로 조명하기 위해 관련 지표를 수집·정리하여 매년 고령자 통계를 제공해 오고 있다. 특히, 2016 고령자 통계에서는 사회조사를 기초로 지난 10년간 고령자의 의식 변화를 분석하였으며, 고령자는 65세 이상 인구를 대상으로 하였다.

(2) 노인 빈곤문제

현대사회에서 노인들은 특정 연령이 되면 대부분 경제활동을 그만두게 된다. 이러한 경우 노인들은 소득이 급감하게 되고, 따라서 자녀 등에게 경제적으로 의존하게 됨으로써 경제·심리·사회적으로 위축되게 마련이다. 2016 고령자통계조사 보도자료에 의하면, **표 2-7**과 같이 2015년 고령자의 생활비 마련방법은 본인 및 배우자 부담이 58.5%로 가장 많았고, "자녀 또는 친척 지원" 28.6%, "정부 및 사회단체" 12.8%순으로 나타났다. 생활비를 본인이나 배우자가 마련하는 경우, 그 방법으로는 "근로소득 및 사업소득" 44.7%), "연금 및 퇴직금" 34.1%, 재산소득 14.0% 순으로 나타났다. 이런 문제를 노인빈곤문제라고 하며, 노인빈곤율[9])로써 그 정도를 나타내고 있다.

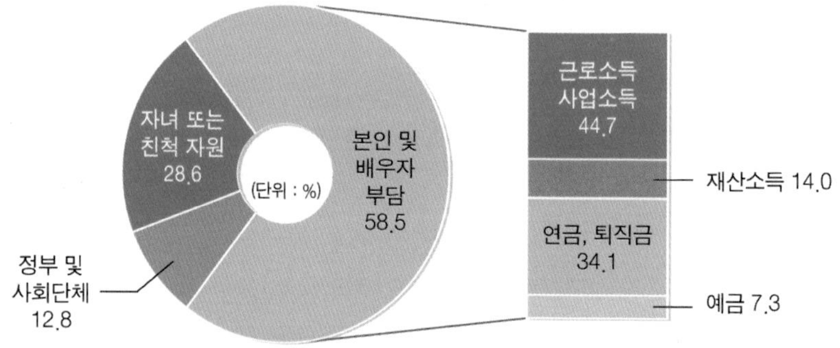

| 그림 2-4 | **고령자 생활비 마련방법**

자료: 통계청(2016). 2016 고령자통계조사 보도자료.

9) 노인빈곤율이란 65세 이상 노인가구 중 중위가구소득의 절반에 미치지 못하는 비율을 뜻한다.

| 표 2-7 | 고령자 생활비 마련방법 (단위: %)

		계	본인 및 배우자 부담						자녀 또는 친척 지원				정부 및 사회 단체	기타
				소계	근로 소득 사업 소득	재산 소득	연금 퇴직금	예금		소계	함께 살고 있음	함께 살고 있지 않음		
2011		100.0	51.6	100.0	45.8	14.4	30.4	9.4	39.2	100.0	46.0	54.0	9.1	0.1
2013		100.0	55.2	100.0	46.8	14.1	28.0	11.0	35.4	100.0	43.3	56.7	9.3	0.1
2015		**100.0**	**58.5**	**100.0**	**44.7**	**14.0**	**34.1**	**7.3**	**28.6**	**100.0**	**48.0**	**52.0**	**12.8**	**0.1**
2015	남 자	100.0	72.4	100.0	47.9	12.7	33.4	6.0	17.4	100.0	43.8	56.2	10.2	-
	여 자	100.0	48.5	100.0	41.2	15.3	34.8	8.7	36.7	100.0	49.4	50.6	14.7	0.1
	65~69세	100.0	76.3	100.0	54.9	10.7	28.8	5.5	15.9	100.0	56.5	43.5	7.6	0.1
	70~79세	100.0	56.7	100.0	40.1	15.6	36.8	7.4	30.1	100.0	44.8	55.2	13.1	0.0
	80세 이상	100.0	30.9	100.0	20.8	20.6	44.1	14.6	47.5	100.0	48.2	51.8	21.6	-

자료: 통계청(2016). 2016 고령자통계조사 보도자료.

다음 **표 2-8**은 점점 증가하고 있는 우리나라의 노인빈곤율을 보여주고 있다.

| 표 2-8 | 연도별 노인빈곤율

연도	2006	2007	2009	2011	2012	2016
노인빈곤율	43.9%	44.6%	47%	48.6%	48.5%	49.6%

자료: OECD.

2015년 국민기초생활보장제도의 일반수급자 155만 4천명 중 고령자는 41만 9천 명으로 전년보다 40,404명 증가하였다. **그림 2-5**와 **표 2-9**와 같이, 2011년 이후 고령 수급자는 계속 증가하고 있으나, 맞춤형 급여체계[10])로 개편된 이후 고령 수급자의 증가율보다 총수급자 증가율이 더 높아 2015년 65세 이상 수급자 비율은 상대적으로 감소함을 알 수 있다. 성별은 여자 수급자는 28만 6천 명으로 남자 수급자 13만 3천 명보다 2.3배가 많다.

10) 2015년 7월 맞춤형 급여체계개편으로 급여별 선정기준을 다층화하고 상대빈곤선 도입, 부양의무자 기준을 완화하였다. 지원 대상은 소득 인정액 선정 기준 이하(기준 중위소득을 기준으로 생계급여는 28% 이하, 의료급여는 40% 이하, 주거급여는 43% 이하, 교육급여는 50% 이하)이면서 부양의무자 기준을 충족한 자이다.

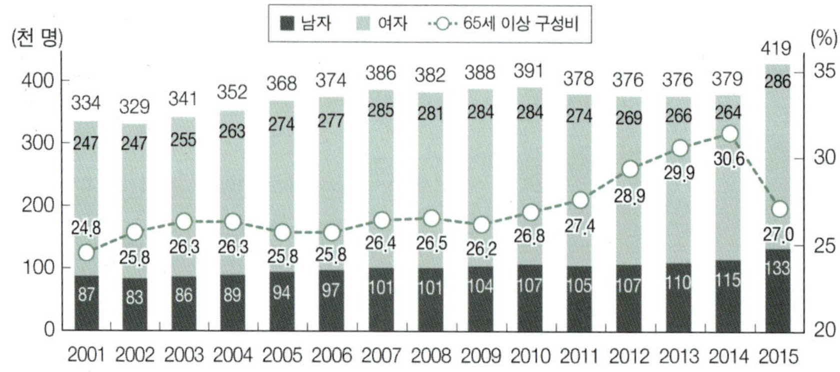

| 그림 2-5 | 국민기초생활보장 수급자 현황

자료: 통계청(2016). 2016 고령자통계조사 보도자료.

| 표 2-9 | 국민기초생활보장 수급자(65세 이상) (단위: 명, %)

연도	총수급자(일반수급자)	65세 이상 수급자	구성비[11]	남자	여자
2001	1,345,526	334,272	24.8	87,213	247,059
2005	1,425,684	367,658	25.8	93,995	273,663
2010	1,458,198	391,214	26.8	106,723	284,491
2011	1,379,865	378,411	27.4	104,901	273,510
2012	1,300,499	376,098	28.9	107,156	268,942
2013	1,258,582	376,112	29.9	110,189	265,923
2014	1,237,386	379,048	30.6	114,731	264,317
2015	1,554,484	419,452	27.0	133,292	286,160

자료: 통계청(2016). 2016 고령자통계조사 보도자료.

(3) 건강 · 의료상의 문제

인간의 건강상태는 연령·계층·성별·지역 등의 사회적 변수에 의해 크게 좌우된다. 일반적으로 젊은층에 비해 노년층이, 고소득층에 비해 저소득층이, 남성에 비해 여성이, 도시지역 거주자에 비해 농촌지역 거주자가 건강과 의료상에서 불이익을 받는다. 따라서 농촌지역에 거주하는 노령의 저소득층 여성이 건강과 의

11) 구성비 = (65세 이상 수급자 / 총수급자) × 100

료여건상 불이익에 노출될 위험이 가장 크다고 할 수 있으며, 때문에 의료보장이 이들에게 상대적으로 집중될 필요가 있다.

표 2-10과 같이, 2014년 65세 이상 인구 중 47.7%가 전반적으로 자신의 건강상태에 대해 나쁘다고 생각하는 것으로 나타났으며, 성별로는 남자(38.5%)보다 여자(54.4%)가 자신의 건강상태에 대해 더 많이 나쁘다고 평가하였다.

표 2-11을 보면, 2014년 65세 이상 인구 중 76.4%가 정기 건강검진을 받고, 42.7%는 규칙적인 운동을 하고 있다. 이는 2008년에 비해 증가하여 건강관리에 대한 관심이 높아지고 있음을 알 수 있다.

| 표 2-10 | 노인 건강평가 (단위: %)

2014년	계	좋다	매우 좋다	좋은 편이다	보통이다	나쁘다	나쁜 편이다	매우 나쁘다
65세 이상	100.0	20.9	2.7	18.2	31.4	47.7	38.4	9.4
남 자	100.0	27.8	3.8	24.0	33.7	38.5	30.8	7.7
여 자	100.0	16.0	2.0	14.0	29.7	54.4	43.8	10.6

자료: 통계청(2015). 2015 고령자통계조사 보도자료.

| 표 2-11 | 노인 건강관리 (단위: %)

연도		아침식사하기		적정수면(6~8시간)		규칙적 운동		정기 건강검진	
		실천한다	실천하지 않는다	실천한다	실천하지 않는다	실천한다	실천하지 않는다	실천한다	실천하지 않는다
2008		95.5	4.5	86.2	13.8	33.2	66.8	59.8	40.2
2010		93.7	6.3	83.1	16.9	37.3	62.7	65.2	34.8
2012		92.8	7.2	80.5	19.5	39.7	60.3	74.8	25.2
2014		**93.0**	**7.0**	**81.0**	**19.0**	**42.7**	**57.3**	**76.4**	**23.6**
2014	남자	93.2	6.8	84.1	15.9	49.3	50.7	80.5	19.5
	여자	92.8	7.2	78.8	21.2	38.1	61.9	73.4	26.6

자료: 통계청(2015). 2015 고령자통계조사 보도자료.

현대사회에서 노인과 관련하여 특히 중요한 것이 치매[12]이다. 과거에는 치매를 노망이라 하면서 대부분의 노인이 늙어감에 따라 당연히 겪게 되는 것으로 생각했다. 그러나 현대에는 치매를 주로 노인에게 관련되는 질병의 하나로 인식하고 있다. 치매는 그 당사자의 개인적 비복지 상태를 유발한다는 점에서도 문제이지만, 당사자의 가족 등에게도 엄청난 정신적·경제적 부담을 안겨준다는 점에서 노인복지와 관련하여 주목되고 있다.

먼저 치매의 종류에 대해 알아보면 다음과 같다.

① 알츠하이머성 치매: 인간의 뇌에 존재하는 판단, 기억, 언어 기능을 지배하는 부분이 손상된 병을 말하는데, 주로 50세를 전후하여 발병하고 아직까지 정확한 발병원인을 파악하지 못하였기 때문에 완치방법도 개발되지 못했다. 치매환자의 70%가 이에 속하며, 알츠하이머성 치매는 초기에는 매우

12) 보건복지부 중앙치매센터 2016 치매현황 자료에 의하면, 우리나라 65세 이상 치매환자수는 2015년 64만 8,223명으로 전체 65세 이상 노인인구의 9.8%로 추정하고 있다. 2015년 기준 치매환자 중 남성 28.7%, 여성 71.3%로 여성 환자의 비율이 높으며, 치매환자의 연령대는 65~69세 구간(7.1%), 70~74세 구간(7.3%), 75~79세 구간(21%), 80~84세 구간(26.2%), 85세 이상 구간(38.4%)이다. 알츠하이머형 치매(71.5%), 혈관성 치매(16.8%), 그 외 다른 유형의 치매(11.8%)로, 약 4명 중 3명은 알츠하이머형 치매이다. 전체 치매환자 중 최경도(17.1%), 경도(40.7%), 중등도(26.4%), 중증 치매(15.8%)로 경도 이하의 초기 치매가 치매환자 10명 중 6명을 차지한다.

경미하게 시작하여 지속적으로 악화된다는 특징이 있으며, 유전의 영향이 있는 것으로 알려져 있다.

증상으로 초기에는 가끔 기운이 없다. 어떤 일을 하고 싶지만 기분이 나지 않으며, 말을 알아듣기 힘들다. 중기에는 기억능력이 심각하게 감퇴되고, 시간과 장소를 잘 잃어버린다. 간혹 망상, 환상, 흥분하는 상태가 나타난다. 말기에는 모든 일상생활에 타인의 도움이 필요하며, 방향감각이 없어진다. 가족과 자신을 알아보지 못한다.

② **혈관성 치매**: 고혈압, 당뇨, 동맥경화, 심장질환, 고지혈증 등 뇌졸중의 위험인자를 지닌 환자들에게 있어서 적절한 치료를 하지 않고 지내는 경우 뇌혈관 질환(뇌졸중), 또는 뇌혈관 치매 현상이 나타나기 쉽다. 이런 경우를 혈관성 치매라고 한다. 흡연, 심장병, 비만증을 가진 사람에게 주로 발생한다. 초기 증세를 인지하기가 어렵지만 조기에 발견만 하면 치료 가능하다. 치매환자의 17%가 혈관성 지매환자이다.

③ **기타 치매**: 뇌가 충격에 의해 상하거나 뇌종양, 중추신경 매독, 일산화탄소 중독, 알코올중독, 기타 질환에 의해 두뇌가 영향을 받은 결과 퇴행성 뇌질환이 치매증상으로 이어지는 것들을 말한다. 치매환자의 13%가 이에 속한다.

| 표 2-12 | 2015년 지역별 치매환자수 및 유병률 (단위: 명, %)

구 분	65세 이상 노인인구 수	65세 이상 추정 치매	
		환자 수	유병률
전국	6,624,120	648,223	9.8
서울	1,187,432	101,139	8.5
부산	501,066	43,695	8.7
대구	312,295	28,151	9.0
인천	303,115	29,056	9.6
광주	168,654	15,848	9.4
대전	162,549	15,536	9.6

구 분	65세 이상 노인인구 수	65세 이상 추정 치매	
		환자 수	유병률
울산	97,987	8,292	8.5
세종	21,466	2,218	10.3
경기	1,280,067	122,258	9.6
강원	258,831	26,967	10.4
충북	233,864	24,894	10.6
충남	344,915	38,715	11.2
전북	331,873	36,155	10.9
전남	387,265	44,043	11.4
경북	468,111	53,527	11.0
경남	463,043	48,187	10.4
제주	83,587	9,541	11.4

자료: 보건복지부 중앙치매센터 "대한민국 2016 치매현황".

가족주의가 여전한 한국사회에서는 치매를 질병으로 여기는 인식조차 부족하기 때문에 치매환자를 대부분 가족 내에서 돌보는 상황이다. 그러나 치매환자를 돌보는 일은 엄청난 정신적·육체적 스트레스를 수반하기 때문에 환자가족에게 큰 부담이 아닐 수 없다. 사실 치매는 24시간 돌봐야 하기 때문에 특히 중증인 경우 가족이 자체적으로 돌보기란 불가능에 가깝다. 따라서 치매환자에 대한 간병에는 사회적 차원의 대책이 절실하지만 일반인을 위한 치매시설은 찾기 어려운 형편이다. 그나마 몇몇 전문병원이 있기는 하지만 치매에 대한 건강보험이 제대로 적용되지 않아 병원비가 월 수백만 원에 이르는 실정이다. 치매를 가족 내 문제로 인식하는 것을 지양하고 사회적 대책이 필요한 질병으로 인식하는 것이 절실하다.

(4) 가족생활의 문제

현대 산업화와 맞물려 우리나라는 핵가족화가 급속히 진행되고 있다. 핵가족화란 단순히 가족의 모습이 변화한다는 점만을 의미하지 않는다. 노인부양, 아동양육 등 광범위한 문제와 핵가족화 현상은 연관되어 있다. 노인의 가족생활 문제와 관련하여 핵가족화는 노인의 가족 내 위치와 위상, 가족구성원들과의 관계 등에서 심대한 영향을 미친다. 따라서 이러한 변화된 상황에 적절히 대처하는 방안들이 마련되지 않으면 노인들의 가족 내 생활은 수많은 갈등에 처하게 될 위험이 크다. 핵가족화가 진행되면서 한국의 노인들은 장남부부와 함께 살던 전통적 방식에서 벗어나 차남 이하 부부와 거주하거나 시집간 딸 부부와 거주하는 형태가 많이 나타난다. 심지어 노인부부만의 단독가구 구성비율도 꾸준히 늘어나고 있는 추세이다. 따라서 한 가족 내에서의 노인의 위치는 고정되어 있지 않고 거주형태에 따라 다양하게 설정되기 때문에 가족 내에서의 노인의 위상과 역할이 불안정하다. 위상과 역할의 불안정은 곧 노인 자신이 모델로 삼는 가족 내 위상·역할과 자신의 실제 위상·역할 간의 괴리가 커짐을 의미하는데, 이러한 괴리에서 노인 자신의 심리적 불만족과 여타 가족구성원과의 관계 면에서 문제가 발생하게 될 소지가 커지게 된다.

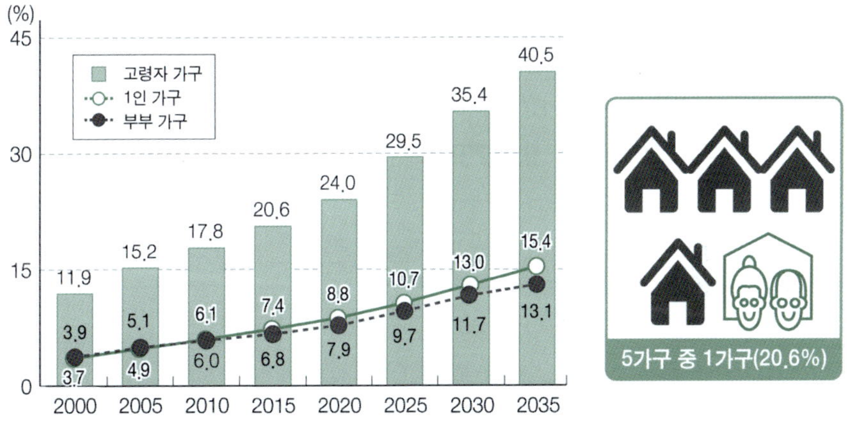

| 그림 2-6 | 고령자 가구 추이

자료: 통계청(2015). 2015 고령자통계조사 보도자료.

| 표 2-13 | 고령자 가구[13]추이 (단위: 천 가구, %)

연도	총가구	고령자 가구	구성비[14]	고령자 가구 유형					
				부부 가구	구성비	부부+자녀 가구	구성비	1인 가구[15]	구성비
2000	14,507	1,734	11.9	573	3.9	184	1.3	544	3.7
2005	15,971	2,432	15.2	822	5.1	249	1.6	777	4.9
2010	17,359	3,087	17.8	1,038	6.0	297	1.7	1,056	6.1
2015	18,705	3,852	20.6	1,280	6.8	352	1.9	1,379	7.4
2020	19,878	4,772	24.0	1,569	7.9	437	2.2	1,745	8.8
2025	20,937	6,172	29.5	2,028	9.7	587	2.8	2,248	10.7
2030	21,717	7,690	35.4	2,533	11.7	719	3.3	2,820	13.0
2035	22,261	9,025	40.5	2,919	13.1	791	3.6	3,430	15.4

자료: 통계청(2015). 2015 고령자통계조사 보도자료.

그림 2-6과 표 2-13에 따르면, 2015년 고령자 가구(가구주 연령이 65세 이상)는 385만 2천 가구로 전체 가구의 20.6%를 차지하였으며, 2035년에는 40.5%까지 증가할 전망이다. 2015년 현재 가구주가 65세 이상이면서 혼자 사는 가구는 전체 가구의 7.4%이나, 20년 후인 2035년에는 2배 이상 증가할 것으로 전망되며, 2010년 이후 고령자 가구 중 1인 가구의 비중은 부부만 사는 경우보다 더 높게 나타나고 있다.

■ **현대 한국 노인들의 가족형태**

① **독신노인**: 배우자와의 이혼 혹은 사별 후 홀로 거주하는 형태
② **1세대 노인핵가족**: 자녀와 거주하지 않고 노인부부끼리만 거주하는 형태
③ **2세대 노인핵가족**: 노인부부와 그들의 미혼자녀가 함께 거주하는 형태
④ **2세대 복합가족**: 노인부부와 기혼자녀부부, 미혼자녀가 함께 거주하는 형태
⑤ **3세대 복합가족**: 노인부부와 기혼자녀부부, 기혼자녀부부의 미혼자녀, 노인부부의 미혼자녀가 함께 거주하는 형태
⑥ **3세대 직계가족**: 노인부부와 기혼자녀, 기혼자녀의 미혼자녀가 함께 거주하는 형태

13) 가구주의 연령이 65세 이상인 가구
14) 총 가구 중 고령자 가구 유형별 구성비
15) 가구주의 연령이 65세 이상이면서 혼자 사는 가구

노인의 가족 내 위상과 역할 변화로 더 이상 전통적인 가장으로서의 역할과 위상을 노인에게 기대하기는 힘들다. 따라서 노인이 가장으로서의 역할과 위상을 고수할 경우 여러 가지 가족 내부 문제가 발생하기 때문에, 노인이 변화된 가족에 적응하여 여타 사회생활이나 여가생활 등을 통해 노후의 새로운 역할과 위상을 찾을 수 있도록 돕는 방안이 마련돼야 한다. 현재 우리나라에서 노인들은 아동양육이나 가사처리 등에서 여전히 중요한 역할을 수행하고 있다. 그러나 새로운 가족형태에서 노인이 담당하는 아동양육이나 가사처리는 가족을 돌본다거나 가족을 이끈다거나 하는 전통적인 의미를 갖지 못하고 오히려 부정적인 의미를 갖게 된다. 실제로 많은 노인들이 아동양육과 가사부담을 못마땅하게 생각하며 부담스러워한다. 노후의 안정적 가족생활을 위해서는 특히 아동양육과 같은 문제에 대해 사회차원의 적극적 대처가 필요하며, 노인들이 적극적 사회생활을 보장할 수 있는 여건 마련이 시급하다.

(5) 여가생활문제

노후생활과 관련하여 현대사회의 특히 중요한 점 중의 하나로 꼽을 수 있는 것이 은퇴의 제도화이다. 즉, 대개의 노인들은 특정 연령이 되면 제도적으로 퇴직을 하게 마련인데, 이 경우 퇴직 전 생활리듬이 직장생활 위주로 짜여 있다가 급격하게 변화하게 되므로 많은 노인들이 혼란을 겪는다. 또한 은퇴 후에는 하루 중 대부분의 시간이 자유시간이라 할 수 있는데, 대부분의 노인들은 절대적 자유시간을 자유롭게 활용하는 것이 아니라 무료하게 소일해야 하는 시간으로 받아들인다. 따라서 퇴직 후 주어지는 자유시간을 충실히 채워나갈 수 있는 다양한 여가활동이 사회적으로 갖추어져 있지 않으면 노인들은 무료한 노후생활을 영위할 수밖에 없으며 따라서 노후생활을 행복하게 보내기 곤란한 상황에 처하게 된다.

여가와 관련된 인간의 일반적 욕구를 다음과 같이 보상, 레크리에이션, 교육, 명상, 의사소통, 통합, 참여, 문화적 성향 등 여덟 가지로 분류할 수 있다.

① **보상**: 기분전환 및 오락에 대한 욕구로서 주로 취미생활, 휴가, 여행, 사교, 모임, 행사방문 등의 활동이 여기에 속한다.

② **레크리에이션**: 휴양, 건강 및 안녕에 대한 욕구로서 건강상의 문제의 가능성이 큰 노인에게 두드러지는 욕구이다.

③ **교육**: 지식습득, 재교육 및 평생교육에 대한 욕구이다. 이 욕구는 반드시 제도권 교육을 통해서만 충족되는 것은 아니며, 일반적 인간관계 전반을 통해 충족된다.

④ **명상**: 자기결정, 자기체험 및 자기발견에 대한 욕구이다.

⑤ **의사소통**: 대화, 친교 및 사교에 대한 욕구로서 의사소통이 한정되어 고립감, 고독이 큰 노인에게 두드러진 욕구이다.

⑥ **통합**: 공동생활, 소속감, 단체생활 등에 대한 욕구로서 새로운 집단에 소속됨으로써 자신의 정체성을 찾고자 하는 노인들에게 두드러진 욕구이다.

⑦ **참여**: 공동의사결정 및 사회참여활동 등에 관한 욕구이다.

⑧ **문화적 성향**: 창의성, 생산성 및 문화적 자기개발에 관한 욕구를 말한다.

| 표 2-14 | 노인의 여가활동 현황 및 선호도 (복수응답, 단위: %)

	연령	TV 및 DVD 시청	문화예술 관람 및 참여	스포츠 활동 (관람 포함)	관광 활동	취미, 자기 개발	휴식	사회 및 기타활동	기타 (컴퓨터 게임, 인터넷 활동 포함)
주말이나 휴일의 여가활용	65세 이상	83.1	3.8	7.3	3.7	7.1	51.3	15.4	4.3
	남자	82.6	4.2	12.5	5.0	8.3	49.5	12.1	6.0
	여자	83.5	3.5	3.5	2.7	6.2	52.6	17.7	3.0
앞으로 하고 싶은 여가활동	65세 이상	31.9	15.7	10.1	51.1	17.1	30.1	23.7	1.6
	남자	28.5	15.9	18.0	54.5	20.0	26.6	20.2	2.3
	여자	34.4	15.5	4.4	48.7	15.0	32.7	26.3	1.2

자료: 통계청(2016). 2016 고령자통계조사 보도자료.

표 2-14와 같이 2015년 65세 이상 고령자의 주말이나 휴일의 여가활용 방법

으로는 "TV 및 DVD 시청"이 83.1%로 가장 많고, 다음으로 휴식(51.3%), 사회 및 기타활동(15.4%) 순으로 나타난다. 65세 이상 고령자가 앞으로 시간적·경제적 여유가 생긴다면 여가시간에 가장 하고 싶은 것은 관광(51.1%)이었고, 다음은 "TV 및 DVD 시청"(31.9%), 휴식(30.1%) 등의 순이다.

(6) 독거노인문제

현대사회의 노인문제에서 중요한 부분은 여성노인의 증가이며, 그 대부분이 독거노인이다. 이 문제는 단지 우리나라에서만의 독특한 문제는 아니다. 이미 서구사회에서는 이 문제가 개인주의와 핵가족의 증가로 인하여, 연금에 의해 임대주택에서 홀로 삶을 유지하는 노인들이 사망한 지 한 달 후에나 발견되는 사례가 등장하면서 사회적으로 쟁점화되었다. 그 이후 홀로 살고 있는 노인들의 집에는 화장실과 같은 곳에 벨을 설치하여 응급상황을 해결할 수 있는 조치들을 취하게 되었다.

우리나라에서 독거노인 수는 지속적으로 증가할 수밖에 없다. 우리나라는 2015년 현재 독거노인의 수가 122만 명을 넘었으며, 그것은 전체 노인인구의 32.9% 정도에 달하고 있다. 여기서 더욱 중요한 문제는 이 독거노인들이 경제적으로 능력이 거의 없다는 사실이다. 이것과 연관하여 우리나라 노인들이 OECD 국가들 중에서 노인빈곤율 1위라는 사실은 그들이 경제적으로 매우 취약하다는 사실을 증명하고 있는 것이다. 그 원인으로는 두 가지 측면에서 접근할 수 있다.

첫째, 노인인구 중에서 독거노인 수가 매우 많은데, 그중에서 연령적으로 70대 독거노인이 대다수를 차지하고 있다. 이 세대는 광복과 한국전쟁을 겪으면서 베이비붐을 일으켰고, 산업화의 중심이었으며, 자녀교육에 힘을 써서 국가의 인적자원 육성에 앞장섰지만, 가족구조의 변화로서 그들은 핵가족의 중심에 위치하게 되었다. 그런 이유로 그들은 자녀들의 부모에 대한 부양의식의 과도기에 위치하여 새로운 시대적 흐름에 신속하게 적응하지 못하였다.

둘째, 경제적인 측면으로 전자에 대한 노력으로 정작 자신에 대한 노후 대책에 무관심하였던 이 세대는, 한편으로는 이촌향도로 고향을 떠난 자녀들로부터 부양을 받지 못하였으며, 다른 한편으로는 국가도 노인들의 사회발전기여에 대한 배려를 시행하지 못하였다. 그러므로 독거노인문제는 단순히 노인 그 자신들만의 문제가 아닌 사회문제로 다루어져야 할 것이다.

결론적으로 이와 같은 사회적 문제들을 해결하기 위해서 첫째, 재정확충으로 기초연금액을 인상해야 하며, 더 나아가 노인일자리 창출이 아닌 노인과 함께 일자리 창출을 진행하여야 한다. 노인들의 사회참여가 주체적으로 이루어질 수 있도록 노인들의 존재감을 사회에 인식시키도록 해야 할 것이다. 둘째, 노인 관련 서비스의 효율성 제고를 위하여 복지기관들 간의 연계이다. 이는 각종 복지기관들의 중복된 서비스를 정리하여 선택과 집중으로 노인들에 대한 서비스가 다양한 계층들에 의하여 실행될 수 있도록 하여 사회복지의 목적인 사회통합이 노인들로 인하여 각 계층들 간에 이루어질 수 있게 해야 할 것이다.

PART

02

노인과 사회복지정책에 대한 이해

Chapter

03

노인소득보장정책

급격한 노령화는 노인의 4고(苦), 즉 퇴직 후의 수입감소로 인한 빈곤, 노화에 따른 질병, 역할상실에 따른 무위, 도시화와 산업화에 따른 고독과 소외를 초래한다. 이는 노인복지정책의 변화를 유구하며, 이러한 정책변화에 대한 수요에 부응하기 위해 정부는 국민연금 개선, 기초연금과 노인장기요양보호제도의 도입, 노인일자리 확대, 취약노인의 안전 및 보호강화, 치매대책의 추진 등 노인복지정책을 지속적으로 발전시켜왔다.

이에 본 장에서는 노인에 대한 소득보장정책의 필요성과 소득보장정책의 현황을 통해 노인복지정책의 방향성에 대해 살펴보고자 한다.

1. 노인소득보장의 의의 및 필요성

일반적으로 노후의 소득은 크게 근로소득·자산소득·사적 연금 등을 통한 소득과 사회보장급여를 통한 소득의 두 부류로 구분된다. 이 두 가지의 소득 중 근로소득·자산소득·사적 연금 등이 개별적 노력에 의한 소득원이라면 사회보장급여는 사회보장제도에 의한 소득원이라고 할 수 있다.

표 3-1에서 보듯이 흔히 복지선진국이라 불리는 국가들에서는 노후소득의 약 50~60%를 사회복지급여로부터 획득하기 때문에 소득의 안전성과 지속성에서 뛰어난 보장성을 보여준다. 하지만 우리나라의 경우, 노인들은 주로 사적 소득원에 의존하고 있기 때문에 노후 소득이 불안전하고 지속적이지 못하며 개인 간 편차가 클 수밖에 없다. 이러한 문제는 결국 노인들의 전반적 노후생활의 불안으로 이어지게 된다.

따라서 소득보장이란 노인빈곤에 대한 사회적 대책으로서 국가·사회가 노인이 빈곤상태를 벗어날 수 있도록 최소한의 장기적인 소득을 확보해 주는 활동을 의미한다. 현대사회에서 노인빈곤의 원인으로는 생물학적 노화현상, 노동시장에서의 경쟁력 상실, 정년퇴직, 노년기 이전의 소득 불충분으로 인한 노년기 경제생활에 대한 준비 부족 등 개인의 결함 또는 도덕적 결함에 의한 것이라기보다 생물학적 및 사회적 요인에 의한 변이 더 크기 때문에 사회적 차원에서 노인에 대한 소득보장의 대책이 필요하다.

2. 노인소득보장의 방법

노인의 경제적 빈곤문제를 해결하기 위한 우리나라의 소득보장제도는 다음과 같이 직접소득보장정책과 간접소득보장정책으로 구분하여 살펴볼 수 있다.

| 표 3-1 | 65세 이상 노인의 소득원천

국가	근로소득	자산소득	사적연금	사회보장급여
캐나다(1980)	27.0	22.6	11.3	37.0
덴마크(1977)	27.7	11.1	10.4	46.9
핀란드(1980)	15.3	7.1	0.3	77.3
독일(1978)	11.9	11.6	3.9	68.5
아일랜드(1980)	49.1	3.9	12.3	34.7
뉴질랜드(1980)	13.9	18.9	4.4	59.4
노르웨이(1982)	20.4	7.2	0.8	71.5
스웨덴(1980)	11.1	8.8	0	78.1
영국(1980)	23.8	9.1	5.5	54.6
미국(1980)	26.8	15.4	5.5	37.3
한국(1997)	37.6	6.9	0	7.4

자료: 김기환 외(2010: 4).

1) 직접소득보장정책

직접소득보장정책은 노인에게 직접 현금을 제공함으로써 불충분한 소득부분을 보충해 주는 제도이다. 현재 우리나라의 직접소득보장정책에는 국민연금과 공공부조제도가 있는데, 국민연금은 개인의 기여금과 기여기간에 따라 60세(향후 65세) 이후부터 지급된다. 공공부조제도는 국민기초생활보호대상 노인에게 국한하여 적용되는 것인데, 통계청에 의하면 2018년 현재 기초생활보호제도의 혜택을 받는 노인의 수는 약 34만 명으로 나타났다. 국민연금과 공공부조, 수당, 사적연금 등의 직접적 소득보장제도는 다음과 같다.

(1) 데모그란트(demogrant)

데모그란트는 일정한 인구학적 조건만 갖추면(해당 국적을 가진 사람, 해당 국가에 일정기간 거주한 사람 등) 기여금을 지불하지 않았어도 소득조사나 자산조사 없이 연금급여를 제공하는 제도이다. 연금급여액은 과거의 경제활동 및 소득에 관계없이 동일한 금액이 지불되나 구체적인 내용은 법에 규정되어 있다. 연금급여에 필요한 재원은 일반조세에 의해 충당된다.

기여금을 지불하지 않고 자산조사나 소득조사를 받지 않고 연금급여를 제공한다. 즉, 연금수급권을 일정소득 이하의 저소득층에게 한정하지 않고 소득에 관계없이 모든 국민에게 제공한다.

현재 호주와 영국에서 실시하는 비기여제 노령연금을 예로 들 수 있으며, 우리나라에서는 아직 실시되고 있지 않으나 국가공무원이 받는 노인부양수당은 수급권자의 경제적 사정과 관계없이 일률적으로 지급되고 있으므로 데모그란트의 성격이라고 할 수 있다(최순옥 외, 2014: 111).

이 제도는 모든 노인에게 보편적으로 제공되므로 다음과 같은 몇 가지 장점이 있다. 첫째, 연금급여를 사회권으로 받을 수 있어 인간다운 삶을 누릴 수 있다. 둘째, 누구나 연금급여를 받을 수 있어 국민 간에 연대의식을 향상시키고 사회통합의 목적을 달성할 수 있다. 셋째, 인구사회학적 요건만 갖추면 급여를 제공하기 때문에 관리가 용이하다. 그러나 이 제도의 단점은 첫째, 가난한 사람들에게 연금급여를 집중적으로 제공하지 못하기 때문에 대상효율성이 낮고, 둘째, 부자나 가난한 사람 모두에게 연금급여를 제공하므로 소득재분배의 효과가 낮으며, 셋째, 모든 사람들에게 연금급여가 제공되므로 재정이 많이 소요되고 재정확보가 어렵다는 점이다(채구묵, 2009: 117-118). 또한 국가의 재정 능력이 없으면 데모그란트 방식에 의한 노후 소득보장은 계속되기 힘든 방법이다.

(2) 연금보험

사회보험은 보험의 원리를 응용하여 사회적 위험이나 애로요인을 해결하는 것이다. 우리나라는 「사회보장기본법」 제3조에서 "국민에게 발생하는 사회적 위험(출산, 양육, 실업, 노령, 장애, 질병, 빈곤 및 사망 등)을 보험방식에 의하여 대처함으로서 국민의 건강과 소득을 보장하는 제도"라고 규정하고 있다. 사회보장법의 사회보험의 특성으로는 강제 가입, 최저생활의 보장, 국가 독점운영 등이다. 현재 우리나라의 사회보험은 질병을 대비한 국민건강보험, 노령을 대비한 국민연금, 산업재해를 대비한 산업재해보상보험, 실업을 대비한 고용보험, 마지막으로 2007년 4월 제정, 2008년 7월 시행된 노인장기요양보험이 있다.

노인의 소득보장과 관련한 사회보험은 국민연금으로 국민연금의 특성은 다음과 같다.

국민연금은 사회보험으로써 사회보험의 일반적 특성에 따라 국가 관장 원리, 강제 가입 및 위험분산, 소득재분배, 수정적립방식을 특성으로 하고 있다. 첫째, 사회보험의 특징을 가진다. 국민연금은 국민의 생활 안정과 복지증진을 위하여 보험의 원리를 도입하여 만든 사회보험의 일종이며 가입자, 사용자로부터 일정한 보험료를 받고 여기에 국가의 비용부담을 재원으로 하여 여러 가지 정형화된 보험금의 지급을 특징으로 하는 사회보장제도이다. 둘째, 국가관장원리는 연금제도의 관리 운영은 국가가 관장함으로써 제도의 영속성과 안정성을 도모하는 것이다. 셋째, 강제 가입 및 위험 분산은 사회적 위험의 분산을 목적으로 역의 선택(보험시장에서의 역의 선택은 사고위험이 높은 그룹의 집중적으로 보험에 가입하는 현상으로, 공적 사회보험에서는 이를 방지하기 위해 강제 가입)과 같은 현상을 방지하기 위해 민간보험과 달리 강제 가입이 되고, 탈퇴나 보험료 징수 및 급여 등에 관한 사항은 법에 따라 엄격히 규정한다는 것이다. 넷째, 소득재분배는 국민연금은 노령, 폐질, 질병, 사망 등으로 소득이 상실되거나 감퇴된 경우에 빈곤에 빠지지 않도록 연금을 지급하여 본인이나 유족의 기본생계를 보장하고, 소득이 높은 계층으로부터 낮은 계층으로 소득이 재분배되는 기능을 가진다. 다섯째, 수정적립방식은 국민연금의 재정방식으로, 제도의 도입초기에는 불충분한 재정구조에 따른 "저부담-고급여" 방식으로 제정을 운영한 뒤, 제도가 점차 정착되어감에 따라 보험료를 상향조정하는 방식이다.

(3) 공공부조

공공부조는 사회보험과 더불어 국민의 최저생활보장을 목적으로 한다. 즉, 공공부조는 국가의 조세를 재원으로 생활능력을 상실한 자들에 대해 국가의 책임하에 소득보장, 의료보호, 교육, 주택, 기타 서비스 등의 프로그램을 무기여급부의 형태로 제공하여 최저한의 생활보장을 보장하고 자립을 촉진시키기 위한 일련의 정책들을 의미한다. 공공부조는 최후의 사회안전망으로서의 기능을 담당하는데, 공적 부조(public assistance), 국가부조(national assistance), 사회부조(social assistance)라고도 한다.

이러한 공공부조제도는 다른 사회보장제도와는 달리 몇 가지 특성을 가지고 있다.

첫째, 공공부조는 빈곤에 대한 최후의 국가적 대책이다. 자본주의 사회에서 자기 자신의 삶은 스스로가 책임지는 '사적 가치의 원리'를 기반으로 하면서도, 현대사회에서 빈곤의 사회적 배경을 감안하여 국가가 빈곤을 해결하는 최후의 보루로써의 사회적 안전망으로 기능한다. 따라서 자산조사와 같은 자격요건의 심사가 요청된다.

둘째, 공공부조는 그 대상자를 선정하여 원조를 제공하는 '선택주의'(selectivity) 제도이다. 자격요건을 갖춘 대상자에게 제한하여 제반급여를 제공하므로 모든 사람을 대상으로 하는 사회보험적 성향과는 구별된다.

셋째, 공공부조에 필요한 재원조달은 일반 조세를 통하여 마련한다. 공공부조의 대상자들은 공공부조급여를 받기 위해 별도로 경제적인 기여를 하지 않고, 일방적으로 소득의 이전을 제공받는 측면이 있다. 이것을 '소득의 일방적 이전'(unilateral transference)이라고 한다.

넷째, 이러한 소득 이전을 통해 소득의 재분배적 기능을 도모할 수 있는 제도이다. 특히 중·상류계층의 조세를 통해 빈곤층과 저소득층에 공공부조 재원이 지출되어 소득의 불평등을 완화하는 기회가 되기도 한다(현외성, 2013: 337-339).

(4) 사적 연금 또는 퇴직연금

공적연금제도에 의한 퇴직 후 연금 또는 일시금을 뜻한다. 피고용자가 퇴직한 경우 급여자격이 부여되며, 현금과 퇴직연금, 장해연금, 유족연금의 형태로 지급되고, 근로연수와 봉급수준, 기여금 부담 등에 따라 차등 분배된다. 재정은 기업체 운영과 퇴직급여 전달 등에 의해 충당된다. 특성으로는 공적연금을 개인적 차원에서 보충하는 제도라는 점, 사회적 윤리의 표현이며 복지적 대책이고, 급여의 수급기간 근무연한에 한정되며, 위험성이 있다는 점이다. 이를 실현하기 위한 프로그램으로는 근로자퇴직급여보장제도가 있다(배기효 외, 2015: 116-117).

2) 간접소득보장정책

간접소득보장정책은 직접 현금을 제공하는 것이 아니라 각종 요금이나 이용금, 세금을 감면하여 줌으로써 소득을 간접적으로 보전하여 주는 제도이다. 현재 경로우대제도와 각종 세제혜택제도가 이 정책에 속한다.

(1) 세금감면할인혜택

재산세를 감면해 주고, 할인혜택을 부여하는 것이다. 지출의 감소형태로 나타나며, 재정은 재산세 감면, 할인혜택 등으로 충당된다. 특징으로는 현금, 물품의 지급이 아니지만 지출을 감소시킨다는 것과 노인이 동거하는 가족의 재산세를 감면한다는 것이다. 재산세 감면, 경로우대제도가 있다.

(2) 고용촉진

퇴직한 노인이나 저소득층에 취업의 기회를 제공한다. 노인을 고용하는 것은 유휴인력을 적절히 활용하면서 그들의 경제적 욕구도 충족시켜 주는 것이므로 계속해서 연구, 발전되어야 할 것이다. 시간제 고용, 노인복지공장의 설치 운영 등이 있다(배기효 외, 2015: 117).

3. 우리나라 노인소득보장 프로그램

1) 국민연금

국민연금은 사회보험의 하나인 사회보장연금에 속하는 사회보장제도이다. 우리나라는 적립식을 원칙으로 하면서 초기에는 보험료율을 낮게 책정했다가 점진적으로 상향조정하였고, 일정 부분 재분배기능도 하고 있으므로 부과식 방법도 혼용하고 있다고 할 수 있다.

(1) 국민연금의 의의와 목적

국민연금은 국가가 보험의 원리를 도입하여 만든 사회보험의 하나로 가입자, 사용자로부터 보험료를 받고 국가도 일정한 운영에 필요한 비용을 부담하여 이들을 재원으로 소득능력의 상실 또는 감퇴된 경우 가입자 본인이나 그 유족에게 일정액의 급여를 행하여 안정된 생활을 할 수 있도록 국가가 운영하는 장기적 소득보장을 위한 제도이다. 또 단일한 연금체계 안에서 소득재분배를 통한 퇴직 전 생활수준 유지 기능을 조화시켜서 궁극적으로 사회적 위험으로부터 안정된 노후소득을 보장하는 것을 목적으로 한다. 노령인구의 증가, 노인부양의식의 약화, 각종 사회적 위험의 증대에 따른 생계안정대책으로 국민연금의 정책 형성이 필요했던 것이다. 국민연금의 도입으로 가족을 통한 노인부양에서 연금제도를 통한 노인부양으로 부양방식이 이행되었다(강희갑, 2016: 238).

「국민연금법」상에서 국민연금정책의 목적은 다음과 같다. 국민의 노령, 장애 또는 사망에 대하여 연금급여를 실시함으로써 국민의 생활 안정과 복지증진에 이바지하는 것을 목적으로 한다(동법 제1조). 우리나라의 국민연금사업은 보건복지부장관이 맡아서 관장하고(동법 제2조), 국민연금관리공단을 설립하여 위탁·운영되고 있다(동법 제25조).

이러한 국민연금제도는 국가가 운영하는 장기적인 소득보장제도로서 건강보험제도와 함께 우리나라 사회보장정책의 대표적인 두 축이다.

(2) 국민연금의 가입대상

국내 거주하는 국민으로서 18세 이상 60세 미만인 자로써 국내에 거주하는 국민이 가입대상이 된다(동법 제6조). 다른 법률에 의해 공적연금을 받는 자(공무원, 군인, 사립학교 교직원 등), 기타 대통령령이 정하는 자(거택·시설보호자), 특수직종근로자(「광업법」에 의한 갱내 작업 광부, 「선원법」에 의한 어로작업 선원) 등은 제외된다.

외국인의 경우 그 외국인의 본국법이 우리나라 국민에게 연금혜택을 주는 경우에 한하여 우리나라의 「국민연금법」의 적용을 받도록 하는 정책을 펴고 있다(동법 제6조, 제126조 참조). 대한민국이 외국과 사회보장협정을 맺은 경우에는 이 법에도 불구하고 국민연금의 가입, 연금보험료의 납부, 급여의 수급 요건, 급여액의 산정, 급여의 지급 등에 관하여 그 사회보장협정에서 정하는 바에 따른다(동법 제17조).

(3) 가입자 형태

국민연금은 가입자의 종류를 사업장가입자, 지역가입자, 임의가입자 및 임의계속가입자로 구분한다(동법 제7조). 사업장가입자란 사업장[1]에 사용되는 근로자와 사용자로서 국민연금에 가입된 자를 말한다. 여기에는 당연적용사업 가입자와 가

1) 사업장이란 국민연금법에 의해 국민연금에 의무적으로 가입되어 있는 사업장. 당연적용사업장에 해당되는지 여부는 그 사업장 근로자 수를 기준으로 하는데, 2006년 1월부터 1인 이상의 근로자를 사용하는 사업장 또는 주한외국기관으로서 1인 이상의 대한민국 국민인 근로자를 사용하는 사업장은 모두 당연적용 사업장이 된다.

입이 임의에 맡겨진 임의적용사업장 가입자로 나뉜다.

| 표 3-2 | **국민연금 가입자 형태**

구분		내용
당연가입자	사업장 가입자	• 국민연금에 가입된 사업장의 18세 이상 60세 미만의 사용자 및 근로자로서 국민연금에 가입된 자 • 1인 이상의 근로자를 사용하는 사업장 또는 주한외국기관으로서 1인 이상의 대한민국 국민인 근로자를 사용하는 사업장에서 근무하는 18세 이상 60세 미만의 사용자와 근로자는 당연히 사업장가입자가 됨 • 따라서 지역가입자가 사업장에 취업하면 자동적으로 사업장가입자가 되고 지역가입자 자격은 상실됨
	지역 가입자	• 국내에 거주하는 18세 이상 60세 미만의 국민으로서 사업장가입자가 아닌 사람은 당연히 지역가입자가 됨 • 다만, 다른 공적연금에서 퇴직연금(일시금), 장애연금을 받는 퇴직연금 수급권자, 국민기초생활보장법에 의한 수급자, 소득활동에 종사하지 않는 사업장가입자 등의 배우자 및 보험료를 납부한 사실이 없고 소득활동에 종사하지 않는 27세 미만인 자는 지역가입자가 될 수 없음
	외국인 가입자	• 우리나라에 거주하고 있는 외국인은 내국인과 공등하게 국민연금에 가입하여야 한다. 즉, 18세 이상 60세 미만의 외국인이 국민연금에 가입된 사업장에 근무하면 사업장가입자가 되고, 그 외의 외국인은 지역가입자가 됨
임의가입자	임의 가입자	• 사업장가입자와 지역가입자가 될 수 없는 사람도 60세 이전에 본인의 희망에 의해 가입신청을 하면 임의가입자가 될 수 있음 • 즉, 다른 공적연금에서 퇴직연금(일시금), 장애연금을 받는 퇴직연금 수급권자, 국민기초생활보장법에 의한 수급자, 소득활동에 종사하지 않는 사업장가입자 등의 배우자 및 보험료를 납부한 사실이 없고 소득활동에 종사하지 않는 27세 미만인 자는 본인의 선택에 따라 임의가입자가 될 수 있음
	임의계속 가입자	• 가입기간이 20년 미만인 가입자가 60세 도달로 국민연금 가입자 자격을 상실하였으나 가입기간이 부족하여 연금을 받지 못하거나 가입기간을 연장하여 더 많은 연금을 받고자 원할 경우는 65세에 달할 때까지 신청에 의해 임의계속 가입자가 될 수 있음

자료: 김경우 외(2016: 365).

(4) 가입자 자격 취득 시기와 상실 시기

「국민연금법」은 가입 자격의 취득 시기와 상실 시기를 규정하고 있다.

가입자 자격의 취득 시기는 다음과 같이 규정하고 있다. 첫째, 사업장가입자는 당연적용사업장에 고용된 때 또는 그 사업장의 사용자가 된 때, 당연적용사업장으로 된 때에 가입자자격을 취득한다. 둘째, 지역가입자는 사업장가입자의 자격을 상실한 때, 국민연금 가입대상 제외자에 해당하지 아니하게 된 때, 배우자가 별도의 소득이 있게 된 때, 18세 이상 27세 미만인 자가 소득이 있게 된 때의 어느 하나에 해당되게 된 날에 그 자격을 취득한다. 셋째, 임의가입자는 가입 신청이 수리된 날에 자격을 취득한다(동법 제13조).

가입자의 자격상실 시기는 다음과 같이 규정하고 있다.

사업장가입자는 사망한 때, 국적을 상실하거나 국외로 이주한 때, 사용관계가 끝난 때, 60세가 된 날의 다음 날에 자격을 상실하고 국민연금 가입대상 제외자에 해당하게 된 때에는 그날에 자격을 상실한다. 지역가입자는 사망한 때, 국적을 상실하거나 국외로 이주한 때, 배우자로서 별도의 소득이 없게 된 날의 다음 날에 자격을 상실하며 국민연금 가입대상 제외자에 해당하게 된 때, 사업장가입자의 자격을 취득한 때에는 그날에 자격을 상실한다. 임의가입자는 사망한 때, 국적을 상실하거나 국외로 이주한 때, 탈퇴 신청이 수리된 때, 60세가 된 때, 대통령령으로 정하는 기간 이상 계속하여 연금보험료를 체납한 때에는 다음 날에 자격을 상실한다. 다만, 사업장가입자 또는 지역가입자의 자격을 취득한 때, 국민연금 가입대상 제외자에 해당하게 된 때에는 당일에 자격을 상실한다.

(5) 국민연금의 가입기간

국민연금의 가입기간은 중요한 수급요건이다. 국민연금 가입기간은 월 단위로 계산하되, 가입자의 자격을 취득한 날이 속하는 달의 다음 달부터 자격을 상실한 날의 전날이 속하는 달까지로 한다(동법 제17조 제1항). 가입기간을 계산할 때 연금보험료를 내지 아니한 기간은 가입기간에 산입하지 아니한다. 다만, 사용자가 근로자의 임금에서 기여금을 공제하고 연금보험료를 내지 아니한 경우에는 그 내지 아니한 기간의 2분의 1에 해당하는 기간을 근로자의 가입기간으로 산입한다. 이 경우 1개월 미만의 기간은 1개월로 한다(동법 제17조 제2항).

국민연금은 군 복무기간에 대한 가입기간 추가 산입규정이 있다. ① 현역병, 사회복무요원의 어느 하나에 해당하는 자가 노령연금 수급권을 취득한 때(가입기간이 추가 산입되면 노령연금 수급권을 취득할 수 있는 경우를 포함한다)에는 6개월을 가입기간에 추가로 산입한다. 다만, 「병역법」에 따른 병역의무를 수행한

기간이 6개월 미만인 경우에는 그러하지 아니한다(동법 제18조).

또 고령화사회에 대비한 출산장려를 위해 출산에 대한 가입기간 추가 산입규정이 있다(동법 제19조). 둘 이상의 자녀가 있는 가입자 또는 가입자였던 자가 노령연금수급권을 취득한 때(가입기간이 추가 산입되면 노령연금수급권을 취득할 수 있는 경우를 포함한다)에는 자녀가 2명인 경우에는 12개월, 자녀가 3명 이상인 경우에는 둘째 자녀에 대하여 인정되는 12개월에 2자녀를 초과하는 자녀 1명마다 18개월을 더한 개월 수에 따른 기간을 가입기간에 추가로 산입한다. 다만, 추가로 산입하는 기간은 50개월을 초과할 수 없으며, 자녀 수의 인정방법 등에 관하여 필요한 사항은 대통령령으로 정한다.

국민연금은 실업에 대한 가입기간 추가 산입규정이 있다(동법 제19조의2). 18세 이상 60세 미만인 사람 중 가입자 또는 가입자였을 것, 대통령령으로 정하는 재산 또는 소득이 보건복지부장관이 정하여 고시하는 기준 이하일 것의 두 가지 요건을 모두 갖춘 사람이 「고용보험법」에 따른 구직급여를 받는 경우로서 구직급여를 받는 기간을 가입기간으로 산입하기 위하여 국민연금공단에 신청하는 때에는 그 기간을 가입기간에 추가로 산입한다. 다만, 추가로 산입하는 기간은 1년을 초과할 수 없다.

(6) 국민연금의 연금보험료

국민연금의 연금보험료 산출 방식은 다음과 같다.

연금보험료 = 가입자의 기준소득월액 × 연금보험료율

사업장가입자 보험료율은 2019년 현재 9.0%(근로자 4.5% + 사용자 4.5%)로 근로자와 사용자가 각각 4.5%씩을 부담한다. 지역가입자, 임의가입자, 임의계속가입자의 보험료율은 9.0%로 모두 자신이 부담한다.

기준소득월액이란 국민연금의 보험료 및 급여 산정을 위하여 가입자가 신고한 소득월액에서 천 원 미만을 절사한 금액을 말하며, 최저 31만 원에서 최고

486만 원까지의 범위로 결정하게 된다. 따라서 2019년 기준 신고한 소득월액이 31만 원보다 적으면 31만 원을 기준소득월액으로 하고, 486만 원보다 많으면 486만 원을 기준소득월액으로 한다.

기준소득월액 상한액과 하한액은 국민연금 사업장가입자와 지역가입자 전원(납부예외자 제외)의 평균소득월액의 3년간 평균액이 변동하는 비율을 반영하여 매년 3월말까지 보건복지부장관이 고시하며 해당연도 7월부터 1년간 적용한다. 2018년 7월 1일부터 2019년 6월 30일까지 적용할 최저·최고 기준소득월액은 각각 30만 원과 468만 원, 2019년 7월 1일부터 2020년 6월 30일까지 적용할 최저·최고 기준소득월액은 각각 31만 원과 486만 원이다.

(7) 국민연금의 급여

국민연금은 나이가 들거나 장애 또는 사망으로 인해 소득이 감소할 경우 일정한 급여를 지급하여 소득을 보장하는 종신보험 성격의 사회보험이다.

국민연금의 급여의 특징으로는 첫째, 연금액의 실질가치 보장(동법 제51조 제2항)으로 연금을 받는 동안 매년 전국소비자물가변동률을 반영하여 연금액을 조정함으로써 물가가 인상되더라도 항상 연금액의 실질가치가 보장된다. 둘째, 국가가 지급을 보장하는 안전성(동법 제3조의2), 셋째, 가입기간 인정(크레딧) 제도 운영(동법 제18조, 제19조 및 제19조의2)으로 출산, 군복무 및 실업에 대해 연금 가입기간을 추가 인정해 주어 노령연금수급기회를 확대하였다.

연금급여로 노령연금(분할연금), 장애연금, 유족연금과 일시금급여로 반환일시금과 사망일시금이 있다.

| 표 3-3 | 연금급여의 종류

연금급여(매월 지급)		일시금 급여	
노령연금	노후 소득보장을 위한 급여 (국민연금의 기초가 되는 급여)	반환일시금	연금을 받지 못하거나 더 이상 가입할 수 없는 경우 청산적 성격으로 지급하는 급여

연금급여(매월 지급)		일시금 급여	
장애연금	장애로 인한 소득감소에 대비한 급여	사망일시금	유족연금 및 반환일시금을 받지 못할 경우 장제부조적·보상적 성격으로 지급하는 급여 유족연금
유족연금	가입자의 사망으로 인한 유족의 생계보호를 위한 급여		

자료: 사회복지교육연구센터(2015: 247).

① 노령연금

노령연금은 가입기간(연금보험료 납부기간)이 10년 이상이면 지급연령(60~65세) 이후부터 평생 동안 매월 지급받을 수 있으며, 국민연금의 기초가 되는 급여이다. 가입기간, 연령, 소득활동 유무에 따라 노령연금(소득활동에 따른 노령연금 포함), 조기노령연금으로 구분되며, 파생급여로 분할연금이 있다.

| 표 3-4 | 노령연금을 받을 수 있는 요건

구분	요건
노령연금	• 가입기간 10년 이상, 60세에 도달한 자 ※ 노령연금수급권자가 65세 전에 소득이 있는 업무에 종사하는 경우에는 초과 소득 월액에 따라 구간별로 연금액이 감액됩니다(최대 감액 비율 노령연금액의 1/2). 근로소득공제 또는 필요경비 공제 후의 월평균소득액이 전체 가입자의 평균소득(A값) 이하인 경우에는 해당 없음
조기노령연금	• 가입기간 10년 이상, 연령 55세 이상인 자가 소득이 있는 업무에 종사하지 아니하고, 60세 도달 전에 청구한 경우(소득이 있는 업무에 종사하는 경우 60세 전에는 그 기간의 연금을 지급 정지하고, 60세 이후 65세 전에는 초과 소득 월액에 따라 구간별로 연금액이 감액됩니다(최대 감액 비율 노령연금액의 1/2).
분할연금	• 가입기간중 혼인기간이 5년 이상인 노령연금수급권자의 이혼한 배우자가 60세가 된 경우

자료: 국민연금공단(2019).

노령연금은 국민연금의 기초가 되는 급여로 국민연금 가입자가 나이가 들어 소득활동에 종사하지 못할 경우 생활안정과 복지증진을 위하여 지급되는 급여로써 가입기간(연금보험료 납부기간)이 10년 이상이면 60세(조기노령연금의 경우 55세) 이후부터 평생 동안 매월 지급받을 수 있다.

현재 우리나라의 국민연금은 평균수명의 연장과 노령화의 심화로 인한 연금재정의 건전화를 위해 연금(노령연금, 반환일시금 등) 수급개시 연령을 상향조정하였다.

노령연금, 반환일시금 등을 받을 수 있는 연령은 현재 61세(조기노령연금은 56세)로서, 1953년 출생자부터 단계적으로 1세씩 연장되어 1969년 이후 출생자부터는 65세(조기노령 연금은 60세)가 된다. 오래전부터 노령화가 시작된 미국, 일본, 독일, 영국, 스웨덴 등 많은 선진국들은 노령연금 수급개시 연령 상향조정 개혁을 1980년대부터 단행하여 현재 65세 또는 그 이상부터 노령 연금을 지급하고 있다. 이는 평균수명이 연장되고 노령화가 지속적으로 심화되는 사회에서 연금재정의 건전화를 목적으로 한다.

노령연금은 가입기간, 연령, 소득활동 유무에 따라 노령연금, 조기노령연금이 있으며, 이혼한 배우자에게 지급될 수 있는 분할연금이 있다.

| 표 3-5 | **노령연금 등 출생년도별 수급개시 연령**

<table>
<tr><th colspan="2" rowspan="2">노령연금, 분할연금, 반환일시금 등</th><th colspan="2">조기노령연금</th></tr>
<tr><th colspan="2">2013년 1월 이후</th></tr>
<tr><td>~'52년생</td><td>60세부터</td><td>~'52년생</td><td>55세부터</td></tr>
<tr><td>'53~'56년생</td><td>61세부터</td><td>'53~'56년생</td><td>56세부터</td></tr>
<tr><td>'57~'60년생</td><td>62세부터</td><td>'57~'60년생</td><td>57세부터</td></tr>
<tr><td>'61~'64년생</td><td>63세부터</td><td>'61~'64년생</td><td>58세부터</td></tr>
<tr><td>'65~'68년생</td><td>64세부터</td><td>'65~'68년생</td><td>59세부터</td></tr>
<tr><td>'69년생~</td><td>65세부터</td><td>'69년생~</td><td>60세부터</td></tr>
</table>

자료: 국민연금공단(2019).

② 장애연금

장애연금은 가입 중에 발생한 질병 또는 부상으로 인해 완치[2])된 후에도 장애가 남았을 때 장애 정도(1급~4급)에 따라 급여를 지급한다. 장애로 인한 소득 감소부분을 보전함으로써 자신과 가족의 안정된 생활을 보장하기 위한 급여이다.

장애등급의 결정은 완치일을 기준으로 노동력 손실 또는 감소 정도에 따라 1급~4급으로 결정하며, 초진일로부터 1년 6개월이 지나도 완치되지 않은 경우에는 그 1년 6개월이 경과된 날을 기준으로 장애등급을 결정한다. 만약, 1년 6개월

2) "완치"란 부상 또는 질병이 의학적으로 치유되었을 때 또는 더 이상의 치료효과를 기대할 수 없는 상태로서 그 증상이 안정되고 장기간에 걸쳐서 그 장애의 고정성이 인정되는 최종 상태를 말한다.

이 경과된 시점에서 장애가 경미하여 장애등급(1급~4급)에 해당되지 않았으나 그 장애가 악화되어 60세가 되기 전에 장애등급에 해당되면 청구한 날을 기준으로 장애등급을 결정한다. 이 경우 반드시 60세 전에 청구해야 한다(다만, '53년~'56년생은 61세, '57년~'60년생은 62세, '61년~'64년생은 63세, '65년~'68년생은 64세, '69년생 이후부터는 65세까지 청구하면 됨).

③ 유족연금

유족연금은 국민연금 가입자 또는 연금을 지급받던 사람이 사망할 경우 그에 의해 생계를 유지하던 유족에게 급여를 지급하여 안정된 삶을 살아갈 수 있도록 하기 위한 급여이다.

유족연금을 받을 수 있는 요건으로는 첫째, 노령연금 수급권자가 사망한 경우 둘째, 가입자가 사망한 경우(단, 가입기간이 1년 미만인 경우에는 가입 중에 발생한 질병이나 부상으로 사망한 경우에 한함), 셋째, 장애등급 2급 이상의 장애연금 수급권자가 사망한 경우 넷째, 가입기간 10년 이상 가입자였던 자가 사망한 경우 다섯째, 가입기간 10년 미만의 가입자였던 자가 가입 중에 발생한 질병이나 부상으로 가입 중 초진일 또는 가입자 자격상실 후 1년 이내의 초진일로부터 2년 이내에 사망한 경우 등이다.

유족의 범위는 사망자에 의하여 생계를 유지하고 있던 가족으로 배우자, 아래의 요건을 충족하는 자녀, 부모, 손자녀, 조부모 순위 중 최우선 순위자에게 유족연금을 지급한다.

| 표 3-6 | **유족의 범위**

지급대상	요건	
자녀	19세 미만	또는 장애등급 2급 이상 (연령제한 없음)
부모(배우자의 부모 포함)	60세 이상	
손자녀	9세 미만	
조부모(배우자의 조부모 포함)	60세 이상	

* 2013.1.1. 이후 유족연금 지급사유발생건부터 급여 지급연령 상향조정 적용('53년~'56년생은 61세, '57년~'60년생은 62세, '61년~'64년생은 63세, '65년~'68년생은 64세, '69년생 이후부터는 65세)

자료: 국민연금공단(2019).

④ 반환일시금

반환일시금은 지급연령(60~65세)이 되었을 때 연금급여를 받을 수 있는 요건을 충족하지 못하였거나 국외 이주 등으로 더 이상 국민연금 가입대상이 아닌 경우 납부한 연금보험료에 이자를 더해 일시에 지급하는 급여이다. 반환일시금을 지급받은 경우 가입기간이 소멸되므로 다른 연금을 받을 수 없으나 다시 국민연금가입자가 된 경우 일정한 이자를 더하여 반납함으로써 가입기간이 복원될 수 있다.

반환일시금을 받을 수 있는 요건은 첫째, 가입기간 10년 미만인 사람이 지급연령(60~65세)이 된 경우에 지급연령이 되기 전에 본인이 희망하는 경우에는 60세부터 반환일시금을 지급받을 수 있다. 둘째, 가입자 또는 가입자였던 자가 사망하였으나 유족연금에 해당되지 않는 경우이며, 셋째, 국적을 상실하거나 국외로 이주한 경우이다.

⑤ 사망일시금

사망일시금은 가입자 또는 가입자이었던 사람이 사망하였으나 유족연금 또는 반환일시금을 지급받을 수 있는 유족 범위에 해당하는 자가 없는 경우 배우자, 자녀, 부모, 손자녀, 조부모, 형제자매에게 장제부조적·보상적 성격으로 지급하는 급여이다.

배우자, 자녀, 부모, 손자녀, 조부모, 형제자매 또는 사망자에 의하여 생계를 유지하고 있던 4촌 이내의 방계혈족 순위 중 최우선 순위자에게 장제부조적·보상적 성격으로 지급한다.

⑥ 외국인에 대한 급여

외국인도 우리 국민과 동일하게 노령연금, 유족연금, 장애연금을 수급할 수 있는 요건에 해당되는 경우 「국민연금법」상의 연금급여는 모두 지급받을 수 있다.

사회보장협정이나 상호주의가 적용되지 않은 국가의 외국인가입자에게는 본국 귀환 시 반환일시금을 지급하지 않았으나, E-8(연수취업), E-9(비전문취업), H-2(방문취업)에 해당하는 체류자격으로 국민연금에 가입한 외국인에 대하여는 2007

년 5월 11일 이후 반환일시금을 지급한다.

외국인의 수급요건(법 제126조 및 제127조) 중 반환일시금 지급은 다음과 같은 경우에만 가능하다. 첫째, 외국인의 본국법에서 대한민국 국민에게 대한민국 반환일시금제도에 상응하는 급여를 지급하는 경우, 둘째, 대한민국과 외국인의 본국 간에 반환일시금 지급에 관한 사회보장협정이 체결된 경우, 셋째, 출입국관리법 시행령[별표 1]의 E-8(연수취업), E-9(비전문취업), H-2(방문취업)에 해당하는 체류자격으로 국민연금에 가입한 경우이다(「출입국관리법 시행령」 참조).

(8) 국민연금의 연금급여액 구성

연금급여는 기본연금액과 부양가족연금액을 합산한 금액으로 받는다. 기본연금액이란 모든 연금의 산정의 기초가 되며, 가입자 전체의 소득(소득재분배 기능과) 가입자 본인의 소득(소득비례 기능) 및 가입기간에 따라서 산정된다. 부양가족연금액이란 연금급여를 지급받는 수급자가 일정한 가족을 부양하고 있는 경우 가족수당 성격으로 지급하는 부가급여를 의미한다.

(9) 연금급여액의 수준

연급급여액의 수준은 전체가입자 평균소득에 해당하는 사람이 40년간 납부 시 가입기간이 속한 연도에 따라 소득의 40~70%(소득대체율)[3]를 받게 된다.

| 표 3-7 | 가입구간별 소득대체율 및 적용 비례상수

가입기간	88~98 (P1)	99~07 (P2)	08 (P3)	09 (P4)	10 (P5)	(…)	15 (P10)	(…)	28 이후 (P23)
소득대체율	70%	60%	50%	49.5%	49%	(…)	46.5%	(…)	40%
소득대체율에 해당하는 비례상수	2.4	1.8	1.5	1.485	1.47	(…)	1.395	(…)	1.2

※ 소득대체율은 0.5%씩, 비례상수는 0.015씩 감소
자료: 국민연금공단(2015: 70).

3) 소득대체율이란 40년 동안 국민연금에 가입하여 보험료를 납부한 경우 본인 가입 중 평균소득과 대비하여 받을 수 있는 연금액의 지급수준(지급율)을 말한다.

① 기본연금액

수급권자의 기본연금액은 연금수급 전 3년간의 모든 가입자 평균소득월액(A: 균등부분)과 가입자 개인의 모든 가입기간 평균 월소득액(B: 소득비례부분)을 합산한 금액에 1000분의 1200을 곱한 금액으로 한다. 다만, 가입기간이 20년을 초과하는 경우에는 그 초과하는 1년마다(1년 미만의 매 1월은 12분의 1년으로 계산한다. n: 20년 초과연수) 위 금액에 1000분의 50을 곱한 금액으로 가산한다(「국민연금법」 제51조 제1항).

그러나 국민연금의 장기 재정 안정을 도모하고 자녀세대의 부담을 완화하기 위하여 소득이 있는 자가 40년 동안 가입할 경우 지급하는 급여수준을 현행 평균소득의 60%에서 2008년에는 50%로, 2009년부터는 매년 0.5%씩 낮춰 2028년에는 40%로 인하하여 기존 수급자 및 기존 가입기간에 대하여는 종전대로 지급하여 기득권을 보장하고 있다(「국민연금법」 부칙 제20조, 부칙 제34조).

이를 계산식으로 나타내 보면 다음과 같다.

기본연금액 = 1.2×(A+B)×(1+0.05n/12)
1년치 연금액이며, 실제 지급할 때는 12로 나눈 금액을 매월 지급함

이 경우 평균 월소득액이란 매년 12월 31일 현재 사업장가입자 및 지역가입자 전원의 기준소득월액의 총액을 가입자 전원의 인원수로 나누어 산출한 금액을 말하고(「국민연금법」 제3조 제1항 제4호, 동법 시행령 제4조), 기준소득월액이란 연금보험료 및 급여의 산정을 위하여 가입자의 소득월액을 기준으로 하여 대통령령이 정하는 금액을 말한다(동법 제3조 제1항 제5호). 이에 따라 기준소득월액은 하한액과 상한액의 범위에서 사업장가입자는 사용자가, 지역가입자는 가입자가 신고한 소득월액에서 천원 미만을 버린 금액으로 한다(동법 시행령 제5조).

기본연금액 산정방식은 고소득자와 저소득자 간 급여수준 격차를 줄여주며, 물가변동률과 임금상승률을 반영하여 항상 실질가치를 보장해 주는 특징이 있다.

가입기간이 여러 구간에 걸쳐 있는 경우 기본연금액의 산정식은 다음과 같다.

※ 연금액 = 기본연금액 × 지급률* + 부양가족연금액

*노령연금의 지급률: 가입기간 10년 50% (1년당 5% 증가)
*장애연금의 지급률: 장애1급 100%, 2급 80%, 3급 60%, 4급(일시금) 225%
*유족연금의 지급률: 가입기간 10년 미만 40%, 10년 이상 20년 미만 50%, 20년 이상 60%

$$[2.4(A+0.75B) \times P_1/P + 1.8(A+B)] \times P_2/P + 1.5(A+B)] \times P_3/P + 1.485(A+B)]\ P_4/P$$

1988~1998 / 1999~2007 / 2008 / 2009

$$1.47(A+B) \times P_5/P + 1.455(A+B)] \times P_6/P + \cdots \cdots + 1.2(A+B)] \times P_{23}/P +$$

2010 / 2011 / 2028

$$Y(A+A) \times C/P + X(A+\tfrac{1}{2}A) \times 6/P] \times (1+0.05n/12)$$

출산크레딧 / 군복무크레딧

② 부양가족 연금액(「국민연금법」 제52조)

수급권자(유족연금의 경우 가입자 또는 가입자였던 자)의 배우자, 자녀, 부모로서 수급권자에 의하여 생계를 유지하고 있는 자에 대하여 지급하는 일종의 가족수당 성격의 부가급여이다.

부양가족연금 대상자의 범위 및 부양가족연금액은 다음과 같다(2020년 1월~2020년 12월 적용).

- 배우자: 연 261,760원
- 19세 미만 또는 장애등급 2급 이상에 해당하는 자녀(계자녀 포함): 연 174,460원(1인당)
- 60세 이상 또는 장애등급 2급 이상에 해당하는 부모(계부모와 배우자의 부모 포함): 연 174,460원(1인당)
- 부모의 부양가족연금 대상자 연령요건 상향 조정: 1953~1956년생 61세, 1957~1960년생 62세, 1961~1964년생 63세, 1965~1968년생 64세, 1969년생 이후 65세

(10) 급여종류별 급여액

① 노령연금 급여액

가입기간에 비례하여 가입기간이 20년 이상인 사람은 기본연금액에 부양가족연금액을 합산한 금액을 받게 되며, 가입기간이 20년 미만인 사람은 기본연금액에서 일정비율(1년당 5%)로 감액된 금액에 부양가족연금액을 합산한 금액을 받게 된다.

| 표 3-8 | 노령연금 종류별 급여액

구분	수급요건	급여수준
노령연금	가입기간 10년 이상 20년 미만으로 60세에 도달한 자(65세 미만이면 소득이 없는 경우에 한함)	• 가입기간 10년의 경우 기본연금액의 50% + 부양가족연금액 • 가입기간 20년 이상인 경우 기본연금액 100% + 부양가족연금액
	노령연금 수급권자가 65세 이전에 소득이 있는 업무에 종사하는 기간	• 가입기간 10년, 60세인 경우 기본연금액의 50%* × 50%** *가입기간 1년 증가 시마다 기본연금액의 5%를 증액 **A값을 초과하는 소득월액에 따라 감액하여 지급(최대 50%까지 감액. 단, '15.7.29 전 수급권 취득자는 연령별 감액 적용) ※ 부양가족연금액은 지급되지 않음
조기노령연금	가입기간 10년 이상, 연령 55세 이상인 자가 소득이 있는 업무에 종사하지 아니하고, 60세 도달전에 청구한 경우(65세 이전에 소득이 있는 업무에 종사하면 감액된 연금 지급)	• 가입기간 10년, 55세인 경우 기본연금액의 50%* × 70%** + 부양가족연금액 *가입기간 1년증가시 마다 기본연금액의 5%를 증액 **A값을 초과하는 소득월액에 따라 감액하여 지급(최대 50%까지 감액) 단, '15.7.29 전 수급권 취득자는 연령별 감액 적용
분할연금	가입기간 중 혼인기간이 5년 이상인 노령연금 수급권자의 이혼한 배우자가 60세 이상이 된 경우	• 배우자였던 자의 노령연금액(부양가족연금액 제외) 중 혼인기간에 해당하는 연금액의 1/2 *분할연금의 수급요건을 모두 충족한 날이 2016. 12.30. 이후인 경우 당사자 간 재판이나 협의로 별도의 분할비율을 정할 수 있음

자료: 국민연금공단(2019).

② 장애연금 급여액

장애등급에 따라 1급~3급까지는 기본연금액에 부양가족연금액이 더해져 매월 연금으로 지급되며 장애 4급의 경우는 일시금으로 지급된다.

| 표 3-9 | 노령연금 급여액

장애 1급	장애 2급	장애 3급	장애 4급(일시보상금)
기본연금액의 100% + 부양가족연금액	기본연금액의 80% + 부양가족연금액	기본연금액의 60% + 부양가족연금액	기본연금액의 225%

자료: 국민연금공단(2019).

③ 유족연금 급여액

유족연금은 국민연금에 일정한 가입기간이 있는 사람 또는 노령연금이나 장애등급 2급 이상의 장애연금을 받던 사람이 사망하면 그에 의하여 생계를 유지하던 유족에게 가입기간에 따라 일정률의 기본연금액에 부양가족연금액을 합한 금액을 지급하여 남아 있는 가족들이 안정된 삶을 살아갈 수 있도록 하기 위한 연금이다.

| 표 3-10 | 유족연금 급여액

수급요건		급여수준	
사망일이 2016.11.30. 전	사망일이 2016.11.30. 이후	가입기간	연금액
• 다음의 자가 사망한 때 노령연금수급권자 –가입자(다만 가입기간 1년 미만인 자가 질병이나 부상으로 인하여 사망한 경우에는 가입 중에 발생한 질병이나 부상으로 사망한 경우에 한함)	• 다음의 자가 사망한 때 노령연금수급권자 –장애등급 2급 이상의 장애연금 수급권자 –가입기간 10년 이상인 가입자(였던 자) –연금보험료를 낸 기간이 가입대상 기간의 1/3 이상	10년 미만	기본연금액 40% + 부양가족연금액
		10년 이상 20년 미만	기본연금액 50% + 부양가족연금액

수급요건		급여수준	
사망일이 2016.11.30. 전	사망일이 2016.11.30. 이후	가입기간	연금액
-가입기간 10년 이상인 가입자였던 자 -장애등급 2급 이상의 장애연금 수급권자 -가입기간 10년 미만인 가입자였던 자로서 가입 중에 발생한 질병이나 부상 또는 그 부상으로 인한 질병으로 가입 중 초진일 또는 가입자 자격상실 후 1년 이내의 초진일로 부터 2년 이내에 사망한 때	인 가입자(였던 자) -사망일 5년 전부터 사망일까지의 기간 중 3년 이상 연금보험료를 낸 가입자(였던 자). 단, 전체 가입대상기간 중 체납기간이 3년 이상인 경우는 유족연금을 지급하지 않음	20년 이상	기본연금액 60% + 부양가족연금액

※ 다만, 노령연금수급권자가 사망한 경우 유족연금액은 사망한 자가 지급받던 노령연금액을 초과할 수 없으며, 노령연금의 지급연기로 인한 가산금액은 유족연금액에 반영되지 않음

※ 2016.11.30. 이후 사망자 중 연금보험료를 낸 기간이 가입대상 기간이 1/3 이상인 가입자(였던 자) 및 사망일 5년 전부터 사망일까지의 기간 중 3년 이상 연금보험료를 낸 가입자(였던 자)는 사망일이 타공적연금 가입기간이나 내국인의 국외이주 또는 국적상실 기간 및 외국인의 국외거주기간 중에 있는 경우는 유족연금을 지급하지 않음

자료: 국민연금공단(2019).

④ 반환일시금액

반환일시금은 가입기간 중 본인이 납부한 연금보험료에 대통령령으로 정하는 이자를 더하여 받게 되는데, 반환일시금은 첫째, 가입기간 10년 미만인 자가 60세가 된 경우(단, 특례노령연금수급권자는 해당되지 않음), 둘째, 가입자 또는 가입자였던 자가 사망하였으나 유족연금에 해당되지 않는 경우, 셋째, 국적을 상실하거나 국외로 이주한 경우에 지급된다.

반환일시금은 더 이상 국민연금 가입자로 될 수 없는 경우(60세 도달, 사망, 국외이주·국적상실)에만 지급되는 급여로써, 현재 국민연금 자격을 상실한 자라고 하더라도 60세 도달 전에 소득이 있는 업무에 종사하게 되면 재가입하게 되므로 반환일시금을 즉시 지급받을 수 없다. 또한 국외이주의 목적이 아닌 취업, 학업 등 기타 사유로 외국에 체류하는 경우에는 기간과 상관없이 반환일시금을 지급받을 수 없다.

60세 도달로 반환일시금을 수령한 경우에는 국민연금에 재가입할 수 없다. 다만, 60세 도달 시점에서 가입기간이 부족하여 연금을 지급받을 수 없는 경우에 반환일시금을 지급 받지 않고 본인 희망에 의하여 계속가입을 신청하시면 가입할 수 있고, 반환일시금을 지급받은 경우 가입기간이 소멸되므로 다른 연금을 받을 수 없다. 다만, 다시 국민연금가입자가 된 경우 일정한 이자를 더하여 반납함으로써 가입기간이 복원될 수 있다.[4)]

⑤ 사망일시금액

반환일시금에 상당한 금액으로 하되 최종 기준소득월액(가입 중 결정된 각각의 기준소득 월액 중 마지막 기준소득월액) 또는 가입기간 중 평균소득월액 중 많은 금액의 4배를 초과할 수는 없다.

(11) 국민연금제도의 운용

국민연금제도에 관한 정책의 수립과 집행의 지도, 감독의 책임은 보건복지부가 맡고 있으며, 직접적인 사업의 운영은 보건복지부의 위탁을 받은 국민연금관리공단에서 담당하고 있다.

2) 공공부조

공공부조는 사회보험과 더불어 국민의 최저생활보장을 목적으로 한다. 즉, 공공부조는 국가의 조세를 재원으로 생활능력을 상실한 자들에 대해 국가의 책임 하에 소득보장, 의료보호, 교육, 주택, 기타 서비스 등의 프로그램을 무기여급부의 형태로 제공하여 최저한의 생활보장을 보장하고 자립을 촉진시키기 위한 일련의 정책들을 의미한다. 공공부조는 최후의 사회안전망으로서의 기능을 담당하는데, 공적 부조(public assistance), 국가부조(national assistance), 사회부조(social

4) 원칙적으로 일정한 연령이 되어 반환일시금을 수급할 수 있는 연령은 1953~1956년생 61세, 1957~1960년생 62세, 1961~1964년생 63세, 1965~1968년생 64세, 1969년생 이후 65세로 상향조정되나(「국민연금법」 부칙 제8조), 60세가 된 이후에는 해당 수급연령이 도달하기 전이라도 본인이 희망하면 수급할 수 있다(「국민연금법」 부칙 제8조의3).

assistance)라고도 한다.

공공부조의 대표적인 프로그램인 국민기초생활보장정책은 국민들의 기초생활을 보장하기 위한 공공부조제도로써 「국민기초생활보장법」 제1조에서 "생활이 어려운 자에게 필요한 급여를 행하여 이들의 최저생활을 보장하고 자활을 조성하는 것을 목적으로 한다"고 밝히고 있다. 국민기초생활보장정책은 무갹출로 국가에 의해 수급자에게 일반적으로 제공되는 급여를 포함하고 있다. 이것은 국민이라는 자격으로 생존권을 보장받을 수 있다는 데에 근거를 두고 있으며, 따라서 수급권 역시 권리로써 인정된다.

(1) 국민기초생활보장제도의 특성

국민기초생활보장의 급여내용은 다양하지만 핵심내용은 생계유지와 생활보장이라는 특성을 가진다. 그러므로 경제적 급여를 기반으로 하여 다양한 형태의 급여가 제공된다. 기초생활급여의 재원은 보통 일반조세로 충당된다. 보험료 혹은 기여금에 의해서 마련되는 사회보험제도와는 다르고 일반조세로 충당되는 사회복지서비스와는 유사점을 가지고 있다.

기초생활급여는 보건복지부장관이 최저생계비를 계측하여 이를 토대로 급여의 종류별로 최저보장수준 또는 금액을 공포한다. 그리고 생계급여의 수급자를 결정하는 생계급여 산정의 기초가 되는 중위소득을 결정해야 한다(강희갑 외, 2016: 314).

(2) 국민기초생활보장제도의 주요 내용

1961년 12월 제정된 생활보호법을 폐지하고 「국민기초생활보장법」(1999.9.7)에 근거하여 2000년 10월부터 시행된 제도이다. 본 제도는 일할 능력이나 소득원이 없는 사람에게는 최저생활비를 지급하지만 일할 능력이 있는 사람에게는 자활 사업에 참여를 조건으로 급여를 지급한다.

① 수급자의 개념과 범위

국민기초생활보장제도는 생활이 어려운 사람에게 필요한 급여를 실시하여 이들의 최저생활을 보장하고 자활을 돕는 것이 목적이며 수급권자와 수급자를 보호한다. 수급권자란 이 법에 따른 급여를 받을 수 있는 자격을 가진 사람을 말한다(「국민기초생활보장법」 제2조 제1호). 수급자란 이 법에 따른 급여를 받는 사람을 말한다(동법 제2조 제2호).

외국인에 대한 특례에 관하여는 국내에 체류하고 있는 외국인 중 대한민국 국민과 혼인하여 본인 또는 배우자가 임신 중이거나 대한민국 국적의 미성년 자녀를 양육하고 있거나 배우자의 대한민국 국적인 직계존속(直系尊屬)과 생계나 주거를 같이하고 있는 사람으로서 대통령령으로 정하는 사람이 이 법에 따른 급여를 받을 수 있는 자격을 가진 경우에는 수급권자가 된다(동법 제5조 제2호).

② 수급자의 선정 기준

국민기초생활보장제도의 급여를 받을 수 있는 수급자로 선정되기 위해서는 2019년 현재 2가지 조건을 동시에 만족시켜야 한다. 첫째, 부양의무자 기준으로써 부양의무자[5]가 없거나, 부양의무자가 있어도 부양능력이 없거나 부양을 받을 수 없는 자이다. 둘째, 기준 중위소득으로 산정한다. 기준 중위소득은 「통계법」에 따라 통계청이 공표하는 통계자료의 가구 경상소득(근로소득, 사업소득, 재산소득, 이전소득을 합산한 소득을 말한다)의 중간 값에 최근 가구소득 평균 증가율, 가구 규모에 따른 소득수준의 차이 등을 반영하여 가구 규모별로 산정한다.

| 표 3-11 | 각 급여별 자격 조사와 급여 지급범위

구분	생계급여	의료급여	주거급여	교육급여
근로능력평가	O	O	X	O
소득조사	O	O	O	O
재산조사	O	O	O	O
부양의무자 조사	O	O	O	X
해산급여지급	O	O	O	X
장제급여지급	O	O	O	X

자료: 보건복지부(2016).

5) 부양의무자의 범위는 수급권자의 1촌의 직계혈족(부모, 아들·딸 등) 및 그 배우자(며느리, 사위 등)이다.

2015년 개별급여가 시행되어 각 급여별로 별도의 선정기준이 설정되었다. 2019년 현재 우리나라 가구의 중위소득을 기준으로 생계급여는 중위소득의 30% 이하, 의료급여는 중위소득의 40% 이하, 주거급여는 중위소득의 44%, 교육급여는 중위소득의 50% 이하의 가구에게 수급자격을 준다. 각 급여의 선정기준은 이전과 같이 가구의 소득인정액[6]이다.

| 표 3-12 | 2019년 기준 중위소득

1인가구	2인가구	3인가구	4인가구	5인가구	6인가구	7인가구
1,707,008	2,906,528	3,760,032	4,613,536	5,467,040	6,320,544	7,174,048

※ 8인 이상의 기준 중위소득은 1인 증가 시 853,504원씩 증가
자료: 보건복지부(2019).

(3) 급여

2015년 맞춤형 개별급여제도의 주요 변경 내용은 통합급여에서 개별급여 체계로 전환이다. 2000년 10월부터 기초생활보장 수급자 선정기준은 최저생계비였으나 2015년 7월부터 가구의 중위소득으로 바뀌었다. 이전에는 수급자로 선정되면 생계급여, 의료급여, 주거급여, 교육급여, 해산급여, 장제급여를 받을 수 있었으나 2015년 7월부터는 생계급여, 의료급여, 주거급여, 교육급여의 급여기준을 별도로 정하였다. 이전의 최저생계비는 3년마다 실시하는 계측조사를 토대로 결정되었다. 그러나 최저생계비 계측방식과 수준에 대한 논쟁이 매년 계속되고 사회의 인식도 절대 빈곤에서 상대 빈곤으로 바뀌는 사회적 흐름을 반영하여 '절대 빈곤선'인 최저생계비에서 '상대 빈곤선'인 중위소득으로 변경하게 되었다.

6) 소득인정액 = 소득평가액 + 재산의 소득환산액
- 소득평가액 = 실제소득 - 가구특성별 지출비용 - 근로소득공제
  실제소득: 근로소득, 사업소득, 재산소득, 사적이전소득, 부양비, 공적이전 소득, 보장기관 확인소득
- 재산의 소득환산액 = (일반·금융재산의 종류별가액 기본재산액 부채 + 자동차 재산가액) × 재산의 종류별 소득환산율
  재산의 종류: 일반재산(주거용재산), 금융재산, 자동차, 기타 산정되는 재산
  기본재산액: 대도시(5,400만 원), 중소도시(3,400만 원), 농어촌(2,900만 원)
  소득환산율: 주거용재산(월 1.04%), 일반재산(월 4.17%), 금융재산(월 6.26%), 자동차(월 100%)

기준 중위소득이란 이전의 "최저생계비"에 해당하는 개념으로 중앙생활보장위원회의 심의 의결을 거쳐 고시하는 국민가구소득의 중위 값을 말한다. 즉, 국민기초생활수급자 선정을 위한 기준은 기준 중위소득을 적용한다. 급여별 선정기준을 중위소득(모든 가구를 소득순으로 매겼을 때, 가운데를 차지한 가구의 소득)과 연계한다. 이에 따라 수급자의 소득이 증가할 때 소득 수준에 따라 생계급여는 받지 못하더라도 의료급여, 주거급여, 교육급여 등은 받을 수 있게 된다.

① 생계급여

수급자에게 의복·음식물 및 연료비와 기타 일상생활에 기본적으로 필요한 금품을 지급하여 그 생계를 유지하게 함을 목적으로 한다. 생계급여액은 현금급여기준에서 가구의 소득인정액을 차감하여 산정한 금액 중 주거급여액을 제외한 급여이다. 생계급여 최저보장수준은 생계급여와 소득인정액을 포함하여 생계급여 선정기준 이상이 되도록 하여야 한다.

생계급여의 제공방법은 첫째, 수급품은 대통령령으로 정하는 바에 따라 매월 정기적으로 지급하여야 한다. 다만, 특별한 사정이 있는 경우에는 그 지급방법을 다르게 정하여 지급할 수 있다. 둘째, 수급품은 수급자에게 직접 지급한다. 다만, 보장시설이나 타인의 가정에 위탁하여 생계급여를 실시하는 경우에는 그 위탁받은 사람에게 이를 지급할 수 있다. 이 경우 보장기관은 보건복지부장관이 정하는 바에 따라 정기적으로 수급자의 수급 여부를 확인하여야 한다. 셋째, 생계급여는 보건복지부장관이 정하는 바에 따라 수급자의 소득인정액 등을 고려하여 차등지급할 수 있다. 넷째, 보장기관은 대통령령으로 정하는 바에 따라 근로능력이 있는 수급자에게 자활에 필요한 사업에 참가할 것을 조건으로 하여 생계급여를 실시할 수 있다.

조건부수급자는 자활에 필요한 사업(자활사업)에 참가할 것을 조건으로 생계급여를 지급받는 사람으로써 조건부수급자에 대한 생계급여는 자활지원계획에 따라 자활에 필요한 사업에 참가할 것을 조건으로 실시한다. 조건부수급자가 자활사업에 참여한 달의 다음 달부터 매 3월마다 조건 이행여부를 정기적으로 확인하여 생계급여 지급 여부를 결정하고 조건 불이행시에는 생계급여를 중지한다.

② 주거급여

주거급여는 수급자에게 주거 안정에 필요한 임차료, 수선유지비, 그 밖의 수급품을 지급하는 것으로 한다. 2015년 7월부터 주거급여가 실시되었다. 이전에도 주거급여는 금액이 적었고 받을 수 있는 사람도 기초생활수급자로 한정되었다. 2015년 6월 이전의 최저생계비 기준은 중위소득의 40% 수준이었고, 실제 현금 지급 기준은 중위소득의 33% 수준이었다. 2019년 7월 이후 변경된 기준은 중위소득의 44% 이하까지 주거급여를 지급한다.

변경전의 기준은 근로능력이 있어서 소득이 있는 가구는 현금급여를 기준으로 부족분을 보충해 주기에 주거급여도 줄어드는 것이었다. 새롭게 시행되는 주거급여제도는[7] 가구의 소득인정액이 주거급여 이하라면 거주지역에 따라 정해진 금액을 주는 정액제로 한다는 특징이 있다. 또한 이전의 최저생계비 하의 기준에 비해 가장 크게 달라진 점은 근로능력을 보지 않는다는 것이다.

우리나라 복지가 과도하게 근로와 연계시킨다는 비판을 받았었는데 새 제도는 주거급여와 교육급여는 근로능력자의 근로 여부에 상관없이 가구의 소득인정액이 기준 이하이면 주거급여와 교육급여를 지급한다.

③ 교육급여

교육급여는 수급자에게 입학금, 수업료, 학용품비, 그 밖의 수급품을 지급하는 것으로 하되, 학교의 종류·범위 등에 관하여 필요한 사항은 대통령령으로 하고 소관부처는 교육부장관이다.

교육급여 수급권자는 부양의무자가 없거나, 부양의무자가 있어도 부양능력이 없거나 부양을 받을 수 없는 사람으로서 교육급여 선정기준은 그 소득인정액이 기준 중위소득의 100분의 50 이하로 한다. 교육급여자는 본인가구의 소득인정액만을 본다. 제도가 변경되면서 근로능력과 부양의무자 기준을 적용하지 않는 것이 크게 달라진 점이다. 지원내용상으로는 이전에도 가구의 건강보험료를 기준

7) 2016년에는 소득인정액이 1인 가구 812,415원, 2인 가구 1,383,302원, 3인 가구 1,789,509원, 4인 가구 2,195,717원, 5인 가구 2,601,925원 이하이면 교육급여를 받을 수 있다(중위소득의 기준이 달라지면 교육급여의 기준도 인상되는 경향이 있다).

으로 차상위까지 지원했기에 지원범위는 이전과 동일하다. 교육급여라 함은 고등학생까지 지원되는 급여를 말하며 대학생은 교육급여가 아닌 장학금을 지급하고 있다.

④ 의료급여

의료급여는 수급자에게 건강한 생활을 유지하는 데 필요한 각종 검사 및 치료 등을 지급하는 것으로 한다. 의료급여 수급권자는 부양의무자가 없거나, 부양의무자가 있어도 부양능력이 없거나 부양을 받을 수 없는 사람으로서 그 소득인정액이 중앙생활보장위원회의 심의·의결을 거쳐 결정하는 의료급여 선정기준 이하인 사람으로 한다. 이 경우 의료급여 선정기준은 기준 중위소득의 100분의 40 이하로 한다.

⑤ 해산급여

수급자에게 조산, 분만 전과 분만 후의 필요한 조치와 보호에 대한 급여를 행하는 것으로 보건복지부령이 정하는 바에 따라 보장기관이 지정하는 의료기관에 위탁하여 행할 수 있다.

⑥ 장제급여

장제급여는 수급자가 사망한 경우 사체의 검안, 운반, 화장 또는 매장, 그 밖의 장제조치를 하는 것으로 보건복지부령으로 정하는 바에 따라 실제로 장제를 실시하는 사람에게 장제에 필요한 비용을 지급하는 것으로 한다. 다만, 그 비용을 지급할 수 없거나 비용을 지급하는 것이 적당하지 아니하다고 인정하는 경우에는 물품을 지급할 수 있다.

⑦ 자활급여

자활급여는 수급자의 자활을 돕기 위하여 다음과 같은 급여를 실시한다. 첫째, 자활에 필요한 금품의 지급 또는 대여, 둘째, 자활에 필요한 근로능력의 향상 및 기능습득의 지원, 셋째, 취업알선 등 정보의 제공, 넷째, 자활을 위한 근로기회의 제공, 다섯째, 자활에 필요한 시설 및 장비의 대여, 여섯째, 창업교육, 기능훈련 및 기술·경영지도 등 창업지원, 일곱째, 자활에 필요한 자산형성 지원, 여덟째, 그 밖에 대통령령으로 정하는 자활을 위한 각종 지원 등이다. 자활급여는 관련 공공기관·비영리법인·시설과 그 밖에 대통령령으로 정하는 기관에 위탁하여 실시할 수 있다. 이 경우 그에 드는 비용은 보장기관이 부담한다.

| 표 3-13 | 2019년 가구규모별·급여종류별 수급자 선정기준

	1인가구	2인가구	3인가구	4인가구	5인가구	6인가구	7인가구
생계급여 선정기준 (기준중위소득 30% 이하)	512,102	871,958	1,128,010	1,384,061	1,640,112	1,896,163	2,152,214
의료급여 선정기준 (기준중위소득 40% 이하)	682,803	1,162,611	1,504,013	1,845,414	2,186,816	2,528,218	2,869,619
주거급여 선정기준 (기준중위소득 44% 이하)	751,084	1,278,872	1,654,414	2,029,956	2,405,498	2,781,039	3,156,580
교육급여 선정기준 (기준중위소득 50% 이하)	853,504	1,453,264	1,880,016	2,306,768	2,733,520	3,160,272	3,587,024

※ 생계급여 수급자 선정기준 기준 중위소득 30%는 동시에 생계급여 지급기준에 해당

※ 8인 이상 가구의 급여별 선정기준: 1인 증가 시마다 7인가구 기준과 6인가구 기준의 차이를 7인가구 기준에 더하여 산정

8인가구 생계급여수급자 선정기준: 2,408,265원 = 2,152,214원(7인기준) + 256,051원(7인기준 6인기준)

자료: 보건복지부(2019).

(4) 국민기초생활보장제도의 운용

국민기초생활보장제도의 재원은 일반조세를 통한 재원조달이 주류를 이루고, 재정부담은 원칙적으로 중앙정부와 지방정부가 분담하고 있으며, 제도를 관장하는 주무부처는 보건복지부이다.

3) 기초연금

우리나라 노인 인구는 500만 명 정도로 전체 인구의 10%를 넘어섰다. 통계청이 발표한 2008년 고령자 통계에 따르면, 65세 이상 노인 인구는 지난해보다 20만 6,000명 늘어난 520만 6,000명으로 전체 인구의 10.3%를 차지했다. 이런 추

세라면 우리나라는 10년 뒤 고령사회(65세 이상 인구 비중 14%)로 넘어가 2026년 초고령사회(20%)에 진입할 전망이다. 젊은이들의 노년인구 부양 부담도 갈수록 커질 수밖에 없으며, 65세 이상 노인 1명을 지금은 15～64세 생산 가능 인구 7명이 부양하는 것으로 나타났지만 2020년에는 4.6명, 2030년에는 2.7명이 노인 1명을 부양해야 할 것으로 전망되고 있다. 더구나 노년기에는 퇴직 등으로 인한 소득의 격감 또는 상실에도 불구하고 기본적인 생계유지를 위한 일상생활비 지출은 다소 감소한 선에서 지속적으로 유지되며, 질병치료에 소요되는 의료비의 증가로 인하여 적자 가계상태로 전락하게 될 것이고, 따라서 노년기에는 많은 경제적 어려움을 겪게 된다.

현재 우리나라는 경제적으로 많이 풍요로워졌지만 단시간의 산업화로 노인들은 국가적 차원에서 제도화된 사회보장에 대한 사회적 기여의 부재 그리고 가족구조의 변화 해체로 인한 실제로 재산이나 소득이 전혀 없는 노인가구가 전체의 32%에 이를 만큼 경제사정이 어려운 노인들이 많고 이런 노인들을 부양하는 자녀들의 경제적 부담이 매우 크다.

(1) 기초연금제도의 목적

기초연금은 어려운 노후를 보내는 노인들을 지원하는 제도로써, 노인에게 기초연금을 지급하여 안정적인 소득기반을 제공함으로써 노인의 생활 안정과 복지를 증진시킴을 목적으로 하며, 현재의 심각한 노인 빈곤문제를 해결하면서, 미래세대의 부담을 덜고 노후에 안정된 혜택을 누릴 수 있도록 2014년 7월부터 기초노령연금제도[8]가 폐지되고 기초연금제도가 시행되었다.

(2) 기초연금제도의 수급자

기초연금은 만 65세 이상이고 한국 국적을 가지고 주민등록이 되어 있는 노인

8) 2008년부터 국민연금의 사각지대에 있는 노인빈곤층을 위하여 기초노령연금을 지급함으로써 노후의 생활 안정을 지원하고 복지증진을 도모하는 사회보장제도로서의 측면에서 기초노령연금제도는 중요하다는 것이다. 2007년 4월 25일 신규 제정된 법률로 2008년 1월 1일부터 실행되었다(김귀환·나직균 공저, 2010).

중 가구의 '소득인정액'[9])이 '선정기준액(보건복지부 장관이 정하여 고시하는 금액)' 이하인 자에게 지급된다.

공무원연금, 사립학교교직원연금, 군인연금, 별정우체국연금 수급권자 및 그 배우자는 원칙적으로 기초연금 수급자에서 제외된다. 다만, 직역재직기간이 10년 미만인 연계연금수급권자 및 그 배우자는 기초연금 수급이 가능하며 장해보상금, 유족연금일시금, 유족일시금(공무상 사망 등에 따라 유족연금 대신 받은 경우)을 받은 이후 5년이 경과된 직역연금 수급권자 및 그 배우자도 기초연금 수급대상에 포함된다.

(3) 기초연금제도의 급여

기초연금의 급여는 첫째, 물가연동방식의 기준연금액으로 산정하며, 둘째, 이에 해당하지 않는 사람들은 소득재분배급여(A급여)에 따른 산식에 의해서 산정한다. 셋째, 직역연금 특례대상자[10])와 넷째, 기초연금액의 감액으로 구성되어 있다.

① 기준연금액 기준

기준연금액은 2019년 일반수급자 월 최대 253,750원, 저소득수급자 월 최대 300,000원을 지급받는다(2019년 4월~2020년 3월). 일반수급자는 소득하위 70%이며, 저소득수급자에 해당하지 않는 자이며 저소득수급자는 소득하위 20%에 해당하는 기초연금 수급자이다.

② 「소득재분배급여(A급여)에 따른 산식」 또는 「국민연금 급여액 등」산식

기초연금액은 「소득재분배급여(A급여)에 따른 산식」 또는 「국민연금 급여액 등」을 고려하여 산정한다. 소득재분배급여(A급여)는 국민연금급여액 중 기초연금적 성격을 가진 부분으로서, 개인별 기초연금액을 결정하는 기준이 되는 급여이다. 기본적으로 가입기간이 길수록, 일찍 가입할수록 A급여액은 증가하지만, 가입기간이 동일하더라도 가입시기, 가입이력에 따라 급여액은 다를 수 있다.

---

9) 소득인정액이란 본인 및 배우자의 소득평가액과 재산의 소득환액을 합산한 금액이다.
10) 부가연금액(기준연금액의 50%)

(기준연금액 - 2/3 × A급여액) + 부가연금액
※( )의 계산결과가 음(-)의 값일 경우에는 '0'으로 처리

③ 「국민연금법」 및 「국민연금과 직역연금의 연계에 관한 법률」에 따른 지급

공무원연금, 사립학교교직원연금, 군인연금, 별정우체국연금 수급권자로서 기존에 기초노령연금을 받던 자들이 기초연금을 받게 되는 직역연금특례자인 자는 부가연금액(기준연금액의 50%)으로 기초연금액이 산정된다.

다만, 소득 수준이 상대적으로 높아 소득역전방지 감액이 적용되거나, 부부 두 사람 모두 기초연금을 받게 될 경우에 감액될 수 있다.

'국민연금 급여액 등'에 따른 기초연금액 = 기준연금액의 250% - 국민연금 급여액 등*

*「국민연금법」 및 「국민연금과 직역연금의 연계에 관한 법률」에 따라
매월 지급 받을 수 있는 급여액(「국민연금법」 제52조에 따른 부양가족연금액을 제외한 금액)

| 표 3-14 | 국민연금 급여액 등'에 따른 기초연금액

구분	'19년 4월~'20년 3월		비고
	일반수급자	저소득수급자	
기준연금액의 10%	25,375원		최저연금액
기준연금액의 50%	126,875원	150,000원	부가연금액
기준연금액의 100%	253,750원	300,000원	기준연금액
기준연금액의 150%	380,625원	450,000원	
기준연금액의 200%	507,500원	600,000원	
기준연금액의 250%	634,375원	750,000원	
위의 산식으로 계산한 금액이 기준연금액을 초과하더라도 최고액인 기준연금액으로 기초연금액이 산정된다.			

④ 기초연금의 감액

기초연금의 감액은 부부감액과 소득역전방지 감액이 있다.

부부감액은 부부 모두가 기초연금을 받는 경우, 각각의 기초연금에서 20%를

감액하여 지급한다.

소득역전방지 감액은 첫째, 기초연금을 받는 사람과 못 받는 사람(수급자와 비수급자 간) 간에 기초연금 수급으로 인해 발생할 수 있는 소득역전을 최소화하기 위해, 소득인정액과 기초연금액(부부 2인 수급 가구는 부부감액 이후)을 합한 금액과 선정기준액의 차이만큼 감액한다. 둘째, 단독가구, 부부 1인 수급 가구는 기준연금액의 10%, 부부 2인 수급 가구는 기준연금액의 20%를 최저연금액으로 지급한다. 셋째, 일반수급자와 저소득수급자(수급자 간) 간에 기초연금 수급으로 인해 발생할 수 있는 소득역전을 최소화하기 위해 저소득 수급자의 경우, 소득인정액과 기초연금액(부부 2인 수급가구는 부부감액 적용 이후)을 합한 금액과 저소득수급자 선정기준액 + 일반수급자의 기준연금액의 차이만큼 감액한다.

(4) 기초연금제도의 운용

기초연금의 신청은 기초노령연금을 수급하고 있는 노인들은 자동신청이 되며, 기초노령을 받지 않고 있는 자는 2014년 7월 1일부터 주소지 읍·면 사무소 및 동주민센터 또는 가까운 국민연금공단 지사에 신청할 수 있다.

4) 노후 소득보장

현재 우리나라에서 시행 중인 노인정책 중에서 고령자에게 일자리를 마련해 주는 정책, 즉 고령자 취업관련 정책을 추진하는 부처는 노동부와 보건복지부로 이원화되어 있다. 보건복지부는 요보호대상자, 즉 영세민층의 노인들을 위한 프로그램을 담당하고 있으며, 대부분의 고령자 취업을 위한 정책은 노동부에서 담당하고 있다. 노동부에서는 "고용상 연령차별금지 및 고령자고용촉진에 관한 법률[11]"

---

11) 고령자가 그 능력에 적합한 직업에 취업하는 것을 지원·촉진함으로써 고령자의 고용안정과 국민경제의 발전에 이바지함을 목적으로 1991년 제정된 고령자고용촉진법이며, 2008년 개정을 통해 법명이 변경되어 2009년 3월 22일 시행되었다. 이 법에서 고령자라 함은 인구·취업자의 구성 등을 고려하여 대통령령이 정하는 연령 이상인 자를 말하며, 현재 동법 시행령 제2조 1항에서 이를 55세 이상인 자, 준고령자는 50세 이상 55세 미만의 자로 규정하고 있다.

에 근거하여 55세 이상 고령자와 그 이하의 준고령자들의 취업을 증진하기 위하여 고령자인재은행제도를 운영하고 있으며, 고령자 적합직종을 개발하고 고령자 고용촉진장려금제도를 실시하고 있다.

| 표 3-15 | 고령자고용촉진 프로그램

담당기관	프로그램 내용
노동부	• 고령자 적합직종 개발 • 단기 적응 훈련 실시 • 고령자 인재은행 운영 • 고령자고용촉진 장려금제도
보건복지부	• 노인취업알선센터 운영 • 노인공동작업장 운영

(1) 노인일자리사업

노인일자리사업은 노동시장에서 소외된 65세 이상 노인계층을 위해 노인 특성에 맞는 노인일자리를 창출·보급하여, 소득창출 및 사회참여 기회를 제공하고 사회구성원으로의 성취감 고취 및 건강하고 활기찬 노후생활 보장을 목적으로 한다. 사업대상은 만 65세 이상의 신체노동이 가능한 자로써 사업종류 및 운영행태에 따라 만 60~64세인 자도 가능하나 「국민기초생활보장법」에 의한 수급자, 정부부처 및 지자체에서 추진 중인 일자리사업 참여자(행정안전부 희망근로사업, 노동부의 사회적 일자리사업 등), 국민건강보험 직장가입자(인력파견형사업 제외) 등은 제외된다.

일자리사업추진, 참여자 모집, 관리 등의 실질적인 업무를 수행하는 노인일자리 수행기관은 다음과 같다.

① **지방자치단체:** 해당 시·군·구(노인복지 담당과)에서 노인일자리사업을 실시한다.

② **노인복지관:** 노인복지증진을 위해 고령자 취업알선을 실시한다.

③ **시니어클럽:** 노인일자리 전담기관으로 노인맞춤형 일자리를 제공한다.

④ **대한노인회 취업지원센터:** 민간기업 등에 취업 알선을 제공한다.

노인일자리사업의 유형을 살펴보면 다음과 같다.

| 표 3-16 | 노인일자리 유형

<table>
<tr><th colspan="3">구분</th><th>유형</th><th>주요내용</th><th>예산지원</th><th>활동성격</th></tr>
<tr><td rowspan="8">노인일자리 및 사회활동 지원사업</td><td rowspan="2">노인 사회 활동</td><td colspan="2">공익활동</td><td>노인이 자기만족과 성취감 향상 및 지역사회 공익증진을 위해 자발적으로 참여하는 봉사활동</td><td>자치단체 경상보조</td><td rowspan="2">봉사</td></tr>
<tr><td colspan="2">재능나눔활동</td><td>재능을 보유한 노인이 자기만족과 성취감 향상, 지역사회 공익증진을 위해 자발적으로 참여하는 봉사성격의 각종 활동</td><td>민간 경상보조</td></tr>
<tr><td rowspan="6">노인 일자리</td><td colspan="2">사회서비스형</td><td>취약계층 지원시설 및 돌봄시설 등 사회적 도움이 필요한 영역에 노인인력을 활용하여 필요한 서비스를 제공하는 일자리</td><td>자치단체 경상보조</td><td rowspan="6">근로</td></tr>
<tr><td rowspan="5">시장형 (취창업)</td><td>시장형 사업당</td><td>참여자 인건비 일부를 보충지원하고 추가 사업수익으로 연중 운영하는 노인일자리</td><td>자치단체 경상보조</td></tr>
<tr><td>인력 파견형 사업단</td><td>수요처의 요구에 의해서 일정 교육을 수료하거나 관련된 업무능력이 있는 자를 해당 수요처로 연계하여 근무기간에 대한 일정 임금을 지급받을 수 있는 일자리</td><td>자치단체 경상보조</td></tr>
<tr><td>시니어 인턴십</td><td>만 60세 이상의 노인에게 일할 기회를 제공함으로써 노인의 직업능력 강화 및 재취업 기회를 촉진</td><td>민간 경상보조</td></tr>
<tr><td>고령자 친화기업</td><td>고령자가 경쟁력을 가질 수 있는 적합한 직종에서 다수의 고령자를 고용하는 기업 설립 지원</td><td>민간 경상보조</td></tr>
<tr><td>기업 연계형</td><td>기업이 적합한 노인일자리를 창출하고 유지하는 데 필요한 직무모델 개발, 설비 구입 및 설치, 4대 보험료 등 간접비용을 지원</td><td>민간 경상보조</td></tr>
</table>

자료: 보건복지부(2019). 2019년 노인보건복지사업안내(2권).

① 공익활동

공공서비스 향상 및 지역사회 현안 문제해결 등을 목적으로 창출한 일자리로써 노인이 자기만족과 성취감 향상, 지역사회 공익증진을 위해 자발적으로 참여하는 봉사활동 등이 해당된다. 사업의 종류는 다음과 같다.

| 표 3-17 | 공익형 일자리

유형	세부사업 내용
노노케어	독거노인, 조손가정 노인, 거동불편 노인, 경증치매 노인 등 취약노인 가정을 방문하여 일상생활을 안정적으로 유지할 수 있도록 안부확인, 말벗 및 생활 안전 점검 등 필요한 서비스를 제공하는 활동
취약계층 지원	장애인, 다문화 가정, 한부모 가족 아동 등 취약계층에게 상담·교육 및 정서적 지원 등 필요한 서비스를 제공하는 활동
공공시설 봉사	복지시설, 공공의료시설, 교육(보육)시설, 지역 내 주거환경 및 생태환경 정화 등 지역사회 내 필요한 공익서비스를 제공하기 위해 필요한 각종 사항을 지원하는 활동
경륜전수 활동	노인이 평소 가지고 있는 경험과 지식, 삶의 지혜를 동세대, 아동·청소년 세대 등 지역공동체 구성원들과 공유하는 활동

자료: 보건복지부(2019). 2019년 노인보건복지사업안내(2권).

② 사회서비스형

취약계층 지원시설 및 돌봄시설 등 사회적 도움이 필요한 영역에 노인인력을 활용하여 필요한 서비스를 제공하는 일자리이다.

| 표 3-18 | 사회서비스형 일자리

유형	세부사업 내용
아동시설지원	지역아동센터 지원, 다함께돌봄센터 지원, 보육시설 지원
청소년시설지원	청소년 수련관시설 지원, 청소년 상담복지센터 등 지원
장애인시설지원	장애인 관련시설, 장애인특수학교 등 지원
취약가정시설지원	한부모복지시설 지원, 다문화가족시설 지원, 건강가정지원센터 등 지원

자료: 보건복지부(2019). 2019년 노인보건복지사업안내(2권).

③ 시장형사업단

노인에게 적합한 업종 중 소규모 매장 및 전문 직종 사업단 등을 공동으로 운영하여 일자리를 창출하는 사업으로, 일정기간 사업비 또는 참여자 인건비 일부를 보충지원하고 추가 사업 수익으로 연중 운영하는 노인 일자리이다.

| 표 3-19 | 시장사업단 일자리

유형	세부사업 내용
공동작업형	공동작업장 운영 사업, 지역영농사업, 기타 공동작업형 사업
제조판매형	식품제조 및 판매 사업, 공산품제작 및 판매사업, 매장운영사업, 아파트택배사업, 지하철택배 사업, 세차 및 세탁사업, 기타 제조 및 판매 사업
서비스 제공형	영유아 및 청소년 교육지원, 아파트택배 사업, 지하철택배 사업, 세차 및 세탁사업, 소상공인 협력사업, 기타 서비스 제공형

자료: 보건복지부(2019). 2019년 노인보건복지사업안내(2권).

④ 인력파견형사업단

수요처의 요구에 의해서 일정 교육을 수료하거나 관련된 업무능력이 있는 자를 해당 수요처로 연계하여 근무기간에 대한 일정 임금을 지급받을 수 있는 일자리이다.

(2) 노인취업지원센터 운영

취업정보센터(구 노인취업알선센터)는 1981년 노인인력은행으로 처음 시작되어 1977년부터 취업알선센터로 명칭이 변경되었다. 전국에 70개의 노인취업알선센터가 대한노인회 시·도 연합회 및 시·군·구 지회에 설치되어 운영되었고 2004년부터 정부가 추진하고 있는 노인일자리사업 추진에 따라 취업지원센터로 명칭이 변경되어 2017년 현재 254개소의 취업지원센터와 23개소의 통합 취업지원센터를 운영하고 있다.

취업알센터의 사업은 구직 희망 노인의 상담·알선·취업·연계 조정·사후 관리, 지역사회 업체 및 기관(단체) 대상으로 노인 구인처 개발, 구직 희망 노인의 능력과 적성에 맞는 직업 소양 교육 실시, 노인 취업 관련 사업 직원의 교육·훈련 실무자 역량 강화, 구직 희망 노인의 자원봉사 등 사회 참여 활동과 연계, 구인 및 구직자에 대한 지속적인 홍보 활동 추진, 지역사회 내 노인 취업 정보 네트워크 구축, 취업지원센터 조직 관리 체계 구축, 취업 서비스 관리 및 질적 취업

성과 관리, 노인 취업 관련 정보 수집·분석·평가에 관한 사항 등이다.

만 60세 이상의 취업을 원하는 어르신과 고령자 인력을 필요로 하는 사업체 등 모두가 이용할 수 있으며 전국 대표전화 1577-6065로 이용 가능하다.

Chapter

04

노인의료보장제도

우리나라 노인들이 경제문제 다음으로 심각하게 인식하는 것이 건강문제의 해결인데, 의료보장정책은 바로 이러한 건강문제해결과 직결되는 노인복지정책이다. 노인복지에 있어 의료와 관련되는 문제의 영역은 질병의 진료, 간호보호, 의료서비스가 포함된다.

본 장에서는 노인에 대한 의료보장정책의 필요성과 의료보장정책의 현황을 살펴봄으로써 노인의료보장정책의 문제점을 알아보고자 한다.

1. 의료보장정책의 이해

1) 의료보장제도 분류

의료보장제도는 각국의 고유한 문화와 전통을 배경으로 하는 역사적 산물로서 단순 분류에는 어려움이 있으나 일반적으로 사회보험방식(SHI: Social Health Insurance)과 국민보건서비스방식(NHS: National Health Service)의 2가지로 대별된다.

우리나라 의료보장제도의 유형은 사회보험방식을 취하면서 전국민을 대상으로 단일한 보험자가 운영하는 국민건강보험방식(NHI: National Health Insurance)이다.

(1) 사회보험방식(SHI)

사회보험방식은 국가가 기본적으로 의료보장에 대한 책임을 지지만, 의료비에 대한 국민의 자기 책임을 일정부분 인정하는 체계이다.

정부기관이 아닌 보험자가 보험료를 통해 재원을 마련하여 의료를 보장하는 방식으로, 정부에 대해 상대적으로 자율성을 지닌 기구를 통한 자치적 운영을 근간으로 하며 의료공급자가 국민과 보험자 간에서 보험급여를 대행하는 방식이다. 독일, 프랑스 등이 사회보험방식으로 의료보장을 제공하는 대표적인 국가이다.

(2) 국민건강보험방식(NHI)

국민건강보험방식은 사회보험방식과 마찬가지로 사회연대성을 기반으로 보험의 원리를 도입한 의료보장체계이지만 다수 보험자를 통해 운영되는 전통적인 사회보험방식과 달리 단일한 보험자가 국가 전체의 건강보험을 관리·운영한다. 이러한 NHI방식 의료보장체계를 채택한 대표적인 국가는 한국과 대만을 들 수 있다.

(3) 국가보건서비스(NHS)

국가보건서비스방식은 국민의 의료문제는 국가가 모두 책임져야 한다는 관점에서 정부가 일반조세로 재원을 마련하고 모든 국민에게 무상으로 의료를 제공하여 국가가 직접적으로 의료를 관장하는 방식이다. 이 경우 의료기관의 상당부분이 사회화 내지 국유화되어 있으며, 영국의 비버리지가 제안한 이래 영국, 스웨덴, 이탈리아 등의 유럽에 확산되었다.

2) 건강보험제도의 기능과 역할

건강보험의 기능은 의료보장, 사회연대, 소득재분배의 기능을 한다.

첫째, 의료보장의 기능이다. 건강보험은 피보험대상자 모두에게 필요한 기본적 의료를 적정한 수준까지 보장함으로써 그들의 의료문제를 해결하고 누구에게나 균등하게 적정수준의 급여를 제공한다.

둘째, 사회연대의 기능이다. 건강보험은 사회보험으로서 건강에 대한 사회공동의 책임을 강조하여 비용(보험료)부담은 소득과 능력에 따라 부담하고 가입자 모두에게 균등한 급여를 제공함으로써 사회적 연대를 강화하고 사회통합을 이루는 기능을 가지고 있다.

셋째, 소득재분배 기능이다. 질병은 개인의 경제생활에 지장을 주어 소득을 떨어뜨리며 건강을 악화시키는 악순환을 초래하기 때문에 각 개인의 경제적 능력에 따른 일정한 부담으로 재원을 조성하고 개별부담과 관계없이 필요에 따라 균등한 급여를 제공하여 질병의 치료부담을 경감시키는 건강보험은 소득재분배 기능을 수행한다.

3) 국민건강보험의 특성

국민건강보험은 사회보험으로써의 특성을 가진다. 건강보험이 가지는 특성은 다음과 같다.

첫째, 법률에 의한 강제 가입과 납부의 강제성이다. 보험가입을 기피할 수 있도록 제도화될 경우 질병위험이 큰 사람만 보험에 가입하여 국민 상호 간 위험분담 및 의료비 공동해결이라는 건강보험제도의 목적을 실현할 수 없기 때문에 일정한 법적 요건이 충족되면 본인의 의사와 관계없이 건강보험가입이 강제되며 보험료 납부의무가 부여된다.

둘째, 부담 능력에 따른 보험료의 차등부담(형평성)[1]이다. 민간보험은 보장의 범위, 질병 위험의 정도, 계약의 내용 등에 따라 보험료를 부담하는데 비해, 사회보험방식으로 운영되는 국민건강보험은 사회적 연대를 기초로 의료비 문제를 해결하는 것을 목적으로 하므로 소득수준 등 보험료 부담 능력에 따라서 보험료를 부과한다.

셋째, 보험급여의 균등한 수혜이다. 민간보험은 보험료 수준과 계약내용에 따라 개인별로 다르게 보장되지만, 사회보험인 국민건강보험은 보험료 부담수준과 관계없이 관계법령에 의하여 균등하게 보험급여가 이루어진다.

넷째, 단기보험의 특성을 가진다. 국민건강보험은 국민연금과 같이 장기보험이 아니라 1년인 단기보험에 속한다. 이는 1년 단위의 회계연도를 기준으로 수입과 지출을 예정하여 보험료를 계산하여 지급하는 것이다.

1) 국민건강보험의 형평성은 사회적 연대를 기초로 의료비문제를 해결하려는 것으로 소득수준 등 보험료 부담 능력에 따라 차등적으로 보험료를 부담한다는 것이다. 이를 통해 부담한 보험료 부과수준에 관계없이 균등하게 보험급여가 이루어진다.

2. 노인의료보장정책의 기본방향

1) 기능장애의 개선

표면적으로 노인인구에 대한 의료보장 비용이 상승하면 국민 전체 의료비가 상승한다. 그러나 우리나라의 경우 노인들 중 86.8%가 당뇨, 고혈압, 관절질환 등의 만성질환을 앓고 있고, 이러한 만성질환을 치료하기 위해서는 엄청난 인적·경제적 비용이 소요되기 때문에 노인에 대한 의료보장 비용을 증가시키는 것은 만성질환을 예방한다는 차원에서 장기적으로는 의료비 상승을 억제하는 효과를 갖는다고 할 수 있다.

만성질환을 가진 노인 중 약 48.1%는 일상생활에 필요한 동작을 하는 데 아무런 불편이 없지만 51.9%는 일상생활 동작 중 한 가지 이상에 큰 어려움을 겪고 있는 상황이다. 노인의 질환은 지속적이고 퇴행성이기에 질환으로 인한 일상생활 기능장애는 곧 사소한 동작 때문에 또 다른 사람이 반드시 옆에서 오랜 세월 동안 보조를 해 줘야 하는 결과를 초래하여 국가적으로 엄청난 인적·물적 자원을 소모하도록 한다.

노인에 대한 의료보장 비용 지출 정도가 크면 클수록 만성질환으로 인한 노인들의 일상생활 동작 기능 장애는 감소한다는 결과가 복지선진국에 대한 연구로부터 도출되었다. 따라서 노인에 대한 의료보장정책은 질환의 치료 못지않게 장애 예방과 기능장애 개선에도 초점을 맞추어야 할 것이다(김귀환 외, 2012: 214).

2) 노인의 현실에 맞는 공급체계

만성 퇴행성질환 관리기능을 강화하는 것은 현대의 질병 양상에 비추어 노인건강을 보호, 향상시킴에 있어서 매우 효과적인 접근이 될 수 있다. 요양서비스와 재활서비스를 전문으로 하는 시설의 설치와 운영은 제도적 토대를 정립하고 수요의 변화에 맞추어 증설해야 하는 바, 이러한 요양 및 재활서비스 개발에 있어 우리나라 현실에 맞는 공급 체계를 유지해야 한다.

현재 우리나라에서도 인구 노령화가 급속히 진행되면서 노인환자는 증가하고 있는 반면, 핵가족화 확산 등 가족형태의 변화와 여성취업의 증가 등으로 인하여 가족의 노인환자 부양능력은 점점 약화되고 있는 실정이다. 이러한 변화들은 노인환자가 집에서 가족의 간병을 받으면서 요양하기가 점차 어려워질 것임을 뜻하는 동시에 요양시설, 노인전문병원 등 가정 외의 노인의료 관리시설 확충이 절실함을 시사한다.

그러나 우리나라의 65세 노인들 중 50% 이상은 현재 자녀와 함께 살고 있으며 앞으로도 자녀와 살기를 희망하고 있다. 이는 한국 노인들이 요양시설보다는 자신의 집에서 자녀의 도움으로 노후를 보내는 것을 선호함을 보여주는 것이다. 따라서 우리나라 노인의 의료보장은 요양서비스와 재활서비스 시설을 확충하되 가정간호에 역점을 두어야 한다. 이는 현재 시행되고 있는 노인장기요양보호제도가 중요한 역할을 담당할 수 있을 것이다.

3. 우리나라의 노인의료보장정책

현재 우리나라는 노인만을 위한 의료보장제도가 마련되어 있지 않은 실정이며, 대부분의 노인들이 의료보험과 의료보호에 의하여 의료보장을 받고 있다. 따라서 의료보험과 의료보호에서의 노인을 위한 의료보장은 전체 노인의료보장에 큰 비중을 차지하고 있다. 또한 「노인복지법」을 근거로 노인복지와 의료정책이 추진되고 있으나 매우 미약한 실정이다. 우리나라에서 노인을 위한 의료보장제도에는 국민건강보험, 의료급여, 노인건강진단 등의 의료서비스가 있다.

1) 국민건강보험

국민건강보험은 질병이나 부상으로 인해 발생한 고액 진료비로 가계에 과도한 부담이 되는 것을 방지하기 위하여, 국민들이 평소에 보험료를 내고 보험자인 국민건강보험공단이 이를 관리·운영하다가 필요시 보험급여를 제공함으로써 국민 상호간 위험을 분담하고 필요한 의료서비스를 받을 수 있도록 하는 사회보장제도이다.

(1) 국민건강보험의 목적

국민의 질병부상에 대한 예방·진단·치료·재활과 출산·사망 및 건강증진에 대하여 보험급여를 실시함으로써 국민보건을 향상시키고 사회보장을 증진함을 목적으로 한다. 건강보험사업은 보건복지부장관이 관장하고, 보험자는 국민건강보험공단이 된다.

(2) 국민건강보험의 연혁

「국민건강보험법」은 1999년 2월에 제정되었지만, 그 전신인 「의료보험법」은 1963년 12월 16일 「의료보험법」이 제정되어 1977년 7월 1일에 본격적으로 시행되었다. 1963년 당시 「의료보험법」은 일부 관계자들의 노력으로 입법화되었으나 강제적용을 전제로 하지 않았기 때문에 경제·사회적 미비로 인해 큰 성과를 거두지 못하였다.

우리나라의 건강보험 운영방식은 1997년 이전까지는 조합방식의 사회보험방식이었다. 조합방식은 지역별·직업별·직장별로 여러 개의 조합으로 자유롭게 구성되어 소규모 동질 집단 내에서 위험분산을 강조하는 방식이다. 우리나라의 경우 지역과 직장조합의 재정 차이가 너무 크게 나타나 여러 가지 문제가 지적되었다. 따라서 단계적으로 의료보험조합을 통합하여 재정과 운영의 효율성을 도모하고 전국적인 위험분산을 통해 저소득지역이나 노령화지역의 부담을 분산하였다. 이 과정에서 여러 부작용과 반발로 인해 2000년 7월 통합과정에서 건강보험의 운영을 하나로 통합하였으나 일시적으로 재정을 따로 운영하는 과도기를 거쳐 2003년 7월, 재정까지 하나로 통합된 통합건강방식을 도입하게 되었다(김경우 외, 2016: 272).

| 표 4-1 | 국민건강보험법의 연혁

시기	내용
1963. 12.	의료보험법 제정(300인 이상 사업장의 근로자와 농어민 대상으로 임의가입)
1977. 01.	전 국민 강제 가입
1977. 07.	상시 500인 이상 고용 사업장에 당연적용(486개 조합 설립)
1979. 01.	공무원 및 사립학교교직원 의료보험 실시
1985. 01.	1종 의료보험 → 직장의료보험 명칭변경 2종 의료보험 → 지역의료보험 및 직종의료보험으로 명칭변경
1988. 01.	농어촌지역 의료보험실시 5인 이상 사업장 근로자 확대적용
1989. 07.	전 국민 의료보험(도시지역 의료보험 확대적용) 시대
1997. 12.	국민의료보험법[2] 제정
1998. 10.	지역의료조합(227개)과 공·교 의료보험관리공단 통합 국민의료보험관리공단 출범
1999. 02.	국민건강보험법[3] 제정
2000. 07.	국민의료보험관리공단과 직장의료보험조합(139개) 통합 국민건강보험공단 출범(의료보험 완전 통합)
2001. 07.	국민건강보험법 개정 (5인 미만 사업장 근로자 직장가입자로 편입)
2002. 01.	국민건강보험재정건전화특별법 제정
2003. 07.	직장과 지역의 재정 통합 (조합주의 운영방식을 통합주의 운영방식으로 변경)
2005. 07.	노인장기요양보험 시범사업 실시
2006. 12.	표준보수월액 및 부과표준소득의 등급구분을 폐지 (실제 보수 및 소득 등에 따라 보험료 부과)
2007. 04.	노인장기요양보험법 제정(법률 제 8403호)
2008. 03.	사업장 신고의무 부과 (사용자는 건강보험 적용되는 사업장에 해당된 경우나 휴업·폐업하는 경우에는 그 사유 발생일부터 14일 이내에 보험자에게 신고)
2008. 07.	노인장기요양보험 실시
2011. 01.	사회보험 징수통합(건강보험, 국민연금, 고용보험, 산재보험)

자료: 임정문 외(2016: 239). 재구성. 국민건강보험홈페이지 참조.

2) 1997년 12월 31일에는 일시적 통합, 국민의료보험공단 신설(공무원 및 사립학교 교직원 의료보험관리공단과 지역의료보험조합 업무를 포괄적으로 수행하는 역할을 함)로 인한 집단 간의 갈등을 최소화하면서 점진적으로 통합운영 방식의 의료보험제도를 도입하기 위해 국민의료보험법을 제정하였다.

3) 1999년 2월 8일 제정, 2000년 1월 1일 시행된 국민건강보험법은 다보험자 방식으로 운영되고 있던 기존의 의료보험 관리체계를 단일보험자(국민건강보험공단)로 통합운영 방식으로 변경하였다.

(3) 국민건강보험의 보험자와 가입대상

건강보험사업은 보건복지부장관이 관장한다. 건강보험의 보험자는 국민건강보험공단으로 한다.

건강보험은 직장가입자와 지역가입자로 적용대상을 구분하는데, 국내에 거주하는 국민(「의료급여법」에 따라 의료급여를 받는 자 제외, 국가 유공자 등 의료보호를 받은 자 제외)은 건강보험의 가입자 또는 피부양자[4]가 된다. 직장가입자는 직장가입자 적용 사업장의 근로자 및 사용자, 공무원·교직원, 그리고 그 피부양자로 구성된다. 또한 외국인 등에 대한 특례로서 임용 또는 채용된 외국인 및 재외국민도 직장가입자가 되며, 이 외의 외국인 및 재외국민은 보건복지부령에 의해 체류자격이 있으면 지역가입자가 될 수 있다. 또한 외국인 등에 대한 특례로서 정부는 외국 정부가 사용자인 사업장 근로자의 건강보험에 관하여 외국 정부와 합의에 의해 이를 따로 정할 수 있으며, 국내에 체류하고 있는 외국인 및 재외국민으로서 대통령령이 정하는 사람은 제5조의 "국내에 거주하는 국민"이라는 적용대상의 규정에도 불구하고 이 법의 적용을 받는 가입자 또는 피부양자가 된다. 지역가입자는 직장가입자를 제외한 자를 대상으로 한다.

국민건강보험공단의 2017년 1분기 건강보험 주요 통계자료에서 보면 2017년 3월 기준 건강보험 전체 적용인구는 5,079만 2천 명으로, 65세 미만 인구는 전체 적용인구의 87.1%이고, 65세 이상 인구는 12.9%로 나타났다.

통계청 장래인구추계에 의하면 65세 이상 노인의 진료비 지출예상은 2030년 5,216만 명으로 최고점에 도달하고, 이후 2031년 전체 인구수 감소로 예상된다. 65세 이상 노인인구는 중위가정 기준 2014년 전체 인구의 12.7%인 638만 6천 명에서 연평균 2.23%씩 증가, 2060년엔 전체 인구의 40.1%인 1,762만 2천 명으로 증가가 예상되고 인구추계에 따라 노인인구는 2025년 노인사회에 진입하는 것으로 나타났다.

4) 피부양자는 직장가입자의 배우자, 직장가입자의 직계존속(배우자의 직계존속 포함), 직장 가입자의 직계비속(배우자의 직계비속 포함) 및 그 배우자, 직장가입자의 형제·자매 중 직장가입자에 의하여 주로 생계를 유지하는 자로서 보수 또는 소득이 없는 자를 말한다.

| 표 4-2 | 65세 이상 건강보험 적용 인구현황 (단위: 천 명, %)

구분	2011년	2012년	2013년	2014년	2015년	2016년	2017.3월	증감률(%)
전체	49,299	49,662	49,990	50,316	50,490	50,763	50,792	0.06
65세 이상 (비율)	5,184 (10.5)	5,468 (11.0)	5,740 (11.5)	6,005 (11.9)	6,223 (12.3)	6,445 (12.7)	6,554 (12.9)	1.68

출처: 국민건강보험공단(2017.6.13.보도자료). 2017년 1/4분기 건강보험 주요 통계 참고.

(4) 건강보험의 재원조달체계

① 재원조달

국민건강보험제도 운영에 소요되는 재원은 보험료와 정부지원금(국고, 기금) 및 기타 수입으로 구성되며 「국민건강보험법」에서 다음과 같이 규정하고 있다.

첫째, 보험료(「국민건강보험법」 제69조)로 구성된다. 보험자는 건강보험사업에 드는 비용에 충당하기 위하여 보험료의 납부의무자로부터 보험료를 징수한다.

- 직장가입자: 보수월액 × 보험료율 … 사용자와 근로자 50%씩 부담
- 지역가입자: 소득, 재산, 자동차 등을 점수화하고 점수당 금액을 곱하여 산정

둘째, 정부지원으로 구성된다. 정부지원(동법 제108조)은 정부지원금으로 보험료 수입의 20%에 상당하는 금액 지원한다.

정부지원(20%): 국고지원 14% + 증진기금(6%)

(국고지원) 국가는 매년 예산의 범위 안에서 당해연도 보험료 예상수입액의 100분의 14에 상당하는 금액을 국고에서 공단에 지원한다.

(기금지원)[5] 공단은 「국민건강증진법」에서 정하는 바에 따라 같은 법에 따른 국민건강기금에서 자금을 지원받을 수 있다. 국민건강증진법 부칙 〈제6619호〉

5) 매년 기금에서 「국민건강보험법」에 따른 당해연도 보험료 예상수입액의 100분의 6에 상당하는 금액을 국민건강보험공단에 지원한다. 다만, 그 지원금액은 당해연도 부담금 예상수입액의 100분의 65를 초과할 수 없다. <개정 2006.12.30, 2011.12.31>

셋째, 기타 수입으로 연체금, 부당이득금, 기타 징수금 등이 있다.

② 보험료

가. 직장가입자 보수월액

직장가입자 보수월액 보험료는 가입자의 보수월액에 보험료율을 곱하여 보험료를 산정한 후, 경감률 등을 적용하여 가입자 단위로 부과한다(2020년부터 보험료율, 6.67%).

건강보험료 = 보수월액 × 건강보험료율

보수월액은 동일사업장에서 당해연도에 지급받은 보수총액을 근무월수로 나눈 금액을 의미

나. 직장가입자 소득월액

보수월액의 산정에 포함된 보수를 제외한 직장가입자의 소득(이하 '보수외소득')이 연간 3,400만 원을 초과하는 직장가입자는 소득월액보험료 부과대상자가 된다. 소득월액보험료는 '보수외소득'에서 3,400만 원을 공제한 나머지 금액을 12로 나누어 소득종류에 따른 금액비율로 곱해 산정한 소득월액보험료를 부과한다.

소득월액보험료 = 소득월액 × 보험료율 × 50/100

소득월액 = {(연간 "보수외소득" − 3,400만 원(공제금액)) × 1/12} × 소득평가율
※ 소득종류별 평가
− 이자 · 배당 · 사업 · 기타소득: 100%, 근로 · 연금소득: 30% 소득월액의 상한 및 하한: 상한 ⇒ 9,961만 원, 하한 ⇒ 2,000원

다. 직장가입자의 건강보험료

지역가입자의 건강보험료는 가입자의 소득, 재산(전월세 포함), 자동차, 생활수준 및 경제활동참가율을 참작하여 정한 부과요소별 점수를 합산한 보험료 부과점

수에 점수당 금액을 곱하여 보험료를 산정한 후, 경감률 등을 적용하여 세대 단위로 부과한다.

건강보험료 = 보험료 부과점수 × 점수당 금액(195.8원, 2020년도)

보험료 부과점수의 기준
소득 점수(97등급): 이자소득, 배당소득, 사업소득, 근로소득, 연금소득, 기타소득
재산 점수(60등급): 주택, 건물, 토지, 선박, 항공기, 전월세
자동차 점수 부과 축소, 등급확대, 점수 감경 도입

③ 경감률

도서·벽지·농어촌 등의 지역에 거주하는 자, 65세 이상인 자, 등록장애인, 국가 유공자, 휴직자 및 그 밖에 생활이 어렵거나 천재지변 등의 사유로 보험료의 경감이 필요한 자는 보험료를 경감 또는 면제해 주고 있다.

가. 직장가입자 보수월액 경감률 및 면제 사유

- 국외근무자 경감: 가입자 보험료의 50%(국내에 피부양자가 있는 경우)
- 섬 · 벽지 경감: 가입자 보험료액의 50%
- 군인 경감: 가입자 보험료액의 20%
- 휴직자 경감: 가입자 보험료액의 50%(육아휴직자는 보수월액보험료의 하한까지 경감)
- 임의계속가입자 경감: 가입자 보험료액의 50%
- 종류가 중복될 경우 최대 경감률은 50%임(육아휴직자는 예외)

면제 사유로는 국외 체류(여행·업무 등으로 1월 이상 체류하고 국내 거주 피부양자가 없는 경우), 현역병 등으로 군 복무, 교도소 기타 이에 준하는 시설에 수용되는 경우이다.

나. 직장가입자 소득월액 경감률 및 면제 사유

- 섬·벽지 경감: 보험료액의 50%
- 군인 경감: 보험료액의 20%
- 사업장 화재 등 경감: 보험료액의 30%
- 경감 종류가 중복될 경우 최대 경감률은 50%

면제 사유로는 국외 체류(여행·업무 등으로 1월 이상 체류하고 국내 거주 피부양자가 없는 경우), 현역병 등으로 군 복무, 교도소 기타 이에 준하는 시설에 수용된 경우이다.

다. 지역가입자 경감률 및 면제 사유

- 섬·벽지 경감: 50%
- 농어촌 경감: 22%
- 농어업인 경감: 28%(농림축산식품부에서 국고지원)
- 세대 경감: 10~30%(노인, 장애인, 한부모가족 세대 등)
- 세대경감 사유가 중복될 경우 유리한 경감률 하나만 적용
- 재해 경감: 30~50% 경감 종류가 중복될 경우 최대 경감률은 50%
- 섬·벽지 경감 ⇒ 농어촌경감(농어업인경감) ⇒ 세대경감 순으로 적용

면제 사유로는 국외 체류(여행·업무 등으로 1월 이상 체류하고 국내 거주 피부양자가 없는 경우), 현역병 등으로 군 복무, 교도소 기타 이에 준하는 시설에 수용된 경우이다.

(5) 건강보험의 급여종류

가입자 및 피부양자의 질병과 부상에 대한 예방, 진단, 치료, 재활, 출산, 사망 및 건강증진에 대하여 법령이 정하는 바에 따라 현물 또는 현금의 형태로 제공하는 서비스를 말한다.

건강보험의 급여종류에는 현물급여 형태의 요양급여, 건강검진과 현금급여 형태의 요양비, 장애인보장구 급여비가 있고 또한 부가급여(임의급여) 형태의 장제비와 상병수당, 임신·출산진료비 지원사업 등이 있다. 그러나 장제비는 폐지되었고 상병수당은 실시되고 있지 않고 있다. 또한 고액 중증질환의 의료비 부담을 덜기 위하여 환자가 부담한 연간 본인부담금 총액이 가입자 소득수준에 따른 본인부담 상한액을 초과하는 경우, 그 초과금액을 전액 환자에게 돌려주는 제도로 본인부담상한액제도가 실시 중이다.

| 표 4-3 | 건강보험 급여의 종류

구분		수급권자
현물급여	요양급여	가입자 및 피부양자
	건강검진	가입자 및 피부양자
현금급여	요양비	가입자 및 피부양자
	장애인보장구	가입자 및 피부양자 중 장애인복지법에 의해 등록한 장애인
	본인부담액 상한제	가입자 및 피부양자
	임신·출산 진료비	가입자 및 피부양자 중 임산부

자료: 국민건강보험홈페이지(2019) 참조.

① 요양급여

요양급여는 현물급여로써, 가입자와 피부양자의 질병, 부상, 출산 등에 대하여 진찰·검사, 약제(藥劑)·치료 재료의 지급, 처치·수술 및 그 밖의 치료, 예방·재활, 입원, 간호, 이송(移送) 등의 요양급여를 실시한다. 요양급여의 방법·설차·범위·상한 등의 기준은 보건복지부령으로 정한다(「국민건강보험법」 제41조).

요양급여(간호와 이송은 제외한다)의 제공 기관은 「의료법」에 따라 개설된 의료기관, 「약사법」에 따라 등록된 약국, 「약사법」에 따라 설립된 한국희귀의약품센터, 「지역보건법」에 따른 보건소·보건의료원 및 보건지소, 「농어촌 등 보건의료를 위한 특별조치법」에 따라 설치된 보건진료소 등의 요양기관에서 실시한다. 이 경우 보건복지부장관은 공익이나 국가정책에 비추어 요양기관으로 적합하지 아니한 대통령령으로 정하는 의료기관 등은 요양기관에서 제외할 수 있다(동법 제42조).

② 요양비

공단은 가입자나 피부양자가 보건복지부령으로 정하는 긴급하거나 그 밖의 부득이한 사유로 요양기관과 비슷한 기능을 하는 기관으로서 보건복지부령으로 정하는 기관에서 질병·부상·출산 등에 대하여 요양을 받거나 요양기관이 아닌 장소에서 출산한 경우에는 그 요양급여에 상당하는 금액을 보건복지부령으로 정하는 바에 따라 가입자나 피부양자에게 요양비로 지급한다(동법 제49조).

③ 건강검진

건강검진은 건강보험가입자들의 건강을 유지·증진하고, 경제적 손실을 최소화하며 장기적으로 보험급여비의 지출을 줄이고자 1980년에 시작되었다. 이후 1988년에 직장피부양자 건강검진 실시, 1990년에 공무원 및 사립학교교직원(이하 공교) 피보험자 건강검진 실시(특정암 검진 포함), 1995년 지역조합 피보험자 건강검진 실시, 2000~2001년 특정암검사 실시, 2007년 생애전환기 건강진단 및 영유아건강검진 실시 등의 생애주기별 건강검진체계를 통해 평생 건강관리체계의 기반을 구축하였다. 또한, 건강검진의 질 향상을 위한 건강검진 기관의 시설, 장비 등의 제도 개선을 지속적으로 추진해 오고 있다.

공단은 가입자와 피부양자에 대하여 질병의 조기 발견과 그에 따른 요양급여를 하기 위하여 건강검진을 실시한다. 건강검진의 대상·횟수·절차와 그 밖에 필요한 사항은 대통령령으로 정한다(건강검진).

건강검진은 일반건강검진, 암검진 및 영유아건강검진, 학교 밖 청소년 건강검진으로 구분하여 실시한다. 첫째, 일반건강검진은 직장가입자, 세대주인 지역가입자, 만 20세 이상인 지역가입자 및 40세 이상인 피부양자이다. 둘째, 암검진은 「암관리법 시행령」 별표 1의 암의 종류별 검진주기와 연령 기준 등에 해당하는 사람이다. 셋째, 영유아건강검진은 6세 미만의 가입자 및 피부양자이다. 넷째, 학교 밖 청소년 건강검진은 9세 이상 18세 이하 학교 밖 청소년으로 19세 학교 밖 청소년은 다른 국가건강검진과 중복되지 않은 경우 검진이 가능하다.

건강검진은 2년마다 1회 이상 실시하되, 사무직에 종사하지 아니하는 직장가입자에 대해서는 1년에 1회 실시한다. 다만, 암검진은 「암관리법 시행령」에서 정한 바에 따르며, 영유아건강검진은 영유아의 나이 등을 고려하여 보건복지부장관이 정하여 고시하는 바에 따라 검진주기와 검진횟수를 다르게 할 수 있다(동법 제52조). 이에 더한 생애전환기 건강진단이 실시되고 있다.

④ 장애인보장구 급여비

공단은 「장애인복지법」에 따라 등록한 장애인인 가입자 및 피부양자에게는 보장구(補裝具)에 대하여 보험급여를 할 수 있다(동법 제51조). 구입금액이 유형별 기준액 이내의 경우에는 실구입가의 80%에 해당하는 금액, 유형별 기준액을 초과하는 경우에는 유형별 기준액의 80%에 해당하는 금액을 지급한다.

⑤ 부가급여

공단은 이 법에서 정한 요양급여 외에 대통령령으로 정하는 바에 따라 임신·출산 진료비, 장제비, 상병수당, 그 밖의 급여를 실시할 수 있다(동법 제50조). 이 급여는 '실시할 수 있다'고 규정하고 있는 임의급여의 성격을 가진다. 법에는 장제비와 상병수당을 들고 있으나 동법 시행령에서는 임신·출산 진료비만을 한정하고 있다(동법 시행령 제23조).

임신·출산 진료비는 임신한 가입자 또는 피부양자가 지정된 요양기관에서 받는 임신과 출산에 관련된 진료(출산 전후 산모의 건강관리와 관련된 진료를 포함)에 드는 비용으로 하고, 그 지급액은 하나의 태아를 임신한 경우에는 50만 원, 둘 이상의 태아를 임신한 경우에는 70만 원의 범위에서 임신한 가입자 또는 피부양자가 실제 부담한 금액으로 한다. 현재 우리나라는 임산부의 진료비 지원을 통한 건강한 태아분만을 위해 임신·출산 진료비의 본인부담금 일부를 전자바우처 방식인 고운맘카드로 지원하고 있다.

⑥ 본인부담상한액 제도

고액중증질환의 의료비 부담을 덜기 위하여 환자가 부담한 연간 본인부담금 총액이 가입자 소득수준에 따른 본인부담 상한액을 초과하는 경우, 그 초과금액을 전액 환자에게 돌려주는 제도로써 비급여 항목은 제외된다. 소득수준에 따라 7단계 차등 적용한다.

| 표 4-4 | 본인부담상한액(2019)

연도	연평균 보험료 분위						
	저소득 → 고소득						
	1분위	2~3분위	4~5분위	6~7분위	8분위	9분위	10분위
2014년	120만 원	150만 원	200만 원	250만 원	300만 원	400만 원	500만 원
2015년	121만 원	151만 원	202만 원	253만 원	303만 원	405만 원	506만 원
2016년	121만 원	152만 원	203만 원	254만 원	305만 원	407만 원	509만 원
2017년	122만 원	153만 원	205만 원	256만 원	308만 원	411만 원	514만 원
2018년	80만 원	100만 원	150만 원	260만 원	313만 원	418만 원	523만 원
요양병원 입원일수 120일 초과	124만 원	155만 원	208만 원				
2019년	81만 원	101만 원	152만 원	280만 원	350만 원	430만 원	580만 원
요양병원 입원일수 120일 초과	125만 원	157만 원	211만 원				

※ 2018년부터 요양병원 입원일수 120일 초과 여부에 따라 1~5분위까지 상한액 차등 적용
자료: 국민건강보험홈페이지(2019) 참조.

(6) 건강보험제도의 운용

보험료 징수와 급여 지급 등 건강보험 관리운영을 맡아 하는 기구를 보험자라 한다. 정부가 보험자가 되는 국가는 소수이고(영국, 일본, 스웨덴 등), 대부분의 국가에서는 공법상의 기구 또는 준 자치적인 비정부기구가 관리·운영을 맡고 있다. 각 기구는 공신력을 담보하기 위하여 법적인 요건을 갖추어야 하고 피보험자와 사용자인 기업은 관리운영기관에 대표자를 보내어 업무에 관여할 수 있도록 한다. 사회주의 국가에서는 노동조합이 관리운영에 중요한 역할을 하고 있다. 그리고 보험자가 하나로 단일화되어 있는 경우도 있고 여러 개의 건강보험조합으로 분립되어 있는 경우도 있다. 전자를 통합방식, 후자를 조합방식이라고 한다(원석조, 2010: 287-288).

우리나라의 경우 2000년부터 중앙집중 관리방식(통합방식)으로 전환하면서 그 명칭을 국민건강보험제도로 변경하였으며, 모든 관리와 운영업무를 국민건강보험공단에서 맡게 되었다.

| 표 4-5 | 건강보험의 통합과정

<table>
<tr><th colspan="2" rowspan="2">종류</th><th rowspan="2">1998.10.1.
이전</th><th rowspan="2">1단계 통합
(1998.10.1)</th><th colspan="2">2단계 통합
(2000.7.1)</th><th rowspan="2">3단계 재정통합
(2003.7.1)</th></tr>
<tr><th>조직</th><th>재정</th></tr>
<tr><td rowspan="3">조직</td><td>지역</td><td>지역의보조합</td><td rowspan="2">국민의료보험
관리공단</td><td rowspan="3">국민건강
보험공단</td><td rowspan="2">지역건보
재정</td><td rowspan="3">국민건강보험공단
(단일재정)</td></tr>
<tr><td>공무원
사립학교</td><td>공교의보공단</td></tr>
<tr><td>직장</td><td>직장의보조합</td><td>직장의보조합</td><td>직장건보
재정</td></tr>
</table>

① 국민건강보험공단

우리나라의 국민건강보험의 관리·운영은 공법상의 기구인 국민건강보험공단이 맡고 있다. 즉, 국민건강보험제도는 사회보험제도의 하나로서 감독 및 최종 책임은 보건복지부장관이 지게 되지만 운영주체인 보험자는 공법인 형태의 국민건강보험공단이다(동법 제13조).

공단은 다음 각 호의 업무를 관장한다(동법 제14조).

- 가입자 및 피부양자의 자격 관리
- 보험료와 그 밖에 이 법에 따른 징수금의 부과·징수
- 보험급여의 관리
- 가입자 및 피부양자의 건강 유지와 증진을 위하여 필요한 예방사업
- 보험급여 비용의 지급
- 자산의 관리·운영 및 증식사업
- 의료시설의 운영
- 건강보험에 관한 교육훈련 및 홍보
- 건강보험에 관한 조사연구 및 국제협력
- 이 법에서 공단의 업무로 정하고 있는 사항
- 「국민연금법」, 「고용보험 및 산업재해보상보험의 보험료징수 등에 관한 법률」, 「임금채권보장법」 및 「석면피해구제법」(이하 "징수위탁근거법"이라 한다)에 따라 위탁받은 업무

- 그 밖에 이 법 또는 다른 법령에 따라 위탁받은 업무
- 그 밖에 건강보험과 관련하여 보건복지부장관이 필요하다고 인정한 업무 등이다.

2) 의료급여

(1) 개념과 목적

의료급여란 생활유지 능력이 없거나 생활이 어려운 저소득 국민의 의료문제를 국가가 보장하는 제도로서 건강보험과 함께 국민 의료보장의 중요한 수단이 되는 사회보장제도이다. 특히 저소득층을 대상으로 하는 의료급여란 어려운 국민들에게 발생하는 질병, 부상, 출산 등에 대해 의료서비스를 현물로 제공하고 있다.

생활이 어려운 자에게 의료급여를 실시함으로써 국민 보건의 향상과 사회복지의 증진에 이바지함을 목적으로 한다. 이는 건강보험과 더불어 국민의 건강한 생활을 보장하기 위한 의료보장제도로서 저소득층의 의료복지를 위한 중요한 수단이 되고 있다.

(2) 의료급여제도의 연혁

의료급여의 역사는 1961년 제정된 생활보호법에서 시작한다. 당시 생활보호법은 의료보호에 관한 규정이 포함되어 있었으나 시행령이 마련되지 않아 실시되지 못하였다. 그 후 사회적 취약 계층에 대한 보호의 필요성이 대두되어 1977년 12월 「의료보험법」이 제정되고, 1979년부터 시행되어 생활보호대상자, 이재민, 국가유공자, 무형문화재에 대하여 1종은 무료, 2종의 경우 1차 진료는 무료, 2차 진료는 70%를 본인이 부담하였다. 김대중 정부 이후인 2000년 5월에 「의료급여법」으로 전면 개정되었고, 의료급여는 「국민기초생활법」 상의 수급자에게 생계급여, 주거급여, 교육급여와 함께 제공되었다.

1997년 270일이었던 의료급여 기간을 1998년 300일, 1999년에는 330일로 연장하였고, 2000년에는 기간제한을 폐지하였으나 의료급여대상자의 의료남용 등의 문제가 발생하여 2002년부터 연간 365일로 급여기간을 제한하였다. 2003년부

터 수급자의 연령도 61세에서 65세로 상향, 2002년 5월에 보건복지부의 의료급여과 신설, 2002년 4월에는 건강보험심사평가원에 의료급여실을 신설하여 의료급여 체계를 대폭 강화하였다.

| 표 4-6 | 의료급여제도의 연혁

시기	내용
1961. 12. 30	생활보호법 제정으로 의료급여(제5조) 규정
1977. 12. 31	생활보호법에서 분리하여 의료보호법 제정
1993. 12. 01	2종 보호대상자 외래진료비 1,000원 부담 (과잉진료 및 수진의 남용을 방지하는 동시에 전국민 의료보험의 실시에 따라 의료부조제도 폐지)
2000. 05. 24	의료급여법으로 개정 (의료급여 수급기간 폐지, 예방·재활 의료급여 실시)
2007. 02. 28	1종 수급권자 외래진료 시 부담금 도입

자료: 나직균 외(2011: 268).

(3) 의료급여 수급권자 선정 및 적용기간

매년 보건복지부장관이 선정기준을 각 시·도지사에게 시달하여 거주지를 관할하는 보장기관장이 가구단위 급여 또는 개인단위 급여를 기준으로 「국민기초생활보장법」에 의해 수급자를 선정하며, 타 법률에 의해 보건복지부장관이 의료급여가 필요하다고 인정한 사람을 대상으로 의료급여수급권자의 자격관리 및 의료혜택 부여 등의 관리체계를 운영하고 있다. 그 선정유형 및 자격유지기간은 다음과 같다.

① 1종 수급권자

- 「국민기초생활보장법」에 의한 수급권자
- 행려환자
- 「재해구호법」에 따른 이재민으로서 보건복지부장관이 의료급여가 필요하다고 인정한 사람
- 「의사상자 등 예우 및 지원에 관한 법률」에 따라 의료급여를 받는 사람

- 「입양특례법」에 따라 국내에 입양된 18세 미만의 입양아동
- 「독립유공자 예우에 관한 법률」, 「국가유공자 등 예우 및 지원에 관한 법률」 및 「보훈보상대상자 지원에 관한 법률」의 적용을 받고 있는 사람과 그 가족으로서 국가보훈처장이 의료급여가 필요하다고 추천한 사람 중에서 보건복지부 장관이 의료급여가 필요하다고 인정한 사람
- 「무형문화재 보전 및 진흥에 관한 법률」에 따라 지정된 국가무형문화재의 보유자(명예보유자를 포함한다)와 그 가족으로서 문화재청장이 의료급여가 필요하다고 추천한 사람 중에서 보건복지부장관이 의료급여가 필요하다고 인정한 사람
- 「북한이탈주민의 보호 및 정착지원에 관한 법률」의 적용을 받고 있는 사람과 그 가족으로서 보건복지부장관이 의료급여가 필요하다고 인정한 사람
- 「5·18 민주화운동 관련자 보상 등에 관한 법률」 제8조에 따라 보상금 등을 받은 사람과 그 가족으로서 보건복지부장관이 의료급여가 필요하다고 인정한 사람
- 「노숙인 등의 복지 및 자립지원에 관한 법률」에 따른 노숙인 등으로서 보건복지부 장관이 의료급여가 필요하다고 인정한 사람 등이다.

② 2종 수급권자

「국민기초생활보장법」에 의한 수급자 중 1종 수급권자에 해당하지 아니하는 자와 보건복지부장관이 2종 의료급여가 필요하다고 인정하는 자이다.

(4) 의료급여제도의 급여

수급권자의 질병·부상·출산 등에 대한 의료급여의 내용은 진찰·검사, 약제·치료재료의 지급, 처치·수술과 그 밖의 치료, 예방·재활, 입원, 간호, 이송과 그 밖의 의료목적 달성을 위한 조치 등이다.

의료급여[6]를 받을 수 있는 자격은 본인가구의 근로능력, 소득, 재산과 부양의

6) 의료급여제도는 2016년을 기준으로 1인 가구 649,932원, 2인 가구 1,106,642원, 3인 가구 1,431,608

무자를 본다. 기본적으로 생계급여자에게 적용하는 까다로운 조건을 다 적용하면서 가구의 소득인정액이 위에서 정한 금액 이하인 가구이다.

의료급여의 방법·절차·범위·한도 등 의료급여의 기준에 관하여는 보건복지부령으로 정하고, 의료수가기준과 그 계산방법 등에 관하여는 보건복지부장관이 정한다. 보건복지부장관은 의료급여의 기준을 정할 때에는 업무 또는 일상생활에 지장이 없는 질환 등 보건복지부령으로 정하는 사항은 의료급여 대상에서 제외할 수 있다.

(5) 의료급여 제공의 급여기관

의료급여는 「의료법」에 따라 개설된 의료기관, 「지역보건법」에 따라 설치된 보건소·보건의료원 및 보건지소, 「농어촌 등 보건의료를 위한 특별조치법」에 따라 설치된 보건진료소, 「약사법」에 따라 개설등록된 약국 및 한국희귀의약품센터에서 제공된다. 의료급여 기관별 진료 범위는 보건복지부령으로 정한다.

① 제1차 의료급여기관

「의료법」에 따라 시장·군수·구청장에게 개설 신고한 의료기관, 「지역보건법」에 따라 설치된 보건소·보건의료원 및 보건지소, 농어촌 등 보건의료를 위한 특별조치법에 따라 설치된 보건진료소, 「약사법」에 따라 등록된 약국 및 한국희귀의약품센터 등이다.

② 제2차 의료급여기관

「의료법」에 따라 시·도지사가 개설허가를 한 의료기관 등이다.

③ 제3차 의료급여기관

제2차 의료급여기관 중에서 보건복지장관이 지정하는 의료기관 등이다.

원, 4인 가구 1,756,574원, 5인 가구 2,081,540원 이하이면 의료급여를 받을 수 있다(이 기준도 매년 중위소득에 따라 인상되는 경향이 있다).

3) 노인장기요양보험

(1) 노인장기요양보험의 목적

고령이나 노인성 질병 등으로 인해 일상생활을 혼자서 수행하기 어려운 노인 등에게 신체활동 또는 가사지원 등의 장기요양급여를 제공하여 노후의 건강증진 및 생활 안정을 도모하고 그 가족의 부담을 덜어줌으로써 국민의 삶의 질을 향상하도록 함을 목적으로 한다.

(2) 노인장기요양보험의 제정과정

노인장기요양보험제도는 세계에서 3번째로 도입된 제도로 독일, 일본에 이어 2007년 「노인장기요양보험법」으로 의결되어 2008년 7월 1일부터 시행되었다.

| 표 4-7 | 노인장기요양보험법의 제정과정

2001년 8월 15일	대통령 경축사에 노인장기요양보장제도 도입제시
2002년 대선	대통령 공약사항에 포함
2003년 3월 ~ 2004년 2월	공적노인요양보장추진기획단 설치·운영
2004년 3월 ~ 2005년 2월	공적노인요양보장제도실행위원회 구성·운영
2005년 10월 ~ 2005년 11월	입법 예고
2005년 7월 ~ 2006년 3월	1차 시범사업실시: 광주 남구, 강릉, 수원, 부여, 안동, 북제주 (6개 시·군·구 65세 이상 기초생활보장수급노인대상 시범사업실시)
2006년 2월	정부입법 국회제출
2006년 4월 ~ 2007년 4월	2차 시범사업실시: 광주 남구, 강릉, 수원, 부여, 안동, 북제주, 부산 북구, 전남 완도(8개 시·군·구 65세 이상 노인대상 시범사업실시)
2007년 4월	국회 통과
2007년 5월 ~ 2008년 6월	3차 시범사업실시: 광주 남구, 강릉, 수원, 부여, 안동, 북제주, 부산 북구, 전남 완도, 인천 부평구, 대구 남구, 청주, 익산, 하동 (13개 시·군·구 65세 이상 노인대상 시범사업실시)
2007년 6월 8일 ~ 2007년 6월 28일	시행령 및 시행규칙 입법예고 완료

2008년 7월 1일	노인장기요양보험 시행
2014년 7월 1일	노인장기요양보험 개정(치매특별등급)

(3) 노인장기요양보험의 특성

① 사회보험제도로서의 장기요양보호서비스

기존의 국민건강보험제도의 가입자들이 정기적으로 납부하는 장기요양보험료를 기반으로 하는 사회보험(현재 국가부담(정부지원)과 장기요양급여 이용자가 부담하는 본인 일부 부담금으로 재원을 충당)이다. 현재 보험료는 건강보험료에서 장기보험료율을 곱하여 산정하며, 2020년 현재 보험료율은 10.25%이다.

② 급여의 장기성과 복합성

고령자의 만성질환과 장애에 대응한 서비스이므로 급여기간이 장기적으로 주어지고, 급여는 재가급여, 시설급여, 특별현금급여 등으로 분류하여 지급하는 다양한(복합적) 형태의 급여를 포함한다.

③ 급여 제공과 사례 관리

급여의 신청에서 판정까지의 절차는 여러 가지 단계를 거치는데, 이를 통해 사례 관리(직접 방문 조사, 욕구조사 등)를 중시하는 보험제도이다.

(4) 노인장기요양보험의 신청 대상

소득수준과 상관없이 65세 이상의 노인 및 65세 미만으로 노인성 질병(치매, 뇌혈관성질환 등)을 가진 자로서 장기요양보험가입자 또는 그 피부양자이거나 「의료급여법」에 따른 수급권자여야 한다.

| 표 4-8 | 장기요양 등급판정 기준

등급	인정점수 구간	등급별 기능상태
1등급	95점 이상	일상생활에서 전적으로 다른 사람의 도움이 필요한 상태

등급	인정점수 구간	등급별 기능상태
2등급	75~95점 미만	일상생활에서 상당 부분 다른 사람의 도움이 필요한 상태
3등급	60~75점 미만	일상생활에서 부분적으로 다른 사람의 도움이 필요한 상태
4등급	51~60점 미만	심신의 기능상태 장애로 일상생활에서 일정부분 다른 사람의 도움이 필요한 상태
5등급	45~51점 미만	치매(제2조에 따른 노인성질병으로 한정한다)환자
인지지원등급	45점 미만	치매(제2조에 따른 노인성질병으로 한정한다)환자

(5) 급여종류

노인장기요양보험의 급여는 재가급여, 시설급여, 특별현금급여가 있다.

| 표 4-9 | 노인장기요양보험의 급여종류

종류	서비스
재가급여	방문요양, 방문목욕, 방문간호, 주·야간보호, 단기보호, 기타재가급여(복지용구)
시설급여	노인의료복지시설(노인전문병원 제외)에 장기간 입소하여 제공되는 요양급여
특별현금급여	가족요양비, 특례요양비, 요양병원간병비

(6) 노인장기요양보험제도의 운용

장기요양보호사업은 보건복지부장관이 관장하며, 국민건강보험공단이 보험자이다. 가입자는 국민건강보험 가입자로서, 건강보험료와 통합하여 장기요양보험료를 징수하되, 각각 구분하여 고지해야 하고, 통합 징수한 각 보험료를 독립회계로 관리하여야 한다.

(7) 재원조달방식

장기요양급여에 소요되는 비용은 국민이 납부하는 장기요양보험료와 국가부담(정부지원) 그리고 장기요양급여 이용자가 부담하는 본인일부부담금으로 충당한다.

① **장기요양보험료**

장기요양보험료는 건강보험료액에 장기요양보험율을 곱한 금액으로 장기요양보험료율은 보건복지부장관 소속 장기요양위원회의 심의를 거쳐 대통령령으로 명시한다('19년 장기요양보험료율: 8.51%). 노인장기요양보험 가입자는 국민건강보험가입자와 동일, 건강보험료와 통합·징수한다.

② **국가지원**

국가는 예산의 범위 안에서 당해 연도 장기요양보험료 예상수입액의 20%에 상당하는 금액을 부담(국고)하고 국가와 지방자치단체는 의료급여수급권자의 장기요양급여비용, 의사소견서 발급비용, 방문간호지시서 발급비용 중 공단이 부담해야 할 비용 및 관리운영비의 전액을 분담하여 부담한다.

③ **본인일부부담**

급여를 받는 자가 본인이 부담하는 일부부담금은 시설급여 20%(비급여: 식재료비, 이미용료 등은 본인부담), 재가급여 15%이다. 「의료급여법」 제3조 제1항 제1호 규정에 따른 수급권자는 본인부담이 없다.

④ 「의료급여법」 제3조 제1항 제2호부터 제9호까지의 규정에 따른 수급권자는 본인일부부담금의 60%를 감경한다.

⑤ 보건복지부장관이 정하여 고시한 소득·재산 등이 일정 금액 이하인 자는 본인일부부담금의 40% 또는 60%를 감경한다.

Chapter

05

노인주거보장정책과 노인복지시설의 이해

산업화와 더불어 노부모와 자녀가 함께 사는 것이 노인에게는 자녀에게 부담을 초래한다는 강박감과 자녀에게는 노부모 부양으로 인한 경제적 부담과 사생활 침해라는 세대갈등을 가중시키고 있다. 노인 개인과 가장 밀착된 생활환경으로서의 주거환경은 노인이 일상생활을 영위하는 주된 삶의 터전이다.

평균수명의 증가와 저출산으로 인한 인구고령화, 노인단독가구의 증가는 노인주거시설의 확충이라는 시급한 과제를 안겨주고 있다. 또한 많은 노인들이 만성질환으로 인하여 식사, 외출, 용변 등의 일상생활에 있어서 한 가지 이상의 장애를 겪고 있다. 이러한 노인의 신체조건과 각종 의료 관련 서비스의 필요성, 노인부양의 문제 등이 제기되는 사회현실을 반영하여 노인의 독립생활을 보장하고 일정한 보건관리를 동반한 합리적인 주거시설의 개발, 노인을 돌보는 노인복지시설 등의 필요성이 증대되었다.

1. 주거보장정책

노인부양의 문제는 이제 가족의 차원을 넘어서 사회적 부양을 요구하고 있다. 오늘날의 노인들은 자녀에게 의존하려는 성격에서 사회적·경제적 능력을 갖춘 의미 있는 생활을 추구하고자 한다. 이런 점을 고려한 노인의 주거생활은 노인주거의 위치, 주변 환경, 규모, 설비구조 등이 노인의 신체적·정서적·경제적·사회적 제반 여건을 고려한 결정이어야 한다.

1) 노년기 주거환경의 중요성

노년기 안정된 주거환경이 중요함은 다음과 같다.

첫째, 노년기에는 주된 생활영역이 가정환경으로 축소되는 경향이 있기 때문에 노년기의 주택은 중요한 삶의 터전이 됨과 동시에 노후생활 안정의 가장 중요한 요소가 된다.

둘째, 우리나라와 같이 주택 가격이 비싼 상황에서는 주택의 소유가 중요한 노후 소득보장의 도구가 될 수 있으며, 자가를 소유한 노인은 추가적인 주거비용에 대한 부담이 줄어들게 되므로 안정적 경제생활을 할 수 있게 된다.

셋째, 동일 주택에서 지속적으로 거주할 경우 친구나 이웃 등과 같은 사회적 관계망을 유지하고, 지역사회 내에서 웃어른으로 대접받는 등 사회적 지위의 유지가 가능해진다.

넷째, 인간으로서의 존엄성을 유지할 수 있는 사생활의 자유를 공간적으로 확보할 수 있게 된다.

다섯째, 이전부터 생활해 온 주택에서 계속해서 살게 될 경우, 일생에 걸친 추억과 경험의 연속성을 유지할 수 있게 된다.

여섯째, 노인의 생활에 적합하도록 계획된 주거공간을 확보함으로써 신체기능 및 일상생활 기능 저하를 보완하고 수용하며, 안전생활을 보장하는 물리적 환경의 확보가 가능해진다. 이와 같이 노년기의 주거환경은 노인의 삶의 질과 노후생활 적응을 결정하는 중요한 요인이 되고 있기 때문이다(최원석 외, 2011: 103-104).

2) 노인주거보장의 의미와 원칙

주거보장이란 개인이 자신의 독립성을 유지하면서 안전하고 안락한 일상생활을 유지할 수 있는 공간을 확보하고 유지할 수 있도록 주거의 건설과 공급, 그리고 이에 관련되는 서비스를 통하여 지원하여 주는 제반 사회적 노력을 의미한다.

고령화 시대의 노인을 위한 주거정책은 노인이 적절한 주거공간에 거주하며 필요한 생활관련 서비스를 제공 받을 수 있도록 하는 것에 초점이 맞추어져야 한다. 따라서 노인이 보다 독립적이고 자율적이며 심리적으로 안정된 주거생활을 영위할 수 있도록 경제적 특성에서 큰 편차를 보이는 노인층의 주거수요에 부응할 수 있는 소득에 따른 노인주거공급프로그램 개발과 정부지원체계를 재정비해야 한다. 그러므로 주거의 수준을 측정하는 데에 있어서 중요한 원칙은 다음과 같다(이인수, 2000: 102).

(1) 주거의 연속성

주거의 구조가 사용하기 불편하여 혹은 적절한 의료복지서비스를 제공받을 수 없기 때문에, 태어나고 성장하며 오랫동안 생활하여 왔던 지역과 주거를 벗어나 노후에 전혀 다른 주거환경으로 옮겨가게 되는 것은 노인들에게 심리적·육체적 영향을 크게 줄 수 있다는 것이다. 따라서 가능한 한 생활해 왔던 지역사회와 주거에서 노후를 보낼 수 있도록 '주거의 연속성'을 보장해 주는 것이 필요하다. 특히, 주거의 연속성은 복지정책 수립 시 강조되고 있는 정상화(normalization) 이념과도 일맥상통한다. 정상화란 노인이나 장애자가 지금까지 살아 왔던 환경에서 지금까지와 비슷한 리듬으로 살아갈 수 있게 해야 한다는 것이다.

(2) 주거의 안정성

아무리 자신의 주거에서 생활하고 싶어도 주거의 구조가 생활하기 어렵고, 또한 안전사고의 위험이 높다면 오히려 입소시설에서의 생활보다 나을 것이 없을 것이다. 따라서 안전하고 편리한 주거를 보장하기 위한 주거의 공급이 필요하다.

(3) 주거의 건강성

고령자 주거실태를 보면, 낡고 협소한 주거에서 생활하는 경우가 많고, 게다가 주거 내부에 채광이나 통풍, 방음 등에 있어 열악한 환경에 있는 주거가 많으며, 이로 인하여 적절한 휴양이나 휴식을 취할 수 없어 오히려 고령자의 건강을 악화시키는 경우도 적지 않다. 따라서 건강하게 거주할 수 있는 고령자용 주거공간의 건설이 필요하다.

(4) 주거의 요양 및 재활용성

지역사회와 주거에서의 생활지원을 전제로 한 복지이념의 변화에 따라 주거에서 생활하는 고령자가 증가하게 되고, 또한 주거 내에서 요양이나 재활을 하게 되는 경우가 늘어나게 될 것이다. 따라서 주거 내에서 요양이나 재활을 가능하게 하는 구조와 공간이 제공되어야 한다는 것이다.

우리나라는 기본적으로 집을 거주가 아닌 재산으로 간주하는 경향이 깊이 인식되어 있다. 그러므로 노인의 안락한 삶을 위한 주거보장보다 주택보장에 치중하고 있으므로 고령자들을 위한 주택의 공급이 이루어지지 못하고 있다. 또한 무주택 노인을 위한 주거지원 정책이 거의 없다는 문제점이 있다.

3) 주거 형태의 분류

노인이 생활하는 주거의 형태를 분류하면 독립 거주형, 서비스형 거주, 복지시설 거주형, 의료시설 거주형, 일시 거주형 등으로 분류할 수 있다.

첫째, 독립 거주 유형은 가장 일반적인 주거 형태로서 비교적 건강하고 보건의료서비스를 필요로 하지 않는 노인의 거주형태이다. 이러한 거주형태에는 일반주택, 3세대주택, 고령자주택 등의 주택형태가 포함된다. 우리나라의 경우 일반주택에서 노인이 거주하는 경우가 많지만, 세대 간의 가치관 변화와 생활양식의 다양화로 인하여 다양한 형태의 3세대주택이나 가까운 곳에서 살면서 생활을 공유하는 인거형의 주거형태가 늘어나고 있다.

둘째, 서비스형 거주는 비교적 경제적인 여유가 있는 동년배의 노인이 입주하여 노인을 위한 건강, 여가 등의 필요한 생활서비스를 제공하는 시설에서 거주하는 형태이다. 이러한 서비스형 거주시설에 입소한 노인은 공동생활을 할지라도 개인생활을 보장받게 되는데, 「노인복지법」의 노인복지주택이나 정부가 추진하고 있는 고령친화모델지역이 이에 속한다.

셋째, 복지시설 거주는 고령자들이 입소하여 보호적인 환경에서 집단생활을 하는 거주형태로서, 「노인복지법」상 노인 주거복지시설인 양로시설과 노인 의료복지시설인 노인요양시설이 이에 해당한다.

넷째, 의료시설 거주는 질병의 치료와 간호를 목적으로 한 의료서비스가 중점

제공되는 시설에 거주하는 형태로서 보건소, 병·의원 그리고 노인전문병원 등이 이에 속한다. 현재 우리나라에서는 작은 병에도 장기입원하고 병원에서 임종을 맞으려는 사회적 입원이 증가하고 있는 실정이다.

마지막으로, 일시 거주형은 이용시설에 잠시 머무르면서 숙식이나 기타 필요한 서비스를 받는 주거형태로서 「노인복지법」상의 단기보호시설이 이에 속한다.

4) 주거환경의 사례

(1) 국내 사례

노인 개인과 가장 밀착된 생활환경으로서 주거환경은 노인이 일상생활을 영위하는 주된 '삶의 터'이다. 즉, 주거환경은 식사, 옷 입기, 휴식 등 일상생활을 수행하고 가족 및 사회와의 관계를 기초하는 공간이다. 노년기에는 사회활동의 감소로 생활영역이 거주지 중심으로 축소되고 신체적·생리적 기능의 쇠퇴로 환경에 대한 적응력이 떨어지기 때문에 주택이 제공하는 편리성의 정도가 노인의 생활 적응 정도에 미치는 효과는 매우 크다. 나아가 주거환경의 쾌적성과 편리성은 노인의 심리적 안전을 도모할 수 있다. 그리고 사생활과 동시에 가족구성원과의 연대를 조성할 수 있는 주거구조는 노인과 그 가족과의 통합에 기여하며, 사회적 측면에서의 주거환경은 노년기의 역할 상실의 충격을 완화하고 노인을 지역사회와 통합시키는 역할을 수행할 수 있다. 한편, 노인 대다수가 거주하고 있는 주거환경은 낙후된 상태이며 노인의 신체적·인지적 기능 약화를 보완해 줄 수 있는 설비를 제대로 갖추고 있지 못하다. 특히, 치매나 뇌졸중 또는 장기요양보호를 필요로 하는 노인 대부분도 가족으로부터 수발을 받고 있는데 가족 부양을 도와주고 그 부담을 완화할 수 있도록 노인을 위한 주거환경을 개선하려는 노력은 전무한 실정이다.

노인의 주거환경 개선에 대한 사회적 인식이 고조된 것은 1990년대 이후로, 현재 일부 상류층 노인을 겨냥한 실버타운이나 노인복지주택이 민간단체와 종교단체를 중심으로 계획되고 있다. 그러나 다양한 생활계층을 대상으로 하는 노인주택산업은 아직도 발전하지 못하고 있으며, 영세노인이나 혼자 사는 노인을 위한 임대주택의 환경 개선도 민간 자본의 무관심과 정부의 미온적 태도에서 이루어지지 못하고 있다(이인수, 2000: 104-107).

우리나라에서 노인을 위한 계획주거환경의 개념이 처음 도입된 것은 1987년에 서울 노원구 상계동에서 건축된 상계 19단지 3대 가족형 아파트이며, 이후 노인을 위하여 특별히 설계된 아파트의 사례는 찾기 힘들다. 이 아파트는 3대가 각자 사생활을 유지하면서 공동생활이 가능하도록 계획된 것으로, 수평인거형, 수평동거형, 수직동거형이 각각 1/3씩 차지하고 있다. 정부에서는 노인인구 비율이 높은 지방자치단체를 중심으로 하여 노인의 주거, 교통, 의료, 일자리 등을 동시에 제공하는 80~100만 평에 이르는 대규모 고령친화모델지역(고령타운)을 시범적으로 조성하고, 2010년대 초반부터 본격적으로 사업을 확대해 나갈 계획을 수립하여 추진하고 있다.

(2) 영국사례

영국의 대표적인 노인주택은 보호주택(sheltered housing)이라 할 수 있다. 보호주택은 지방정부나 주택조합 같은 공공기관에서 주로 공급하지만, 일부는 민간에서 분양용으로 공급하여 구입, 임대하여 입주할 수 있다. 보호주택은 단지마다 차이가 있지만, 대체로 방 1~2개와 주방으로 이루어진 소형주택들이 평균 20~40호 정도로 단지를 이루고 있는 경우가 많다. 각각의 주택에는 안전손잡이, 미끄럼 방지장치 등의 노인편의시설이 설치되어 있으며, 공동시설로 사교실, 세탁실, 손님맞이방 등이 있다.

(3) 미국사례

① 은퇴촌(retirement community)은 우리나라에서 노인촌 또는 실버타운으로 불리는 노인전용 주거단지이다. 은퇴촌은 흔히 선벨트(Sun belt)라 불리는 일기조건이 좋은 지역에 조성되는 경우가 많으며, 독립주택이나 서비스 주택이 중심이긴 하지만 가끔 요양시설이 같이 있는 경우도 있다.

② 부지공유주택(accessory housing)은 친척이 거주하는 단독주택부지에 기존 주택과 분리된 노인용 주택을 만들어 생활하는 형태로 현관, 주차장 등은 공동으로 사용하지만 침실과 거실 등은 독립적으로 이용하는 주택유형이다.

③ 하숙주택(boarding home)은 일반적으로 생활기능이 저하된 저소득 노인이 5~6명 단위로 공동생활을 하면서 식사서비스와 일상생활상의 요양서비스를 제공받는 주택이며, 24시간 보호를 제공하는 주택유형이다.

④ 에코주택(echo housing)은 자녀세대와 부모세대가 같은 울타리 안에서 살도록 계획된 주택으로, 기존의 주택이 위치한 대지에 노인을 위해 지은 작고 이동 가능한 일시적 조립식 주택을 말한다. 즉, 이 주택은 자녀들의 집에 조립식 가건물을 세워 자녀들과 상호교류가 가능하도록 하면서 노인과 자녀세대 모두에게 독립성과 프라이버시, 안전성, 경제성, 거주성을 제공한다.

5) 노인주거보장의 과제

우리나라의 노인주거보장의 과제는 다음과 같은 다섯 가지 영역으로 제시될 수 있다(이인수, 2000: 112-114).

(1) 노인주택정책의 명료화

오랫동안 우리나라의 주택정책은 공급자 중심, 양적 확대 중심이었으며, 수요자나 질적 수준과 관련한 것은 별로 고려 대상이 되지 못했다. 하지만 급속하게 다가올 고령사회에 대비하기 위해서는 노인의 주거보장을 정비하지 않으면 안 된다. 왜냐하면 노인의 주거보장은 장기적으로 노인보호비용을 줄이고 노인의 삶의 질을 높이기 위해서는 가장 기본적인 요소가 되어 있기 때문이다.

「노인복지법」의 한 규정에 따르면 국가 또는 지방자치단체는 노인들에게 적합한 주택 건설을 촉진하도록 규정하고 있지만 그 규정이 모호하고 이러한 규정에 따른 주택 프로그램은 제공되지 않고 있다. 「노인복지법」에 고령자 전용주거 시설을 규정하는 법률은 있으나 고령자 전용주거 시설이 무엇인지를 규정하는 내용이 없다. 그리고 고령자 전용주거 시설과는 별도로 고령자 주거복지시설이 양로시설과 노인복지 주택을 포함하고 있어 복잡할 뿐 아니라 노인복지 주택에 한해서는 건설과 관련된 조항을 「주택법」을 준용하도록 함으로써 혼란이 가중되고 있다. 이러한 법률적 혼란과 더불어 최근 급격하게 늘어나는 고령자 또는 고령자 부부만 거주하는 가구의 급증, 동거 부양의식의 쇠퇴, 고령자의 열악한 주거 현실을 감안할 때, 고령자 주거문제는 더 이상 방관할 수 없는 실정이다.

노인주택 관계규정의 모호함 외에도 노인주택정책이 개발되지 못한 것은 몇 가지 이유가 있다. 주택 부족이 국가적으로 심각하기 때문에 특별하게 노인을 대상으로 하는 주택정책을 고려할 기회가 거의 없었다. 그리고 노인을 위한 사회복지 정책은 시설보호에 초점이 맞춰 왔기 때문에 정부는 재가 노인의 주택문제에 대해서는 관심을 기울이지 못하였다. 노인가구의 특성을 고려한 주택정책은 노인복지정책의 정책목표로 명시화될 필요가 있다. 주택정책이 공급자 중심으로부터 다양하고 차별화된 수요자 중심의 정책으로 전환되어야 하며, 선진 복지사회를 지향하려면 노인 가구에 대한 일반적 복지정책뿐만 아니라 이들 가구의 주택수요를 제도 내로 흡수하는 것이 매우 중요한 시대적 과제라고 할 수 있다.

(2) 정책적 관리-노인주거보장의 기본설계

쉘터드 하우징(sheltered housing: 노인보호주택)의 문제로 지적되고 있는 것이 주거의 연속성 문제이다. 제1종, 제2종, 그리고 요양형 등의 세 가지 유형의 쉘터드 하우징이 개발되어 있는데 각 단계에 따라 노인이 주거를 바꾸어 간다는 것은 문제가 있다는 것이다. 따라서 노인공동주책 그 자체를 입주 시부터 분류하는 것보다는 입주자의 신체적·정신적 능력의 변화에 따라 서비스 제공을 탄력적으로 운용하는 시스템의 개발이 필요한 것으로 보인다.

이러한 시스템을 참고로 할 때, 노인주거보장의 기본 방향은 자택 거주와 요양시설입소 사이에 노인전용 주거를 개발하여 단계적 주거를 개발하는 것과 자택에 보다 오랫동안 거주할 수 있도록 자택 내부 개수를 지원하는 것이 필요하다.

(3) 정책을 통한 노인가구의 특성을 고려한 노인주택 건설

노인주택정책은 모든 노인 또는 노인가구를 대상으로 한다. 하지만 노인 내부의 다양한 집단 및 계층의 특징을 이해하고 소득별·가구별·세대별 특성을 감안하여 차별화된 정책을 강구한다면 훨씬 효율적인 정책목표를 달성할 수 있을 것이다. 소득계층별로 나누어 재정, 금융지원은 저소득 노인가구를 중심으로 하고 고소득 노인가구는 시장경제의 원리에 적용을 받는 실버산업을 활용하는 것이 좋을 것이다. 아울러 세대 구성별로 나누어 볼 때 단독 노인가구 또는 부부노인 가구에 대해서는 노인전용주택을 공급하지만 3대 이상 동거인인 경우에는 3대 동거형 주택의 공급을 확대해야 할 것이며 이미 이러한 주택에 거주하고 있는 경우에는 주택의 개발·보수에 대한 지원이 필요할 것이다. 또 시설에서 서비스를 받아야 할 계층에 대해서는 보다 질적 수준이 높아지도록 지원 정도를 높이는 것이 중요할 것이다.

(4) 민간주택의 정책적 장려

노인전용주택의 공급주체는 다양하다. 공적인 영역과 사적인 영역으로 나누어서 생각할 수 있다. 다만 이 경우 공사의 역할분담을 어떠한 형태로 행하느냐가 중요하다. 국가가 최소한의 공급을 행하는 것이 중요하지만 민간의 공급에 대해서는 최저기준의 설정과 적용을 통하여 노인주택의 질을 확보하면서, 다양한 재정적인 지원을 통하여 주택공급을 장려하는 것이 필요하다.

동거와 인거의 장려도 필요하다. 노인과의 동거에서 중요한 장애가 되는 것이 주거 사정이라고 할 수 있다. 따라서 3세대 동거형 주택 공급이 필요한 것이다. 노인주거는 각국의 사회문화적 전통에 영향을 받는다. 한국은 전통적으로 경로효친사상이 강하고 비록 현재는 보다 약화되기는 했지만 효에 대한 의식은 많이 남아 있으며 노인부양의 가족부담 방식이 많이 존재하고 있다. 3세대 동거형 주택은 동거형, 인거형, 복층형 등 다양한 방식으로 건축이 가능하며 노인들의 사생활과 편리성이 보장되도록 설계하는 것이 중요하다.

소위 실버타운으로 불리는 기업형 노인주택에 대해서는 노인 중 일부 계층으로부터 그에 대한 수요가 있는 것이 현실이다. 그 공급의 확대가 가져올 수 있는 부작용이 지적되고 있기는 하지만 그에 대하여 불필요한 규제를 행하기보다는 일정 범위 내에서 육성하는 것이 필요하다. 다만 이를 일찍부터 행한 각국에서 일어나고 있는 폐해를 충분히 인식하고, 입주자와 노인인권이 보장될 수 있도록 하는 장치를 마련하는 것이 필요하다.

(5) 노인주거정책의 확대지원

사회정책은 사회적 효율성의 문제와 동시에 통합이라는 목표를 가지고 있다. 그러한 의미에서 사회정책은 소비가 아니라 하나의 투자이며 장기적으로 볼 때, 사회적 통합을 이룩하고 사회비용을 줄이는 중요한 역할을 하므로 많은 재원이 투입되어야 하고 또 그럴 만한 가치가 있다. 또한 현실적인 생활보장이라는 차원에서도 주택정책의 투자는 매우 중요한 것이다.

노후의 연금생활자의 경우에 있어서 주거비의 부담은 매우 높고 그러한 요인이 연금급여상승의 압력요인이 작용하여 연금 재정을 압박하는 것은 서구 복지국가의 공통현상이다. 따라서 주택수당의 도입을 통하여 주거비를 줄이게 된다면 연금재정의 안정에도 크게 도움이 될 뿐만 아니라 자가 소유자와 임대 생활자 간의 (주거비의 지출 차이로 인한) 생활수준 격차를 해소하는 효과도 거둘 수 있을 것이다.

주택은 복지의 기반임을 생각할 때, 주택정책의 충실화는 장애인과 초고령자 등이 노후에 요양원 입소에만 의존하지 않고 가능한 한 오랫동안 자신의 집에서 재가복지서비스를 받으면서 자립생활을 할 수 있다는 점에 의해서도 많은 비용을 줄일 수 있다는 점 또한 큰 장점이라 할 수 있다.

2. 노인복지시설

노인복지정책의 두 가지 기본적 관점은 노인의 처우를 재가 중심으로 행하느냐, 아니면 시설 중심으로 행하느냐에 달려 있다. 이러한 관점은 오늘날 노인복지정책을 고려함에 있어 중요한 문제로 대두되고 있는 노인의 지역사회보호(community care)와 어떻게 연결시킬 수 있는가의 문제와도 관련될 수 있다.

「노인복지법」 제31조에 의해 노인복지시설의 종류는 “노인주거복지시설, 노인의료복지시설, 노인여가복지시설, 재가노인복지시설, 노인보호전문기관, 노인일자리지원기관”으로 분류된다. 본 장에서는 법 개정 후 노인복지시설의 종류를 살펴보고자 한다.

| 표 5-1 | 노인복지시설의 종류

시설종류	변경 전	변경 후
노인주거 복지시설	양로시설	양로시설
	노인공동생활가정	노인공동생활가정
	노인복지주택	노인복지주택
노인의료 복지시설	노인요양시설	노인요양시설
	노인요양공동생활가정	노인요양공동생활가정
	노인전문병원	삭제
노인여가 복지시설	노인복지회관	노인복지관
	경로당	경로당
	노인교실	노인교실
	노인휴양소	삭제
재가노인 복지시설	방문요양서비스	방문요양서비스
	주·야간보호서비스	주·야간보호서비스
	단기보호서비스	단기보호서비스
	방문목욕서비스	방문목욕서비스
	재가노인지원서비스	재가노인지원서비스
노인보호 전문기관	노인보호전문기관	노인보호전문기관
노인일자리 지원기관	노인일자리지원기관	노인일자리지원기관
학대피해노인 전용쉼터	신규	학대피해노인 전용쉼터

자료: 보건복지부(2019). 2019 노인복지시설 현황. p.3.

1) 노인주거복지시설

우리나라 양로시설보호의 효시는 1888년 천주교 백주삼 주교에 의한 남녀 노인 40여 명의 보호에 의해 시작되었다. 그리고 1921년 천주교에서 경기도 부천시에 성가양로원, 1925년 예수교 장로교회 한상용 목사가 전북 김제군 용지면 방지면 방교리에 애린양로원을 세웠다. 1945년 이전에는 양로시설이 6개소밖에 없었으나, 미군정 당시 1945년에 8개소에서 1948년 12개소로 늘어났으며, 1950년대 한국전쟁의 영향으로 24개소, 1990년대에는 사회적 변화로 1993년에 노인보호시설이 123개소에 달하였다. 1987년까지만 하여도 이러한 양로시설은 모두 무의탁 노인을 보호하는 무료시설이었으나, 이후 수급대상 및 저소득층 노인을 위한 노인복지시설의 필요성 등이 대두되었고 정부가 지원하는 실비노인복지시설인 순애원을 비롯한 11개 시설이 1986년에 설립되어다. 그리고 1988년 한국 최초의 유료양로시설인 '유당마을'이 개원되었다(김치영, 2014: 164).

현재 노인주거복지시설의 유형은 양로시설, 노인공동생활가정, 노인복지주택으로 구분되며, 노인주거복지시설의 설치는 「노인복지법」 제32조 및 제33조에 근거하여 ① 국가 또는 지방자치단체, ② 국가 또는 지방자치단체외의 자가 노인주거복지시설을 설치하고자 하는 경우에는 특별자치도지사·시장·군수·구청장(이하 "시장·군수·구청장"이라 한다)에게 신고하여야 한다. ③ 노인주거복지시설의 시설, 인력 및 운영에 관한 기준과 설치신고, 설치·운영자가 준수하여야 할 사항, 그 밖에 필요한 사항은 보건복지부령으로 정한다. 단, 노인복지주택을 국가 또는 지방자치단체 외의 자가 설치하고자 하는 경우에는 「주택건설촉진법」 제33조의 규정에 의한 사회계획의 승인을 얻어야 한다.

(1) 양로시설, 노인공동생활가정

양로시설은 노인을 입소시켜 급식과 그 밖에 일상생활에 필요한 편의를 제공함을 목적으로 하는 입소정원 10명 이상 시설이다. 노인공동생활가정은 노인들에게 가정과 같은 주거여건과 급식, 그 밖에 일상생활에 필요한 편의를 제공함을 목적으로 하는 입소정원 5명 이상 9명 이하 시설이다.

① 입소대상자

양로시설, 노인공동생활가정의 입소대상자는 무료 입소대상자, 실비 입소대상자, 유료 입소대상자로 구분된다.

첫째, 무료 입소대상자는 일상생활에 지장이 없는 65세 이상의 자로서 「국민기초생활 보장법」 제7조 제1항 제1호에 따른 생계급여 수급자 또는 같은 항 제3호에 따른 의료급여 수급자아래에 해당하는 자[1]와 「국민기초생활 보장법」 제7조 제1항 제1호에 따른 생계급여 수급자 또는 같은 항 제3호에 따른 의료급여 수급자가 아닌 자 중 생계를 같이 하는 부양의무자로부터 적절한 부양을 받지 못하는 자이다.[2] 입소대상자의 배우자는 65세 미만의 경우에도 입소대상자와 함께 입소할 수 있다.

둘째, 실비 입소대상자는 일상생활에 지장이 없는 65세 이상의 자로서 입소대상자의 당해 연도 월 평균소득액[3]이 도시근로자 1인당 월 평균소득액 이하인 자이다.

셋째, 유료 입소대상자는 입소자로부터 입소비용의 전부를 수납하여 운영하는 양로시설 또는 노인공동생활가정의 경우는 60세 이상의 자, 입소대상자의 배우자는 60세 미만인 경우에도 입소 대상자와 함께 입소 가능하다.

② 입소절차

양로시설, 노인공동생활가정의 입소절차는 다음과 같다.

첫째, 무료 입소대상자는 해당 시·군·구에 입소신청(입소신청사유서 및 관련 증빙자료 첨부)을 한다. 신청접수는 읍·면·동사무소에서 접수 가능하며, 입소 여부와 입소시설을 결정한 후 시·군·구는 신청인 및 당해 시설장에게 통보한다.[4]

1) 장기요양등급 판정 결과 장기요양급여 대상자로 판정받지 못한 사람에 대해서는 관할 시·군·구청장은 우선적으로 노인주거복지시설에 입소 의뢰하여야 하며, 지역 내 노인주거복지시설이 없는 등 불가피한 사유가 있을 경우에만 노인의료복지시설로 입소조치 할 수 있다.

2) 노인보호전문기관에서 학대피해노인으로 입소의뢰를 받은 노인 및 긴급조치대상자 등

3) 월 평균소득액: 본인과 그 배우자 및 생계를 같이 하는 부양의무자의 월소득 합산액을 가구원수로 나눈 소득액

4) 노인보호전문기관에서 학대피해노인으로서 입소를 의뢰한 노인은 선입소 조치 후, 10일 이내 증빙서류(건강진단서, 학대사례판정서 등) 제출토록 한다.

둘째, 실비 입소대상자는 시설장과 입소신청자 간에 협의한다. 시설장이 입소신청자와 계약하고자 하는 경우 관할 시·군·구에 입소와 심사를 의뢰한다. 관할 시·군·구는 심사결과를 조사의뢰 시설장에게 통보하며 이에 따라 당사자 간 계약에 의거 시설 입소한다.

셋째, 유료 입소대상자는 당사자의 계약에 의한다. 단, 입소대상자가 계약을 체결할 수 없는 부득이한 사유가 있다고 시장·군수·구청장이 인정하는 때에는 입소대상자의 배우자 또는 부양의무자가 계약당사자가 될 수 있다.

(2) 노인복지주택

노인복지주택은 노인에게 주거시설을 분양 또는 임대하여 주거의 편의·생활지도 상담 및 안전관리 등 일상생활에 필요한 편의를 제공함을 목적으로 하는 30세대 이상 시설이다.[5] 즉, 노인복지주택은 노인을 대상으로 급식, 주거의 편의 등을 제공할 목적으로 민간사업자가 전액 자부담으로 동 시설을 설치하고, 운영비는 입소노인의 본인부담으로 조달하여 운영하는 노인주거복지시설이다.

① 2019년 현재 신규 시설입소자

노인주거복지시설(양로시설·노인공동생활가정)의 장은 시설입소자의 적정한 보호를 위해 장기요양 시설등급판정자(주로 거동이 불편한 1등급, 2등급)는 노인의료복지시설을 이용토록 안내하고, 노인의료복지시설의 장은 장기요양 시설급여의 등급외자는 노인주거복지시설을 이용토록 안내하여야 한다.

② 2019년 현재 기존 시설입소자

노인주거복지시설(양로시설·노인공동생활가정)의 장은 시설입소자의 적정한 보호를 위해 노인주거복지시설에 입소해 있는 장기요양 시설등급판정자(주로 거동이 불편한 1등급, 2등급)에 대하여 입소자 본인의 동의를 얻어 노인의료복지시

5) 「노인복지법」개정('15.1.28 공포)으로 분양형 노인복지주택은 '15.7.29일부터 폐지하되, 이 법 시행 전에 「건축법」에 따라 허가받거나 「주택법」에 따라 사업계획이 승인된 노인복지주택은 개정 전의 규정에 따른다.

설을 이용토록 안내하고, 노인의료복지시설의 장은 노인의료복지시설에 입소해 있는 장기요양 시설급여의 등급 외의 자에 대하여 입소자 본인의 동의를 얻어 노인주거복지시설을 이용토록 안내하여야 한다.

| 표 5-2 | 노인주거복지시설 현황 (단위: 개소, 명)

종류	시설	2018		2017		2016		2015		2014	
		시설 수	입소 정원	시설 수	입소 정원	시설 수	입소 정원	시설 수	입소 정원	시설 수	입소 정원
노인주거복지시설	소계	390	19,897	404	19,652	425	19,993	427	19,909	443	20,110
	양로시설	238	12,510	252	12,562	265	13,283	265	13,446	272	13,903
	노인공동생활가정	117	998	119	1,092	128	1,062	131	1,087	142	1,173
	노인복지주택	35	6,389	33	5,998	32	5,648	31	5,376	29	5,034

자료: 보건복지부(2019). 2019 노인복지시설 현황. p.5.

2) 노인의료복지시설

노인의료복지시설의 시설은 「노인복지법」 제37조에 의거하여 ① 국가 또는 지방자치단체는 노인의료복지시설을 설치할 수 있으며, ② 국가 또는 지방자치단체 외의 자가 노인의료복지시설을 설치하고자 하는 경우에는 시장·군수·구청장에게 신고하여야 한다. ③ 노인의료복지시설의 시설, 인력 및 운영에 관한 기준과 설치신고 및 설치허가 등에 관하여 필요한 사항은 보건복지부령으로 정한다.

(1) 노인요양시설

노인요양시설은 치매, 중풍 등 노인성질환 등으로 심신에 상당한 장애가 발생하여 도움을 필요로 하는 노인을 입소시켜 급식 요양과 그 밖에 일상생활에 필요한 편의를 제공함을 목적으로 하는 시설로써 입소 인원 10명 이상의 시설이다.

(2) 노인요양공동생활가정

노인요양공동생활가정은 치매, 중풍 등 노인성질환 등으로 심신에 상당한 장애가 발생하여 도움을 필요로 하는 노인에게 가정과 같은 주거여건과 급식 요양, 그 밖에 일상생활에 필요한 편의를 제공함을 목적으로 하는 시설로써 5명 이상 9명 이하의 시설이다.

노인의료복지 시설의 입소자는 노인성 질환자로써 첫째, 「노인장기요양보험법」 제15조에 따른 장기요양급여수급자,[6] 둘째, 장기요양급여수급자가 아닌 자로 반드시 시설 입소가 필요한 노인은 먼저 양로시설로 보호 조치하고, 만약 양로시설의 입소가 불가능할 경우에는 관할 시·군·구청장이 판단하여 노인요양시설로 입소 보호한다.[7] 셋째, 본인이 비용을 전액 부담하여 시설에 입소하고자 하는 경우에는 국가나 지자체로부터 시설운영비와 기능보강비를 지원받지 않는 시설(기존 미지원시설)에 입소하여야 한다.

| 표 5-3 | **노인의료복지시설 현황** (단위: 개소, 명)

종류	시설	2018		2017		2016		2015		2014	
		시설 수	입소정원	시설 수	입소정원	시설 수	입소정원	시설 수	입소정원	시설 수	입소정원
노인의료복지시설	소계	5,287	177,318	5,242	170,926	5,163	167,899	5,063	160,115	4,841	151,200
	노인요양시설	3,390	160,594	3,261	153,785	3,136	150,025	2,933	141,479	2,707	132,387
	노인요양공동생활가정	1,897	16,724	1,981	17,141	2,027	17,874	2,130	18,636	2,134	18,813

자료: 보건복지부(2019). 2019 노인복지시설 현황. p.5.

3) 재가노인복지시설

이제까지 우리나라의 노인복지정책은 선 가정보호, 후 사회보장이라는 정책방향을 전통적인 의미의 경로효친 사상을 고양하여 노인문제를 가족 내에서 해결하도록 하고 있으며 노인복지프로그램으로는 시설 보호를 중심으로 이루어져 왔다.

6) 장기요양 1~2등급, 장기요양 3~5등급자 중 불가피한 사유, 치매 등으로 등급판정위원회에서 시설급여 대상자로 판정 받은 사람

7) 1. 노인보호전문기관에서 학대피해노인으로서 입소를 의뢰한 노인
   2. 기초수급자(생계급여 또는 의료급여*)나 긴급조치 대상자로서 거주지가 없어져서 가정에서 생활이 불가능하거나, 부양의무자가 부양을 거부하거나 실종되는 등의 사유로 수발을 들 사람이 없는 경우로써 65세 이상의 자

그러나 증가하는 요보호 노인을 수용할 수 있는 시설의 부족, 시설보호의 많은 문제들이 제기되어 지역사회에 기반을 두고 가정을 중심으로 하는 새로운 노인복지 서비스프로그램이 요구되어 왔다.

재가노인복지시설은 방문요양서비스, 주·야간보호서비스, 단기보호서비스, 방문목욕서비스, 방문목욕서비스, 방문간호서비스, 재가노인지킴서비스 등이다.

(1) 재가서비스의 개념

재가노인복지는 노인복지서비스의 범위나 제공되는 장소에 따라 다음과 같은 개념을 가진다. 첫째, 좁은 의미의 개념으로 지역사회에 거주하고 있는 노인의 가정을 방문하여 생활에 필요한 제반서비스를 노인이나 부양자에게 제공하는 가정방문서비스(in-home service)를 말한다. 둘째, 중간적 개념으로 가정봉사원을 노인가정에 파견하여 필요한 서비스를 제공하거나, 또는 지역사회의 이용시설을 활용하도록 하는 것이다. 셋째, 넓은 의미로 가정방문서비스를 비롯하여 지역사회 내 이용시설이나 주거보호시설(residential home)에서 제공하는 제반서비스를 포함한 광범위한 지역사회보호(community care)를 의미한다. 여기에서 말하는 주거보호시설이란 정신병원이나 요양원처럼 지역사회와 분리된 형태의 시설보호가 아니라 지역사회를 기반으로 하는 가정과 같은 분위기의 개방된 주거시설에서 제공하는 서비스를 의미한다(김치영, 2014: 174-175).

재가노인복지시설의 사업목적은 정신적, 신체적인 이유로 독립적인 일상생활을 수행하기 곤란한 노인과 노인부양가정에 필요한 각종 서비스를 제공함으로써, 노인이 가족 및 친지와 더불어 건강하고 안정된 노후 생활을 영위할 수 있도록 함과 동시에 노인부양으로 인한 가족의 부담을 덜어주기 위함이다.

(2) 재가노인복지서비스 유형

① 방문요양서비스

「노인복지법」에 의한 방문요양서비스는 개인의 영리를 목적으로 운영하는 재가장기요양기관이 아닌 사회복지법인이나 지방자치단체에서 운영하는 기관에서 제공하는 서비스이다. 2008년 7월 이전에 가정봉사원파견센터를 운영하던 기관에서 서비스 명칭을 변경하고, 서비스대상 및 인력기준을 변경하였으나 명칭은 유지하였다. 2010년 3월 31일 기준으로 재가노인지원서비스를 신설하여 방문요양(재가노인복지시설)과 분리하여 서비스 내용을 분리하게 된다.

방문요양의 목적은 가정에서 일상생활을 영위하고 있는 노인에게 신체적·정신적 장애로 어려움을 겪고 있으며, 지역사회 안에서 건전하고 안정된 노후를 영위하도록 장기요양요원(요양보호사)이 가정을 방문하여 신체활동 및 가사활동 등 필요한 각종 서비스를 제공하는 데 있다.

방문요양의 이용 대상자는 첫째, 장기요양급여수급자(1~5등급)와 둘째, 심신이 허약하거나 장애가 있는 65세 이상의 자(이용자로부터 이용비용의 전부를 수납받아 운영하는 시설의 경우에는 60세 이상의 자)로서 가정에서의 보호가 필요한 자이다.[8)]

방문요양의 서비스 내용은 신체활동지원서비스, 가사활동지원서비스, 개인활동지원서비스, 정서지원서비스로 구성된다. 장기요양에 의한 방문요양서비스는 국민건강관리공단이 운영주체로서 장기요양기관은 서비스 제공 시간에 따라서 관리공단으로부터 85%, 대상자에게 15%의 비용을 청구하여 시설을 운영하게 된다.

② 주 · 야간보호서비스

주·야간보호서비스는 부득이한 사유로 가족의 보호를 받을 수 없는 심신이 허약한 노인과 장애노인을 주간 또는 야간 동안 보호시설에 입소시켜 필요한 각종 편의를 제공하여 이들의 생활 안정과 심신기능의 유지·향상을 도모하고, 그 가족의 신체적·정신적 부담을 경감함을 목적으로 한다(보건복지부, 2011: 115).

주야간보호서비스의 이용대상은 첫째, 장기요양급여 수급자(1～5등급 또는 인지지원등급), 둘째, 심신이 허약하거나 장애가 있는 65세 이상의 자(이용자로부터 이용비용의 전부를 수납받아 운영하는 시설의 경우에는 60세 이상의 자)로서 주

8) 단, 노인돌봄서비스, 가사간병도우미, 독거노인생활지도사 등 타 서비스를 제공받고 있는 자는 대상에서 제외한다.

간 또는 야간 동안의 보호가 필요한 자이다.

주야간보호서비스의 서비스 내용은 첫째, 생활지도 및 일상동작훈련 등 심신의 기능 회복을 위한 서비스로서 일상생활지원(취미·오락, 운동 등 여가생활 서비스)과 일상동작훈련(이동, 체위변경, 물리치료적 훈련, 작업치료적 훈련, 언어 훈련, 치료적 훈련)을 포함한다. 둘째, 급식 및 목욕서비스 등(몸청결, 머리감기, 얼굴씻기, 손씻기, 구강관리, 몸단장, 옷갈아 입히기, 배설, 식사 도움), 셋째, 이동서비스, 넷째, 노인가족에 대한 교육 및 상담 등이다.

③ 단기보호서비스

단기보호서비스의 목적은 부득이 한 사유로 가족의 보호를 받을 수 없어 일시적으로 보호가 필요한 심신이 허약한 노인이나 장애노인을 보호시설에 단기간 입소시켜 보호함으로써 노인 및 노인가정의 복지 증진을 도모하기 위한 서비스 제공하는 데 있다.

단기보호서비스의 이용대상은 재가노인복지시설 이용대상자로써 첫째, 장기요양급여 수급자(1~5등급), 둘째, 심신이 허약하거나 장애가 있는 65세 이상의 자(이용자로부터 이용비용의 전부를 수납 받아 운영하는 시설의 경우에는 60세 이상의 자)로서 월 1일 이상 9일 이하 단기간의 보호가 필요한 자이다.[9)]

단기보호서비스의 내용은 신체활동지원, 기능회복훈련, 그 밖의 일상생활에 필요한 편의를 제공하는 서비스와 그 밖에 노인요양시설 또는 노인요양공동생활가정의 사업에 준하는 서비스이다.

단기보호서비스의 보호기간은 월 1일 이상 9일 이하, 다만, 가족의 여행, 병원치료 등의 사유로 수급자를 돌볼 가족이 없는 경우 등에는 1회 9일 이내의 범위에서 연간 4회까지 연장이 가능하다.

④ 방문목욕서비스

방문목욕서비스는 목욕장비를 갖추고 재가 노인을 방문하여 목욕서비스를 제공함을 목적으로 한다.

9) 1회 9일 이내의 범위에서 연간 4회까지 연장 가능

방문목욕의 이용대상은 첫째, 장기요양급여 수급자(1~5등급), 둘째, 심신이 허약하거나 장애가 있는 65세 이상의 자(이용자로부터 이용비용의 전부를 수납 받아 운영하는 시설의 경우에는 60세 이상의 자)로서 가정에서의 목욕이 필요한 자이다.

서비스의 내용은 목욕준비, 입욕 시 이동보조, 몸 씻기, 머리 말리기, 옷 갈아입히기 등이며, 목욕 후 주변 정리까지를 포함한다. 장기요양수급자에 대한 방문목욕서비스는 요양보호사에 한하여 제공할 수 있다.

⑤ 방문간호서비스

방문간호서비스는 「노인장기요양보험법」에 따른 장기요양수급자에게 장기요양요원인 간호사 등이 의사, 한의사 또는 치과의사의 방문간호지시서에 따라 수급자의 가정 등을 방문하여 간호, 진료의 보조, 요양에 관한 상담 또는 구강위생을 등을 제공하는 장기요양급여이다.

방문간호서비스는 "장기요양기관 및 인력관리"에 따른 시설·인력 기준을 갖추어 관할 시·군·구청장에게 설치 신고를 하여야 한다. 방문간호서비스를 제공하는 기관은 「노인복지법」에 의한 노인복지시설은 아니며 「노인장기요양보험법」에 의한 장기요양급여 수급에게 방문간호서비스를 제공하기 위하여 「노인장기요양보험법」에 따라 설치신고 된 재가장기요양기관이다.

방문간호의 재가급여업무를 하는 장기요양요원은 「의료법」 제2조에 따른 간호사로서 2년 이상의 간호업무경력이 있는 자 또는 「의료법」 제80조에 따른 간호조무사로서 3년 이상의 간호보조업무경력이 있고 보건복지부장관이 정하는 교육을 이수한 자[10], 「의료기사 등에 관한 법률」 제2조에 따른 치과의생사(치과위생업무를 하는 경우에 한정함)이다.

방문간호의 서비스 이용 대상자는 장기요양급여수급자이며 이용비용 및 지급

10) 보건복지부 장관이 정하는 교육
- 간호학과가 있는 대학, 산업대학 또는 전문대학 등 방문간호 간호조무사 교육기관으로 지정을 신청하는 대학에 대하여 보건복지부에서 지정요건을 심사하여 지정함
- 방문간호 간호조무사 교육과정(700시간)을 이수한 자에 대하여 해당 대학 명의로 수료증을 교부함

절차는 국민건강보험공단의 비용청구 절차 등에 따른다.

방문간호의 서비스내용은 간호사정 및 진단 등 기본간호, 욕창치료 및 단순 상처치료 등 간호, 검사 관련 사항, 투약 관련 지도, 환자·가족 대상 건강관리에 필요한 식이요법 등 교육훈련, 상담 등이다.

⑥ 재가노인지원서비스

재가노인지원서비스는 경제적·정신적·신체적인 이유로 독립적인 일상생활을 영위하기 어려운 노인과 복지 사각지대 노인들에게 일상생활지원을 비롯한 각종 필요서비스를 제공함으로써 지역사회 내에서 건강한 생활을 영위하는 데에 어려움이 없도록, 예방적 복지 실현 및 사회 안전망 구축을 목적으로 한다.

사업수행기관에서 직접 서비스를 제공하거나, 지역사회 가용자원을 발굴·연계하여 지원함으로써 복지 사각지대를 최소화하고 맞춤형 서비스 연계로 대상자의 만족도를 향상시키며 서비스 중복지원을 예방한다.

명칭은 재가노인지원서비스센터로써 명칭 사용 여부는 기관의 선택사항이나, 재가노인지원서비스를 제공하지 않는 기관은 명칭을 사용할 수 없다.[11)]

재가노인지원서비스의 이용대상은 첫째, 재가장기요양급여 이용자로서 기타 서비스를 필요로 하는 자, 둘째, 기초수급권자 및 부양의무자로부터 적절한 부양을 받지 못하는 자로서 혼자서 일상생활을 수행하기 어려워 서비스의 제공이 필요하여 시·군·구청장이 의뢰한 자, 셋째, 2008년 7월 1일 이전에 국가 및 지방자치단체로부터 운영비를 지원받는 시설을 이용하고 있는 장기요양급여 수급자 외의 자 중 기초수급권자 및 실비이용자, 넷째, 기타 자연재해 등으로 긴급지원이 필요한 노인(장기요양서비스 이용자 포함)이다.

11) '지역사회 자원연계사업' 수행 기관은 'ㅇㅇ시(구) 지역사회 자원연계사업기관' 명칭 병행 사용가능 (단, 지역사회자원연계사업을 수행하는 기관의 운영법인명, 시설명을 표기하여 홍보 불가)

| 표 5-4 | 재가복지시설 현황 (단위: 개소, 명)

종류	시설	2018		2017		2016		2015		2014	
		시설 수	입소 정원	시설 수	입소 정원	시설 수	입소 정원	시설 수	입소 정원	시설 수	입소 정원
재가노인 복지시설	소계	3,482	34,642	3,216	28,898	3,168	24,709	3,089	21,624	2,797	18,852
	방문요양서비스	1,051	0	1,001	0	1,009	0	1,021	0	992	0
	주·야간보호 서비스	1,312	33,815	1,174	27,934	1,086	23,767	1,007	20,467	913	18,008
	단기보호서비스	73	827	80	964	95	942	112	1,157	96	844
	방문목욕서비스	650	0	609	0	588	0	617	0	588	0
	방문간호서비스	21	0	10	0	0	0	0	0	0	0
	재가노인지원 서비스	375	0	342	0	390	0	332	0	208	0

자료: 보건복지부(2019). 2019 노인복지시설 현황. p.5.

4) 노인여가복지시설

(1) 노인복지관

노인복지관은 노인의 교양 취미생활 및 사회참여활동 등에 대한 각종 정보와 서비스를 제공하고, 건강증진 및 질병예방과 소득보장 재가복지, 그 밖에 노인의 복지증진에 필요한 서비스를 제공함을 목적으로 하는 시설로써 60세 이상의 자가 이용이 가능하다.

노인복지관은 복지서비스가 필요한 노인을 대상으로 ① 건강한 노후를 위한 예방, 취약노인 케어 기반구축 및 확충, ② 활동적인 노후를 위한 사회참여 여건 조성 및 활성화, ③ 안정적 노후를 위한 소득보장의 다양화와 내실화를 통해 성공적인 노후가 실현될 수 있도록 지원하는 종합적 노인복지서비스 전달기구로서 중심적 역할수행을 목적으로 한다.

노인복지관은 「노인복지법 시행규칙」 제26조 제2항에 의거 사업을 실시하되, 이용노인의 여가 욕구사정 및 지역특성을 반영하고 기본사업과 선택사업으로 구분하여 실시한다.

| 표 5-5 | 노인복지관 사업 구분

사업 구분		프로그램(예시)
상담	상담 및 정보제공	노인의 일반상담(이용상담, 접수상담), 전문상담(경제, 법률, 주택상담, 연금상담, 건강상담, 세무상담), 심리상담, 치매상담, 노인학대상담 등
	정서 및 사회생활지원	우울 및 자살예방프로그램, 죽음준비프로그램, 집단프로그램, 자조모임 등
사례관리	위기 및 독거노인 지원	취약노인의 신체·정서·사회적 자립 지원 프로그램 운영, 독거노인돌봄서비스, 사례관리사업, 읍·면·동행정복지센터 및 유관기관 등과 연계(취약노인연계망구축사업)
	가족기능지원	가정봉사원파견, 방문간호, 노인돌봄서비스사업 등
건강생활 지원	건강증진지원	건강교육, 건강상담, 건강교실(건강체조, 기체조, 요가 등), 독거노인지원사업(기존 재가사업), 이·미용, 노인건강운동, 치매예방 인지활동서비스, 물리치료 등
	기능회복지원	양·한방진료, 작업요법, 운동요법, ADL훈련 등
	급식지원	경로식당(중식서비스), 밑반찬·도시락배달, 푸드뱅크 등
노년사회화 교육	평생교육지원	노인역량강화교육, 정보화교육, 사회화교육, 시민사회교육, 한글교실, 외국어교실, 교양교실, 인문학교육, 예비노인 은퇴준비 프로그램 등
	취미여가지원	예능활동(음악, 미술, 생활도예, 서예, 댄스), 문화활동(연극, 사진, 영화, 바둑, 장기, 레크리에이션), 취미활동(종이접기, 손뜨개질, 민속놀이), 체육활동(탁구, 당구, 게이트볼), 동아리활동 등
지역조직 및 세대통합	지역자원개발	자원봉사자 발굴·관리, 후원자 개발, 외부 재정지원기관 사업 수탁 등
	지역복지연계	경로당 프로그램 연계 등의 지역복지기관 연계, 지역협력사업(경로행사, 나들이 등) 등
	주거지원	주택수리사업, 주거환경 개선사업(도배 등) 등
	가족통합지원	가족상담, 가족관계프로그램, 가족캠프, 세대통합프로그램 등
사회참여 및 권익증진	사회참여지원	노인자원봉사 활성화사업, 노인일자리 및 사회활동지원사업, 지역봉사활동, 교통안전봉사, 동아리·클럽 활동 지원, 교통편의서비스 등
	노인권익증진	정책건의, 노인인권 옹호, 노인인식개선사업, 편의시설 설치, 노인소비자피해예방교육, 양성평등교육, 성교육 등
	고용 및 소득지원	고령자취업지원 사업, 경제교육, 취업교육 등
돌봄	요양서비스	치매환자 프로그램, 주·야간보호 등

※ 기타 제시되지 않은 사업은 자체 수행 가능

자료: 보건복지부(2019). 2019 노인보건사업안내. p.123.

(2) 경로당

경로당은 지역노인들이 자율적으로 친목도모, 취미활동, 공동작업장 운영 및 각종 정보교환과 기타 여가활동을 할 수 있도록 하는 장소를 제공함을 목적으로 하는 시설로써 60세 이상의 자가 이용가능하다.

경로당을 지역의 노인복지·정보센터·학대노인 지킴이센터로 운영하고 있다. 이에 대한 내용으로 첫째, 건강관리·운동·교육·여가·자원봉사 등 다양한 프로그램 제공으로 노인이 가장 손쉽게 접근할 수 있는 다기능 공간으로 활용, 둘째, 프로그램 조정·지원을 담당하는 경로당 순회프로그램관리자 기능의 전문화, 셋째, 경로당을 독거노인 생활교육 실시장소로 활용하여 지역사회 독거노인 보호기능 수행, 넷째, 경로당을 '학대노인 지킴이센터'로 지정하여 학대피해노인을 감시·신고하는 기능수행이다.

(3) 노인교실

노인교실은 노인들에 대하여 사회활동 참여욕구를 충족시키기 위하여 건전한 취미생활 노인건강유지 소득보장 기타 일상생활과 관련한 학습프로그램을 제공함을 목적으로 하는 시설로써 60세 이상의 자가 이용가능하다.

| 표 5-6 | 노인여가복지시설 현황 (단위: 개소, 명)

종류	시설	2018		2017		2016		2015		2014	
		시설 수	입소 정원	시설 수	입소 정원	시설 수	입소 정원	시설 수	입소 정원	시설 수	입소 정원
노인여가 복지시설	소계	68,013	0	67,324	0	66,787	0	66,292	0	65,665	0
	노인복지관	385	0	364	0	350	0	347	0	344	0
	경로당	66,286	0	65,604	0	65,044	0	64,568	0	63,960	0
	노인교실	1,342	0	1,356	0	1,393	0	1,377	0	1,361	0

자료: 보건복지부(2019). 2019 노인복지시설 현황. p.5.

5) 노인보호전문기관

(1) 운영주체

국가는 지역 간의 연계체계를 구축하고 노인학대를 예방하기 위하여 중앙노인보호전문기관을 설치·운영한다. 보건복지부장관 및 시·도지사는 노인학대예방사업을 목적으로 하는 비영리법인을 지정하여 국가가 운영하는 중앙노인보호전문기관과 보건복지부장관 및 시·도지사의 지정에 따른 지역노인보호전문기관의 운영을 위탁할 수 있다. 중앙노인보호전문기관과 지역노인보호전문기관의 설치기준과 운영, 상담원의 자격과 배치기준 및 위탁기관의 지정 등에 필요한 사항은 대통령령으로 정한다.

지역노인보호전문기관은 노인학대 예방 및 방지를 위한 홍보, 시·도지사가 노인보호전문기관을 지정·운영, 노인학대 신고, 상담, 보호, 예방 및 홍보, 24시간 신고·상담용 긴급전화(1577-1389)를 운영한다.

(2) 운영 내용

① 중앙노인보호전문기관

- 노인인권보호 관련 정책 제안
- 노인인권보호를 위한 연구 및 프로그램의 개발
- 노인학대 예방의 홍보, 교육자료의 제작 및 보급
- 노인보호전문사업 관련 실적 취합, 관리 및 대외자료 제공
- 지역노인보호전문기관의 관리 및 업무지원
- 지역노인보호전문기관 상담원의 심화교육
- 관련 기관 협력체계의 구축 및 교류
- 노인학대 분쟁사례 조정을 위한 중앙노인학대사례판정위원회 운영
- 그 밖에 노인의 보호를 위하여 대통령령으로 정하는 사항

② 지역노인보호전문기관

- 노인학대 신고전화의 운영 및 사례접수
- 노인학대 의심사례에 대한 현장조사
- 피해노인 및 노인학대자에 대한 상담
- 피해노인가족 관련자와 관련 기관에 대한 상담
- 상담 및 서비스 제공에 따른 기록과 보관
- 일반인을 대상으로 한 노인학대 예방교육
- 노인학대사례 판정을 위한 지역노인학대사례판정위원회 운영 및 자체사례회의 운영
- 그 밖에 노인의 보호를 위하여 보건복지부령으로 정하는 사항[12)]

| 표 5-7 | **노인보호전문기관 현황** (단위: 개소, 명)

종류	시설	2018		2017		2016		2015		2014	
		시설수	입소정원	시설수	입소정원	시설수	입소정원	시설수	입소정원	시설수	입소정원
노인보호전문기관	노인보호전문기관	33	0	32	0	29	0	29	0	28	0

자료: 보건복지부(2019). 2019 노인복지시설 현황. p.5.

6) 노인일자리지원기관

(1) 목적

노인일자리지원기관은 지역사회 등에서 노인일자리의 개발·지원, 창업·육성 및 노인에 의한 재화의 생산·판매 등을 직접 담당하는 노인일자리전담기관 운영

12) "그 밖에 노인의 보호를 위하여 보건복지부령으로 정하는 사항"이란 다음 각 호의 사항을 말한다.
1. 피해노인을 일시적으로 보호하기 위한 시설의 운영
2. 피해노인의 의료기관 치료의뢰 및 노인복지시설 입소의뢰
3. 지역사회의 보건복지서비스가 피해노인 등에게 제공될 수 있도록 관련 기관과의 협력체계 구축
4. 노인학대신고의무자 등에 대한 노인학대 예방교육 실시
5. 노인학대 예방을 위한 홍보
6. 노인학대 예방 및 방지 등을 위해 보건복지부장관 또는 시·도지사가 위탁한 사업의 수행

한다. 60세 이상이 이용가능하다.

국가 또는 지방자치단체는 노인일자리전담기관을 설치·운영하거나 그 운영의 전부 또는 일부를 법인·단체 등에 위탁할 수 있다. 노인일자리전담기관의 설치·운영 또는 위탁에 관하여 필요한 사항은 대통령령으로 정한다. 노인일자리지원기관의 시설 및 인력에 관한 기준 등은 보건복지부령으로 정한다.

(2) 전담기관

① **노인인력개발기관**: 노인일자리개발·보급사업, 조사사업, 교육·홍보 및 협력사업, 프로그램인증·평가사업 등을 지원하는 기관이다.
② **노인일자리지원기관**: 지역사회 등에서 노인일자리의 개발·지원, 창업·육성 및 노인에 의한 재화의 생산·판매 등을 직접 담당하는 기관이다.
③ **노인취업알선기관**: 노인에게 취업 상담 및 정보를 제공하거나 노인일자리를 알선하는 기관이다.

(3) 운영 내용

노인일자리전담기관의 운영에 관하여 필요한 세부사항은 보건복지부장관이 정한다.

① 중앙노인일자리전담기관

- 노인일자리의 개발 및 보급
- 노인일자리사업 종사자의 교육훈련
- 노인일자리에 관한 조사 및 연구
- 노인일자리 종합정보시스템 및 노인인력 데이터베이스의 구축 및 운영
- 지역노인일자리 전담기관에 대한 지원 및 평가
- 그 밖에 보건복지부장관이 노인일자리사업에 관하여 위탁한 사항

② 지역노인일자리전담기관

- 지역 특성에 적합한 노인일자리의 개발 및 보급
- 노인일자리사업에 참여하는 노인의 교육훈련
- 노인일자리 및 참여자에 대한 사후관리
- 노인인력 데이터베이스의 구축 지원
- 그 밖에 지방자치단체의 장이 노인일자리사업에 관하여 위탁한 사항

| 표 5-8 | **노인일자리지원기관** (단위: 개소, 명)

종류	시설	2018		2017		2016		2015		2014	
		시설 수	입소 정원	시설 수	입소 정원	시설 수	입소 정원	시설 수	입소 정원	시설 수	입소 정원
노인일자리 지원기관	노인일자리 지원기관	165	0	153	0	136	0	129	0	0	0

자료: 보건복지부(2019). 2019 노인복지시설 현황. p.5.

7) 학대피해노인전용쉼터

학대피해노인전용쉼터는 노인학대로 피해를 입은 노인을 일정기간 보호하고 심신치유 프로그램 제공한다. 학대피해노인이 입소를 희망하는 경우 지역노인보호전문기관의장의 입소요청에 학대피해노인이 동의하는 경우이다.

| 표 5-9 | **학대피해노인전용쉼터** (단위: 개소, 명)

종류	시설	2018		2017		2016		2015		2014	
		시설 수	입소 정원	시설 수	입소 정원	시설 수	입소 정원	시설 수	입소 정원	시설 수	입소 정원
학대피해 노인 전용쉼터	학대피해노인 전용쉼터	18	0	0	0	0	0	0	0	0	0

자료: 보건복지부(2019). 2019 노인복지시설 현황. p.5.

PART

03

노인복지 관련법에 대한 이해

Chapter

06

노인복지법의 이해

우리나라의 「노인복지법」은 법률 제3453호로 1981년 6월 5일 제정 및 시행되었다. 제정이유는 의약기술의 발달과 문화생활의 향상으로 평균수명이 연장되어 노인인구가 크게 증가하는 한편 산업화, 도시화, 핵가족화의 진전에 따라 노인문제가 점차 큰 사회문제로 대두되고 있음에 대처하여 우리 사회의 전통적 가족제도에 연유하고 있는 경로효친의 미풍양속을 유지·발전시켜 나아가는 한편 노인을 위한 건강보호와 시설의 제공 등 노인복지시책을 효과적으로 추진[1)]함으로써 노인의 안락한 생활을 북돋우어 주며 나아가 사회복지의 증진에 기여하려고 제정[2)]되었다.

이에, 6~7장에서는 노인복지에 직·간접적으로 연관된 법들을 살펴보고자 한다. 그러나 여기서 각 법들의 법리적 내용이나 분석을 다루는 것이 아닌 사회복지적 측면에서 각 법들의 배경, 필요성, 그리고 특징적인 내용을 살펴보게 된다.

---

1) 노인복지법 제정당시의 주요시책으로는 ① 국가 또는 지방자치단체는 매년 5월에 경로주간을 설정하여 경로효친의 사상을 앙양하도록 함. ② 노인의 복지를 위한 상담 및 지도업무를 담당하게 하기 위하여 시·군·구에 노인복지상담원을 둘 수 있도록 함. ③ 보건사회부장관, 서울특별시장·직할시장·도지사 또는 시장·군수(복지실시기관)는 65세 이상의 노인으로서 신체·정신·환경·경제적 이유로 거택에서 보호받기가 곤란한 자를 노인복지시설에 입소시키거나 입소를 위탁하도록 함. ④ 복지시설기관은 65세 이상의 노인에 대하여 건강진단 또는 보건교육을 실시할 수 있도록 함. ⑤ 65세 이상의 노인에 대하여는 국가 또는 지방자치단체의 수송시설 기타 공공시설 및 민간서비스사업의 이용료를 무료로 하거나 할인우대할 수 있도록 함. ⑥ 노인복지시설을 양로시설·노인요양시설·유료양로시설 및 노인복지센터 등으로 구분하고 양로시설 및 노인요양시설은 무료와 실비시설로 구분함. ⑦ 국가 또는 지방자치단체는 노인복지시설을 설치할 수 있도록 하고 사회복지법인 기타 비영리법인은 도지사의 허가를 받아 노인복지시설을 설치할 수 있도록 함. ⑧ 국가 또는 지방자치단체는 노인복지시설에 대하여 그 설치 또는 운영에 필요한 비용을 보조할 수 있도록 함.

2) 우리나라와 다르게 노인복지법은 이미 일본에서 1963년에 제정되었다. 많은 복지국가들 중에서 독일은 노인복지법이란 이름으로 제정된 법은 없지만 12개의 사회법전에서 노인에 해당되는 부분들을 규정하고 있다. 1980년 이후 우리나라도 사회경제적 여건의 변화와 노인인구의 급격한 증가로 인하여 노인에 대한 사회적 관심이 고조되었다. 이것에 대한 사회적 반응으로 1981년 6월 5일 총 5장 28조 부칙으로 구성된 후, 28회 개정을 통해 총7장 62조 부칙으로 구성된 노인복지법이 되었다. 이 법은 노인문제의 중요한 분야인 보건, 질병치료, 생활 안정 등의 해결을 위한 법적 조치로서 노인복지의 목표를 명시하고 있다. 독일은 다음 표 6-1에서 보는 것처럼 노인에 대한 직접적인 법률보다는 모든 계층에 해당하는 사회복지제도로서 형평성을 강조한다. 즉, 사회적 기여를 통한 연금제도는 독일 사회보장제도의 핵심이다. 오늘날 우리사회에 노인인구는 구조적으로 단순히 그 수가 아닌 노령화지수와 연관되어 있다.

1. 노인복지법[3]의 입법배경과 개정과정

1960년대 이래 진행되어온 평균수명 연장과 인구고령화 현상은 경로효친사상의 감퇴, 핵가족화, 농촌공동화, 산업화 등 사회적 현상과 함께 우리나라에서 노인문제가 개인의 문제가 아닌 사회의 심각한 문제로 대두되었다. 따라서 이러한 노인문제를 국가적 차원에서 대처하기 위한 입법노력이 전개되었는데, 1969년에는 노령자복지법안을 최초로 국회에 청원하였으나 토의되지 않았고, 1970년에는 윤인식 의원 외 11명의 국회보사위원이 '노인복지법안'을 기초하여 제출하였으나 법사위원회 심의 중 국회가 폐회되어 사장되었다.

그 후, 1976년부터 수차례에 걸쳐 한국노인문제연구소가 「노인복지법」안을 국회에 청원하였고, 1978년에는 '노인복지문제법제화추진협의회'가 발족하는 등 입법을 위한 노력이 전개되었으며, 1981년 「노인복지법」이 제정되게 되었다.

| 표 6-1 | 독일, 일본, 한국의 노인복지관련법 제정년도 비교

	명칭	제정연도	특이사항
독일	노인간호증진법	1974	
	노인소득법	2004	
일본	노인복지법	1963	
	노인보건법	1982	
	고령자고용촉진법	1986	정년연장 또는 폐지연금지급시기연장, 취업강화
한국	노인복지법	1981	
	기초노령연금법	2007	2014년 폐지
	기초연금법	2014	

3) 이 법은 노인의 질환을 사전예방 또는 조기발견하고 질환상태에 따른 적절한 치료·요양으로 심신의 건강을 유지하고, 노후의 생활 안정을 위하여 필요한 조치를 강구함으로써 노인의 보건복지증진에 기여함을 목적으로 제정되었으며, 보건복지부장관은 노인의 보건 및 복지에 관한 실태조사를 3년마다 실시하고 그 결과를 공표하여야 한다.

| 표 6-2 | 노인복지법의 대표적인 개정 과정

일시	내용
1981.6.5	법률 제3453호로 노인복지법이 제정되었다. 매년 5월에 경로주간을 설정할 것과 시·군·구에 노인복지사 상담원을 둘 수 있도록 하였으며, 신체, 정신, 환경, 경제적으로 거택에서 보호받기가 곤란한 자를 노인복지시설에 입소시키거나 입소를 위탁하고, 노인복지시설을 양로시설·노인요양시설·유료양로시설 및 노인복지센터 등으로 구분하고 양로시설 및 노인요양시설은 무료와 실비시설로 구분하였다. 국가 또는 지방자치단체는 노인복지시설을 설치할 수 있도록 하고 사회복지법인, 기타 비영리법인은 도지사의 허가를 받아 노인복지시설을 설치할 수 있도록 하였다.
1989.12.30	법률 제4178호 노인복지대책위원회를 설치하고 65세 이상의 노인에 대하여 노령수당을 지급할 수 있도록 하고, 노인복지시설에 새로이 실비양로시설, 유료노인요양시설 및 노인복지주택을 추가하였다.
1993.12.27	법률 제4633호 사회복지법인이 아닌 민간기업체나 개인도 시·도지사의 허가를 받아 유료노인복지시설을 설치·운영할 수 있도록 하였고, 재가노인 복지사업의 종류를 가정봉사원파견사업, 주간보호사업, 단기보호사업으로 명시하고, 사업실시의 법적 근거를 마련하였다. 행정처분의 상대방 또는 대리인에게 의견 진술의 기회를 주기 위하여 청문절차를 규정하였다.
1997.8.22	법률 제5359호 인구의 고령화 추세에 따라 증가하고 있는 치매 등 만성퇴행성 노인질환에 보다 효과적으로 대처하고, 노인생활의 안정을 위하여 전국민연금이 실시되어도 연금적용대상에서 제외되는 65세 이상 노인 중 경제적으로 생활이 어려운 노인에 대한 국가의 적극적인 소득지원과 노인취업 활성화를 도모하며, 노인복지시설 이용 및 운영체계를 개편하였다.
1999.2.8	법률 제5851호 노인복지대책위원회를 폐지하고, 경로연금 지급대상자 선정을 위한 소득기준과 재산기준을 동시에 충족하는 경우에 경로연금을 수급할 수 있도록 하였으며, 생활보호 대상자인 경우에는 국민연금 등 공적연금을 수급하고 있더라도 경로연금을 수급할 수 있도록 하였다. 노인전문병원의 관리 및 운영 등에 있어서는 의료법상 요양병원으로 하도록 하고, 시설에서 입소자에게 비용수납 한도액을 초과하여 비용을 수납할 때에는 시장·군수·구청장에게 신고하도록 하였다.
2004.1.29	법률 제7152호 노인학대를 방지하고 학대받는 노인을 보호할 수 있도록 긴급전화 및 노인보호전문기관을 설치하도록 하고, 노인학대에 대한 신고의무와 조치사항을 규정하는 등 노인학대의 예방과 학대받는 노인의 보호를 위한 제도적 장치를 강화하였다.
2005.3.31	법률 제7452호 노인의료복지시설의 설치·폐지 등의 신고 등에 관한 관련된 시·도지사의 사무를 사회복지시설에 대한 현황파악이 용이하고 관련 업무를 신속히 처리할 수 있는 시·군·구청장에게 이양하여 동 업무를 효율적으로 수행하고 민원인의 편의를 도모하였다.
2005.7.13	법률 제7585호 평균수명의 증가에 따라 노인인구는 급격하게 증가하고 있으나 정년단축 및 조기퇴직 등으로 근로능력 있는 노인들의 근로기회는 오히려 감소하고 있어 노인부양을 위한 공적·사적 부담이 증가하고 있으므로, 이를 해결하기 위해 국가 또는 지방자치단체가 노인들의 능력과 적성에 맞는 일자리 개발·보급과 교육훈련 등을 전담할 기관을 설치·운영하거나 그 운영을 법인·단체 등에 위탁할 수 있도록 하였다.

일시	내용
2007.1.3	법률 제8200호 9월 21일을 치매극복의 날로 정하여 치매에 대한 사회적 인식을 제고하고, 치매상담센터를 시·군·구의 관할 보건소에 설치하여 노인들이 쉽게 방문하여 상담하고 조기 검진할 수 있도록 하는 한편, 노인학대 문제의 심각성에 대한 국민의 인식을 높이기 위해 노인학대의 정의 규정에 정서적 폭력을 추가하려는 것이다.
2007.4.25	법률 제8385호 노인이 후손의 양육과 국가 및 사회의 발전에 이바지하여 온 점을 고려하여 생활이 어려운 노인에게 기초노령연금을 지급함으로써 노인의 생활 안정을 지원하고 복지를 증진하려는 것이다.
2007.8.3	법률 제8608호 노인장기요양보험에 대비하여 노인복지시설의 무료·실비 및 유료 구분을 없애고, 요양보호사 자격제를 도입하는 한편, 홀로 사는 노인에게 지원을 할 수 있도록 하고, 실종노인의 보호를 위하여 실종노인을 보호할 경우 신고하도록 하며, 60세 미만의 자에게 노인복지주택을 분양·임대하는 것 등을 금지하고 이를 위반한 경우 벌칙을 부과하도록 하는 등 현행 제도의 운영상 나타난 일부 미비점을 개선·보완하려는 것이다.
2010.1.18	법률 제9932호 정부조직법 일부개정 법률에 의해, 보건복지가족부의 청소년·가족 기능을 여성부로 이관하여 종합적인 가족정책 기능을 수행할 수 있도록 여성부를 "여성가족부"로 확대 개편하고, 보건복지가족부는 보건복지정책 기능을 중심으로 재편하여 "보건복지부"로 명칭을 변경하려는 것이다.
2010.1.25	법률 제9964호 노인복지법 일부개정 법률에 의해, 요양보호사 교육기관에서 교육과정을 이수하기만 하면 자격증을 부여함으로써 요양보호사 과다배출 및 질적 저하가 장기요양보험제도의 공공성을 해치고 요양보호사를 양성하는 교육기관이 난립하는 문제점이 있으므로, 요양보호사 자격시험제도를 도입하고, 자격시험 도입에 따른 결격사유와 자격취소 사유에 관한 규정을 아울러 마련하며, 요양보호사 교육기관 운영제도를 현행 "신고제"에서 시·도지사가 지정하는 "지정제"로 변경하여 전문성을 갖추게 하려는 것이다.
2011.3.30	법률 제10509호 노인복지법 일부개정 법률에 의해, 노인전용주거시설인 노인복지주택이 건축부지 취득에 관한 조세를 감면받고 일반 공동주택에 비하여 완화된 시설 설치기준을 적용받는 등 각종 보조와 혜택이 주어지는 것을 이용하여 민간건설업체가 경쟁적으로 노인복지주택을 건설하고 입소자격자가 아닌 자에게 분양하여 일반 공동주택과 같이 거래되면서 당초 노인복지주택의 제도적 취지가 훼손되는 것을 방지하기 위하여 노인복지주택의 분양·양도·임대의 대상을 입소자격 기준인 60세 이상의 자로 명확히 하고 이를 위반하는 경우에 대한 처벌규정을 마련하는 등 노인복지주택과 관련한 제도를 보완한 바 있다. 그러나 개정 법률의 시행일인 2008년 8월 4일 전에 「건축법」에 따라 허가받거나 「주택법」에 따라 사업계획이 승인된 노인복지주택을 분양받거나 양수한 사람들은 개정법률 시행에 따라 재산권 행사의 제한을 받게 되었으므로 이러한 소유자 등을 구제하기 위하여 특례규정을 마련하려는 것이다.
2011.4.7	법률 제10563호 노인복지법 일부개정 법률에 의해, 고령사회에서 일할 의사를 지닌 노인에게 알맞은 일자리를 창출하여 제공하는 일은 개인적 차원이나 사회적 차원에서 매우 중요한 과제이므로, 노인일자리사업은 노인에게 노후의 보충적 소득보장을 통해

일시	내용
	경제적 도움을 제공할 뿐만 아니라 활동적 노화 및 생산적 노후생활을 영위하게 함으로써 노인의 삶의 질 향상에 기여할 수 있을 것이다. 이에, 노인일자리사업을 수행하는 노인일자리 전담기관을 노인인력개발기관, 노인일자리지원기관 및 노인취업알선기관으로 구별하고 해당 기관의 업무를 규정하려는 것이다.
2011.6.7	법률 제10785호 노인복지법 일부개정 법률에 의해, 민간복지서비스 전달체계의 효율화를 위한 기능조정의 일환으로 노인전문병원을 「의료법」 상의 요양병원으로 일원화하고, 노인복지시설로서의 기능과 역할이 미약한 노인휴양소를 폐지하며, 최근 급속한 고령화로 치매노인 등이 증가함에 따라 집을 찾지 못하는 실종노인에 대한 빠른 발견과 안전한 복귀 등을 위한 근거 규정을 보강하는 한편, 노인학대 신고 의무자 범위를 확대하고, 신고의무자의 신분보호를 강화하기 위하여 신고인의 신분 보호 및 신원노출 금지의무를 위반하는 자에게 형벌을 부과하며, 노인학대 신고를 받고 현장에 출동한 자의 현장조사를 거부하거나 업무를 방해하는 사람에게 과태료를 부과하는 등 노인학대사례에 대한 관련 법규를 강화하는 한편, 현행 제도의 운영상 나타난 일부 미비점을 보완·개선하려는 것이다.
2011.8.4	법률 제11013호 2011년 8월 4일 치매관리법[4]제정 및 6개월 후 시행에 따라, 노인복지법의 일부가 개정 및 2012년 2월 5일부터 시행되었다.
2012.2.1	법률 제11249호 노인복지법 일부개정 법률에 의해, 노인들이 편안한 노후생활을 영위할 수 있도록 국가 또는 지방자치단체로 하여금 경로당에 대한 양곡구입비 및 냉난방 비용을 보조할 수 있도록 하고, 전기판매사업자 등으로 하여금 전기요금 등 공과금을 감면할 수 있도록 함으로써 경로당의 활성화를 도모하고 노인의 복지를 증진하려는 것이다.
2012.10.22	법률 제11513호 노인복지법 일부개정 법률에 의해, 현재 의료인, 노인복지시설의 장 및 그 종사자, 노인복지상담원 및 사회복지전담공무원 등으로 하여금 직무 수행 중 노인학대를 알게 된 경우 신고하도록 의무화하고 있으나 신고실적이 저조한 바, 노인학대 신고의무자 교육과정에 노인학대 예방 및 신고의무와 관련된 내용이 포함되도록 하고, 신고의무를 위반하는 경우 이를 처벌할 수 있는 근거 규정을 마련함으로써 학대받는 노인들을 실질적으로 보호할 수 있도록 하려는 것이다.
2013.6.4	법률 제11854호 노인복지법 일부개정 법률에 의해, 노인에게 일자리를 제공하는 노인일자리지원기관은 사회복지사업을 수행하고 있으므로 노인복지시설의 한 종류로 규정하여 사회복지시설로 인정받을 수 있는 법적 근거를 마련하고, 치매질환자를 「실종아동 등의 보호 및 지원에 관한 법률」에서 규율함에 따라 법률 간 상충문제를 해소하기 위하여 이 법에서 치매로 인한 실종 부분을 삭제하려는 것이다.
2013.8.13	법률 제12066호 노인복지법 일부개정 법률에 의해, 헌법재판소가 업무정지기간의 상한을 법률에 명시하지 아니한 채 하위법령에 포괄적으로 위임하고 있는 「의료기기법」(2008. 12. 26. 법률 제9185호로 개정되고, 2010. 1. 18. 법률 제9932호로 개정되기 전의 것) 제32조 제1항 부분에 대하여 헌법불합치결정을 내린 취지를 반영하여 이 법의 노인주거복지시설, 노인의료복지시설, 노인여가복지시설 및 재가노인복지시설에 대한 업무정지 기간 상한을 1개월로 명시함으로써 법률의 명확성과 예측가능성을 확보하려는 것이다.

일시	내용
2015.01.28	법률 제13102호 노인복지법 일부개정 법률에 의해, 노인복지주택의 입소 자격이 있는 노인이 부양 책임을 지고 있는 미성년 자녀·손자녀도 노인복지주택에 함께 입소하여 생활할 수 있도록 노인복지주택 입소자의 범위를 확대하고, 노인복지주택 중 분양형을 폐지하여 노인복지주택을 임대형으로만 설치·운영하도록 하되 기존에 설치된 노인복지주택에 대해서는 분양형을 그대로 유지하도록 경과조치를 두어 기존 입소자의 신뢰이익을 보호하며, 노인학대현장 출동 시 노인보호전문기관과 수사기관 상호 간에 동행 협조를 요청할 수 있는 근거규정을 신설하고 현장출동자에게 현장출입 및 관계인에 대한 조사·질문권을 부여하여 노인학대신고에 대한 효과적인 대응이 이루어지도록 하며, 노인대상 건강진단 및 보건교육에 성별 다빈도질환이 반영되도록 하고, 지역봉사지도원의 업무로 노인 대상의 교통안전 및 교통사고예방 교육을 할 수 있도록 하여 노인의 특성에 맞는 충실한 교육이 실시될 수 있도록 하려는 것이다.
2015.12.29	법률 제13646호 노인복지법 일부개정 법률에 의해, 노인학대사례가 꾸준히 증가하고 있어서 노인학대의 예방 및 방지를 위한 법적·제도적 장치를 강화할 필요가 있으므로, 노인학대관련범죄 전력자의 취업제한 등 노인학대 관련 규제 및 처벌을 강화하고, 노인복지시설이 휴지·폐지하거나 사업정지·폐지명령을 받는 경우 이로 인한 서비스의 중단으로 이용자들의 불편이 있으므로, 노인복지시설 휴지·폐지 또는 사업정지·폐지의 경우 이용자 권익보호조치를 하도록 의무화하려는 것이다.
2016.12.2	법률 제14320호 노인복지법 일부개정 법률에 의해, 노인학대행위 유형 중에서 정서적 학대행위가 가장 높은 비중을 차지하고 있음에도 현행법상 노인에 대한 금지행위 규정에는 정서적 학대행위가 포함되어 있지 아니하여 이 금지행위 규정에 정서적 학대행위를 추가하고, 노인에 대한 금지행위의 객체가 되는 노인연령 기준이 없어 이에 대한 처벌이 불명확해지는 문제가 있으므로 노인의 연령기준을 65세 이상으로 명시하며, 또한 현재 일정범위 직군 종사자에 대한 노인학대신고의무 조항에도 노인학대의 객체가 되는 노인연령 기준이 없으므로 노인연령 기준을 명시하는 하는 한편, 현행법상 벌칙조항의 벌금액을 국회사무처 예규 및 국민권익위원회 권고안에서 제시하는 징역형 대비 적정 벌금액의 일반기준인 '징역형 1년당 벌금형 1천만 원'의 비율에 따라 벌금형의 금액을 조정하려는 것이다.
2017.3.14	법률 제14596호 노인복지법 일부개정 법률에 의해, 현행법에 따르면, 노인학대행위를 한 사람에게 노인보호전문기관의 장이 상담·교육 및 심리적 치료 등을 지원받을 것을 권고하도록 하여 재발을 방지하고, 학대행위자와 피해노인의 정상적 관계회복을 도모하고 있으나, 그 이행과 실효성이 담보되지 않는 한계가 있다. 또한, 학대피해노인에 대한 보호강화를 위하여 학대피해노인을 임시적으로 보호하고, 신체적·정신적 상담을 제공하기 위한 학대피해노인 전용 쉼터를 운영하고 있으나 보건복지부의 지침인 사업안내로 이를 운영하고 있어, 사업의 안정적 운영이 어려운 상황이다. 이에, 노인학대행위자에게 노인학대관련 심리치료 등의 권고가 있는 경우 이를 성실히 이행하도록 하고, 학대피해노인 전용쉼터의 설치 및 업무 위탁에 필요한 비용 지원의 근거를 마련하여 노인학대를 예방하고 학대피해노인을 보호하려는 것이다.

4) 치매관리법 제정 이유로는 치매는 노인이면 당연히 겪는 노화현상이 아니라, 뇌 기능의 장애로 인하여 지적 능력이 떨어지는 퇴행성 질환이므로, 조기에 검진하여 예방하고 꾸준히 진료하면 질환의 진

2. 노인복지법의 내용분석

「노인복지법」은 제7장 제62조와 부칙으로 구성되어 있다. 내용적으로 우리나라 「노인복지법」은 첫째, 노인의 보건 및 복지증진의 책임을 지고 그 시책을 강구하여 추진하여야 하고, 보건복지조치와 연관하여 노인의 사회참여 지원, 일자리 전담기관의 설치·운영, 지역봉사지도원[5] 위촉 및 업무, 생업 지원, 경로우대, 건강진단, 독거노인 지원, 상담 및 입소 등의 조치, 노인재활요양사업을 규정하고 있다.

둘째, 복지실시기관 국가 및 지방자치단체가 노인복지 증진의 책임 주체가 되며, 노인복지를 위한 상담 및 지도업무를 담당하기 위해 시·군·구에 노인복지상담원을 두고 있다. 노인복지시설은 노인복지를 증진하기 위해 다양한 서비스를 제공하는 사회적 장치로서, 다양한 기능을 수행하는 시실로 구분하여 규정하고 있다. ① 노인주거복지시설(양로시설, 노인공동생활가정, 노인복지주택), ② 노인의료복지시설(노인요양시설, 노인요양공동생활가정), ③ 노인여가복지시설(노인복지관, 경로당, 노인교실), ④ 재가노인복지시설(방문요양서비스, 주·야간보호서비

행속도나 증상을 늦출 수 있음에도 불구하고, 치매환자는 적절한 진단과 치료가 제공되지 못한 채 가족과 사회의 무관심 속에서 방치되고 있으므로 국가적 차원에서의 치료대책과 사회적 인프라 확보가 시급한 실정이다. 이에 따라, 국가가 노인을 대상으로 치매검진사업 등 치매의 예방과 홍보 및 관리사업을 지원할 수 있도록 필요한 정책을 마련하여 치매환자의 삶의 질을 개선하고 가족 및 사회경제적 부담을 덜어 주어 국민의 건강과 복리증진에 이바지하려는 것이다. 주요내용으로는 보건복지부장관은 국가치매관리위원회의 심의를 거쳐 치매관리에 관한 종합계획을 5년마다 수립하고, 치매의 예방과 진료기술의 발전을 위하여 치매연구사업을 시행하고, 종합병원, 사회복지법인 등으로 하여금 치매연구사업을 실시할 수 있도록 하고 있다. 또한, 국가와 지방자치단체는 치매환자의 경제적 부담능력을 고려하여 치매 치료 및 진단에 드는 비용을 예산에서 지원할 수 있으며, 보건복지부장관은 치매의 발생과 관리실태에 관한 자료를 지속적이고 체계적으로 수집·분석하여 통계를 산출하기 위한 치매등록통계사업을 시행하도록 한다.

5) 노인복지법 제24조 제1항에는 노인이 지역봉사를 희망하는 경우 지역봉사지도원으로 위촉할 수 있는데, 지역봉사지도원으로 위촉받으려면 주소지를 관할하는 특별자치도지사·시장·군수·구청장에게 이력서를 제출한 후, 지역봉사지도원으로 위촉되면 지역봉사지도원증을 발급받게 된다. 국가 또는 지방자치단체는 지역봉사지도원의 활동을 지원하고 예산의 범위에서 활동비 등을 지급할 수 있다. 노인복지법 시행령 제18조 제2항에 의해 시장·군수·구청장은 위촉한 지역봉사지도원이 다음의 어느 하나에 해당하는 때에는 해촉(解囑)한다. ① 업무와 관련하여 부정한 행위를 한 때, ② 질병·부상 등의 사유로 업무수행이 어려운 때, 그 밖에 지역봉사지도원으로서의 품위를 손상한 때이다.

스, 단기보호서비스, 방문목욕서비스)과 국가나 지방자치단체가 설치해야 하는 ⑤ 노인보호전문기관은 노인학대에 관한 예방 및 방지를 위한 홍보, 상담 및 보호 등에 관한 업무를 담당한다고 규정하고 있다.

1) 노인복지시설의 종류와 설치

우리나라에서 설치 운영되고 있는 복지시설은 해당 법령에 근거하고 있으며, 노인복지시설의 경우에는 「노인복지법」에 근거를 두고 있다. 각 시설을 설치하고자 할 때에는 해당 설치 기준에 맞게 시설과 인력을 갖추고 해당 시장·군수·구청장에 신고하면 된다.

보통 남을 위해 무언가를 하고자 하는 사람들이 사회복지시설 설치를 희망하는 경우가 많이 있는데 통상적으로 생각하는 것보다 시설을 설치하고 운영하는 것이 가장 존귀한 인간을 케어하는 일이기에 쉬운 일이 아니다. 그래서 시설을 설치하고 운영하기 위해서는 전문적인 지식과 준비가 필요하고, 마인드가 필요하다는 것을 충분히 인식하고 시작하여야 할 것이다.

현행 「노인복지법」의 분류에 의한 시설을 살펴보면, ① 노인주거복지시설, ② 노인의료복지시설, ③ 노인여가복지시설, ④ 재가노인복지시설, ⑤ 노인보호전문기관으로 구분되며, 자세한 사항은 본 서의 제9장을 참고하여 살펴보도록 하자.

2) 노인보건복지조치

(1) 노인사회참여 지원

국가 또는 지방자치단체는 노인의 사회참여 확대를 위하여 노인의 지역봉사 활동기회를 넓히고 노인에게 적합한 직종의 개발과 그 보급을 위한 시책을 강구하며 근로능력이 있는 노인에게 일할 기회를 우선적으로 제공하도록 노력하여야 한다. 또한, 노인의 지역봉사 활동 및 취업의 활성화를 기하기 위하여 노인지역봉사기관, 노인취업알선기관 등 노인복지관계기관에 대하여 필요한 지원을 할 수 있다.

(2) 노인일자리전담기관의 설치 · 운영 등

노인의 능력과 적성에 맞는 일자리지원사업을 전문적·체계적으로 수행하기 위한 전담기관(노인일자리전담기관)은 다음의 기관으로 한다.

① 노인인력개발기관

노인일자리개발·보급사업, 조사사업, 교육·홍보 및 협력사업, 프로그램인증·평가사업 등을 지원하는 기관이다.

② 노인일자리지원기관

지역사회 등에서 노인일자리의 개발·지원, 창업·육성 및 노인에 의한 재화의 생산·판매 등을 직접 담당하는 기관이다.

③ 노인취업알선기관

노인에게 취업 상담 및 정보를 제공하거나 노인일자리를 알선하는 기관이다.

(3) 지역봉사지도원 위촉 및 업무

국가 또는 지방자치단체는 사회적 신망과 경험이 있는 노인으로서 지역봉사를 희망하는 경우에는 이를 지역봉사지도원으로 위촉할 수 있다. 지역봉사지도원의 업무는 다음과 같다.

① 국가 또는 지방자치단체가 행하는 업무 중 민원인에 대한 상담 및 조언
② 도로의 교통정리, 주·정차 단속의 보조, 자연보호 및 환경침해 행위 단속의 보조와 청소년 선도
③ 충효사상, 전통의례 등 전통문화의 전수 교육
④ 문화재 보호 및 안내
⑤ 노인에 대한 교통안전 및 교통사고 예방 교육
⑥ 기타 대통령령이 정하는 업무

(4) 생업지원

국가 또는 지방자치단체 기타 공공단체가 설치·운영하는 공공시설 안에 식료품·사무용품·신문 등 일상생활용품의 판매를 위한 매점이나 자동판매기의 설치를 허가 또는 위탁할 때에는 65세 이상의 자의 신청이 있는 경우 이를 우선적으로 반영하여야 한다.

(5) 경로우대

국가 또는 지방자치단체는 65세 이상의 자에 대하여 국가 또는 지방자치단체의 수송시설 및 고궁·능원·박물관·공원 등의 공공시설을 무료로 또는 그 이용요금을 할인하여 이용하게 할 수 있다. 노인의 일상생활에 관련된 사업을 경영하는 자에게 65세 이상의 자에 대하여 그 이용요금을 할인하여 주도록 권유할 수 있다.

(6) 건강진단 등

국가 또는 지방자치단체는 65세 이상의 자에 대하여 건강진단과 보건교육을 실시할 수 있으며, 보건복지령으로 정하는 바에 따라 성별 다빈도질환 등을 반영하여야 한다. 국가 또는 지방자치단체는 건강진단 결과 필요하다고 인정한 때에는 그 건강진단을 받은 자에 대하여 필요한 지도를 하여야 한다.

(7) 홀로 사는 노인에 대한 지원

국가 또는 지방자치단체는 홀로 사는 노인에 대하여 방문요양서비스 등의 서비스와 안전 확인 등의 보호 조치를 취하여야 한다.

(8) 상담 · 입소 등의 조치

보건복지부장관, 특별시장·광역시장·도지사·특별자치도지사, 시장·군수·구청장은 노인에 대한 복지를 도모하기 위하여 필요하다고 인정한 때에는 다음의 조치를 하여야 한다.

① 65세 이상의 자 또는 그를 보호하고 있는 자를 관계공무원 또는 노인복지상담원으로 하여금 상담·지도하게 하는 것이다.

② 65세 이상의 자로서 신체적·정신적·경제적 이유 또는 환경상의 이유로 거택에서 보호받기가 곤란한 자를 노인주거복지시설 또는 재가노인복지시설에 입소시키거나 입소를 위탁하는 것이다.

③ 65세 이상의 자로서 신체 또는 정신상의 현저한 결함으로 인하여 항상 보호를 필요로 하고 경제적 이유로 거택에서 보호받기가 곤란한 자를 노인의료복지시설에 입소시키거나 입소를 위탁하는 것이다.

(9) 노인재활요양사업

국가 또는 지방자치단체는 신체적·정신적으로 재활요양을 필요로 하는 노인을 위한 재활요양사업을 실시할 수 있다.

3) 요양보호사 및 요양보호사 교육기관

(1) 요양보호사

노인복지시설의 설치·운영자는 보건복지부령으로 정하는 바에 따라 노인 등의 신체활동 또는 가사활동 지원 등의 업무를 전문적으로 수행하는 요양보호사[6]를 두어야 한다. 요양보호사가 되려면, 요양보호사 교육기관에서 교육과정을 마치고 시·도지사가 실시하는 요양보호사 자격시험[7]에 합격하여야 한다. 시·도지사는 요양보호사 자격시험에 합격한 사람에게 요양보호사 자격증을 교부하여야 한다.

6) 요양보호사가 되려는 자는 노인복지시설 중 요양보호사교육기관에서 교육과정을 마쳐야 하며, 시·도지사는 요양보호사 교육과정을 마친 자에게 요양보호사의 자격을 검정하고 자격증을 교부하여야 한다.

7) 자격시험은 필기시험과 실기시험으로 구분하며, 필기시험의 시험과목은 요양보호론(요양보호개론, 요양보호관련 기초지식, 기본요양보호각론 및 특수요양보호각론을 말한다)으로 한다. 자격시험은 특별시장·광역시장·도지사·특별자치도지사가 매년 2회 이상 실시한다.

① 요양보호사 결격사유

정신질환자[8)], 마약·대마 또는 향정신성의약품 중독자, 피성년후견인, 금고 이상의 형을 선고받고 그 형의 집행이 종료되지 아니하였거나 그 집행을 받지 아니하기로 확정되지 아니한 사람, 법원의 판결에 따라 자격 정지 또는 상실된 사람, 요양보호사의 자격이 취소된 날부터 1년이 경과되지 아니한 사람은 요양보호사가 될 수 없다.

② 요양보호사 자격의 취소

시·도지사는 결격사유에 해당하게 된 경우, 노인에 대한 금지행위로 처벌을 받은 경우, 거짓이나 그 밖의 부정한 방법으로 자격증을 취득한 경우에는 자격을 취소하여야 한다. 그리고 영리를 목적으로 노인 등에게 불필요한 요양서비스를 알선·유인하거나 이를 조장한 경우, 자격증을 대여·양도 또는 위조·변조한 경우에는 자격을 취소할 수 있다. 자격을 취소하는 경우 청문을 실시하여야 한다.

(2) 요양보호사 교육기관

시·도지사는 요양보호사의 양성을 위하여 보건복지부령으로 정하는 지정기준에 적합한 시설을 요양보호사 교육기관으로 지정·운영하여야 한다. 또한, 거짓이나 그 밖의 부정한 방법으로 요양보호사 교육기관으로 지정을 받은 경우 지정을 취소하여야 한다. 그리고 지정기준에 적합하지 아니하게 된 경우, 교육과정을 1년 이상 운영하지 아니하는 경우, 정당한 사유없이 보고 또는 자료 제출을 하지 아니하거나 거짓으로 한 경우, 조사·검사를 거부·방해하거나 기피한 경우에는 사업의 정지를 명하거나 그 지정을 취소할 수 있다.

---

8) 정신보건법 제3조 제1호에 따른 정신질환자로서, 정신병(기질적 정신병을 포함한다)·인격장애·알코올 및 약물중독 기타 비정신병적 정신장애를 가진 자를 말한다.

4) 노인학대 예방조치

(1) 노인에 대한 금지행위

누구든지 다음에 해당하는 행위를 하여서는 아니 된다.

① 노인의 신체에 폭행을 가하거나 상해를 입히는 행위

② 노인에게 성적 수치심을 주는 성폭행·성희롱 등의 행위

③ 자신의 보호·감독을 받는 노인을 유기하거나 의식주를 포함한 기본적 보호 및 치료를 소홀히 하는 방임행위

④ 노인에게 구걸을 하게 하거나 노인을 이용하여 구걸하는 행위

⑤ 노인을 위하여 증여 또는 급여된 금품을 그 목적 외의 용도에 사용하는 행위

⑥ 폭어, 협박, 위협 등으로 노인의 정신건강에 해를 끼치는 정서적 학대행위

(2) 노인학대 신고의무와 절차

국가와 지방자치단체는 노인학대를 예방하고 수시로 신고를 받을 수 있도록 번호(1389)로 긴급 전화를 설치하여야 한다. 「노인복지법」 제39조의6 노인학대 신고의무와 절차에 따라, 누구든지 노인학대를 알게 된 때에는 노인보호전문기관 또는 수사기관에 신고할 수 있다.

① 노인학대 신고의무자

그 직무상 65세 이상의 사람에 대한 노인학대를 알게 된 때에는 즉시 노인보호전문기관 또는 수사기관에 신고하여야 한다. 신고인의 신분은 보장되어야 하며 그 의사에 반하여 신분이 노출되어서는 아니 된다.

㉠ 의료기관에서 의료업을 행하는 의료인 및 의료기관의 장

㉡ 방문요양서비스나 안전 확인 등의 서비스 종사자, 노인복지시설의 장과 그 종사자, 노인복지상담원[9)]

9) 노인의 복지를 담당하게 하기 위하여 특별자치도와 시·군·구에 노인복지상담원을 둔다.

ⓒ 장애인복지시설에서 장애노인에 대한 상담·치료·훈련 또는 요양 업무를 수행하는 사람

ⓔ 가정폭력 관련 상담소 및 가정폭력피해자 보호시설의 장과 그 종사자

ⓜ 사회복지전담공무원 및 사회복지관, 부랑인 및 노숙인 보호를 위한 시설의 장과 그 종사자

ⓑ 장기요양기관 및 재가장기요양기관의 장과 그 종사자

ⓢ 119구급대의 구급대원

ⓞ 건강가정지원센터의 장과 그 종사자

ⓙ 다문화가족지원센터의 장과 그 종사자

ⓒ 성폭력상담소 및 성폭력피해자보호시설의 장과 그 종사자

ⓚ 응급구조사[10], 의료기사[11]

5) 실종노인에 관한 조치

누구든지 정당한 사유 없이 사고 등의 사유로 인하여 보호자로부터 이탈된 노

---

10) 응급의료에 관한 법률 제36조(응급구조사의 자격)
① 응급구조사는 업무의 범위에 따라 1급 응급구조사와 2급 응급구조사로 구분한다.
② 1급 응급구조사가 되려는 사람은 다음 각 호의 어느 하나에 해당하는 사람으로서 보건복지부장관이 실시하는 시험에 합격한 후 보건복지부장관의 자격인정을 받아야 한다.
1. 대학 또는 전문대학에서 응급구조학을 전공하고 졸업한 사람
2. 보건복지부장관이 인정하는 외국의 응급구조사 자격인정을 받은 사람
3. 2급 응급구조사로서 응급구조사의 업무에 3년 이상 종사한 사람
③ 2급 응급구조사가 되려는 사람은 다음 각 호의 어느 하나에 해당하는 사람으로서 보건복지부장관이 실시하는 시험에 합격한 후 보건복지부장관의 자격인정을 받아야 한다.
1. 보건복지부장관이 지정하는 응급구조사 양성기관에서 대통령령으로 정하는 양성 과정을 마친 사람
2. 보건복지부장관이 인정하는 외국의 응급구조사 자격인정을 받은 사람
④ 보건복지부장관은 제2항과 제3항에 따른 응급구조사시험의 실시에 관한 업무를 대통령령으로 정하는 바에 따라 「한국보건의료인국가시험원법」에 따른 한국보건의료인국가시험원에 위탁할 수 있다.
⑤ 1급 응급구조사 및 2급 응급구조사의 시험과목, 시험방법 및 자격인정에 관하여 필요한 사항은 보건복지부령으로 정한다.

11) 의료기사등에 관한 법률에 의거 "의료기사"란 의사 또는 치과의사의 지도 아래 진료나 의화학적(醫化學的) 검사에 종사하는 사람을 말한다.

인("실종노인")을 경찰관서 또는 지방자치단체의 장[12]에게 신고하지 아니하고 보호하여서는 아니 된다. 보건복지부장관은 실종노인의 발생예방, 조속한 발견과 복귀를 위하여 업무[13]를 수행하여야 한다. 이 경우 보건복지부장관은 노인복지 관련 법인이나 단체에 그 업무의 전부 또는 일부를 위탁할 수 있다. 경찰청장은 실종노인의 조속한 발견과 복귀를 위하여 실종노인에 대한 신고체계의 구축 및 운영과 그 밖에 실종노인의 발견과 복귀를 위하여 필요한 사항을 시행하여야 한다.

12) 제31조에 따른 노인복지시설(「사회복지사업법」 제2조 제4호에 따른 사회복지시설 및 사회복지시설에 준하는 시설로서 인가·신고 등을 하지 아니하고 노인을 보호하는 시설을 포함한다. 이하 "보호시설"이라 한다)의 장 또는 그 종사자는 그 직무를 수행하면서 실종노인임을 알게 된 때에는 지체 없이 보건복지부령으로 정하는 신상카드를 작성하여 지방자치단체의 장과 실종노인의 데이터베이스 구축운영의 업무를 수행하는 기관의 장에게 제출하여야 한다.

13) 보건복지부장관의 실종노인의 발생예방, 조속한 발견과 복귀를 위한 업무로는
1. 실종노인과 관련된 조사 및 연구
2. 실종노인의 데이터베이스 구축·운영
3. 그 밖에 실종노인의 보호 및 지원에 필요한 사항이다.

Chapter

07

노인복지 관련법의 이해

본 장에서는 노인복지에 관련된 전반적인 법에 대해 살펴보고자 한다.

1. 노인장기요양보험법[1)]의 이해

우리나라 인구의 고령화[2)]가 세계에서 유례가 없을 정도로 빠르게 진행됨에 따라 치매·중풍 등 일상생활이 어려운 노인들의 수도 날로 증가하고 있다. 하지만, 핵가족화와 여성의 사회참여 증가 등으로 장기요양이 필요한 노인을 가정에서 돌보는 것이 어렵게 되었다. 노인의 간병·장기요양 문제를 해결하기 위하여 사회적 연대원리인 보험제도 도입을 통해 정부와 사회가 공동으로 해결하는 노인장기요양보험제도는 노인의 노후생활 안정을 도모하고 그 가족의 부양부담을 덜어줌으로써 국민의 삶의 질을 향상하려는 것이 도입취지이다.

「노인장기요양보험법」은 2007년 4월 27일 제정되었으며, 2008년 7월 1일부터 시행되었다.

| 표 7-1 | 노인장기요양보험법의 제정과정

진행 일정	진행 내용
2001년 8월 15일	대통령 경축사에 노인장기요양보장제도 도입제시
2002년 대선	대통령 공약 사항에 포함
2003년 3월 ~	공적노인요양보장추진기획단 설치·운영

1) 노인장기요양보험법은 독일의 수발보험(1996년)과 일본의 개호보험(2000)과 같은 선상에서 제정된(제15장 참조) 사회보험제도로서, 고령이나 노인성 질병 등의 사유로 일상생활을 혼자서 수행하기 어려운 노인 등에게 제공하는 신체활동 또는 가사활동 지원 등의 장기요양급여에 관한 사항을 규정하여 노후의 건강증진 및 생활 안정을 도모하고 그 가족의 부담을 덜어줌으로써 국민의 삶의 질을 향상하도록 함을 목적으로 제정되었다.

2) 우리나라 노인 인구는 500만 명 정도로 전체 인구의 10%를 넘어섰다. 통계청이 발표한 2008 고령자 통계에 따르면, 65세 이상 노인 인구는 지난해보다 20만 6,000명 늘어난 501만 6,000명으로 전체 인구의 10.3%를 차지했다. 이런 추세라면 우리나라는 10년 뒤 고령사회(65세 이상 인구 비중 14%)로 넘어가 2026년 초고령사회(20%)에 진입할 전망이다. 젊은이들의 노년인구 부양 부담도 갈수록 커질 수밖에 없으며, 65세 이상 노인 1명을 지금은 15~64세 생산 가능 인구 7명이 부양하는 것으로 나타났지만 2020년에는 4.6명, 2030년에는 2.7명이 노인 1명을 부양해야 할 것으로 전망되고 있다.

진행 일정	진행 내용
2004년 2월	
2004년 3월 ~ 2005년 2월	공적노인요양보장제도실행위원회 구성·운영
2005년 10월 ~ 2005년 11월	입법 예고
2005년 7월 ~ 2006년 3월	1차 시범사업실시: 광주 남구, 강릉, 수원, 부여, 안동, 북제주 (6개 시·군·구 65세 이상 기초생활보장수급노인 대상 시범사업실시)
2006년 2월	정부입법 국회제출
2006년 4월 ~ 2007년 4월	2차 시범사업실시: 광주 남구, 강릉, 수원, 부여, 안동, 북제주, 부산 북구, 전남 완도 (8개 시·군·구 65세 이상 노인 대상 시범사업실시)
2007년 4월	국회 통과
2007년 5월 ~ 2008년 6월	3차 시범사업실시: 광주 남구, 강릉, 수원, 부여, 안동, 북제주, 부산 북구, 전남 완도, 인천 부평구, 대구 남구, 청주, 익산, 하동 (13개 시·군·구 65세 이상 노인 대상 시범사업실시)
2007년 6월 8일 ~ 2007년 6월 28일	시행령 및 시행규칙 입법예고 완료
2008년 7월 1일	노인장기요양보험[3] 시행

| 표 7-2 | 노인장기요양보험법의 대표적인 개정과정

일시	내용
2009.1.30	법률 제9386호로 의료법 일부개정 법률에 의해 개정되었다. 「의료법」과 「국민건강보험법」으로 이원화되어 있는 의료기관 종류에 관한 법적 근거를 「의료법」에서 규정하는 것으로 일원화하고, 보건복지가족부장관에게 등록한 의료기관 등에게 국내에 거주하지 아니하는 외국인 환자에 대한 유치 활동을 허용하는 등 국정과제인 의료서비스의 국제적 경쟁력 강화를 위한 입법적 기반을 구축하는 한편, 의사·치과의사·한의사가 같은 병원에 근무하면서 협진이 가능하게 하는 등 의료소비자의 권익 및 의료인의 자율성을 증진시킬 수 있도록 제도를 개선하려는 것이었다.
2009.3.18	법률 제9510호로 노인장기요양보험법 일부개정 법률이다. 장기요양보험료만 내고 현실적으로 수급대상자가 되기 어려운 외국인 근로자에 대하

3) 장기요양보험의 지급대상은 "65세 이상의 노인 또는 65세 미만의 자로서 치매·뇌혈관성질환 등으로 노인성 질병으로 6개월 이상 혼자서 일상생활을 수행하기 어렵다고 인정되는 자"에게 신체활동·가사활동의 지원 또는 간병 등의 서비스나 이에 갈음하여 지급하는 현금급여가 있다. 장기요양등급은 1~3등급이 있으며, 재가 및 시설 급여비용은 재가급여는 당해 장기요양급여비용의 100분의 15, 시설급여는 100분의 20을 수급자가 부담하고, 나머지는 국민건강보험공단에서 부담한다(다만, 수급자 중 국민기초생활보장법에 따른 수급권자는 본인부담이 없다).

일시	내용
	여는 현행 외국인의 자격제도 틀은 그대로 유지하되 제외 신청을 할 경우 예외적으로 장기요양보험가입자에서 제외할 수 있도록 하여 고용허가제로 입국한 외국인 근로자의 보험료 부담을 완화시켜 주려는 것이었다.
2009.5.21	법률 제9693호로 개정되었는데, 도서·벽지·농어촌 등 일정 지역에 거주하는 자에 대하여 장기요양급여 본인일부 부담금의 100분의 50을 감경할 수 있는 법적 근거를 마련함으로써 농어촌 지역에 거주하는 수급자의 경제적 부담을 완화하려는 것이다.
2010.3.17	법률 제10127호로 개정되었는데, 원활한 장기요양급여비용 심사를 위하여 장기요양기관의 장에게 장기요양급여 제공자료 기록·관리의무를 부여하고, 폐업 또는 휴업할 경우 장기요양급여 제공 자료를 공단으로 이관하도록 하며, 장기요양보험의 관리운영기관인 국민건강보험공단이 장기요양급여의 제공기준을 개발하고 장기요양급여비용의 적정성을 검토하도록 하기 위하여 직접 장기요양기관을 설치·운영할 수 있는 근거를 마련함과 아울러 설치 남용을 방지하기 위하여 설치목적에 필요한 최소한의 범위에서 설치·운영하도록 하려는 것이다.
2011.6.7	법률 제10785호로 개정되었는데, 민간복지서비스 전달체계의 효율화를 위한 기능 조정의 일환으로 노인전문병원을 「의료법」 상의 요양병원으로 일원화하고, 노인복지시설로서의 기능과 역할이 미약한 노인휴양소를 폐지하며, 최근 급속한 고령화로 치매노인 등이 증가함에 따라 집을 찾지 못하는 실종노인에 대한 빠른 발견과 안선한 목귀 등을 위한 근거 규정을 보강하는 한편, 노인학대 신고 의무자 범위를 확대하고, 신고의무자의 신분 보호를 강화하기 위하여 신고인의 신분 보호 및 신원노출 금지 의무를 위반하는 자에게 형벌을 부과하며, 노인학대 신고를 받고 현장에 출동한 자의 현장 조사를 거부하거나 업무를 방해하는 사람에게 과태료를 부과하는 등 노인학대사례에 대한 관련 법규를 강화하는 한편, 현행 제도의 운영상 나타난 일부 미비점을 보완·개선하려는 것이다.
2013.8.13	법률 제12067호로 개정되었는데, 장기요양기관의 운영 질서를 확립하고 장기요양기관에 대한 관리를 강화하기 위하여 장기요양기관 등이 본인일부부담금을 면제·할인하는 행위 등을 금지하고, 장기요양기관이 거짓으로 급여 비용을 청구한 경우에 위반사실 등을 공표할 수 있도록 하며, 행정제재처분의 효과가 양수인, 합병 후의 법인 또는 폐업 후 같은 장소에서 장기요양기관을 운영하는 직계혈족 등에게 승계되도록 하는 한편, 그 밖에 현행 제도의 운영상 나타난 일부 미비점을 개선·보완하려는 것이다.
2015.12.29	법률 제13647호로 개정되었는데, 경증치매노인을 위한 장기요양 5등급(일명, 치매특별등급)이 2014년 7월 신설되었으나 현재 기타재가급여의 복지용구가 일상생활·신체활동 지원 위주로 되어 있어서 기타 재가급여의 범위에 치매노인의 인지기능의 유지·향상을 위한 용구를 추가하고, 장기요양기관의 휴업·폐업 또는 지정취소·폐쇄 등의 경우 서비스 중단에 따른 수급자의 불편이 있으므로, 장기요양기관 휴·폐업 등의 경우에 수급자 권익보호조치를 하도록 의무화하며, 장기요양기관이 전국적으로는 어느 정도 확충되어 있지만 농어촌이나 도서벽지 등 취약지역에는 충분한 장기요양기관 확보가 어려워 지역 간 서비스 편차가 발생하고 있으므로 공단의 장기요양기관 설치 시 노인인구 및 지역 특성 등을 감안한 지역 간 불균형 해소를 고려하도록 하고, 장기요양기관의 투명한 운영을 위해 장기요양기관 설치자의 결격사유를 신설하는 등 장기요양기관의 개설·운영에 대한 요건을 강화하려는 것이다.

일시	내용
2016.5.29	법률 제14215호로 개정되었는데, 장기요양기관의 투명한 회계 운영을 위해 장기요양기관 재무·회계기준을 마련하되 사회복지시설인 장기요양기관의 경우는 「사회복지사업법」에 따른 재무·회계기준을 따르도록 하고, 국가 및 지방자치단체의 책무로 장기요양요원의 처우 개선 및 복지 증진을 위해 노력하도록 규정하고 장기요양기본계획에 장기요양요원 처우에 관한 사항을 포함하도록 하며, 장기요양사업의 실태 파악을 위해 3년마다 실태 조사를 실시하도록 하는 한편, 장기요양기관이 지급받은 장기요양급여비용 중 일부를 장기요양요원의 인건비로 지출하도록 하고, 지방자치단체가 장기요양요원의 권리보호를 위한 장기요양요원지원센터를 설치·운영할 수 있도록 하는 등 장기요양기관의 투명한 운영 및 장기요양요원의 권익보호를 도모하려는 것이다.
2016.12.2	법률 제14321호로 개정되었는데, 현행법에 따르면 장기요양급여의 종류는 재가급여, 시설급여와 현금으로 지급되는 특별현금급여가 있다. 특별현금급여의 경우 압류방지 전용통장 개설에 관한 법적 근거가 없어 일반 통장으로 특별현금급여가 지급되고 있는 바, 이로 인하여 특별현금급여가 다른 금원과 섞이면서 해당 통장이 압류되는 경우 특별현금급여와 이를 받을 권리가 침해되는 문제가 발생하고 있다. 이에 특별현금급여수급계좌의 예금에 관한 채권은 압류할 수 없도록 하는 등 법적 근거를 마련하여 노인과 그 가족의 생활 안정을 도모하려는 것이다.

1) 노인장기요양보험법의 주요내용

(1) 수급자

① 신청자격

장기요양인정을 신청할 수 있는 자는 노인 등[4]으로서 다음에 해당하는 자격을 갖추어야 한다.

㉠ 장기요양보험가입자 또는 그 피부양자

㉡ 의료급여 수급권자

장기요양인정을 신청하는 자는 국민건강보험공단에 보건복지부령으로 정하는 바에 따라 장기요양인정신청서에 의사 또는 한의사가 발급하는 소견서를 첨부하여 제출하여야 한다. 단, 거동이 현저하게 불편하거나 도서·벽지 지역에 거주하

4) 65세 이상의 노인 또는 65세 미만의 자로서 치매·뇌혈관성질환 등 대통령령으로 정하는 노인성 질병을 가진 자이다.

여 의료기관을 방문하기 어려운 자 등은 의사소견서를 제출하지 않을 수 있다.

② 신청의 조사

국민건강보험공단의 직원은 신청서를 접수한 때에는 신청인의 심신상태, 신청인에게 필요한 장기요양급여의 종류 및 내용, 그 밖에 장기요양에 관하여 필요한 사항[5) 등을 조사해야 한다. 단, 지리적 사정 등으로 직접 조사하기 어려운 경우 또는 조사에 필요하다고 인정하는 경우 시·군·구에 대하여 조사를 의뢰하거나 공동으로 조사할 것을 요청할 수 있다. 조사를 하는 자는 조사일시, 장소 및 조사를 담당하는 자의 인적사항 등을 미리 신청인에게 통보하여야 한다. 공단 또는 조사를 의뢰받은 시·군·구는 조사를 완료한 때에는 조사결과서를 작성하여야 한다.

③ 장기요양등급(시행령 제7조) 판정

㉠ 장기요양 1등급

심신의 기능상태 장애로 일상생활에서 전적으로 다른 사람의 도움이 필요한 자로서 장기요양인정 점수가 95점 이상인 자

㉡ 장기요양 2등급

심신의 기능상태 장애로 일상생활에서 상당 부분 다른 사람의 도움이 필요한 자로서 장기요양인정 점수가 75점 이상 95점 미만인 자

㉢ 장기요양 3등급

심신의 기능상태 장애로 일상생활에서 부분적으로 다른 사람의 도움이 필요한 자로서 장기요양인정 점수가 60점 이상 75점 미만인 자

㉣ 장기요양 4등급

심신의 기능상태 장애로 일상생활에서 일정 부분 다른 사람의 도움이 필요한 자로서 장기요양인정 점수가 51점 이상 60점 미만인 자

---

5) 조사에 필요한 사항으로는 ① 신청인의 심신상태, ② 신청인에게 필요한 장기요양급여의 종류 및 내용, ③ 그 밖에 장기요양에 관하여 필요한 사항이다.

㉤ 장기요양 5등급

치매(제2조에 따른 노인성 질병에 해당하는 치매로 한정한다)환자로서 장기요양인정 점수가 45점 이상 51점 미만인 자

공단은 장기요양인정 신청인에 대한 조사가 완료된 때에는 조사결과서, 신청서, 의사소견서, 그 밖에 심의에 필요한 자료를 등급판정위원회에 제출해야 하며, 위원회는 신청인이 신청서를 제출한 날부터 30일 이내에 판정을 완료해야 한다. 단, 등급판정을 완료할 수 없는 사유가 있는 경우에는 30일 이내의 범위에서 연장할 수 있으며, 그 사유를 신청인 및 대리인에게 통보해야 한다. 등급의 유효기간은 최소 1년 이상으로, 만료 후에는 공단에 갱신신청을 해야 한다. 단, 등급을 변경하고자 하는 경우에는 유효기간 만료 전 30일까지 공단에 갱신신청을 해야 한다.

(2) 장기요양급여의 종류

① 재가급여

㉠ 방문요양

장기요양요원이 수급자의 가정 등을 방문하여 신체활동 및 가사활동 등을 지원하는 장기요양급여

㉡ 방문목욕

장기요양요원이 목욕설비를 갖춘 장비를 이용하여 수급자의 가정 등을 방문하여 목욕을 제공하는 장기요양급여

㉢ 방문간호

장기요양요원인 간호사 등이 의사, 한의사 또는 치과의사의 지시서에 따라 수급자의 가정 등을 방문하여 간호, 진료의 보조, 요양에 관한 상담 또는 구강위생 등을 제공하는 장기요양급여

㉣ 주·야간보호

수급자를 하루 중 일정한 시간 동안 장기요양기관에 보호하여 신체활동 지원 및 심신기능의 유지·향상을 위한 교육·훈련 등을 제공하는 장기요양급여

㉤ 단기보호

수급자를 보건복지부령으로 정하는 범위 안에서 일정 기간 동안 장기요양기관에 보호하여 신체활동 지원 및 심신기능의 유지·향상을 위한 교육·훈련 등을 제공하는 장기요양급여

㉥ 기타재가급여

수급자의 일상생활·신체활동 지원에 필요한 용구를 제공하거나 가정을 방문하여 재활에 관한 지원 등을 제공하는 장기요양급여로서 대통령령으로 정하는 것

② 시설급여

장기요양기관이 운영하는 노인의료복지시설(노인전문병원 제외) 등에 장기간 동안 입소하여 신체활동 지원 및 심신기능의 유지·향상을 위한 교육·훈련 등을 제공하는 장기요양급여

③ 특별현금급여

㉠ 가족요양비

수급자가 가족 등으로부터 방문요양에 상당한 장기요양급여를 받은 때 대통령령으로 정하는 기준에 따라 당해 수급자에게 가족요양비를 지급할 수 있다.

- 도서·벽지 등 장기요양기관이 현저히 부족한 지역으로서 보건복지부장관이 정하여 고시하는 지역에 거주하는 자
- 천재지변이나 그 밖에 이와 유사한 사유로 인하여 장기요양기관이 제공하는 장기요양급여를 이용하기가 어렵다고 보건복지부장관이 인정하는 자
- 신체·정신 또는 성격 등 대통령령으로 정하는 사유로 인하여 가족 등으로부터 장기요양을 받아야 하는 자

㉡ 특례요양비

수급자가 장기요양기관이 아닌 노인요양시설 등의 기관 또는 시설에서 재가급여 또는 시설급여에 상당한 장기요양급여를 받은 경우 대통령령으로 정하는 기준에 따라 당해 장기요양급여비용의 일부를 당해 수급자에게 특례요양비로 지급할 수 있다.

㉢ 요양병원간병비

수급자가 노인전문병원 또는 요양병원에 입원한 때 대통령령으로 정하는 기준에 따라 장기요양에 사용되는 비용의 일부를 요양병원간병비로 지급할 수 있다.

(3) 장기요양기관의 종류

① 재가노인복지시설

「노인복지법」에 따른 재가노인복지시설(방문요양서비스, 주·야간보호서비스, 단기보호서비스, 방문목욕서비스, 그 밖의 서비스)로 이 법에 따라 지정받은 장기요양기관

② 노인의료복지시설

「노인복지법」에 따른 노인의료복지시설 중 노인요양시설, 노인공동생활가정(노인전문병원 제외)으로 이 법에 따라 지정받은 장기요양기관

③ 재가장기요양기관

이 법에 규정된 재가급여 중 어느 하나 이상을 실시하는 기관

2. 기초연금법의 이해

국가재정의 지속가능성을 확보하면서 노인세대를 위한 안정적인 공적연금제도를 마련하여 65세 이상의 노인 중 소득 기반이 취약한 70%의 노인에게 기초연

금을 지급함으로써 노인 빈곤 문제를 해소하고 노인의 생활 안정과 복지 증진에 기여하려는 취지로 2014년 5월 20일 제정, 2014년 7월 1일부터 실행되었다. 이 법의 시행으로 인하여 그동안 2007년 4월 25일 제정되어 2008년 1월 1일부터 시행되었던 「기초노령연금법」[6])은 폐지되었다.

| 표 7-3 | 2014년 7월 폐지된 기초노령연금법의 제정배경과 경과

배경	사회보험으로는 국민연금법[7])의 노령연금, 특수직역연금법(공무원, 사립학교교직원, 군인연금법 등)의 퇴직연금과 공공부조의 국민기초생활보장법, 의료급여법은 평등가치를 추구한다. 이러한 정책들은 소득재분배 효과가 있어 빈자들에게 그들의 능력과 기여에 상관없이 사회적 자원을 할당하여 부자들과의 소득의 격차를 줄이는 역할을 한다.
경과	1) 국회 보건복지위는 2007년 4월 7일 전체회의를 열어 2008년부터 노인 절반 이상에게 공적 보조금 성격의 기초노령연금을 지급하는 내용의 기초노령연금법 제정안을 한나라당 의원들이 불참한 가운데 표결로 처리, 법제사법위로 넘겼다. 2) 열린우리당과 민주당 간 합의로 이날 전체회의에 수정 대안으로 제출된 제정안은 재적 의원 20명 중 기초연금제 도입을 주장해 온 한나라당 의원 8명 전원의 불참 속에 표결에 부쳐져 찬성 11표, 기권 1표로 가결됐다.
제·개정	1) 2007년 4월 25일 법률 제8385호로 제정, 2008년 1월 1일 시행하였다. 이를 통해 생활이 어려운 노인에게 기초노령연금을 지급함으로써 노인의 생활 안정을 지원하고 복지를 증진하게 되었다. 2) 2007년 7월 27일 법률 제8557호로 일부 개정하였다. 소득인정액이 일정액 이하인 65세 이상의 노인에게 지급하는 기초노령연금액을 국민연금법 제51조 제1항 제1호에 따른 평균소득월액의 100분 10으로 2028년까지 단계적으로 상향조정한다. 2009년 1월 1일 당시 수급자가 65세 이상인 자 중 100분의 70 수준이 되도록 하며, 부부가 모두 기초노령연금을 지급받는 경우 각 연금액의 감액비율을 16.5퍼센트에서 20퍼센트로 상향조정한다. 기초노령연금 외에 다른 법률에 따른 연금을 병급하지 아니하도록 한 규정을 삭제하여 기초노령연금과 다른 연금을 동시에 수령할 수 있도록 하는 한편, 보건복지부장관이 기초노령연금수급 신청자의 금융정보를 조회하는 경우 금융실명

6) 기초노령연금법은 노인복지법상의 경로연금이 폐지되고, 제정된 법이다. 법의 대상은 전체노인의 70%에 해당하는 소득과 재산이 일정수준 이하인 생활이 어려운 약 360만 명의 노인이다. 지급대상은 시행초기에는 70세 이상인 자에게 초기시행단계에 지급을 하였으나, 2008년 7월부터는 기초노령연금법은 65세 이상의 자로서 소득인정액이 대통령령으로 정하는 금액 이하인 자가 수급자이다. 소득인정액은 “소득평가액 + 재산의 소득환산액(부양의무자의 소득·재산은 고려하지 않고 있다)”으로 노인부부만을 단위로 적용하고 있으며, 부부의 소득·재산을 기준으로 수급자가 선정되는 것이다. 선정기준액의 적용기간은 매년 4월 1일부터 다음연도 3월 31일까지 적용하며, 2012년 1월 기준 연금액은 노인단독가구 매월 91,200원, 노인부부가구 145,900원을 지급(2012년 4월부터는 노인단독가구 매월 94,600원, 노인부부가구 151,400원)하고, 부부가 연금을 수령하게 되면 각 연금액의 100분의 20을 감액한다. 즉, 연금액은 전체 국민연금가입자의 평균소득월액에 따라 달라지므로 국민연금에 가입한 사람들의 소득이 증가하면 연금액도 증가하게 되는 것이다.

제에 따른 절차 일부를 간소화할 수 있도록 하고, 이 법에 따라 수집된 금융정보 등을 이 법이 정한 목적 외의 용도로 제공하거나 누설할 경우 처벌을 하도록 하는 등 현행 제도의 운영상 나타난 일부 미비점을 개선·보완하려는 것이었다.

3) 2008년 2월 29일 법률 제8852호로 일부 개정하였다.
국경 없는 무한경쟁 시대에 국민에게 희망을 주는 일류 정부를 건설하기 위하여, 우리의 미래에 관한 전략기획 기능을 강화하고, 정부의 간섭과 개입을 최소화하는 작은 정부 구축을 통하여 민간과 지방의 창의와 활력을 북돋우는 한편, 꼭 해야 할 일은 확실히 하되 나라살림을 알뜰하게 운영하여 국민부담을 줄이며 칸막이 없이 유연하고 창의적으로 일하는 정부를 구축할 수 있도록 기획예산처와 재정경제부를 통합하여 기획재정부를 신설하는 등 정부 기능을 효율적으로 재배치하려는 것이었다.

4) 2009년 4월 1일 법률 제9617호로 일부 개정하였다.
신용정보회사의 업무 영역을 확대하고, 신용정보주체의 자기정보통제권을 보강하여 개인의 사생활 보호를 강화하며, 신용조회회사 등에 신용정보를 보호하기 위한 엄격한 내부통제 절차를 마련하도록 하여 신용정보 활용에 있어 책임성을 높여 금융소비자의 신뢰를 높이는 등 현행 제도의 운영상 나타난 일부 미비점을 개선·보완하는 한편, 법 문장을 원칙적으로 한글로 적고, 어려운 용어를 쉬운 용어로 바꾸며, 길고 복잡한 문장은 체계 등을 정비하여 간결하게 하는 등 국민이 법 문장을 이해하기 쉽게 정비하려는 것이었다.

5) 2011년 3월 30일 법률 제10508호로 일부 개정하였다.
연금의 지급정지 요건에서 가석방기간과 집행유예기간을 제외하여 생계가 곤란한 고령자의 생활 안정을 지원하고, 교정시설·치료감호시설의 수용개시 및 석방 정보에 관한 자료의 제공을 요청할 수 있는 명시적 근거를 마련하여 연금지급 업무의 원활한 수행을 도모하며, 사용자가 종업원 등에 대한 관리·감독상 주의의무를 다한 경우에는 처벌을 면하게 함으로써 양벌규정에도 책임주의 원칙이 구현되도록 하려는 것이었다.

6) 2014년 5월 20일 법률 제12617호에 의해 2014년 7월 1일부터 기초노령연금법은 폐지한다.

1) 기초연금법의 주요내용

(1) 지급대상

65세 이상이며 소득인정액이 선정기준액[8] 이하인 자가 되며, 보건복지부장관

7) 국민연금제도는 1988년 전두환 정권 때 도입이 되었는데, 소득의 3%(본인이 기본급의 1.5%, 사업주가 1.5% 부담)를 부담하면 노후에 평균소득의 70%를 주겠다고 하여, 강제적으로 10인 이상의 사업장 가입자에게 도입이 되었다. 하지만 이러한 시행초기의 약속은 지키기 어려운 정치논리의 것으로 현재는 연금 지급 시기를 늦추는 방안과 지속적인 연금요율 상향이라는 문제와 그동안 적게 내고 연금보험을 받고 있는 자들의 문제로 운영자금의 고갈문제가 뜨거운 이슈가 되고 있다. 상대적으로 시행초기 적은 비용을 납입하고 현재 연금생활을 하고 있는 계층과의 문제를 해소하기 위하여 열린우리당과 참여정부는 현행 국민연금제도를 개선하려고 하였으며, 이 시기에 나온 절충안이 바로 모든 노인을 대상으로 하는 기초노령연금제도이다.

8) 기초연금법 제3조에 따라 연금 지급대상자의 선정기준이 되는 일정 금액(선정기준액)은 노인가구의 소득·재산수준과 생활실태, 물가상승률 등을 고려하여 보건복지부장관이 결정·고시하는 금액으로,

은 선정기준액을 정하는 경우 65세 이상인 사람 중 기초연금 수급자가 70% 수준이 되도록 한다.

(2) 소득인정액

본인 및 배우자의 소득평가액과 재산의 소득환산액을 합산한 금액을 말한다.

(3) 연금의 신청

주소지를 관할하는 시장·군수·구청장에게 관할 읍·면사무소 및 동 주민센터를 통해 신청한다.

① 연금 수급 희망자

본인이 65세 이상 노인으로 기초연금 수급을 희망하는 자가 직접 신청할 수 있다.

② 대리인

㉠ 배우자(65세 미만 포함)

㉡ 자녀, 형제자매, 친족, 사회복지시설장 등으로 대리인 자격으로 위임장을 첨부하여 신청

③ 관계 공무원

거동이 불편한 홀로 사는 노인 등 필요한 경우 관계 공무원이 대신 수급희망자의 동의를 얻어 직권 신청이 가능하다.

(4) 기초연금액

2017년 기초연금액은 매월 206,050원이며, 본인과 배우자가 모두 기초연금 수급권자인 경우에는 각각의 기초연금액에서 20%에 해당하는 금액을 감액 지급한다.

2017년 현재 선정기준액은 배우자가 없는 노인가구의 경우 월 소득인정액 119만 원, 배우자가 있는 노인가구의 경우 월 소득인정액 190.4만 원으로 한다.

(5) 수급권의 정지 및 상실

기초연금 수급권의 정지는 다음 사유 중에서 하나에 해당되면 정지된다.

① 수급자가 금고이상의 형을 선고받고 교정시설 또는 치료감호시설에 수용되어 있는 경우, ② 수급자가 행방불명되거나 실종되는 등 사망한 것으로 추정되는 경우, ③ 수급자가 국외 체류기간이 60일 이상 지속되는 경우로 국외 체류 60일이 되는 날을 지급정지의 사유가 발생한 날로 본다.

기초연금 수급권의 상실은 다음의 사유 중에서 하나에 해당되면 상실된다.

① 사망한 때, ② 국적을 상실하거나 국외로 이주한 때, ③ 소득인정액이 선정기준에 해당하지 아니하게 된 때이다.

3. 장애인 · 노인 · 임산부 등의 편의증진보장에 관한 법률[9)]의 이해

사회적 환경에 접근하는 데 어려움을 겪고 있는 장애인·노인·임산부들을 위한 편의시설 설치 문제는 1981년 처음으로 장애인복지 분야에서 나타났다. 그러나 1981년 제정된 심신장애자복지법 제13조에서 장애인을 위한 편의시설 설치의 법적 근거를 마련하였지만 임의조항이었고, 시행령이나 시행규칙에 편의시설 설치에 관한 규정이 없는 것으로 보아 다분히 선언적인 규정에 불과하였다. 1989년 장애인복지법[10)]이 개정되면서 이루어진 복지조치와 1995년 1월 1일 장애인편의시설 및 설비의 설치기준에 관한 규칙을 제정함으로써 장애인 편의시설 설치가

9) 장애인·노인·임산부 등이 일상생활에서 안전하고 편리하게 시설과 설비를 이용하고 정보에 접근할 수 있도록 보장함으로써 이들의 사회활동 참여와 복지 증진에 이바지하기 위하여 제정되었다.

10) 장애인복지법은 1981년에 심신장애자복지법이란 이름으로 제정되어, 1989년 개정을 통해 장애인복지법으로 변경되었다. 장애인의 인간다운 삶과 권리보장을 위한 국가와 지방자치단체 등의 책임을 명백히 하고, 장애발생 예방과 장애인의 의료·교육·직업재활·생활환경개선 등에 관한 사업을 정하여 장애인복지대책을 종합적으로 추진하며, 장애인의 자립생활·보호 및 수당지급 등에 관하여 필요한 사항을 정하여 장애인의 생활 안정에 기여하는 등 장애인의 복지와 사회활동 참여 증진을 통하여 사회통합에 이바지함을 목적으로 한다.

의무화하게 되었다.

이러한 복지조치들은 장애인의 이동에만 초점을 맞춘 것으로서 건축물 및 정보에의 접근, 교통시설에의 접근성 등의 보장은 대상에서 제외되었으며, 또한 사회적 약자인 노인, 임산부 등도 이 법의 보장대상에서 제외되었다. 따라서 사회적 이동약자인 전체인구의 편의를 증진할 수 있는 포괄적인 법체계가 필요해짐에 따라 「장애인·노인·임산부 등의 편의증진 보장에 관한 법률」이 1997년 4월 10일 입법되었고, 1998년 4월 11일부터 시행에 들어갔다.

1) 장애인 · 노인 · 임산부 등의 편의증진보장에 관한 법률의 주요내용

(1) 기본원칙

시설주[11]는 장애인 등[12]이 공공건물 및 공중이용시설을 이용할 때 가능하면 최대한 편리한 방법으로 최단거리로 이동할 수 있도록 편의시설[13]을 설치해야 한다.

(2) 접근권

장애인 등은 인간으로서의 존엄과 가치 및 행복을 추구할 권리를 보장받기 위하여 장애인 등이 아닌 사람들이 이용하는 시설과 설비를 동등하게 이용하고, 정보에 자유롭게 접근할 수 있는 권리를 가진다.

11) 시설주(施設主)란 제7조(대상시설은 공원, 공공건물 및 공중이용시설, 공동주택, 통신시설, 그 밖에 장애인 등의 편의시설을 설치할 필요가 있는 건물·시설 및 그 부대시설)에 따른 대상시설의 소유자 또는 관리자(해당 대상시설에 대한 관리 의무자가 따로 있는 경우만 해당한다)를 말한다.

12) 장애인 등이란 장애인·노인·임산부 등 일상생활에서 이동, 시설 이용 및 정보 접근 등에 불편을 느끼는 사람을 말한다.

13) 편의시설이란 장애인 등이 일상생활에서 이동하거나 시설을 이용할 때 편리하게 하고, 정보에 쉽게 접근할 수 있도록 하기 위한 시설과 설비를 말한다.

| 표 7-4 | 휠체어 등을 비치하여야 하는 공공건물 및 공중이용시설의 범위와 비치용품의 종류(시행규칙 제6조)

<table>
<tr><th rowspan="2">대상시설</th><th colspan="2">비치용품</th><th rowspan="2">권장용품</th></tr>
<tr><th></th><th>의무용품</th></tr>
<tr><td rowspan="3">제1종 근린 생활시설</td><td>읍·면·동사무소</td><td>점자업무안내책자, 8배율 이상의 확대경, 공중모사전송기 및 보청기기</td><td>편의시설안내지도</td></tr>
<tr><td>우체국, 전신전화국</td><td>8배율 이상의 확대경, 공중모사전송기 및 보청기기</td><td>점자업무안내책자</td></tr>
<tr><td>공공도서관</td><td>보청기기</td><td>저시력용 독서기</td></tr>
<tr><td rowspan="2">문화 및 집회시설</td><td>공연장, 관람장</td><td>보청기기</td><td>점자공연안내책자</td></tr>
<tr><td>전시장, 동·식물원</td><td></td><td>휠체어 및 점자전시 안내책자</td></tr>
<tr><td>판매시설</td><td>바닥면적의 합계가 1천 제곱미터 이상인 도·소매점</td><td></td><td>음성계산기</td></tr>
<tr><td>교육연구 시설도서관</td><td></td><td>저시력용 독서기, 음성지원컴퓨터 및 보청기기</td><td>점자프린터, 컴퓨터(정보통신보조기기를 포함한다)</td></tr>
<tr><td>업무시설</td><td>국가 또는 지방자치단체의 청사(공중이 직접 이용하는 시설에 한한다)로서 제1종 근린생활시설에 해당하지 아니하는 것</td><td>점자업무안내책자(시·군·구청에 한한다), 휠체어, 8배율 이상의 확대경, 공중기기 모사전송기 및 보청</td><td>점자업무안내책자, 편의시설안내지도, 컴퓨터(정보통신보조기기를 포함한다)</td></tr>
<tr><td>숙박시설</td><td>관광숙박시설</td><td></td><td>점자관광안내책자</td></tr>
</table>

<비고>

1. 비치용품은 출입구 부근, 민원실, 안내실, 매표소 등 장애인 등이 이용하기 편리한 곳에 각각 비치하여야 하며, 공중모사전송기는 사무용 모사전송기로 갈음하여 사용할 수 있다.
2. "보청기기"는 보청기, 조청기 또는 강연청취용보조기 등을 말한다.

(3) 편의시설 설치 대상 시설

공원, 공공건물 및 공중이용시설, 공동주택, 통신시설, 기타 장애인 등의 편의를 위하여 편의시설의 설치가 필요한 건물·시설 및 부대시설

(4) 시설이용상의 편의제공

장애인 등이 많이 이용하는 공공건물 및 공중이용시설의 시설주는 휠체어, 점

자(點字) 안내책자, 보청기기 등을 갖추어 두고 해당 시설을 편리하게 이용할 수 있도록 하여야 한다. 휠체어, 점자 안내책자, 보청기기 등의 이용료는 무료를 원칙으로 하되, 수리비용 등을 고려하여 실비로 할 수 있다.

(5) 장애인에 대한 편의제공

장애인은 대통령령으로 정하는 공공건물 및 공중이용시설[14)]을 이용하려는 경우에는 시설주에게 안내 서비스, 한국수어 통역 등의 편의 제공을 요청할 수 있다. 이 경우 시설주는 정당한 사유가 없으면 이에 따라야 한다.

(6) 장애인 전용 주차구역

공공건물 및 공중이용시설의 시설주는 주차장법령이 정하는 설치비율에 따라 장애인 전용 주차구역을 설치하여야 한다. 누구든지 장애인전용주차구역 주차표지가 붙어 있지 아니한 자동차를 장애인전용주차구역에 주차하여서는 아니 된다.

(7) 이행강제금

시정명령을 받고 기간 내에 그 명령을 이행하지 아니한 시설주에게 편의시설 설치비용 등을 고려하여 3천만 원 이하의 이행강제금을 부과한다. 최초로 시정명령을 한 날을 기준으로 하여 매년 1회 그 시정명령이 이행될 때까지 반복하여 이행강제금을 부과·징수할 수 있다.

---

14) "대통령령으로 정하는 공공건물 및 공중이용시설"이란 제3조에 따른 편의시설 설치 대상시설 중 다음 각 호의 건물 및 시설을 말한다.

1. 제1종 근린생활시설 중 지역자치센터, 파출소, 지구대, 우체국, 보건소, 공공도서관, 국민건강보험공단·국민연금공단·한국장애인고용공단·근로복지공단의 지사
2. 문화 및 집회시설 중 공연장(좌석 수가 1천 석 이상인 시설만 해당한다.) 및 전시장(바닥면적의 합계가 1천 제곱미터 이상인 시설만 해당한다.)
3. 의료시설 중 종합병원
4. 교육연구시설 중 학교 및 도서관
5. 노유자시설 중 장애인복지시설
6. 업무시설 중 국가 또는 지방자치단체의 청사(공중이 직접 이용하는 시설에 한한다.)
7. 업무시설 중 국민건강보험공단·국민연금공단·한국장애인고용공단·근로복지공단 및 그 지사

4. 치매관리법[15]의 이해

치매[16]는 노인이면 당연히 겪는 노화현상이 아니라, 뇌 기능의 장애로 인하여 지적 능력이 떨어지는 퇴행성 질환이므로, 조기에 검진하여 예방하고 꾸준히 진료하면 질환의 진행속도나 증상을 늦출 수 있음에도 불구하고, 치매환자는 적절한 진단과 치료가 제공되지 못한 채 가족과 사회의 무관심 속에서 방치되고 있으므로 국가적 차원에서의 치료대책과 사회적 인프라 확보가 시급한 실정이다. 이에 따라, 국가가 노인을 대상으로 치매검진사업 등 치매의 예방과 홍보 및 관리사업을 지원할 수 있도록 필요한 정책을 마련하여 치매환자의 삶의 질을 개선하고 가족 및 사회경제적 부담을 덜어 주어 국민의 건강과 복리 증진에 이바지하려는 것으로 법률 제11013호로 2011년 8월 4일 제정, 2012년 2월 5일 시행되었다.

1) 치매관리법의 주요내용

(1) 국가와 지방자치단체의 의무

국가와 지방자치단체는 치매관리에 관한 사업을 시행하고 지원함으로써 치매를 예방하고 치매환자에게 적절한 의료서비스가 제공될 수 있도록 적극 노력하여야 하며, 치매환자를 돌보는 가족의 부담을 완화하기 위하여 노력하여야 한다.

15) 치매관리법은 치매의 예방, 치매환자의 진료·요양 및 치매퇴치를 위한 연구 등에 관한 정책을 종합적으로 수립·시행함으로써 치매로 인한 개인적 고통과 피해 및 사회적 부담을 줄이고 국민건강증진에 이바지함을 목적으로 2011년 8월 4일 제정되었으며, 2012년 2월 5일 시행되었다. 매년 9월 21일을 치매 극복의 날로 정하여, 치매 관리의 중요성을 널리 알리고 치매를 극복학기 위한 범국민적 공감대를 형성하기 위해 치매극복의 날을 시행하고 있다.

16) 치매관리법에서의 치매란 퇴행성 뇌질환 또는 뇌혈관계 질환 등으로 인하여 기억력, 언어능력, 지남력(指南力), 판단력 및 수행능력 등의 기능이 저하됨으로써 일상생활에서 지장을 초래하는 후천적인 다발성 장애를 말한다. 치매환자란 치매로 인한 임상적 특징이 나타나는 사람으로서 의사 또는 한의사로부터 치매로 진단받은 사람을 말한다.

(2) 치매관리종합계획의 수립

보건복지부장관은 국가치매관리위원회[17]의 심의를 거쳐 치매관리에 관한 종합계획[18]을 5년마다 수립하여야 한다. 보건복지부장관은 확정된 종합계획을 관계 중앙행정기관의 장, 특별시장·광역시장·도지사·특별자치도지사 및 시장·군수·구청장에게 통보하여야 하며, 관계 중앙행정기관의 장, 시·도지사 및 시장·군수·구청장은 종합계획에 따라 매년 치매관리에 관한 시행계획을 수립·시행 및 평가하여야 한다.

(3) 치매연구사업

보건복지부장관은 치매의 예방과 진료기술의 발전을 위하여 치매 연구·개발사업[19]을 시행한다.

---

17) 보건복지부장관은 종합계획 수립 및 치매관리에 관한 중요 사항을 심의하기 위하여 보건복지부장관 소속으로 국가치매관리위원회를 둔다. 위원회의 구성은 위원장 1명을 포함한 15명 이내의 위원으로 구성하며, 위원장은 보건복지부차관이 된다. 위원은 치매에 관한 학식과 경험이 풍부한 사람 중에서 보건복지부장관이 임명 또는 위촉한다.
위원회의 기능은 다음 각 호의 사항을 심의한다.
1. 국가치매관리 체계 및 제도의 발전에 관한 사항
2. 종합계획의 수립 및 평가에 관한 사항
3. 연도별 시행계획에 관한 사항
4. 치매관리사업의 예산에 관한 중요한 사항
5. 그 밖에 치매관리사업에 관한 중요한 사항으로서 위원장이 심의에 부치는 사항

18) 종합계획에는 다음 각 호의 사항이 포함되어야 한다.
1. 치매의 예방·관리를 위한 기본시책
2. 치매검진사업의 추진계획 및 추진방법
3. 치매환자의 치료·보호 및 관리
4. 치매에 관한 홍보·교육
5. 치매에 관한 조사·연구 및 개발
6. 치매관리에 필요한 전문인력의 육성
7. 치매환자가족에 대한 지원
8. 그 밖에 치매관리에 필요한 사항

19) 치매연구사업에는 다음 각 호의 사항이 포함되어야 한다.
1. 치매환자의 관리에 관한 표준지침의 연구
2. 치매 관련 의료 및 복지서비스에 관한 연구
3. 그 밖에 보건복지부령으로 정하는 사업

(4) 치매검진사업

보건복지부장관은 종합계획에 따라 치매를 조기에 발견하는 검진사업을 시행하여야 하며, 치매검진사업의 범위[20], 대상자[21], 검진주기[22] 등에 필요한 사항은 대통령령으로 정하며, 국가는 치매검진 비용의 전부 또는 일부를 지원할 수 있다.

(5) 기관의 설치

① 치매센터

보건복지부장관은 치매관리에 관한 업무[23]를 수행하게 하기 위하여 중앙치매센터를 설치·운영할 수 있으며, 시·도지사는 치매관리에 관한 업무[24]를 수행하

20) 치매검진사업의 범위에는 다음 각 호의 사업이 포함되어야 한다.
1. 치매검진사업 대상자의 선정 및 통보
2. 치매검진사업 대상자에 대한 검사 및 진단
3. 치매검진사업 대상자에 대한 검진비 지급
4. 치매검진에 대한 홍보
5. 치매검진 프로그램의 개발 및 관리
6. 치매검진의 질 관리

21) 치매검진사업의 대상자는 다음 각 호의 사람으로 한다.
1. 「국민건강보험법」에 따른 건강보험가입자 및 피부양자
2. 「의료급여법」에 따른 의료급여수급권자

22) 치매검진사업의 검진주기는 6개월로 한다.

23) 보건복지부장관은 치매관리에 관한 다음 각 호의 업무를 수행하게 하기 위하여 중앙치매센터를 설치·운영할 수 있다.
1. 치매연구사업에 대한 국내외의 추세 및 수요 예측
2. 치매연구사업 계획의 작성
3. 치매연구사업 과제의 공모·심의 및 선정
4. 치매연구사업 결과의 평가 및 활용
5. 재가치매환자관리사업에 관련된 교육·훈련 및 지원 업무
6. 치매관리에 관한 홍보
7. 치매와 관련된 정보·통계의 수집·분석 및 제공
8. 치매와 관련된 국내외 협력
9. 치매의 예방·진단 및 치료 등에 관한 신기술의 개발 및 보급
10. 그 밖에 치매와 관련하여 보건복지부장관이 필요하다고 인정하는 업무

24) 시·도지사는 치매관리에 관한 다음 각 호의 업무를 수행하게 하기 위하여 보건복지부장관과 협의하여 광역치매센터를 설치·운영할 수 있다.
1. 치매관리사업 계획
2. 치매 연구
3. 치매상담센터 및 「노인복지법」 제31조에 따른 노인복지시설 등에 대한 기술 지원

게 하기 위하여 보건복지부장관과 협의하여 광역치매센터를 설치·운영할 수 있다.

② 치매상담센터

시·군·구의 관할 보건소에 치매예방 및 치매환자 관리를 위한 치매상담센터[25]를 설치한다.

③ 치매상담전화센터

보건복지부장관은 치매예방, 치매환자 관리 등에 관한 전문적이고 체계적인 상담 서비스를 제공하기 위하여 치매상담전화센터[26]를 설치할 수 있다.

5. 저출산고령사회기본법의 이해

우리나라는 2000년 고령화사회로의 진입을 시작으로 2019년 고령사회진입에 이어 2026년 초고령사회로의 진입이 예상되는 우리사회의 인구고령화 현상은 빠르게 가속화되고 있다. 이는 다른 나라에서 찾기 어려운 초단기간의 인구고령화

4. 치매 관련 시설·인프라 등 자원조사 및 연계체계 마련
5. 치매 관련 종사인력에 대한 교육·훈련
6. 치매환자 및 가족에 대한 치매의 예방·교육 및 홍보
7. 치매에 관한 인식 개선 홍보
8. 그 밖에 보건복지부장관이 정하는 치매 관련 업무

25) 치매상담센터는 다음 각 호의 업무를 수행한다.
1. 치매환자의 등록·관리
2. 치매등록통계사업의 지원
3. 치매의 예방·교육 및 홍보
4. 치매환자 및 가족 방문·관리
5. 치매조기검진
6. 그 밖에 시장·군수·구청장이 치매관리에 필요하다고 인정하는 업무

26) 치매상담전화센터는 다음 각 호의 업무를 수행한다.
1. 치매에 관한 정보제공
2. 치매환자의 치료·보호 및 관리에 관한 정보제공
3. 치매환자와 그 가족의 지원에 관한 정보제공
4. 치매환자의 가족에 대한 심리적 상담
5. 그 밖에 보건복지부장관이 필요하다고 인정하는 치매 관련 정보의 제공 및 상담

현상으로 평균수명의 증가와 출산율 저하[27]의 합작품이라 할 수 있다.

우리나라의 「저출산고령사회기본법」의 제정이유는 "자녀의 출산 및 양육이 원활하게 이루어지고 노인이 중요한 사회적 행위자로서 건강하고 활력있는 사회생활을 할 수 있도록 국가의 책임을 정하고, 저출산·고령사회정책의 기본방향과 그 수립 및 추진체계에 관한 사항 등을 규정함으로써 국민의 삶의 질 향상과 국가의 지속적인 발전에 이바지하려는 것"으로 법률 제7496호로 2005년 5월 18일 제정되었고, 2005년 9월 1일부터 시행되었다.

1) 저출산고령사회기본법의 주요내용

(1) 국가 및 지방자치단체의 책무

국가는 종합적인 저출산·고령사회정책을 수립·시행하고, 지방자치단체는 국가의 저출산·고령사회정책에 맞추어 지역의 사회·경제적 실정에 부합하는 저출산·고령사회정책을 수립·시행하도록 하였다.

(2) 저출산대책을 위한 주요 시책

저출산대책을 위하여 국가 및 지방자치단체는 자녀의 출산과 보육, 모자보건의 증진, 경제적 부담의 경감 등을 위한 시책을 강구하도록 한다.

(3) 고령사회정책을 위한 시책

고령사회정책을 위하여 국가 및 지방자치단체는 고용과 소득보장, 건강증진과 의료제공, 생활환경과 안전보장, 여가·문화 및 사회활동의 장려, 평생교육과 정보

27) 우리나라 가임여성의 합계출산율(한 여자가 가임기간인 15~49세 사이에 낳을 것으로 예상되는 평균 출생아 수)은 "1973년 4.1명, 1983년 2.08명, 1993년 1.65명, 2003년 1.18명, 2013년 1.19명, 2016년 1.17명"이다. 이는 그동안 출산율을 높이고자 국가와 지방자치단체의 많은 예산과 정책의 실행에도 국가목표치(2016년 목표 합계출산율 1.27명, 출생아수 44만 5천 명)보다 낮고 장기목표로 상정하는 1.8명보다는 훨씬 적다. 단기 목표였던 2020년 1.5명(출생아수 48만 명) 회복에도 턱 없이 부족한 수치이며, 달성하지 못하고 있다.

화, 노후설계[28], 취약계층노인 등에 대한 특별한 배려, 가족관계와 세대 간 이해증진, 경제와 산업, 고령친화적 사업의 육성 등을 위한 시책을 강구하도록 한다.

(4) 저출산 · 고령사회 기본계획 및 시행계획

① 보건복지부장관은 관계 중앙행정기관의 장과 협의하여 5년마다 기본계획[29] 안을 작성하고, 저출산·고령사회위원회 및 국무회의의 심의를 거친 후 대통령의 승인을 얻어 이를 확정하도록 한다.

② 중앙행정기관의 장은 기본계획에 따라 소관별로 연도별 시행계획을 수립·시행하고, 지방자치단체의 장은 기본계획 및 시행계획에 따라 당해 지방자치단체의 시행계획을 수립·시행하도록 한다.

③ 국가 및 지방자치단체는 매년 시행계획에 따른 추진실적을 평가하고 그 결과를 저출산·고령사회정책에 반영하도록 한다.

(5) 저출산 · 고령사회위원회

저출산·고령사회정책에 관한 중요사항을 심의하기 위하여 대통령 소속하에 저출산·고령사회위원회[30]를 두되, 위원장은 대통령이 되고, 위원회는 위원장 1인을

28) 국가 및 지방자치단체는 국민이 행복하고 활기찬 노후생활을 설계하기 위하여 재무, 건강, 여가, 사회참여 등 각 분야에서 적절한 상담과 교육을 받을 수 있도록 필요한 시책을 강구하여야 한다.

29) 기본계획에는 다음 각 호의 사항이 포함되어야 한다.
1. 저출산·고령사회정책의 기본목표와 추진방향
2. 기간별 주요 추진과제와 그 추진방법
3. 필요한 재원의 규모와 조달방안
4. 그 밖에 저출산·고령사회정책으로 필요하다고 인정되는 사항

30) 위원회는 다음 각 호의 사항을 심의한다.
1. 저출산 및 인구의 고령화에 대비한 중·장기 인구구조의 분석과 사회경제적 변화전망에 관한 사항
2. 저출산·고령사회정책의 중·장기 정책목표와 추진방향에 관한 사항
3. 기본계획에 관한 사항
4. 시행계획에 관한 사항
5. 저출산·고령사회정책의 조정 및 평가에 관한 사항
6. 그 밖에 저출산·고령사회정책에 관한 중요사항으로서 간사위원(간사위원은 2명이며, 임명은 보건복지부장관과 위원회 위원 중에 대통령이 위원 중에서 지명한 자가 간사위원이 된다), 이 부의하는 사항

포함한 25인 이내의 위원으로 구성하도록 한다. 정부는 기본계획·시행계획 및 이에 대한 평가 등을 확정한 후 지체없이 국회에 보고하도록 한다.

PART

04

노인과 노인복지실천에 대한 이해

Chapter

08

노인복지실천의 이해

노인복지실천은 노인을 대상으로 하는 사회복지실천방법이다. 노인복지실천은 노인과 그들을 둘러싼 환경, 특히 가족을 대상으로 하며, 노인이 환경과 상호작용의 과정에서 겪게 되는 요구나 문제에 관하여 예방·경감·해결함으로써 노인의 사회적 기능을 향상시키는 것을 목적으로 한다. 따라서 노인복지실천은 노인의 사회적 기능을 향상시키려는 통합적 접근방법이다.

1. 노인복지실천의 개념과 목적

1) 노인복지실천의 개념

사회복지란 개인, 가족, 집단 또는 지역사회의 사회적 기능을 향상 또는 회복시키고 인간에 대한 삶의 적절한 사회적 조건을 창출하고자 하는 제반 서비스이다. 이러한 사회복지의 목적을 달성하기 위해서는 인간의 변화를 추구하는 직접적 실천 또는 미시적 접근방법과 환경의 변화를 추구하는 간접적 실천 또는 거시적 접근방법을 활용하여 왔다. 그 과정에서 등장한 것이 사회복지실천이다.

사회복지실천이란 '스스로 자신의 문제를 해결할 능력이 부족한 사람들을 대상으로 전문적인 방법(개별사회사업, 집단사회사업, 지역사회조직사업)을 통해서 그들의 문제해결능력을 향상시키는 것'을 의미한다. 그러나 이러한 전문적 방법만으로 그들의 문제해결능력을 향상시킬 수 없는 경우도 있는데, 이러한 경우 사람들을 자원 및 서비스를 제공하는 체계들과 연결시키며, 그런 체계들의 효과적이며 인도적인 운영을 증진시키도록 관리하는 것까지도 포함하는 것이 사회복지실천이라 말할 수 있다.

생애주기에서 마지막 단계에 해당하는 노년기에는 생리적·육체적으로 약화되고 사회적·경제적 지위가 하락되며 정서적으로 불안정해진다. 아울러 조기퇴직, 노후 생계대책이 미흡 등 이에 따른 보호의 어려움, 주거문제, 고독, 소외 등의 여러 가지 노인문제도 등장하게 된다. 노인문제는 한마디로 노인이 복지적인 상태를 유지하도록 하는 사회적 활동으로 사회복지실천의 한 분야이다. 구체적으로 정의하면 노인복지는 "노인이 인간다운 생활을 영위하면서 자기가 속한 가족과 사회에 적응하고 통합될 수 있도록 필요한 자원과 서비스를 제공하는 데 관련된 공적 및 사적 차원에서의 조직적 제반활동"이라 할 수 있다(최원석, 2011: 135).

노인복지실천의 관심은 노인이 갖는 사회적문제와 사회적 기능 수행상의 어려움을 개별적·집단적·조직적·지역사회적인 원조를 통하여 해결하기 위한 사회복지의 통합적 접근이다. 따라서 노인복지실천의 핵심은 노인의 사회적 기능 수행상의 문제를 중심으로 사회복지사와 클라이언트가 함께 활동하는 것이다. 그리고 사회복지실천은 구체적으로 사람들이 자신의 생활과업을 달성하거나 고통을 경감하거나 개인적 또는 집합적 소망을 실현할 수 있는 능력에 영향을 줄 수 있는 인간과 환경 사이의 상호작용 및 거래에 초점을 둔다(최원석, 2011: 136).

2) 사회복지실천의 목적과 기능

노인복지실천의 목적을 미국사회사업교육협의회에서 제시한 사회복지실천의 4가지 목적(CSWE, 1994)에 근거하여 제시하면 다음과 같다(최원석, 2011: 136~137 재인용). 첫째, 사회복지실천의 한 분야인 노인복지실천의 목적은 노인의 한 사회의 생산적인 구성원으로서 합당하게 자신의 욕구를 만족하고 사회적 기능을 향상시키도록 돕는 것이다. 둘째, 노인의 기본적 욕구를 충족시키며, 노인의 능력을 개발하도록 지원하는 데 필요한 사회정책, 서비스 자원, 그리고 프로그램을 계획, 형성, 수행한다. 셋째, 위험에 직면한 노인집단에게 권한을 부여하고 사회적·경제적 정의를 증진하기 위하여 조직적 혹은 행정적 옹호와 사회적 혹은 정치적 행동을 통해 정책, 서비스 자원, 프로그램을 추구해나간다. 넷째, 이러한 노인복지실천의 목적과 관련된 전문적 지식과 기술을 개발하고 검증해 나간다.

3) 사회복지실천에서 사회복지사의 역할

노인복지실천은 위와 같은 목적을 추구하기 위해서 사회복지사는 노인과 가족을 대상으로 하여 상담, 교육, 지역사회자원과의 연결, 취업알선, 여가활동지원, 신체적 서비스, 일상지원서비스, 방문서비스와 방문간호 등의 다양한 업무를 수행한다. 그리고 노인복지실천에서 사회복지사는 노인과 노인 가족을 대상으로 그들이 직면한 사회적 문제를 해결 또는 극소화하고, 사회적 기능을 정상화시키는 전문적 원조활동과정에서 개별 노인의 특성에 맞는 다양한 역할을 수행하게 된다(배기효 외, 2015: 187).

사회복지실천에서 커스트(Kirst-Ashman)과 헐(Hull)이 일반사화복지사의 역할로 규정한 8가지 역할을 살펴보면 다음과 같다(최원석, 2011: 재인용).

① **상담가로서 사회복지사**: 노인복지실천현장에서 상담가로서 사회복지사의 역할은 노인이 자신의 감정을 보다 잘 이해하고, 행동을 수정하며, 문제 상황에 대처하기 위해 학습하도록 도움으로써 노인들의 사회적 기능 수행능력을 향상시키도록 돕는다.

② **교육자로서 사회복지사**: 노인들이 이해할 수 있는 방식으로 노인들에게 필요한 정보를 제공하고, 원고와 제안을 하고, 대안과 그 가능한 결과를 확인하고, 행동을 시범 보이고, 문제해결기술을 가르치고, 인식을 명확하게 함으로써 노인에게 필요한 적응기술을 가르친다.

③ **중개자로서 사회복지사**: 노인들이 지역사회 내에 있는 서비스체계나 자원들을 활용할 수 있도록 돕거나 안내를 해 주는 역할이다.

④ **사례관리로서 사회복지사**: 노인의 문제와 욕구를 확인한 후 이러한 문제를 해결하기 위해 필요한 자원이나 서비스를 개발하고 연계시켜 주며, 서비스가 지속적으로 잘 제공되고 있는지를 관리하고 도와주는 역할이다.

⑤ **자원동원자로서 사회복지사**: 노인들에게 필요한 다양한 공적 그리고 사적 자원을 개발 및 발굴하여 적절하게 자원을 활용할 수 있도록 돕는 역할을 한다.

⑥ **중재자로서 사회복지사**: 개인들 간 또는 서로 다른 두 집단 간의 이해관계 갈등을 해결하여 서로 만족스러운 결과를 얻을 수 있도록 도움을 주는 역

할이다. 이때 사회복지사는 중립적 위치에 머물러 있어야 하며 논쟁에서 한 편으로 치우쳐서는 안 된다.

⑦ **촉진자로서 사회복지사**: 촉진자는 집단의 지도자 역할을 담당한다. 예를 들면, 치매노인 부양을 처음 경험하는 부양자들은 치매가족 자조집단을 통하여 경험이 많은 부양자들로부터 정보와 지지를 얻고 싶어 한다. 우리나라의 경우 가족문제는 가족 내에서 스스로 해결하려는 의식이 강하고 주 부양자들의 대부분이 시간제한을 받기 때문에 이들이 자발적으로 구성하기는 어려울 것이므로 사회복지사가 개입하여 집단을 구성하고 자문을 제공하다가 점차적으로 지도력을 성원들에게 이양하는 것이 바람직하다.

⑧ **옹호자로서 사회복지사**: 노인들이 필요한 자원과 서비스를 받을 권리를 유지하도록 돕거나 노인과 노인집단에게 부정적인 효과를 주는 프로그램과 정책을 변화시키는 운동을 적극적으로 지지하는 역할을 한다.

2. 노인복지실천의 개입수준

노인복지실천은 예방, 치료, 회복, 개선적 기능을 수행한다. 첫째, 예방은 문제가 발생하여 그 문제를 해결하기 이전에 노인의 사회적 기능을 향상시키므로 문제로 인해 나타나는 사회적 부담을 줄여주는 것을 의미한다. 즉, 노인복지실천은 노인의 건강과 복지증진을 위하여 현재의 신체·심리·사회적 기능상태를 유지하고 발달과업을 성공적으로 수행하며, 환경의 요구에 대처할 수 있는 능력을 강화하고, 필요한 자원을 제공하거나 연결하여 사전에 문제를 예방하는 기능을 수행한다. 둘째, 치료적 기능은 노인이 현재 겪고 있는 문제나 장애를 해결 또는 개선하는 것이며, 셋째, 회복은 신체 및 정신적 문제나 장애로 약화된 기능을 되찾을 수 있도록 원조하는 것이다.

다양한 노인복지실천의 개입수준을 1차적 개입수준, 2차적 개입수준, 3차적 개입수준으로 구분하면 다음과 같다(최원석, 2011: 139-140 재인용).

1) 1차적 개입수준: 예방

대부분의 노인들은 활동적이고 건강한 삶을 유지하고 있다. 하지만 건강한 노인들이 높은 기능의 상태를 유지한다하더라도 사회복지실천적 개입이 적용될 수 있다. 이런 집단에 대한 실천이 1차적 개입수준이다. 그러므로 1차적 개입은 노인의 건강과 안녕을 증진시키는 활동이다. 즉, 노인복지실천에서 1차적 개입의 목적은 질병이나 문제가 발현되기 전에 개입하여 문제나 질병의 발생 가능성을 감소시키는 데 있다.

1차적 개입에서는 건강한 노인을 대상으로 하여 건강증진과 특별한 보호를 실시한다. 건강한 노인의 분류에는 신체적 쇠퇴를 최소화하여 경험하는 사람들이 포함되고, 노화에 잘 적응한 사람, 자신을 거동 불가능한 자로 규정하지 않는 사람들이 포함된다.

1차적 개입은 지역사회에서 혹은 대중적으로 이루어져야 하며, 주로 건강한 노인에게 신체적·정서적·정신적 건강을 지속적으로 유지할 수 있도록 서비스와 프로그램이 제공돼야 한다. 첫째, 노인들에게 적절한 건강증진 프로그램, 취미나 자원봉사, 사고예방을 위한 안전의식 증진 및 범죄예방, 운동 및 식이요법, 스트레스 대처 방안 및 약물과용 등에 대한 교육을 제공하고, 개인적으로 생활습관화되도록 실천 방안을 제시하고 훈련시키는 것이다. 이러한 1차적 개입의 대표적인 프로그램은 건강증진캠페인 등이다. 건강증진캠페인은 일반적으로 노인에게 영향이 맞춰져 있고 전반적인 노인집단의 건강을 증진시키려고 한다. 두 번째 유형으로는 특별히 위험에 직면할 가능성이 높은 집단을 위한 홍보계획이다. 이 두 활동의 목표는 노인들의 건강을 위협하는 사건들을 줄이기 위한 활동이다.

2) 2차적 개입수준: 치료

노인들이 어떤 문제에 직면하는 것에서부터 출발한다. 2차적 개입은 초기의 진단을 목표로 하고 상황의 치료를 증진시키는 것이다. 또한 2차적 개입은 최대한 문제를 해결하고 심각한 기능적 손상이 발생하는 것을 방지하는 것을 강조한다.

노인들이 직면하는 문제들은 일반적으로 신체적 건강과 관련되어 있는데, 노인들은 젊은 사람보다 낮은 건강 상태를 지니고 있다. 다양하고 축적되는 손상들은 노인으로 하여금 우울증을 비롯한 정신건강의 문제를 일으킬 수도 있다. 치료되지 않은 우울증은 영양실조나 알코올중독, 자살시도 등과 같이 엄청나게 위험한 문제를 일으킬 수도 있다. 이런 상황은 사회적인 고립감뿐만 아니라 다른 심각한 질병을 동반할 수 있다.

노인들은 또한 새로운 사회적인 문제를 경험한다. 외로움과 고립감은 사회적 기회와 자원들이 감소함에 따라 노인들에게 영향을 미치게 되는데 많은 노인들은 그들의 사생활을 가치 있게 여기는 반면, 상호작용에 따른 만족감의 상실은 심각한 신체적·정신적 문제를 수반하게 된다.

3) 3차적 개입수준: 재활

3차적 수준은 장애극복과 재활활동을 포함한다. 이 수준에서의 실천은 심각한 기능적·행동적 문제가 현재에 있다는 것을 전제로 한다. 3차적 개입수준이 2차적 개입수준에서보다 더 심각하다. 목적은 장애상황을 호전시키고, 가능한 한 많은 기능을 유지하도록 원조하는 것이다.

일부 기능적으로 손상된 노인들은 장기요양시설에서 살기도 하지만, 3차 수준의 사회복지실천은 시설뿐만 아니라 지역사회 내에서의 노인들을 포함한다.

노인들로 하여금 건강한 생활을 유지하게끔 원조하는 것은 병약한 노인의 가족을 지지하는 많은 전략들을 포함하는 각각의 개입들을 포함한다.

노인사회복지실천의 1차적, 2차적, 3차적 개입 유형은 개념과 목적, 대상, 사회서비스와 프로그램, 사회복지사의 역할, 실천방법, 실천 모델 등에서 차별성을 갖는다. 각각의 개입 유형에 대해 구체적으로 살펴보면 **표 8-1**과 같다.

| 표 8-1 | 노인사회복지실천의 개입 모형

	1차적 개입	2차적 개입	3차적 개입
정의	노인들이 신체적·정서적인 건강과 안녕을 최적한 상태에서 가능한 한 오래 동안 유지하고 향상시킬 수 있도록 돕는 활동	문제의 징후가 보이기 시작하는 초기에 주어진 상황에서 더 이상 악화되는 것을 막기 위해 조기진단과 적절한 처치를 제공하며, 문제상황에 대처하는 방법을 발달시키도록 돕는 활동	장애의 악화와 사회적 기능의 퇴보를 막고 잔존하는 기능을 극대화시켜 노인들을 재활시키는 데 필요한 장기적인 보호활동
목적	질병이나 문제가 발현하기 전에 개입하여 문제나 질병의 발생을 감소시킨다.	지역사회 내에서 자신의 삶을 독립적으로 보낼 수 있도록 도움으로써 노인들이 시설에 조기에 수용되는 것을 막는다.	신체적·심리적·사회적 기능의 손상이 심각한 노인들이 더 이상 기능의 장애가 확산되지 않고 재활할 수 있도록 한다.
대상	성공적으로 노후생활을 영위하는 노인	신체적·정서적·사회적인 변화로 인하여 위기상황에 처하거나 노후 만성질환이나 일상생활 수행능력에 약간의 제한을 가진 노인	도움 없이는 생활이 불가능한 신체적·정서적·사회적 기능에서 심각한 장애를 겪는 노인
사회 서비스 및 프로그램	건강증진 교육, 정보제공, 주택 및 법적 지원, 교통수단 지원	재가노인 복지서비스, 상담 및 치료서비스	장기요양보호 서비스, 치료서비스
사회복지사의 역할	자문가, 교육가, 대변자, 중개자, 대외추적자	클라이언트 발굴자, 임상가	사례관리자, 클라이언트 발굴가, 자원 동원가
실천방법	집단, 통합	개별, 집단	개별
실천모델	문제해결 모델	문제해결 모델, 치료 모델	개별, 사례관리, 치료 모델

자료: 김귀환 외(2012: 153).

3. 노인복지실천의 구성 체계

노인복지실천은 노인이 충족하지 못한 욕구에 관심을 기울이는 것에서부터 시작하여 노인이 처한 상황에 대한 사정과 계획개입을 수립하고, 이를 바탕으로 서비스나 원조를 제공하는 일련의 과정으로 구성된다. 이러한 구성 체계는 가치체계(feeling or value), 지식체계(thinking or knowledge), 기술체계(acting or skill)가 있다. 이때 노인의 욕구에 대한 관심은 노인복지실천의 가치체계이고, 노인의 상황에 대한 사정과 개입계획은 지식체계이며, 서비스나 원조는 기술체계라고 할 수 있다(최원석 외, 2011: 187-190; 배기효 외, 2015: 189-190 재인용).

1) 지식체계

(1) 노인복지실천의 정체성 혼란

인간과 사회 환경이 지속적으로 변화하면서 노인복지실천의 지식체계의 범위도 넓어지고 있다. 노인복지실천의 초기 발달단계에는 의식주와 같은 기본적 욕구에 국한되었지만 최근에는 불평등, 인권, 정의, 배분, 정보 등으로 확대되고 있다. 이에 따라 노인복지실천은 심리학, 사회학, 경제학, 정치학, 법학, 의학 등 다른 과학의 지식을 활용할 수밖에 없는 상황에 처하면서 이러한 다학문적 속성은 고유한 지식체계가 없다는 비판과 함께 노인복지실천의 정체성을 혼란시켰다.

(2) 노인복지실천의 독자적 지식체계 구축

1917년 리치몬드(Richmond)가 『사회진단(Social Diagnosis)』[1]을 발간하면서 사회복지의 과학화와 전문화가 시작된 이래 기능주의 모델, 생태학적 모델 등 개인, 집단 가족 등의 인간변화에 중점을 둔 미시적 개입과 사회변동과 사회개혁에 중점을 둔 거시적 개입에 필요한 지식체계가 개발되면서 학문적 정체성과 독자성이 강화되었다.

1) 사회진단: 사례연구기술의 하나이고 대상자를 둘러싼 사회적 증거나 자료를 수집해 그러한 것을 객관적으로 분석해서 문제의 원인을 확인하고 타자와의 관계, 사회제도와의 관계, 문화에 대한 관계 등 대상자의 사회적 환경조건에 그 중심을 두고 진단하는 방법, 이 사회진단은 리치몬드(M. Richmond)가 「사회진단」(Social Diagnosis, 1917년)에서 이론화하고 사례연구의 방법으로서 공식화한 것이다.

(3) 우리나라의 노인 복지학

우리나라의 경우 서구적 사회복지 지식체계의 무비판적 수용으로 토착적 이론의 부대, 짧은 사회복지학의 역사, 국가 주도의 획일적인 복지제도의 변화, 사회복지와 관련된 개념 및 용어의 혼란 등 사회복지학의 지식체계에 많은 문제를 안고 있다. 이러한 한계를 극복하고 우리 고유의 노인복지실천의 지식체계를 형성하기 위해서는 노인과 사회, 양자 간의 상호작용을 이해하는 기초지식(foundation knowledge), 개인, 가족, 집단, 지역사회, 전체사회를 원조하고 변화시키는 실천지식(practice knowledge) 현장경험을 토대로 체득한 실천지혜(practice wisdom)라는 세 가지 지식체계를 갖추기 위해 노력해야 한다.

2) 전문적 기술체계

과학적 사회복지학이 발달하기 전에는 구빈사업, 자선사업 등의 비전문적 원조행위가 지배적이었다. 과학적 사회복지학이 발달하면서 개별사회사업, 집단사회사업, 지역사회조직, 사회복지정책, 사회복지프로그램 등 미시적 개입과 거시적 개입에 필요한 전문 기술이 개발되면서 노인을 원조하고 사회를 변화시키는 전문적인 기술체계를 발전시켰다. 물론 노인복지현장에서 활용하는 원조기술과 대학교육을 통해 학습한 원조기술 간의 괴리가 남아 있다. 그러므로 사회복지학을 전공하는 사람은 첫째, 노인복지실천의 기반을 이루는 인간관계, 원조관계를 형성할 수 있는 기술, 둘째, 노인과 사회를 변화시킬 수 있는 개입기술, 셋째, 실질적인 원조행위에 수반되는 서비스 기술을 갖추기 위한 노력을 해야 한다.

3) 노인복지실천의 가치체계

노인복지실천은 사람과 세상 사이에 대한 합리적 가치체계에 기반을 두지 않는다면 인간 서비스 학문으로서의 가치를 상실하게 된다. 나름대로의 독자적인 지식체계와 기술체계를 갖추었다 할지라도 가치체계에 기반을 두지 않는다면 아무런 의미가 없다. 즉, 노인복지실천은 사람과 사람에 대한 합리적 가치체계에 기반을 두어야 하며 이러한 인간과 사회에 대한 관심과 애정을 사회복지사 윤리강령을 통하여 제시하고 있다. 사회복지사 윤리강령은 시대나 사회에 따라 다르지만 인간과 세상에 대한 헌신과 봉사, 사회정의의 실현, 인간과 존엄성에 대한 존경, 인간관계의 중요성에 대한 인식과 실천 등이라 할 수 있다. 따라서 사회복지사 윤리강령은 노인복지실천의 지식체계와 기술체계를 안내하는 모토가 된다고 볼 수 있다.

효과적인 노인복지실천을 위해서 사회복지사는 독자적인 지식체계를 구축함과 함께 실제 사회복지현장에서 적용할 수 있는 기술체계, 그리고 이러한 지식과 기술의 활용을 안내하는 가치체계를 동시에 갖추어야 한다.

4. 노인복지실천의 과정

노인복지실천은 일전한 과정 또는 단계를 거치는데 각 과정별로 사회복지사가 수행해야 할 내용이 구체적으로 나타난다. 여기에서는 노인복지실천과정을 초기 단계, 개입 단계, 종결 단계의 3단계로 구분하고, 각 단계별 실천해야 할 구체적 내용을 살펴보고자 한다.

1) 초기 단계

초기 단계에서는 클라이언트 자격을 심사하고 자료를 수집하며 정확한 문제 파악을 위한 사정과 구체적 개입을 위한 목표설정을 주요 활동으로 한다.

(1) 접수

문제를 가진 사람이 전문적 도움을 얻기 위해 사회사업기관에 찾아왔을 때 사회복지사가 그의 문제와 욕구를 확인하여 그것이 기관의 정책과 서비스에 부합되는지의 여부를 판단하는 과정을 의미한다. 적절한 의뢰를 위해 사회복지사는 자신의 기관뿐만 아니라 다른 기관의 정책과 자원, 지역사회의 여러 자원에 대해 파악하고 있어야 한다. 클라이언트와 사회복지사 간의 친화관계는 클라이언트가 가지는 두려움을 감소시키고, 사회복지사의 원조 의지에 대해 클라이언트가 신뢰하고, 사회복지사가 자신을 이해하고 진정으로 도우려는 의지를 가지고 있음을 클라이언트가 느낄 때 형성되는데, 사회복지사는 감정이입과 따뜻함, 진실함을 가지고 클라이언트를 대하는 것이 기본적 기술이다.

접수 단계에서 현실적으로 사회복지사에게 가장 요구되는 기술은 복지대상자와 올바른 의사소통을 할 수 있는 면접 기술이다. 면접은 단순한 대화가 아니라, 욕구와 문제가 있는 복지대상자를 돕기 위해 사용되는 목표 지향적 활동이다. 사회복지사는 면접을 통해서 복지대상자의 욕구와 문제를 파악하고, 그 복지대상자에게 적합한 자원을 제공할 수 있어야 한다. 면접이 효과적으로 이루어지기 위해서 사회복지사는 복지대상자를 관찰하는 기술, 듣는 기술, 질문하는 기술, 해석하는 기술 등을 갖추어야 한다.

이러한 복지대상자는 언어와 함께 비언어적 방식으로 정보를 주고 감정을 표현한다. 사회복지사는 복지대상자의 비언어적 표현에 민감해야 진술의 타당성을 확인할 수 있고, 반응(환류)하기에 용이하다. 사회복지사가 유의해야 할 복지대상자의 비언어적 메시지 중에는 신체언어(얼굴표정, 목소리 등), 처음 하는 말과 끝내는 말의 내용, 화제의 이동, 반복적인 주제의 제시, 진술 간의 불일치 등이 포함된다. 만약 복지대상자의 말과 비언어적 메시지가 다를 경우에는 후자가 더 복지대상자의 진의를 포함할 가능성이 많다.

면접 상황에서 복지대상자가 말하는 것과 질문에 대한 응답을 듣는 것은 매우 중요하다. 경험 없는 사회복지사들은 질문에만 강조를 하고 잘 듣지를 못하는 경우가 있는데, 듣는 기술이 부족하면 면접을 통해서 정보를 얻고, 전문적 서비스를 제공하는 데 한계가 있다. 흔히 사회복지사는 복지대상자가 말하는 것을 듣고, 말하지 않는 것을 들을 수 있어야 하며, 몸짓으로 말하는 것을 듣고, 말속에 숨은

뜻을 들어야 한다고 말한다.

사회복지사가 좋은 질문을 하기 위해서는 질문하는 법을 알아야 한다. 질문은 크게 개방형과 폐쇄형으로 나눌 수 있다. 개방형 질문은 복지대상자에게 감정을 표현할 기회를 주고, 주제에 대한 대상자의 인지상태를 확인할 수 있다. 예를 들면, "배우자가 왜 이혼을 제의했다고 보십니까?" 등이다. 폐쇄형 질문은 주로 사실적 정보나 구체적인 대답을 구할 때 쓰는데, 예컨대, "배우자와 함께 살고 있습니까?" 등이다. 또한 폐쇄형 질문은 복지대상자와 면접의 주제를 구체화시키고, 너무 말이 많은 복지대상자의 말을 중단시키는 데도 활용할 수 있다(임정문 외, 2016: 183-184).

(2) 자료수집 및 사정

자료수집이란 말 그대로 정보를 모으는 일로서 정보란 사실적 자료를 의미한다. 이에 비해 사정이란 이보다 한 단계 더 진전된 것으로 사실적 자료를 해석하고 의미를 부여하여 실천적 개입을 위한 합의를 도출해 내는 활동이다. 즉, 사회복지실천에서 사정이란 사회복지사가 사례에 개입하기 전에 개입계획을 위해 복지대상자 체계의 문제 혹은 욕구를 사회복지사의 활동에 요구되는 자원을 파악하는 과정이다. 사정의 목적은 복지대상자의 문제와 욕구해결을 위해 필요한 자원을 조사하여 사회복지사의 개입계획을 세우기 위한 토대를 마련하는 것이다. 따라서 합리적인 사정을 위해서는 복지대상자의 문제와 욕구를 파악하고, 그 문제해결을 위해 사회복지사가 가진 능력을 점검하며, 기관과 지역사회로부터 동원할 수 있는 자원을 바탕으로, 복지대상자에게 주어질 서비스의 수준과 방법을 결정해야 한다. 사정은 사적인 활동으로서 그의 실무경험, 가치, 이론적 정향 등 전문적 지식 기반에 근거하여 이루어진다. 사회복지실천에서 올바른 사정을 위해서는 개입초기부터 끝까지 지속성, 수집된 자료와 정보의 객관성, 그리고 복지대상자의 현재상황과 의견이 존중되는 참여의 원칙이 지켜져야 할 것이다(최옥채, 1999: 122-124).

자료 수집을 위한 정보원은 매우 다양한데, 가장 많이 의존하는 출처는 첫째,

클라이언트의 구두 보고, 둘째, 클라이언트가 작성한 양식, 셋째, 친척, 친구, 이웃 등 관련된 부수적 자료 원천으로부터 수집되는 정보, 넷째, 심리검사 결과, 다섯째, 클라이언트의 비언어적 행동, 여섯째, 가족구성원들과의 상호작용, 일곱째, 클라이언트와의 직접적인 상호작용에 의거한 사회복지사의 직관 등이다(최원석 외, 2011: 146).

(3) 목표설정과 계약

목표는 본질적으로 개입과정의 바람직한 결과 혹은 기대를 말하고, 개인의 본질에 영향을 미치고 변화과정에 사회복지사와 클라이언트가 수행하는 역할, 바람직한 목표에 따라 이행되는 활동유형에도 영향을 미친다. 바람직한 목표란 누가, 무엇을, 어느 정도로, 언제 등이 내용이 천명된 것을 의미한다.

계약의 주 특성은 상호 동의, 개입과정에서의 상이한 참여, 상호 책임성의 의무, 명확성 등이 있다. 상호 관련성과 명확성을 지닌 계약은 클라이언트와 사회복지사 간의 힘의 불일치를 어느 정도 감소시킨다.

계약을 할 경우에는 연령, 성, 문화적 규범, 인지유현, 사회적 기능의 차원, 기관의 본질 등이 고려되어야 한다(최원석 외, 2011: p.147 재인용).

2) 개입 단계

사회복지사와 클라이언트가 상호 합의하여 결정한 문제해결을 위한 계획을 구체적인 행동으로 실천하는 단계로서 이를 통해 의도하는 변화를 유발하는 단계이다.

개입의 궁극적 목표는 클라이언트의 문제해결이다. 이를 위해 모든 참여자들은 문제와 관련되어 설정된 목표를 달성하기 위해 노력해야 한다. 개입과 동시에 그리고 지속적으로 이루어지는 이러한 평가는 개입활동의 타당성, 정확성, 효율성을 검토하는 것으로서 계획된 개입활동의 지속 혹은 변경 여부가 결정된다.

사회복지사는 개입으로 야기된 변화가 일순간의 반응으로 끝나지 않고 혼란된

순간을 극복하여 변화가 고정되고 지속될 수 있도록 도와주어야 한다(최원석 외, 2011: 147-148 재인용).

3) 평가와 종결

(1) 평가

사회복지실천이 성공적으로 진행되었는지, 개입의 목적과 목표가 달성되었는지, 바람직한 결과가 성취되었는지에 대한 과학적 판단이다. 평가는 미리 정해진 틀에 의해 사회복지사가 개입하여 투입된 내용과 결과를 토대로 개입의 효과성과 효율성 그리고 복지대상자의 변화 정도를 점검하는 것이다. 즉, 클라이언트 체계가 문제 및 목적을 탐색하고 정보를 수집하는 관여 단계에서부터 평가는 시작되어서 사정 단계를 거치면서 공식화된다.

사회복지현장에서 평가는 그 현장과 사회복지사의 업무 특성에 따라서 서로 다른 부분이 강조될 수 있다. 즉, 평가는 정책의 결정자에게, 기관의 운영자에게, 복지실천가에게, 그리고 복지대상자에게 중요한 관심사이다. 사회복지사가 합리적인 평가를 하기 위해서는 사례에 맞는 평가틀을 만들고, 객관적인 절차에 의해서 평가하며, 사례별 평가와 종합적인 평가를 정리하고, 평가내용을 지도감독자, 관련인에게 공표하여 환류(피드백)를 받아야 할 것이다(임정문 외, 2016: 184).

이러한 점에서 평가는 시작과 끝이 있는 선형적 과정이라기보다는 문제해결과정을 통틀어 지속적으로 시행되는 순환적 과정이라고 할 수 있다.

(2) 종결

종결 단계는 사회복지사와 클라이언트 간이 개입과정의 종결을 말한다. 종결의 의미가 무시되거나 잘못 조정되면 성취되었던 이득이 상실 또는 감소될 수 있지만, 잘 이루어지면 클라이언트에게 적응과 성장의 기회가 될 수 있다.

종결단계에서 사회복지사는 많은 과업을 수행한다. 종결단계에서 사회복지사의 개입은 첫째, 사회복지사는 종결시기결정에 포함되는 요소인 개입목표의 달성 정도, 서비스 시간 내 제공완료 여부, 클라이언트 문제 상황의 해결 정도, 사회복지사와 기관의 투자노력, 클라이언트의 의존성 등이 잘 전달될 수 있도록 해야 한다. 둘째, 클라이언트에게 종결은 중요한 감정적 욕구를 만족시켜 온 관계가 사라진다는 과정을 의미하므로 클라이언트의 정서적 반응에 잘 대처해야 하며, 심리적 스트레스를 최소화하면서 종결을 효과적으로 마무리할 수 있도록 해야 한다. 셋째, 개입을 통해 획득한 효과의 유지와 강화를 위해서 사회복지사는 획득한 성과를 유지, 일반화, 계속 발전할 수 있도록 계획하고, 종결 후 일정 기간이 지나서 클라이언트가 잘 적응하고 있는지에 대한 변화유지 정도를 확인하는 것 등 사후관리를 잘 수행해야 한다. 넷째, 사회복지사는 목표가 달성되지 않았거나 혹은 달성되었더라도 클라이언트에 대한 새로운 서비스의 필요성 여부를 확인하여 새로운 서비스가 필요한 경우 서비스가 충족될 수 있는 사회복지 관련 기관이나 시설에 클라이언트를 의뢰할 수 있다. 다섯째, 사회복지사는 원조과정의 결과를 평가하고, 개인의 효과성과 효율성을 측정하며, 무엇이 클라이언트에게 도움이 되었고, 어떤 것들이 달리 진행되었어야 했는지 등을 정확히 알기 위해 종결과정에서 여러 가지 평가방법을 통해 체계적이고 합리적인 평가를 해야 한다.

긍정적 결과를 지속시키는 것은 종결에서 다루어야 할 중요한 사항이다. 원조과정의 목적은 클라이언트의 현재 문제를 해결하도록 도울 뿐만 아니라 클라이언트를 강화하여 장차 겪게 되는 장애에 대처할 수 있도록 하는 것이다. 목적을 달성하기 위하여 종결에서 취급해야 할 중요한 과업 중이 하나가 클라이언트가 성취한 이득을 견고히 하고 유지하는 계획을 개발하는 것이며, 이러한 변화를 유지시키기 위한 효과적인 방법으로서 사후관리(follow-up)를 꼽을 수 있다(최원석 외, 2011: 149-150 재인용).

Chapter

09

노인학대와 예방

우리나라는 전통적으로 유교사상과 경로효친을 중시하여 1990년대까지만 해도 노인학대는 가정 내 문제로 인식되었으며, 사회문제화되지 못하였다. 하지만 2000년대 초반에 노인학대예방센터가 민간기관에서 설치되기 시작하고, 2004년 「노인복지법」이 개정되며 노인학대를 전담하는 노인보호전문기관이 설치되기 시작하여 현재 29곳이 설치되어 있다. 또한 2016년부터 시행된 개정 「노인복지법」에 따라 노인학대 행위자 교육 권고, 시설학대 예방 및 근절을 위한 법률, 신고의무자 직군이 확대되었다.

우리나라는 2004년 노인보호전문기관이 설치되며 노인학대사례에 대한 공식적인 통계가 집계되기 시작하였는데, 중앙노인보호전문기관의 통계 자료에 따르면, 2005년 전국적으로 노인보호전문기관에 2,038건의 노인학대사례가 접수되었고, 2018년에는 5,188건이 노인학대사례로 접수되어 노인학대사례 수가 증가하였다. 이에, 본 장에서는 노인학대의 개념과 유형, 실태에 대해 살펴보려고 한다.

| 표 9-1 | 노인인구수와 노인학대 신고건수 증가 비교

연도	노인인구수	노인학대 신고건수
2005	437만 명	2,038건
2014	636만 명	3,532건
2015	677만 명	3,818건
2017	706만 명	4,622건
2018	737만 명	5,188건

출처: 65세 이상인구수(행정안전부 연도별 주민등록 인구통계)
노인학대 신고건수(중앙노인보호전문기관. 연도별 노인학대현황보고서.)

1. 노인학대의 개념

「노인복지법」[1])에서 노인학대[2])라 함은 "노인[3])에 대하여 신체적·정신적·정서

1) 미국의 경우에는 「노인법(Old Americans Act)」에서는 노인학대에 관해 정의하고, 노인학대 관련 욕

구조사와 노인학대예방활동을 주 정부 산하 지역노인기관에서 하도록 하고, 주정부의 포괄적인 노인학대방지프로그램을 제공하는 데 필요한 자금을 연부정부가 지원할 수 있는 근거를 두고 있다. 또 각 주에서는 「성인보호서비스법(Adult Protective Service Law)」에서 노인학대 신고와 조사 및 피해자를 돕기 위한 사회서비스 제공체계의 구축에 대하여 규정하고 있으며, 노인학대는 범죄행위로 인정되어 형법(Criminal Law)과 가정폭력방지법(Domestic Violence Law)에 의해 처벌되고 있다. 또 「환자보호 및 적정가 보장법(Patient Protection and Affordable Care Act)」의 Title VI(「노인정의법(Elder Justice Act of 2009)」)에서도 학대의 개념정의, 노인정의조직협의회, 학대자문위원회, 학대포렌식센터의 설치와 운영, 노인정의를 촉진하기 위한 프로그램(장기돌봄확장, 성인보호서비스기능과 지원프로그램, 장기돌봄 옴부즈만 프로그램지원 및 훈련, 노인정의프로그램에 대한 정보 제공과 그 설치 및 보고 등)에 대하여 규정하고 있을 뿐이다.

일본의 고령자학대방지법에서도 고령자학대의 방지에 대한 국가 및 지방공공단체의 책무(제3조)와 국민의 책무(제4조) 및 고령자복지업무관련 또는 고령자복지직무관련 단체나 종사자의 노인학대 조기발견노력 및 고령자학대방지활동 및 보호시책에의 협력의무(제5조)에 관하여 규정하는 한편, 주된 내용은 '양호자에 의한 고령자학대방지 및 양호자에 대한 지원 등'(제2장)과 '양개호시설종사자 등에 의한 고령자학대방지 등'(제3장)에서 고령자에 대한 상담·지도·조언과 피해노인의 통보와 그 처리 절차 등에 관한 내용으로 구성되어 있을 뿐, 학대행위자의 형사처벌에 관한 규정은 별도로 두고 있지 않다.

일본의 고령자학대방지법은 "고령자학대의 방지, 양호자에 대한 지원 등에 관한 시책을 촉진하고, 이로써 고령자의 권리이익의 옹호에 기여하는 것을 목적으로 한다."(제1조)고 규정하고 있다.

2) 미국의 「노인학대법(Elder Abuse Law)」에서는 노인학대란 모든 관계에서 발생되는 노인에게 해나 장해를 일으킬 수 있는 단일한 혹은 반복적 행동, 적절한 행동의 부족을 의미하며, 구체적 유형으로 신체적 학대, 성적 학대, 심리적 학대, 재정적·물질적 학대, 방임, 유기 및 자기 방임으로 규정하고 있다. 또 일본의 고령자학대방지법에서는 '고령자 학대'는 '양호자에 의한 고령자 학대'와 '양개호시설종사자 등에 의한 고령자 학대'로 구분하고 있다(제2조 제3호). 양호자에 의한 고령자 학대는 양호자가 그 양호하는 고령자에게 ① 고령자의 신체에 외상을 발생시키거나 발생시킬 우려가 있는 폭행을 가하는 것, ② 고령자를 쇠약하게 할 정도의 현저한 감식 또는 장시간의 방치, 그 외 고령자를 양호해야 할 직무상 의무를 현저히 해태하는 것, ③ 고령자에 대한 현저한 폭언 또는 현저하게 거절적인 대응, 그 외 고령자에게 현저한 심리적 외상을 주는 언동을 하는 것, ④ 고령자에게 음란한 행위를 하거나 또는 고령자에게 음란한 행위를 하게 하는 것 등의 행위를 하거나 양호자 또는 고령자의 친족이 당해 고령자의 재산을 부당하게 처분하는 것, 그 외 고령자로부터 부당하게 재산상 이익을 얻는 것(제2조 제4호)을 들고 있다. 양개호시설 종사자 등에 의한 고령자 학대로는 양호개호시설의 업무에 종사하는 자가 당해 양개호시설에 입소하거나, 그 외 당해 양개호시설을 이용하는 고령자에 대하여 위에서 열거한 행위들을 하거나 양개호사업에 있어서 업무에 종사하는 자가 당해 양개호사업에 있어서 서비스를 제공받는 고령자에게 대하여 위에서 열거한 행위들을 하는 것을 말한다(동조 제5호).

세계보건기구(WHO) Toronto Declaration on Elder abuse의 정의에 의하면 노인학대(elder abuse)는 노인과 신뢰관계에 있는 사람이 노인에게 위해(harm)나 스트레스를 발생시키는 일회성의 행위 또는 반복적인 행위, 적절한 행위의 결핍을 뜻한다(Lachs & Pillemer, 2004). 미국과학학술원(the US National Academy of Sciences)의 패널들의 노인학대에 대한 정의 역시 세계보건기구와 유사하다. 이들은 노인학대를 ① 수발자 또는 노인과 신뢰관계에 있는 자가 취약한 노인에게 위해 또는 심각한 위해를 발생시킬 수 있는 의도적인 행위, ② 수발자가 노인의 기본적인 욕구를 충족시키지 못하거나 위해로부터 노인을 보호하지 못한 행위로 정의하고 있다(Lachs & Pillemer, 2004).

3) 1889년 6월 22일 독일에서 세계 최초로 제정된 「양로 및 폐질 보험(Rentenvesicherung)」과 관련한 법조항에서 법적으로 65세 이상이 노인이라는 기준이 처음 나타난 것은 유래한다고 한다. 다만, 이것은 노인의 제반 특성을 고려하여 합리적이고 과학적인 근거를 가지고 정한 것은 아니고, 비스마르크

적·성적 폭력 및 경제적 착취 또는 가혹행위를 하거나 유기 또는 방임을 하는 것을 말한다."고 정의하고 있으며, 학대행위자라 함은 「노인복지법」 제39조의9(금지행위)에 해당되는 행위 및 그 외 학대행위 사실이 의심되어 노인보호전문기관에 신고·접수되어 학대행위자로 판정된 자를 말한다.

「노인복지법」에서는 금지행위로 누구든지 ① 노인의 신체에 폭행을 가하거나 상해를 입히는 행위, ② 노인에게 성적 수치심을 주는 성폭행·성희롱 등의 행위, ③ 자신의 보호·감독을 받는 노인을 유기하거나 의식주를 포함한 기본적 보호 및 치료를 소홀히 하는 행위, ④ 노인에게 구걸을 하게 하거나 노인을 이용하여 구걸하는 행위, ⑤ 노인을 위하여 증여 또는 급여된 금품을 그 목적외의 용도에 사용하는 행위를 하지 못하도록 하고 있다. 금지행위를 한 행위자의 처벌로는 ㉠ 노인에게 상해를 입힌 자는 7년 이하의 징역 또는 2천만 원 이하의 벌금, ㉡ 노인에게 폭행을 가한 자 또는 위의 ②에서 ④에 해당하는 행위를 한 자 5년 이하의 징역 또는 1천 500만 원 이하의 벌금, ㉢ 위의 ⑤에 해당하는 행위를 한 자는 3년 이하의 징역 또는 1천만 원 이하의 벌금에 각각 처하도록 하고 있다.

2. 학대 유형

노인학대의 유형은 행태적인 분류로 구분할 수 있는데, 형태적 분류에 의한 학대 유형으로는 신체·정서·성·경제·방임·유기를 살펴볼 수 있다.

자신이 개인적으로 60대 중반에 건장했던 사실을 감안하여 임의적인 판단으로 정한 것이라고 한다(최성재·장인협(2010). 고령화사회의 사회복지학. 서울대학교 출판문화원. p.33).

UN의 경우 통계자료는 60세 이상을 노인으로 지칭하고 있지만 65세 이상의 인구집단을 고령자로 구분하고 있으며, 유럽연합의 통계국인 Eurostat도 65세 이상을 노인으로 간주하고 있다고 한다.

노인연령에 관한 국제적 기준을 보면 2012년 마드리드에서 개최된 '노년에 관한 제2차 세계회의'에서 채택된 '마드리드 국제고령화행동계획'(The Madrid International Plan of Action on Aging: MIPAA)에서는 60세 이상을 노인봉양대상으로 권고하였으며, 세계보건기구(World HealthOrganization)에서는 60세 이상의 개인을 노인으로 규정하고 있다고 한다.

1) 신체적 학대

신체적 학대는 물리적인 힘 또는 도구를 이용하여 노인에게 신체적 손상, 고통, 장애 등을 유발시키는 행위로서, 구체적인 예로는 "폭행, 폭력, 흉기 사용, 감금, 화상 등 신체적 손상을 주는 행위"를 말한다. 신체적 학대는 언론매체에서 기사로 가장 많이 다루어지는 학대 유형으로 사회적인 문제로 쉽게 인식되는 유형이다.

2) 정서적 학대

정서적 학대는 비난, 모욕, 위협, 협박 등의 언어 및 비언어적 행위를 통하여 노인에게 정서적으로 고통을 주는 행위로서, 언어적 또는 심리적 학대로도 명명된다. 신체적 학대와 비교할 때 사회문제로 인식되는 비율이 낮지만, 정서적 학대는 모든 학대의 시작이며, 가시적인 학대보다 더 큰 피해를 남길 수 있고 가장 많이 발생하는 학대 유형이다.

3) 성적 학대

성적 학대는 성적 수치심 유발 행위 및 성희롱, 성추행, 성폭력 및 강간 등의 노인의 의사에 반하여 강제적으로 행하는 모든 성적 행위를 말한다.

4) 경제적 학대

경제적 학대는 노인의 재산을 노인의 동의 없이 사용하거나 부당하게 착취하여 이용하는 행위 및 노동에 대한 합당한 보상을 제공하지 않는 행위를 말한다.

5) 방임

방임[4)]은 부양의무자로서 책임이나 의무를 의도적 혹은 비의도적으로 거부, 불이행 혹은 포기하여 노인의 의식주 및 의료를 적절하게 제공하지 않는 행위로서, 구체적인 예로는 "필요한 생활비, 병원비 및 치료, 의식주를 제공하지 않는 행위"를 말한다. 방임은 노인의 기본적인 생존 및 생명과 직결되는 문제로 주로 정신적·신체적 장애로 인해 타인에게 의존적인 노인들이 방임을 받을 위험이 있다.

6) 유기

유기는 보호자 또는 부양의무자가 노인을 버리는 행위를 말한다.

| 표 9-2 | 노인학대의 행태적 분류

유형	정의
신체적 학대	물리적인 힘 또는 도구를 이용하여 노인에게 신체적 혹은 정신적 손상, 고통, 장애 등을 유발시키는 행위
정서적 학대	비난, 모욕, 위협 등의 언어 및 비언어적 행위를 통하여 노인에게 정서적으로 고통을 유발시키는 행위
성적 학대	성적수치심 유발행위 및 성폭력(성희롱, 성추행, 강간) 등의 노인의 의사에 반하여 강제적으로 행하는 모든 성적 행위
경제적 학대 (착취)	노인의 의사에 반(反)하여 노인으로부터 재산 또는 권리를 빼앗는 경제적 착취, 노인 재산에 관한 법률 권리 위반 등 경제적 권리와 관련된 의사결정에서의 통제하는 행위
방임	보호자 또는 부양의무자로서의 책임이나 의무를 거부, 불이행 혹은 포기하여 노인의 의식주 및 의료를 적절하게 제공하지 않는 행위(필요한 생활비, 병원비 및 치료, 의식주를 제공하지 않는 행위)
자기방임	노인 스스로가 의식주 제공 및 의료 처치 등의 최소한의 자기보호 관련 행위를 의도적으로 포기 또는 비의도적으로 관리하지 않아 심신이 위험한 상황이나 사망에 이르게 하는 행위
유기	보호자 또는 부양의무자가 노인을 버리는 행위

출처: 중앙노인보호전문기관. 2018 노인학대현황보고서.

4) 자기방임은 노인 스스로가 의식주 제공 및 의료 처치 등의 최소한의 자기보호 관련 행위를 의도적으로 포기 또는 비의도적으로 관리하지 않아 심신이 위험한 상황 또는 사망에 이르게 되는 경우를 말한다.

3. 학대발생 장소

노인학대는 학대발생 장소에 따라 가정 학대와 시설 학대로 분류할 수 있다.

1) 가정 학대

노인과 동일가구에서 생활하고 있는 노인의 가족구성원인 배우자, 성인자녀뿐만 아니라 노인과 동일가구에서 생활하지 않는 부양의무자 등 그 밖의 친족에 의한 학대를 말한다.

2) 시설 학대

노인에게 비용(무료 포함)을 받고 제공하는 요양원 및 양로원 등의 시설에서 발생하는 학대로서 시설 관련 종사자 등에 의해서 발생하는 학대를 말한다. 단, 학대발생장소가 노인생활시설이라도 학대행위자가 가족구성원인 경우에는 '가정 학대'로 분류한다.

3) 기타 학대

가정 및 시설 외의 공간 및 기타 학대행위자에 의해 발생하는 학대를 말한다.

4. 노인학대 신고의무자

노인학대 신고의무자는 직무와 관련되어 있는 자이다. 즉, 신고의무자들은 직무상 노인학대를 발견할 수 있는 직업군을 의미하며 신고가 의무이기 때문에 노인학대를 발견하게 되면 즉시 관련 기관에 반드시 신고해야 하며, 이를 이행하지 않았을 때 책임이 따르기도 한다.

① 의료기관에서 의료업을 행하는 의료인 및 의료기관의 장

② 방문요양서비스나 안전 확인 등의 서비스 종사자, 노인복지시설의 장과 그 종사자, 노인복지상담원[5)]

③ 장애인복지시설에서 장애노인에 대한 상담·치료·훈련 또는 요양업무를 수행하는 사람

④ 가정폭력 관련 상담소 및 가정폭력피해자 보호시설의 장과 그 종사자

⑤ 사회복지전담공무원 및 사회복지관, 부랑인 및 노숙인보호를 위한 시설의 장과 그 종사자

⑥ 장기요양기관 및 재가장기요양기관의 장과 그 종사자

⑦ 119구급대의 구급대원

⑧ 건강가정지원센터의 장과 그 종사자

⑨ 다문화가족지원센터의 장과 그 종사자

⑩ 성폭력상담소 및 성폭력피해자보호시설의 장과 그 종사자

⑪ 응급구조사[6)], 의료기사[7)]

---

5) 노인의 복지를 담당하게 하기 위하여 특별자치도와 시·군·구에 노인복지상담원을 둔다.

6) 응급의료에 관한 법률 제36조(응급구조사의 자격)
  ① 응급구조사는 업무의 범위에 따라 1급 응급구조사와 2급 응급구조사로 구분한다.
  ② 1급 응급구조사가 되려는 사람은 다음 각 호의 어느 하나에 해당하는 사람으로서 보건복지부장관이 실시하는 시험에 합격한 후 보건복지부장관의 자격인정을 받아야 한다.
    1. 대학 또는 전문대학에서 응급구조학을 전공하고 졸업한 사람
    2. 보건복지부장관이 인정하는 외국의 응급구조사 자격인정을 받은 사람
    3. 2급 응급구조사로서 응급구조사의 업무에 3년 이상 종사한 사람
  ③ 2급 응급구조사가 되려는 사람은 다음 각 호의 어느 하나에 해당하는 사람으로서 보건복지부장관이 실시하는 시험에 합격한 후 보건복지부장관의 자격인정을 받아야 한다.
    1. 보건복지부장관이 지정하는 응급구조사 양성기관에서 대통령령으로 정하는 양성과정을 마친 사람
    2. 보건복지부장관이 인정하는 외국의 응급구조사 자격인정을 받은 사람
  ④ 보건복지부장관은 제2항과 제3항에 따른 응급구조사시험의 실시에 관한 업무를 대통령령으로 정하는 바에 따라 「한국보건의료인국가시험원법」에 따른 한국보건의료인국가시험원에 위탁할 수 있다.
  ⑤ 1급 응급구조사 및 2급 응급구조사의 시험과목, 시험방법 및 자격인정에 관하여 필요한 사항은 보건복지부령으로 정한다.

| 표 9-3 | 노인학대 신고의무자 신고 건수

연도	전체 학대 신고사례	신고의무자 신고사례
2005	2,038건	169건(8.3%)
2007	2,312건	324건(14.0%)
2009	2,674건	498건(18.6%)
2011	3,441건	716건(20.8%)
2013	3,520건	645건(18.3%)
2015	3,818건	707건(18.5%)
2018	5,188건	767건(14.8%)

출처: 중앙노인보호전문기관. 연도별 노인학대현황보고서.

「노인복지법」에서는 신고의무자의 권리 보호를 규정하고 있는데, 신고인의 신분보장과 의사에 반하여 신분 노출을 하지 않을 원칙과 이를 위반할 때에는 1년 이하의 징역 또는 300만 원 이하의 벌금에 처하는 처벌 규정이 명시되어 있다. 「노인복지법」에서 신고의무자의 미신고에 대해 처벌규정을 두고 있지 않다가 2012년 10월 22일 법 개정을 통해 신고의무자의 신고 불이행 시 처벌 및 교육 규정으로 300만 원 이하의 과태료를 부과하고 있다.

5. 노인학대의 실태

우리나라의 노인학대 실태조사는 2004년부터 시행되었으며, 본 통계자료는 중앙노인보호전문기관의 통계자료를 사용하여 정리하였다.

1) 노인학대 신고접수 현황

노인전문보호기관의 연도별 노인학대 전체 신고접수 건수를 보면 2009년 이후

7) 의료기사 등에 관한 법률에 의거 "의료기사"란 의사 또는 치과의사의 지도 아래 진료나 의화학적(醫化學的) 검사에 종사하는 사람을 말한다.

꾸준히 증가하고 있음을 알 수 있다. 신고접수 건수의 증가 이유는 2005년 전국에 노인보호전문기관이 17개에서 2015년 29개로 증가하였으며, 노인보호전문기관의 활발한 교육 및 홍보활동으로 인하여 신고 건수가 증가한 것이라 볼 수 있다.

| 표 9-4 | 연도별 노인학대 신고 건수

연도	학대사례	일반사례	계
2005	2,038건	1,511건	3,549건
2009	2,674건	3,485건	6,159건
2011	3,441건	5,162건	8,603건
2013	3,520건	6,642건	10,162건
2015	3,818건	8,087건	11,905건
2018	5,188건	10,294건	15,482건

출처: 중앙노인보호전문기관. 연도별 노인학대현황보고서.

2) 노인학대 신고자 유형 현황

노인보호전문기관의 연도별 신고자 유형 자료를 보면 신고건수에 비해 신고의무자의 신고건수가 저조함을 알 수 있다. 일반인 및 주변인들에 의한 신고도 중요하지만 신고의무자의 경우 노인학대를 조기발견하기 쉬운 직군에 속해 있음을 고려할 때 신고의무자의 신고율 높이기 위한 홍보 및 신고의무자 교육활동 등이 활발히 이루어져야 할 것이다.

| 표 9-5 | 연도별 신고자 유형별 신고 건수 (단위: 건)

구분		2005	2009	2011	2013	2015
신고 의무자	의료인	29	43	33	43	44
	노인복지시설 종사자	41	221	311	207	178
	장애인복지시설(장애노인) 종사자	5	2	2	–	16
	가정폭력관련 종사자	20	42	65	66	101
	사회복지전담공무원	74	190	305	263	290

구분		2005	2009	2011	2013	2015
	사회복지관, 부랑인 및 노숙인 보호시설 관련 종사자	–	–	–	24	31
	구급대의 대원	–	–	–	6	9
	재가장기요양기관 종사자	–	–	–	36	38
	건강가정지원센터 종사자	–	–	–	–	–
	소계	169	498	716	645	707
비신고 의무자	학대피해 노인본인	646	673	954	842	722
	학대행위자 본인	–	10	11	7	8
	친족	729	643	716	592	567
	타인	255	321	306	292	320
	관련기관	207	529	738	1,142	1,494
	129 연계	–	–	–	–	–
	기타	32	–	–	–	–
	소계	1,837	2,176	2,725	2,875	3,111
합계		2,006	2,674	3,441	3,520	3,818

출처: 중앙노인보호전문기관. 연도별 노인학대현황보고서.

3) 노인학대 발생장소

연도별 노인학대 발생장소를 보면 가정 내에서의 학대가 85% 이상을 차지하고 있음을 알 수 있으며, 2008년 7월 「노인장기요양법」이 시행됨에 따라 노인요양시설의 증가가 생활시설 학대 건수에 영향을 미친 것을 예측할 수 있다.

| 표 9-6 | 연도별 노인학대 발생장소 (단위: 건)

구분	2005	2009	2011	2013	2015	2018
가정내	1,893	2,358	2,921	2,925	3,276	4,616
생활시설	46	55	196	251	206	380
이용시설	5	16	24	42	57	41
병원	36	66	65	107	88	65

구분	2005	2009	2011	2013	2015	2018
공공장소	10	83	92	86	80	42
기타	48	96	143	109	111	44
계	2,038	2,674	3,441	3,520	3,818	5,188

출처: 중앙노인보호전문기관. 연도별 노인학대현황보고서.

4) 노인학대 피해자 가구형태

연도별 노인학대 피해자 가구형태를 살펴보면 노인단독가구와 노인부부의 경우 꾸준히 증가하고 있음을 알 수 있다. 이는 고령화와 함께 자녀들이 부모 부양에 대한 경제적 부담과 부모와 따로 살고 싶어하는 경향, 그리고 노부모 스스로도 자녀에게 부양 부담을 주기를 꺼려하는 분위기 등에 의한 것으로 추정해 볼 수 있다.

| 표 9-7 | 연도별 노인학대 피해노인 가구형태 (단위: 건)

구분	2009	2011	2013	2015
노인단독	750	970	1,141	1,318
노인부부	379	603	635	808
자녀 동거	914	1,003	937	1,021
손자녀 동거	153	167	137	139
자녀·손자녀 동거	315	321	291	185
기타	163	377	379	347
계	2,674	3,441	3,520	3,818

출처: 중앙노인보호전문기관. 연도별 노인학대현황보고서.

5) 노인학대 행위자와 학대 피해노인과의 관계

연도별 학대행위자 유형을 살펴보면, 아들이 지속적으로 가장 많은 학대를 보이고 있으며 그 외 배우자, 딸, 며느리 등 가족구성원에 의한 학대가 주를 이루고 있다.

| 표 9-8 | 연도별 학대행위자와 학대피해자 노인과의 관계 (단위: 명)

구분	2005	2009	2011	2013	2015	2018
본인	23	128	224	375	622	240
배우자	156	279	481	551	652	1,557
아들	1,237	1,544	1,777	1,619	1,523	2,106
며느리	466	291	263	240	183	143
딸	283	342	538	519	451	436
사위	25	28	25	28	21	34
손자녀	45	58	87	81	64	134
친척	38	59	64	54	46	59
타인	75	228	228	253	283	168
기관	70	62	179	293	379	788
계	2,418	3,019	3,866	4,013	4,224	5,665

출처: 중앙노인보호전문기관. 연도별 노인학대현황보고서.

6) 학대피해노인 연령대

연도별 학대피해노인의 연령대를 살펴보면 연령대가 점차 고령화 되어가고 있음을 알 수 있다.

| 표 9-9 | 연도별 학대피해노인 연령대 (단위: 건)

구분	2005	2009	2011	2013	2015	2018
59세 이하	33	20	8	12	3	0
60~64세	114	151	214	189	204	0
65~69세	361	326	451	462	524	819
70~74세	418	574	752	728	771	1,193
75~79세	416	624	804	753	865	1,250
80~84세	389	542	618	712	770	1,020
85~89세	183	314	405	420	456	588
90~94세	101	91	134	193	163	245

구분	2005	2009	2011	2013	2015	2018
95~99세	20	28	46	42	56	61
100세 이상	3	4	9	9	6	12
계	2,038	2,674	3,441	3,520	3,818	5,188

출처: 중앙노인보호전문기관. 연도별 노인학대현황보고서.

7) 학대행위자 연령대

연도별 학대행위자의 연령대 현황을 살펴보면, 40~59세가 포함되는 중년층의 학대행위자가 지속적으로 과반 이상을 차지하고 있다. 이처럼 학대행위자가 고령으로 나타나는 것은 노인의 평균수명이 높아지고 배우자와의 삶의 동거기간이 연장됨에 따라 배우자 간 갈등 및 경제적 요인 등으로 인한 배우자 학대와 자녀들의 부양문제가 대두되어 나타나는 현상으로 추정할 수 있다.

| 표 9-10 | 연도별 학대행위자 연령대 (단위: 명)

구분	2005	2009	2011	2013	2015	2018
10~19세	7	19	30	31	18	50
20~29세	46	62	61	75	46	82
30~39세	327	381	436	310	372	318
40~49세	770	930	1,090	1,022	870	1,253
50~59세	569	866	1,068	1,201	1,156	1,414
60~69세	205	386	536	580	622	824
70세 이상	107	369	633	794	1,140	1,701
파악 안 됨	387	6	12	–	–	–
계	2,418	3,019	3,866	4,013	4,224	5,665

출처: 중앙노인보호전문기관. 연도별 노인학대현황보고서.

8) 노인학대 유형

학대 유형의 연도별 현황을 살펴보면, 매년 학대신고 건수의 증가에 따라 학대 유형 건수는 자연 상승분이 반영되어 있으며 큰 변화가 없음을 알 수 있다.

| 표 9-11 | **연도별 노인학대 유형** (단위: 건)

구분	2005	2009	2011	2013	2015	2018
신체적 학대	665	1,127	1,419	1,430	1,591	384
정서적 학대	1,499	1,853	2,307	2,235	2,330	361
성적 학대	18	37	72	90	102	63
경제적 학대	425	554	607	526	542	29
방임	816	806	1,038	1,087	919	248
자기방임	36	129	236	375	622	95
유기	22	82	86	89	48	16
중복학대	–	–	–	–	–	3,992
계	3,481	4,588	5,765	5,832	6,154	5,188

출처: 중앙노인보호전문기관. 연도별 노인학대현황보고서.

9) 학대피해노인 생활수준

학대피해노인의 생활수준을 살펴보면, 매년 국민기초생활보장수급자와 소득 없음의 비율이 증가하고 있어 빈곤한 학대피해노인이 늘고 있음을 알 수 있다.

| 표 9-12 | **연도별 학대피해노인 생활수준** (단위: 건)

구분	2005	2009	2011	2013	2015
소득 없음	–	533	759	1,048	922
수급자	285	559	719	778	870
저소득	893	592	693	541	678
일반	830	953	1,229	1,115	1,319
고소득	27	22	41	38	29
기타	3	–	–	–	–
파악 안 됨	–	15	–	–	–
계	2,038	2,674	3,441	3,520	3,818

출처: 중앙노인보호전문기관. 연도별 노인학대현황보고서.

10) 학대행위자 생활수준

학대행위자의 생활수준을 살펴보면, 매년 수급자와 소득 없음의 비율이 지속적으로 증가 추세에 있다. 학대행위자는 상당수 자녀였으며, 학대피해노인과 부양관계에 있기 때문에 생활수준의 차이는 학대발생 원인 중의 하나로 볼 수 있다.

| 표 9-13 | 연도별 학대행위자 생활수준 (단위: 건)

구분	2005	2009	2011	2013	2015
소득 없음	-	359	526	666	692
수급자	100	300	367	449	546
저소득	739	638	754	654	674
일반	1,450	1,543	2,091	2,126	2,203
고소득	129	97	124	118	109
기타	-	-	-	-	-
파악 안 됨	-	37	4	-	-
계	2,418	3,019	3,866	4,013	4,224

출처: 중앙노인보호전문기관. 연도별 노인학대현황보고서.

11) 학대피해노인 치매 정도

학대피해노인의 치매 정도는 학대피해노인이 병원에서 "치매진단"을 받은 경우와 상담원이 상담과정에서 파악된 객관적·주관적 정보와 함께 치매간이조사지표[8)]를 활용하여 치매가 의심된다고 판단된 "치매의증"으로 분류된다. 치매를 진단 받았거나 치매가 의심되는 학대피해노인은 2009년 399건에서 2015년 1,030건으로 증가하여, 수명증가에 따른 고령화 및 노인인구 증가와 함께 치매환자 수 또한 증가세를 보이고 있다.

8) 치매 선별용 한국어판 간이정신상태검사(Korea version of MMSE for Dementia Screening: MMSE-DS)

| 표 9-14 | 연도별 학대피해노인 치매 추이 (단위: 건, %)

구분		2005	2009	2011	2013	2015
전체 학대사례		2,038	2,674	3,441	3,520	3,818
치매 정도	치매의증	157	264	389	459	561
	치매진단	47	135	233	372	469
	계	204	399	622	831	1,030
학대사례 대비 치매의증 및 진단사례 비율		10.0	14.9	18.1	23.6	27.0

출처: 중앙노인보호전문기관. 연도별 노인학대현황보고서.

6. 노인학대예방 대책방안

우리 사회가 고령화사회로 급격하게 진입하면서 이에 상응하여 노인문제가 우리 사회의 주요 이슈가 되었고, 그 중에서도 노인학대의 문제가 심각하다는 것은 본 장에서 살펴본 바와 같다. 2004년 우리나라는 노인보호전문기관을 노인복지기관으로 허가하였으며, 아직도 「노인복지법」에서는 노인학대와 관련하여 그 개념도 추상적으로 정의하고 있고, 신고전화와 신고의무, 응급조치, 신뢰관계 있는 자의 동석 및 조사 등에 관하여 일부 규정을 두고 있을 뿐이다. 또한 노인학대의 특성을 반영한 피해노인의 보호나 학대행위자의 처우에 관한 부분이 누락되어 있다. 따라서 「노인복지법」상 노인학대에 관한 규정에도 불구하고 노인학대의 예방과 대책은 그다지 효과를 거두지 못하고 있는 실정이다. 이러한 실정을 반영하여 노인 학대예방을 위한 대책방안을 제시하고자 한다.

① 현행 노인복지법의 추상적인 노인학대의 개념을 명확화하고, 학대판정의 세부 기준을 설정해야 한다. 노인학대의 방지와 피해노인의 보호를 위해 법과 제도를 보완하고, 학대행위자에 대한 형사 처벌[9]을 제도화해야 한다.

9) 형사 처벌을 위한 제도를 만들 때 고려해야 하는 부분은 ① 피해노인이 학대피해경험 후 겪게 되는 심각한 신체적·심리적 고통을 고려하여 학대행위자에 대한 강력한 처벌이 필요한 부분, ② 학대행위자에 대한 형사 처벌의 강화가 일반 국민에게는 경각심을 줄 수 있는 긍정적 측면도 있을 것이다.

② 피해노인의 보호를 위한 제도의 보완과 학대행위자의 상담·치료 등의 서비스 확대를 통한 개선·교화에 중점을 둘 것이 요구된다. 이는 노인학대의 대책을 강구함에 있어서 노인학대의 위험요인[10)]과 노인학대 대책 시 고려할 점[11)]에 있어서는 학대행위자에 대한 형사 처벌의 강화보다는 정확한 분석을 토대로 하여, 피해노인의 보호를 위한 제도의 보완과 학대행위자의 상담·치료 등의 서비스 확대를 통한 개선·교화에 중점을 둘 것이 요구된다. 아울러 종전의 노인학대에 대한 대책들이 오직 보호대상으로서의 노인의 복리증진만을 목적으로 한 것이었다면 앞으로는 노인문제나 노인학대 문제의 해결에 있어서도 노인을 완전히 독립된 인격의 주체로서 이해하고, 노인의 생존권과 자유권의 보장이라고 하는 차원에서 노인중심으로 접근할 것이 요구된다.

③ 지역사회 중심의 노인학대 사례 발굴을 위한 연계 체계를 강화해야 한다. 우리나라는 개인적인 가정사라는 이유로 은폐되거나, 시설의 폐쇄성으로 인해 발견하기 어렵기 때문에 주변인과 주변기관의 적극적인 신고가 필요하다. 이를 위해 노인학대 지킴이[12)] 제도와 곳곳에 신고 관련 홍보물 설치 및 홍보 등을 통해 지역사회 밀접한 곳에서 쉽게 노인학대 신고가 가능해야 한다.

---

③ 학대행위자에 대한 형사 처벌의 강화는 피해노인에게 학대의 피해를 더욱 가중시킬 우려가 크다. 즉, 피해노인의 경우 학대행위자가 자신의 가족인 경우에 형사 처벌을 받게 되면 이들과의 관계단절로 인해 감당할 수 없는 충격을 받게 된다는 점 때문에 학대의 신고는 물론 학대행위자의 처벌을 꺼리게 될 것이므로 노인학대가 은폐될 수 있기 때문이다. ④ 피해노인에 대한 학대행위자의 분노를 증폭시키게 됨으로써 피해노인의 입장에서는 현재의 부양 의무자를 잃어버리게 될 위험도 높아지게 된다.

10) 노인학대의 위험요인으로 ① 누군가와 함께 같이 사는 것, ② 치매노인인 경우, ③ 사회적으로 고립되어 있는 경우, ④ 학대행위자의 병적인 인격특성, ⑤ 학대행위자가 노인에게 지나치게 의존적인 경우 등이 지적되고 있다. ⑥ 이외에도 노인의 일상생활기능의 손상, 노인의 높은 의존도로 인한 간병인의 스트레스, ⑦ 학대행위자의 아동기의 학대경험, ⑧ 학대행위자의 민족적·사회문화적 특성 등이 반영되어야 할 것이다.

11) 노인학대 대책 시 고려할 점으로는 ① 폭력을 허용하는 사회문화적 규범, ② 노인학대에 대한 소극적인 대처, ③ 피해노인의 미신고문제, ④ 피해노인을 위한 법적 보장 장치의 미흡, ⑤ 노인학대 상담서비스의 부족, ⑥ 노인에 대한 의료서비스의 미흡, ⑦ 가족과 사회로부터의 노인의 고독과 소외 등이 제시되고 있다.

12) 2015년 1월 대한노인회와 업무협약을 맺고 전국 경로당 63천여 개를 "학대노인 지킴이 센터"로 지정·운영하고 있다. 하지만, 경로당에서 노인학대 지킴이 센터라는 것을 알 수 없는 것이 현실이다.

④ 학대피해노인 조기발견 및 신속한 대응체계를 구축해야 한다. 노인학대를 조기 발견하고 학대피해노인의 신속한 보호를 위해서는 노인학대사례의 조기발견이 용이한 신고의무자의 신고가 중요한 역할을 한다. 이를 위해 노인학대 예방 및 신고율 제고를 위하여 신고의무자 직군 단체들에 노인학대예방 홍보 콘텐츠 배포 및 신고의무자 직군별 교육자료(소책자, 교육 PPT) 제작 및 배포, 의료인 신고의무자용 노인학대 선별 도구를 개발, 공동포럼 개최 등을 통해 신고의무자가 노인학대 신고의무자로서의 역할이 무엇인지 인식할 수 있도록 해야 한다.

⑤ 노인학대 인식 개선 교육 및 홍보를 활성화해야 한다. 범국민적으로 노인학대에 대한 인식을 높이고 관심을 유도하기 위해 매년 6월 15일을 '노인학대예방의 날[13]'로 지정하는 개정 법률(「노인복지법」 제6조 제4항)이 개정되었고, 이에 2017년 6월 15일에 '제1회 노인학대예방의 날' 기념식을 시행하며, 국가기념일로 지정됨에 따라 국가와 지방자치단체의 차원에서 노인학대의 예방 및 관심 촉구 등을 위한 홍보 및 행사 등의 진행됨으로써 범국민적 관심과 인식 제고를 기대할 수 있을 것이다. 노인학대예방사업에 대한 관심을 도모하고 일반인들에게 노인학대 심각성에 대한 인식 고취를 위하여 TV CF, 라디오, 방송 프로그램 지원, 기획 기사 등 방송 매체를 통한 홍보 활동을 진행해야 한다.

13) UN과 세계노인학대방지망(INPEA)은 노인에 대한 부당한 처우를 개선하고 노인학대의 심각성을 널리 알리기 위해 매년 6월 15일을 '세계노인학대인식의 날(World Elder Abuse Awareness Day)'로 제정하였다. 우리나라도 이에 맞춰 노인학대예방의 날을 2016년 12월 30일부터 시행하였다.

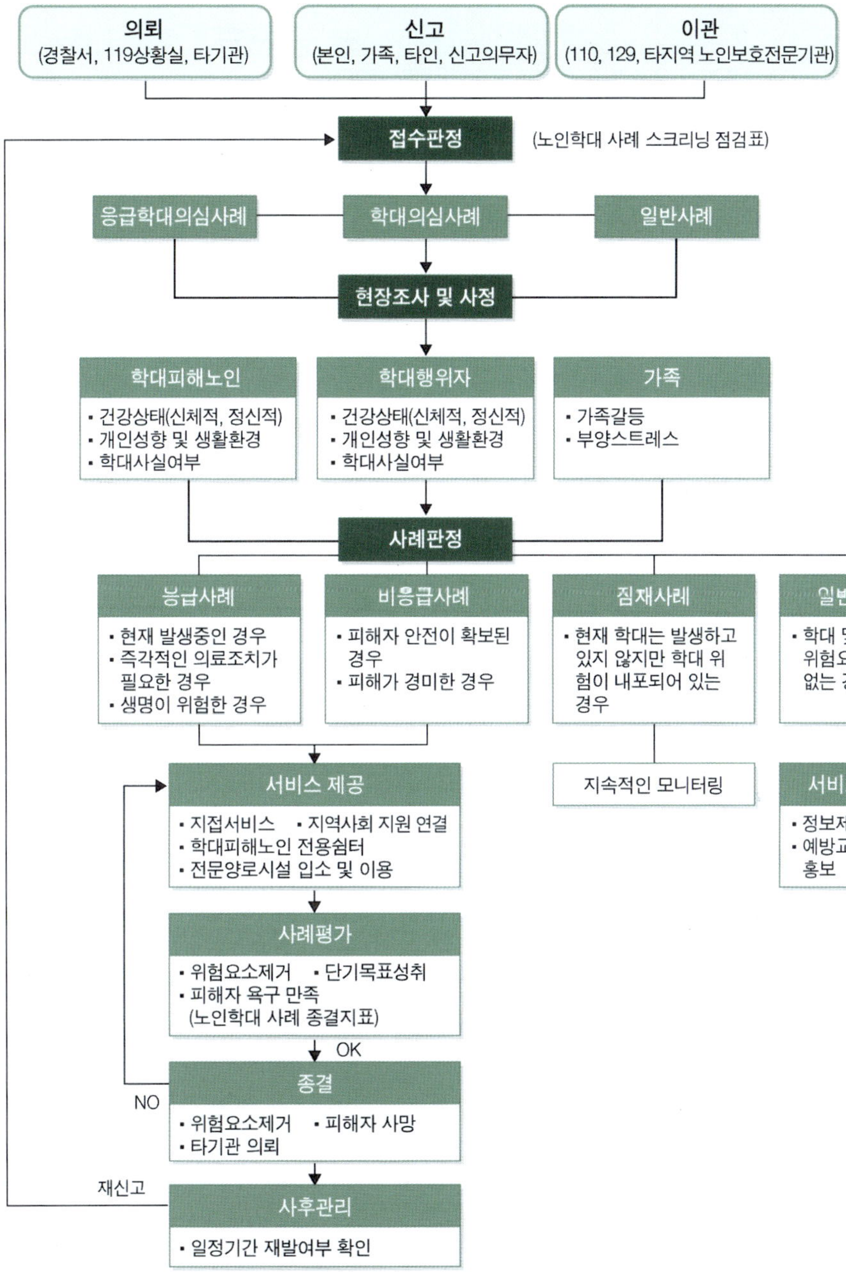

| 그림 9-1 | 노인학대사례 업무진행도

출처: 중앙노인보호전문기관. 2018 노인학대현황보고서.

| 표 9-15 | 전국 노인보호전문기관 현황 (2019. 6. 현재)

시·도	주소/홈페이지	전화번호	팩스
중앙	서울특별시 영등포구 여의도동 국회대로 76가길 14 4층(한국가정법률상담소) www.noinboho.org	02)3667-1389	02)2634-5023
서울남부	서울특별시 서초구 남부순환로 2124 www.seoul1389.or.kr	02)3472-1389	02)523-1043
서울북부	서울특별시 강북구 노해로 69 대성빌딩 2층(수유3동) www.sn1389.or.kr	02)921-1389	02)921-1391
서울서부	서울특별시 은평구 역말로10길 30-1 www.sw1389.or.kr	02)3157-6389	
부산동부	부산광역시 동구 중앙대로 338 연합뉴스빌딩 5층 www.bs1389.or.kr	051)468-8850	051)468-8851
부산서부	부산광역시 연제구 연제로 8번길 46, 제이에스빌 5층 1389.bulgukto.or.kr	051)867-9119	051)865-0446
대구남부	대구광역시 남구 이천로 128, 3층 www.dg1389.or.kr	053)472-1389	053)476-1081
대구북부	대구광역시 서구 달서로 284 www.dgn1389.or.kr	053)357-1389	053)354-1389
인천	인천광역시 남동구 용천로 208 인천시사회복지관 204호 www.ic1389.or.kr	032)426-8792~4	032)426-8794
인천서부	인천광역시 서구 완정로 165번안길 12, 2층(왕길동) www.innoin1389.or.kr	032)569-0533	032)569-5383
광주	광주광역시 남구 사직안길 18 www.gjw.or.kr/kj1389	062)655-4155~7	062)655-4158
대전	대전광역시 서구 문정로 170번길 103 www.dj1389.or.kr	042)472-1389	042)472-1392
울산	울산광역시 중구 오산2길 28-2, 1층 www.us1389.or.kr	052)265-1389 052)265-1380	052)257-1889
경기도	경기도 수원시 팔달구 인계로 101번길 1, 노인회관 4층 http://gepa.co.kr	031)268-1389	031)601-9332
경기남부	경기도 성남시 수정구 수정남로 268번길 28 수정노인종합복지관 2층 www.kg1389.or.kr	031)736-1389	031)735-3795

시 · 도	주소/홈페이지	전화번호	팩스
경기북부	경기도 의정부시 용민로 104, 5층 www.gnnoin.kr	031)821-1461	031)821-2246
경기서부	경기도 부천시 심중로 68 2층(심곡동 335-19) www.ggw1389.or.kr	032)683-1389	032)683-1388
강원도	강원도 춘천시 동면 소양강로 110번지 2층 www.1389.or.kr	033)253-1389	033)242-1389
강원동부	강원도 강릉시 율곡로 2954, 3층 www.gd1389.or.kr	033)655-1389	033)645-1389
강원남부	강원도 원주시 일산로 29 평화빌딩 2층 www.gwn1389.or.kr	033-744-1389	033-762-0001
충북	충청북도 청주시 흥덕구 1순환로 438번길 39-17 (충북재활의원 3층) www.cb1389.or.kr	043)259-8120~2	043)259-8127
충북북부	충청북도 충주시 예성로 76 www.cbb1389.or.kr	043)846-1380~2	043)846-1389
충남	충청남도 아산시 번영로206번길 42 www.cn1389.or.kr	041)534-1389	041)534-9224
충남남부	충청남도 논산시 시민로 210번길 9-8 2층 www.cnn1389.or.kr	041)734-1389 041)734-1398	041-735-1489
전북	전라북도 전주시 덕진구 팔달로 357-23 www.jb1389.or.kr	063)273-1389	063)273-1287
전북서부	전라북도 군산시 진포로 151번지 광동빌딩 3층 www.jbw1389.or.kr	063)443-1389	070)4032-4866
전남동부	전라남도 순천시 저전길 84 www.jn1389.or.kr	061)753-1389	061)742-3079
전남서부	전라남도 무안군 삼향읍 오룡5길 전라남도노인회관 4층 www.j1389.or.kr	061)281-2391	061)281-2392
경북	경상북도 포항시 북구 삼흥로 411 기쁨의 복지관 B102 www.noin1389.or.kr	054)248-1389	054)232-5677
경북서북부	경상북도 예천군 예천읍 충효로 424-21 www.gbnw1389.or.kr	054)655-1389 054)436-1390	054)655-1391 054)436-1289
경북서남부	경북 김천시 아포읍 아포대로 981-8 www.gbwn1389.or.kr	054-436-1390	054-436-1289

시 · 도	주소/홈페이지	전화번호	팩스
경남	경상남도 창원시 마산합포구문화북4길(평화동) 금강노인복지관 C동 2층 www.gn1389.or.kr	055)222-1389	055)221-8449
경남서부	경상남도 진주시 문산읍 월아산로 1098 2층 www.gnw1389.co.kr	055)754-1389	055-754-1390
제주	제주특별자치도 제주시 관덕로7길 3 www.jejunoin.org	064)757-3400	064)757-1389
제주서귀포시	제주특별자치도 서귀포시 일주동로 8660 2층 www.sgpnoin.org	064-763-1999	064-763-1995

출처: 중앙노인보호전문기관. 2018 노인학대현황보고서.

Chapter

10

노인상담

오늘날 사회인식 면에서 노인을 쇠약하고 노망들기 직전의 고령자로만 대할 것이 아니고, 노인층도 사회의 유용한 인간자원임을 단계적으로 입증하기 위해서라도 노인 각 개인도 심리·사회·신체적 건강을 유지하고 사회에 기여할 수 있도록 노력해야 한다. 또한, 노인이 전체 인구의 30% 이상을 차지할 몇 년 후를 대비하여, 건강한 노인과 건강한 사회를 위해서 노인상담의 필요성이 요구된다.

이에, 본 장에서는 노인상담의 필요성과 정의 그리고 상담원의 역할을 살펴보고, 이를 통해 노인복지현장에서 사회복지사가 사용할 수 있는 노인상담의 유형과 상담기법에 대한 학습을 통해 노인상담기술을 활용할 수 있다.

1. 노인상담의 필요성

우리나라의 고령화 속도는 세계에서 가장 빠르게 진행되고 있으며, 많은 노인문제를 유발해왔다. 우리나라의 대부분의 노인들이 공통적으로 겪는 "빈곤, 질병, 고독, 상실"의 4중고는 오래전부터 사회적인 이슈로 논하고 있지만, 안타깝게도 특별한 해결책을 마련하지는 못하고 있다. 노인의 심리사회적인 위기상황은 남자의 경우, 사회적 지위 및 역할의 상실을 겪게 되는 은퇴를 통해 나타나는데, 곧 경제적 기반의 상실을 의미하며 나아가서 노인의 경제적·심리적·사회적 위축과 위기를 가져오게 하는 출발점이 된다. 여자의 경우, 40대 후반 이후에 주부와 어머니로서의 역할 상실을 시작으로 하여 시어머니로서의 새로운 역할 취득과 적응에 따르는 가족 갈등, 그리고 은퇴와 동시에 다시 가정으로 돌아온 남편과의 관계 및 역할 재적응 등의 변화와 이에 따르는 심리적 혼란을 경험하게 된다.

이러한 역할상실과 경제적인 어려움 더 나아가 자녀와의 갈등 등의 위기 속에서 어려움을 겪게 되는 노인을 위한 상담은 주목받지 못하였다. 우리는 그동안 아동, 청소년상담, 부부 및 가족상담, 개인상담 등의 다양한 연령층에서 상담에 대한 수요가 강하게 일고 있어 주목을 받았지만 노인상담은 못하고 있는 실정이다. 이렇게 주목을 받지 못하는 이유는 노인을 단지 시간의 흐름에 따른 생물학적 퇴화, 죽음을 앞둔 상태의 존재로만 인식하는 경향으로 장년기 및 노년기 인간발달 문제와 생활측면의 여러 가지 문제들이 그대로 방치되고 있다. '오래 산 사람' 또는 '그저 나이 많은 사람'은 단지 그들의 연령으로 인해 주요한 사회활동에서 배제되고 분리되어 왔다.

즉, 현대사회는 젊은이와 젊음을 물신화(초자연적 힘이 있는 것으로 믿는 경향)하면서 젊음, 유연성 및 적응성을 사회참여의 중심적 가치로 생각하게 되었고, 전체적인 사회 흐름은 노인들을 사회집단 속에서 계속 분리, 소외시키는 분위기이다. 다시 말해서 노인세대는 생물학적으로 죽어가고 있을 뿐만 아니라 사회적 죽음까지 재촉 받고 있는 것이다. 노인들에 대한 이러한 사회적 제외는 노인복지시설들을 많이 운영한다고 해서 극복되는 것이 아니다. 복지시설 직원들조차 노인들이란 많은 개인문제가 있고 시설 내에서 끊임없이 대인 갈등을 일으키고 있다고 보고하고 있음에 주목할 필요가 있다.

오늘날 사회인식 면에서 노인을 쇠약하고 노망들기 직전의 고령자로만 대할 것이 아니고, 노인층도 사회의 유용한 인간자원임을 단계적으로 입증하기 위해서라도 노인 각 개인도 심리적·사회적·신체적 건강을 유지하고 사회에 기여할 수 있도록 노력해야 하며, 전체인구의 30% 이상을 차지할 몇 년 후를 대비하기 위해서라도, 건강한 노인과 건강한 사회를 위해서 노인상담의 필요성이 요구된다.

2. 노인상담의 정의와 상담원의 역할

1) 노인상담의 정의

사회복지용어사전에 의하면, 상담이란 심리적인 문제나 고민이 있는 사람에게 실시하는 상담 활동을 말하는데, 상담원이 전문적인 입장에서 조언·지도를 하거나 공감적인 이해를 보여 심리적 상호 교류를 함으로써 상담자의 문제를 해결하거나 심리적 성장을 돕는 것을 말한다. 따라서 노인상담이란 도움을 필요로 하는 노인이 전문적 훈련을 받은 사회복지사(상담자)와의 전문적 대면 관계를 통하여 일상생활 부적응 문제 또는 노인이 당면한 문제들을 해결 또는 예방을 통하여 성공적인 노후생활을 영위할 수 있도록 원조하는 과정이라고 할 수 있다.

2) 노인상담원의 역할[1)]

어떤 상담에서나 상담원은 내담자가 가지고 있는 문제의 특성을 고려하여 임하게 된다. 노인상담원의 역할은 노인과의 상담에 있어서 언어적·비언어적인 의사소통을 활용하여 노인의 문제에 대해 지지해 주어야 한다.

(1) 노인상담원의 바람직한 역할

① 노인이 자신의 위치와 상황을 받아들일 수 있도록 지지해 준다.

② 노인이 자신의 잠재적 자원을 발견하여 그 자원을 이용할 수 있도록 돕는다.

③ 노인이 스스로 자기 문제를 해결할 수 있도록 돕는다.

④ 노인이 편안한 분위기에서 상담에 응할 수 있는 환경을 조성한다.

(2) 노인상담원의 바람직하지 못한 역할

① 상담원이 노인의 문제에 전적으로 책임을 지고 노인에게는 소극적인 역할을 담당하게 함으로써 노인이 독립적으로 문제를 해결하는 능력을 제한한다.

② 노인이 요구하는 서비스를 도외시하고 노인의 사회적 정서적 생활의 작은 부분에만 관여함으로써 전체적인 생활 계획의 능력을 제한한다.

③ 직접적으로나 간접적으로 노인을 조정함으로써 문제해결의 태도와 기술을

1) 김태현, 노인상담의 기초적 연구논문의 내용을 참고하여 현 실정에 맞게 기술하였다.

발전시키는 것을 제한한다.

④ 강제적인 방법으로 설득함으로써 노인이 적절한 의사 결정과 실천 태도를 발전시키는 것을 제한한다.

3. 노인상담을 위한 환경 준비

노인 또는 노인 문제를 가진 가족들이 보다 편안한 분위기 속에서 상담을 받을 수 있도록 하기 위해서는 무엇보다 환경 준비가 중요하다.

1) 상담실

휠체어를 사용하는 내담자가 있을 수 있으므로 문턱이 없고, 접근이 용이한 1층으로 상담실과 화장실의 위치는 비교적 가까운 곳이 좋다. 상담실은 채광과 통풍, 그리고 방음이 잘되는 곳이어야 내담자가 편안한 마음으로 상담에 임할 수 있다.

2) 대기실

대기실은 다소 넓게 만드는 것이 좋으며, 노인들의 관심사인 건강에 대한 책자나 브로슈어, 화초 등을 비치하고 편안한 의자를 통해 쉼터 같은 공간을 구성한다.

3) 관찰실

상담은 전문적인 훈련을 받은 한 명의 상담원에 의해 진행되기도 하지만 상담 모델이나 각 기관의 운영방침에 따라서는 여러 명의 상담원들이 참여하기도 한다. 또한 한 명의 상담원이 상담을 진행했다 할지라도 내담자의 문제를 더 잘 다루고 노인상담 전문가로서의 역량을 강화하기 위해 사례회의나 슈퍼비전을 갖는 것이 필수적이다. 이를 위해서는 상담 장면을 관찰하고 개입할 수 있는 인터폰이나 녹화장비들을 상담실에 설치하는 것이 필요하며, 그 보안 관리에도 각별한 주의가 요구된다.

4) 상담관련 양식지

일반적으로 상담실에서 사용하는 양식들에는 여러 가지가 있다. 접수 상담 기록지, 상담계약서, 전화상담 기록지, 사례종결평가서, 슈퍼비전 관련 평가 양식 등이 포함된다.

4. 노인상담의 유형과 기법[2)]

1) 노인상담의 유형

노인상담은 노인과 사회복지사가 만나는 형태에 따라 개인, 집단, 가족, 전화, 인터넷 상담으로 구분할 수 있다.

(1) 개인 상담

상담자가 내담자를 직접 만나서 내담자의 언어적·비언어적 의사소통 형태, 그 밖의 상황에 대한 자세하고 구체적인 정보를 얻을 수 있기 때문에 가장 이상적인 상담의 형태라고 할 수 있다. 그러나 내담자가 직접 상담의 장으로 나와 자신의 정보를 노출해야 하며, 상담자 역시 내담자의 문제해결에 대한 욕구를 만족시켜

2) 김태현, 노인상담의 기초적 연구논문의 내용을 참고하여 그동안 저자가 학습한 내용과 현 실정에 맞게 기술하였다.

야 한다는 부담감이 있다.

노인들은 자기표현이 익숙하지 않고, 문제의 핵심을 제대로 파악하지 못하거나, 가족들의 협조가 필요한 경우가 많다. 인생 기간이 길기 때문에 한 상황을 설명하기 위하여 지난 기간 동안의 많은 이야기를 하게 되는데, 내용이 반복되거나 기억이 분명치 않아 번복되는 경우가 있어 전체 상담의 핵심을 파악하기 어렵게 된다. 또한, 내담자의 연령이 높을 경우에는, 상담자가 상대적으로 연소하므로 상담자와 내담자 사이의 감정적 연계가 어렵게 될 수 있다. 노인들의 경우 자신의 결점을 자신보다 젊은 사람들에게 드러내고 싶어 하지 않으며, 자신을 은폐하거나 왜곡된 정보를 제공할 가능성이 높다. 또한, 노인들의 경우 상담자를 찾아오는 일이 쉽지 않으며, 경제적인 부담 때문에 상담을 받으려 하지 않거나, 중간에 상담이 중지되는 경우도 있다. 그러나 노인상담은 대개 개인 상담으로 끝나기보다는 가족 전체가 구조적으로 연결되면서 가족치료로 확대되는 경우가 많다.

(2) 집단 상담

집단 상담은 5~15명 내외의 노인들을 상대로 하여 각 노인의 관심사, 대인관계, 행동양식의 변화를 가져오는 노력으로 상담자와 함께 자신의 태도와 행동을 수정하고자 하는 다수의 내담자들이 인간 상호 간의 작용을 통하여 보다 깊은 자기이해와 자기수용을 이끌어 내는 과정이다. 집단 상담은 보다 많은 내담자에게 도움을 줄 수 있기 때문에 경제성이 높고, 다른 동료들이 가진 다양한 경험을 공유할 수 있으며, 새로운 행동을 시도해 볼 수 있는 기회를 제공해 주는 장점을 가지고 있다.

집단 상담의 목표는 감정의 바람직한 표현과 자신의 문제나 관심사에 대한 직면과 해결뿐만 아니라, 자아개념의 강화 혹은 자기표현의 향상, 대인관계 기술향상 등을 포함할 수 있다. 효과적인 집단 상담을 위해서는 상담자가 내담자들의 참여의식을 높이고 분명한 목표를 설정하며, 바람직한 수준의 긴장감을 제공하고 내담자가 능동적으로 모임에 참여하고 자신을 노출하며 동시에 다른 참여자의 이야기를 경청하고 공감할 수 있도록 집단 내의 역동을 이끌 수 있어야 한다.

(3) 가족 상담

현대사회는 가족이 핵가족화되고 있지만 부모-자녀 간 경제적·심리적 상호의존도는 여전히 높다. 가족 상담은 노인 가족을 위한 상담으로, "지금-여기"의 관점에서 즉각적인 해결책의 계획에 초점을 둔 교육적이고 지지적인 활동이다. 가족 상담은 개별 노인에게만 초점을 맞추는 것에서 벗어나 노인이 속한 가족에게 더욱 관심을 두는 상담기법이다.

(4) 전화 상담

전화 상담은 전화를 활용하므로 내담자의 요구에 신속하게 대응할 수 있으며, 문제와 위기에도 즉시 개입할 수 있다. 또한, 내담자가 현재 처해 있는 어려움에 주로 집중할 수 있다. 특징으로는 단기상담, 익명성, 신속성, 내담자의 선택 용이성 등을 들 수 있지만, 감정에 대한 이해가 어려운 단점이 있다.

(5) 인터넷 상담

인터넷 상담은 내담자가 인터넷 접속이 가능한 컴퓨터를 통해 상담가와 상담하는 것이다.

인터넷 상담은 내담자가 자신의 문제를 호소하며 글을 쓰는 과정에서 자신의 문제를 정리하는 시간을 주며, 상담자의 답변이 오기까지 기다리면서 문제에 대한 대안을 생각하고, 관심을 지속할 수 있다는 장점이 있다. 상담자는 내담자의 주요 호소 문제를 글을 통해 읽고 주어진 호소 내용을 논구하고 숙고할 시간을 가질 수 있으며, 답변을 적어 가면서 다시 한 번 상담 내용을 정리하고 살필 수 있다.

2) 상담 기법

내담자의 연령과 특징, 학력, 인지력, 정서 상태, 경제 상태 등에 따라 상담의 상황이 달라지며, 상담 기법 역시 내담자의 특성과 문제의 특성에 따라 사용된다.

(1) 조각 기법

조각 기법(sculpting technique)은 주로 가족치료에서 사용되는데, 노인이 마치 조각가와 같이 다른 가족원들에게 "조각" 자세를 취하도록 지시하는 방법이다. 이때 가족원들은 노인 내담자가 의도하는 방식대로 혹은 가족 간의 관계를 인식하는 바에 따라 하나의 모양을 이루며 위치하게 된다. 이때 노인이 자신에게 가깝다고 생각되는 사람은 가깝게 배치하고, 멀다고 생각하는 사람은 멀게 배치할 수 있다. 대체로 노인들은 손자녀들을 가깝게, 그리고 며느리나 사위 혹은 가족 내 갈등의 주요 대상자는 멀리 배치하는 경향이 있다. 가족원들의 배치도는 하나의 관계망을 확연하게 드러내어, 노인이 가족들과 형성하고 있는 관계망과 감정적 관계 거리를 가시화한다. 이때 상담자는 구성된 가족원들의 조각 구성 상태에서 노인 내담자에게 자신의 감정을 있는 그대로 표현하도록 한다. 배치된 가족원들도 자신이 있는 자리에서 자신의 느낌을 말하도록 하고, 가족원들의 이야기를 모두 들은 후 노인은 자신의 생각을 정리하면서 자신이 원하는 가족 구조 형식대로 가족원들을 다시 한 번 배치한다.

조각 기법은 가족원들이 가상의 위치와 자세를 형성해 봄으로써 가족 간의 관계를 경험하는 비언어적 방법을 동원하는 치료 방식으로, 가족 내의 관계가 분명해지며 갈등이 시각화, 명료화되는 장점이 있다. 가족 내에서 갈등의 주요 원인이라고 여겨지는 노인들이 실제 갈등의 주요 요인으로 다른 가족원을 지목하는 경우 가족원들은 노인의 가족 내 위치와 상황을 새롭게 느끼면서 보다 나은 가족관계 형성을 위해 협력하게 된다.

(2) 문장완성 기법

문장완성 기법(complete a sentence technique)은 주로 개인, 집단상담 전 노인에 대한 사전 정보를 획득하기 위하여 사용하는 기법으로, 노인들의 가치관과 고민 및 해결 방식, 여성관, 남성관, 가족관계, 노인 자신도 의식하고 있지 못한 자아상에 대해 직·간접적인 정보를 제공한다. 문장완성 기법은 노인이 분명하게 가족들에게 원하는 것을 요구하고 요구에 대한 응답을 하는 데 어려움이 있을 때 사용된다. 내담자 노인이 '내가 만일~', '나는 ~을 원한다' 등의 미완성 문장을 보고 떠오르는 것들을 이야기해 보며 여러 가지 문장이 나올 수 있음을 알게 한 후, 활동지를 나누어 주고 미완성의 문장을 읽고 자유롭게 떠오르는 생각을 아무런 제약 없이 쓰도록 한다.

(3) 회상 기법

회상 기법(reminiscing technique)은 노인이 개인적으로 의미 있는 과거 경험을 생각하거나 그 경험을 현실의 문제와 연관시키는 기법이다. 지난 세월 속에서 스스로의 과오를 살피고 그에 대한 기억과 화해하고 용서하게 되는 것으로, 현재의 심리적인 갈등의 해결과 더나아가 과거와 현재문제로 갈등하던 가족들과의 화해 등이 있다. 주로 사용하는 방법으로는 ① 구술방법은 노인이 구두로 진술하는 것이다. ② 서술방법은 노인이 글로서 적어서 표현하는 것이다. ③ 명상법은 노인이 혼자서 과거를 되돌아보는 것이다.

| 표 10-1 | 회상기법 종류

종류	설명
자서전 방법	내담자가 자신의 삶을 정리, 기술하는 기법으로, 자서전에 기술되는 주요 사건, 과거 경험, 연관된 사람들이 중요하다. 또한 여기에 기술되지 '않은' 것에 대해서도 주의를 기울이는 것이 필요하다. 예) 자녀들에게 지나치게 공격적인 한 노인은 자신의 부모를 언급하지 않았다. 이에, 상담자가 부모에 대해 질문하였을 때 어린 시절 내담자의 아버지에게서 학대경험을 호소하였다.
생애 여행	태어나서 아동기, 청년기, 성년기를 보낸 곳으로 여행을 떠남으로써 자신의 과거와 만날 수 있으며, 방문하는 곳마다 사진을 찍고 기록을 하는 것이 좋다. 각 시기별로 나누어 지난 행로를 기억해 보고 이 시절로 되돌아가 봄으로써 해결하지 못했던 과거의 감정들과 화해하고, 인생의 기억 속에 남아 있던 인물들과 만남으로써 과거 시기의 공백을 채울 수 있다.
조상 찾기	부모, 친척의 묘지 방문을 통해, 관련된 기록들을 찾아보고 누구든 나이가 들면 세상을 떠날 수 있음을 받아들이며 나의 인생도 되돌아 볼 수 있다.
중요 인물과의 만남	초, 중, 고교, 대학 동창이나 가족, 종교단체나 시민단체의 모임에서 친구들이나 인생에서 중요한 사람들을 보면서 자신을 돌아볼 수 있는 기회를 갖는다. 과거 희망을 얻었거나, 상처를 주고받았던 사람들과의 재회를 통해 자신의 가치를 느끼고 삶의 보람을 얻도록 시도하는 데 도움이 된다.

종류	설명
사진, 일기, 추억의 자료	사람들이 보관해 온 물건들은 보통 자신의 인생에서 특별하고 즐거운 기억을 담고 있는데, 옛 자료를 보고 이와 관련된 기억을 특별한 방식으로 재구성하고, 재경험할 수 있다. 노인들이 오랫동안 잊고 있었던 사건들을 기억하며 지난 과거를 정서적으로 재경험하게 되면, 잊고 있던 친구와 친지들에 대한 관심을 갖게 된다.
일생의 업적 정리	노인들은 세상에 기여했다고 여겨지는 일을 정리하는 것 자체로 통합감을 느끼는 계기를 갖게 된다. 지난 시절에 자신이 이룬 각 분야에서의 업적들을 구체적으로 나누어 적어 봄으로써 자신이 세상과 다음 세대에 의미 있는 기여를 했다는 성취감을 갖게 된다.
경험을 통해 얻은 정체감 관심	노인들은 자신들이 겪어 온 역사적 경험을 통해 획득한 정체감을 확인하고 이를 다음 세대에 전달할 수 있다. 전쟁의 경험, 가난의 경험, 성공의 경험, 정치적 변화의 경험, 가문의 전통, 세계 속의 한국인으로서의 자부심 등 자신들이 물려받고 경험했던 전통과 교훈들을 기억하고 이를 자라나는 세대에게 전수할 수 있다.

(4) 심리극 기법

심리극 기법(psychodrama technique)은 1912년 정신과 의사인 모레노(J. L. Moreno)에 의하여 창시된 집단정신 요법(group psychotherapy) 중의 하나이다. 과거 고통스런 경험이 현재의 상황에서 나타나게 하려는 목적으로 갈등적인 상황을 재현하는 데 사용하는 것이다. 이는 당장에는 고통스러운 효과를 가져 오지만 일단 심리극 상황에서 진정한 감정이 나타나게 되면 이야기되는 것보다 훨씬 분명하게 문제와 문제의 차원들이 드러나게 되며 또한 문제를 이해하고 새로운 행동을 시도하는 기회가 만들어질 수 있다.

| 표 10-2 | 심리기법 종류

종류	설명
독백 (soliloquy)	독백은 말이 없는 노인, 혹은 대화 도중에 침묵이 자주 발생하는 경우에 사용하면 좋다. 단순히 무슨 생각을 하고 있느냐고 물어보는 대신에 방금 스쳐 지나간 생각이나 느낌 같은 것을, 그것이 이야기하기가 곤란한 것이라 할지라도 그대로 이야기할 수 있을지를 묻고 내담자 혼자 말해 보도록 한다. 예) 아내의 이야기 도중 스쳐지나가는 느낌을 말해 보세요.
역할 바꾸기 (role reversal)	갈등상태에 있거나 문제를 포함하고 있다고 여기는 두 사람이 서로의 역할을 바꾸어 봄으로써 상대방의 입장에서 자신의 문제와 갈등을 보게 하는 기법으로, 내담자는 상대의 역할과 상황을 이해하고 자신의 생각과 표현 방식도 더불어 이해하게 된다.

종류	설명
거울 기법 (mirror technique)	자존감이 낮거나 대인관계가 어려운 노인이 대상이 되는 기법으로, 비협조적인 노인, 우울 증상이 있는 노인들이 스스로를 살피도록 돕는 데 유용한 기법이다. 이 기법은 상담자가 내담자의 행동, 자세, 말투 등 모든 것을 거울에 비추어 보듯 똑같이 흉내 내는 것이다. 이로써 내담자로 하여금 자신을 보다 객관적으로 보고 평가할 수 있게 해 주며 자신의 표현 방식을 변화시키고자 하는 의도를 불러일으킬 수가 있다. * 주의사항: 내담자에게 불쾌감을 줄 수 있기 때문에 상담자와 내담자 간에 충분한 신뢰관계가 형성된 이후에 사용하는 것이 좋으며 내담자의 동의를 얻는 것이 바람직하다.
마술 상점 (magic shop)	내담자 내부의 긍정적인 자원을 탐색하고 생의 목표와 가치를 명백히 하는 데 도움이 되는 기법으로, 가족원 모두가 가게 주인 흉내를 낸 후에, 고객을 맞아 필요할 것을 고르게 한다. 살 물건을 선택한 후에 왜 그 물건을 원하는지, 언제부터 바라고 있었는지, 그걸 갖게 되면 정말 만족할 수 있는지 등을 물어본다. 어느 정도 충분한 설명이 있게 되면 이번에는 반대로 그 물건이 꼭 필요한 것인지 혹 필요 없는 것인데 사려고 하는 것은 아닌지를 질문한다. 만족할 만한 대답이 나온 후에는 버리고 싶어서 내어놓은 내용들에 대해 내던지거나 토해 내는 상징적 행위를 하게 한 후에 완전히 사라졌다는 느낌을 갖도록 한다. 마지막으로 사고자 했던 것들을 사려는 사람에게 건네준 뒤에 다시 한 번 앞으로 그걸 가지고 살아가게 될 인생에 대해서도 이야기를 나눈다. 이 기법에서 중요한 점은 그동안 자신이 원했던 것, 그리고 버리고 싶었던 것들이 실제로 그렇게 많은 의미가 없었다는 사실을 발견하는 것이다.
빈 의자 기법 (empty chair technique)	내담자의 상상력을 자극 또는 역할 연기, 감정해소 기능이 있다. 자신에 대한 이해나 내면의 답변을 찾는 데 도움이 되며, 또한 그 대상이 사람이 아닌, 의자이기 때문에 보다 자유롭게 상상할 수가 있다(저항이 약화 되는 강점).
이중자아 기법 (double technique)	반응을 잘 보이지 않는 노인 내담자와 어느 정도 치료적 관계가 형성된 후에 사용하는 것으로, 내담자의 심리적 경험을 있는 그대로, 또 최고조로 묘사함으로써 문제를 평가하고 갈등을 분석하며 상호 관계를 자극하고 촉진하는 기법이다. 이중자아 기법에 대해 먼저 설명한 후, 내담자의 동의를 구한다. 상담자는 허공을 보거나 내담자를 쳐다보면서 기다린다. 반응이 없는 경우 비슷한 내용의 이야기를 강조해서 되풀이하고, 수정을 할 경우엔 수정된 내용으로 다시 한다. 공감을 표시할 경우엔 잠시 동안의 침묵을 지킨 후에 그럴 수밖에 없었던 심리적 원인들에 대한 접근을 시도한다.
공유 (sharing)	타인에 의한 지지, 감정이입, 일반화로 통찰을 얻는 기법으로서 여러 사람 앞에서 자신의 깊은 내면, 감추고 싶었던 내용, 수치스럽거나 고통스러웠던 일 등을 내어놓고 그 내용을 함께 나누는 것이다.

(5) 역할 기법

역할 기법(role playing)이란 내담자나 상담에 참여하는 내담자 가족들, 혹은 집단상담 참여자가 역할을 맡아 내담자의 문제와 관련된 일련의 상황들을 연극 형식으로 표현하는 것을 말한다. 여기서 특별히 정해진 대본 없이 참가자들이 자신들의 이야기를 가지고 역할을 맡아 표현하며, 역할극은 내담자의 심층적인 문제들보다는 집단의 현 문제나 개인의 당면 문제를 가족원들이 미리 연습한 내용을 통해 다루고 보여 준다. 역할 기법은 상담 참여자들이 자신들의 이야기를 가지고 대본을 만들거나 연습을 해서 참가자들 스스로 역할을 맡아 보여 준다. 이를 통해 개인이나 집단의 문제가 재연되고 재연된 문제를 가지고 전에는 해 보지 않았던 것을 해 보게 하고, 토론을 통해 새로운 대안을 찾아가게 되며 이 과정에서 노인은 문제가 해결되는 것을 경험하게 된다.

(6) 적극적 경청

적극적 경청(active listening)은 내담자의 생각과 감정을 충분히 듣고 느끼며 내담자 입장에서 이해하는 것을 말한다. 내담자의 심정과 감정, 태도를 충분히 살피고 받아들이는 과정이며 이 과정을 통해서 노인은 마음의 문을 열고 경청하는 상대방과 충분한 감정적·정서적 관계를 형성한다. 적극적 경청을 위해서는 내담자가 무엇을 느끼고 있는가를 내담자의 입장에서 이해하는 공감적 이해가 중요하다. 또한 자신이 갖고 있는 편견이나 고정관념을 넘어서 내담자를 있는 그대로 받아들이는 수용의 자세, 그리고 자신의 감정을 솔직하게 전달하고 내담자를 속이지 않는 성실한 태도가 필요하다. 적극적 경청을 위해서는 언어적 표현뿐만 아니라 비언어적인 표현에도 신경을 쓰며, 상대가 말하고 있는 것을 피드백해 보고, 충분한 감정 표현의 동기를 만들어 주는 것 등이 중요하다.

(7) 직면하기

직면하기(confrontation)는 갈등 상황에서 내담자와 가족원들에게 직접적으로 문제의 핵심과 저항의 내용을 지적해 주는 것을 말한다. 직면하기를 시도할 때는 노인과 가족들의 심리적인 부담감을 감안해야 하며, 무엇보다 내담자와 그 가족원들이 상담자의 호의적인 의도를 파악하고 있어야 한다. 또한, 정보전달이 분명하게 이루어져 가족 내 혼란이 일어나지 않도록 해야 한다.

(8) 요약하기, 반복 기법

요약하기, 반복 기법(recapitulating via summary)은 노인들은 일반적으로 이야기를 길고 반복적으로 하는데, 이로 인해 상담 상황에서는 상담 목표가 흐려지기 쉽고 초점이 흐트러지기 쉽다. 이는 노인 스스로 자신을 인정받고 자신에게 관심을 집중시키려는 의도와 더불어 자신의 문제가 드러나는 것에 대한 불안감을 반영한 결과이다. 즉, 이야기를 반복적으로 길게 늘여서 상담자의 주의 집중을 흐리게 하고, 자신에 대한 파악을 방해하며, 상담자와의 거리를 두고자 하는 목적이 이면에 깔려있는데 이때 필요한 것이 요약하기, 반복기법이다. 상담자는 내담자 이야기의 요점을 반복하여 이야기해 줌으로써 노인 스스로 자신의 생각을 정리하며, 이야기의 초점을 잡을 수 있게 된다.

(9) 의사소통 훈련

노인들은 지나치게 자기주장이 강하거나, 자신을 표현하고 이해시키는 데 미숙한 경향이 있는데, 이는 감정 표현이 익숙하지 않기 때문이다. 이런 경우 의사소통 훈련이 필요하다. 상담자는 내담자가 가지고 있는 감정, 즉 부정적 감정과 긍정적 감정 모두를 직접적이고 분명하게 표현할 수 있도록 인지시키고 분명히 하는 훈련을 시킬 수 있는데, 이를 위해서는 내담자를 격려하고 변화나 적응에 대한 안정감을 느끼도록 하는 과정을 가져야 한다.

Chapter

11

노인복지프로그램의 개발 및 평가

우리나라 노인복지는 4고(가난, 질병, 고독, 역할상실) 혹은 3악(빈곤, 병고, 고독)으로 정리되고 있다. 노년기 문제해결에 초점을 두고, 주요 노인복지정책은 소득과 의료보장을 중심으로 대응하여 왔다. 2015년 65세 고령자의 기대여명은 평균 20여 년에 달한다(통계청, 2015).

노년기 동안 지역사회 내에서 이용할 수 있는 노인복지서비스에 대한 고민은 소득 및 의료보장과 더불어 노년기 삶의 질을 결정하는 축이다. 무형이라는 서비스의 특성상, 특정 지역 내에서 이용 가능한 노인복지서비스에 대한 논의는 직접적 서비스 제공 주체인 노인복지시설에서 시작된다(민연경·이영석, 2012). 따라서 노인복지서비스 프로그램의 개발과 평가가 중요하다고 할 수 있다.

이에 본 장에서는 노인복지프로그램의 개념과 중요성을 살펴보고, 노인복지전문가로서 프로그램 개발과 평가에 대한 기본적인 이론을 학습하고자 한다.

1. 노인복지프로그램의 개념과 중요성

1) 노인복지프로그램의 개념

프로그램이란 '의도된 계획에 따라 어떤 목적을 달성하기 위해 인적·물적 자원을 활용하는 일련의 집합적인 행동들'이라 할 수 있다. 프로그램은 그 성격상 집합적인 활동이며 일련의 진행과정에 따라 인간과 환경 간의 다양한 상호작용을 보여주는 역동적인 활동이다(허만영, 2004: 379). 즉, 프로그램은 서비스 전달을 위한 도구이며, 정책이 의도하는 변화를 실천에 옮기는 모델로서의 역할을 수행하게 된다. 정책이 주로 '무엇이 되어져야 하는가'라는 당위성을 다루고 있다면, 프로그램은 '어떻게 그것을 실현할 것인가'에 대한 방법론을 담고 있는데, 사회복지를 다루는 사회정책들은 '개인을 공동체에 통합시키려는데' 주된 목적을 두고 있으므로, 사회복지프로그램[1)]은 공동체 통합의 목적을 위해 쓰여지는 방법론적인 도구로 간주될 수 있다. 노인복지프로그램은 노인을 대상으로 의도적인 개입을 통해 노인, 노인 집단, 혹은 사회 전반적인 변화를 시도한 프로그램이라고 정리할 수 있다.

2) 노인복지프로그램의 중요성

지역사회 거주 노인들을 위한 노인복지시설은 노인여가복지시설과 재가노인복지시설로 요약된다. 노인여가복지시설은 독립적으로 일상생활이 가능한 노인을 대상으로 여가 서비스 혹은 친목 장소를 제공한다. 노인여가복지시설과 달리, 재가노인복지시설은 심신 장애로 독립적인 생활이 어려운 노인들을 지역사회 내에서 보호하고 가족들의 돌봄 부담 완화를 위해 존재한다. 시설의 기능과 목적에 따라 차이가 있으나, 지역사회 내 사회복지시설의 공급량은 서비스 이용의 결정요인이다(정순둘 외, 2011).

1980년대 중반 이후, 탈시설화와 더불어 지역 내 노인복지시설의 지속적인 양적 팽창은 노인복지서비스의 이용가능성을 높였다(손정렬, 2007). 2003년 3백 68개에 불과했던 재가노인복지시설은 2015년 2만 8천여 개로 증가하였고, 같은 기간 노인여가복지시설 또한 4만 7천여 개에서 6만 6천여 개로 증가하였다(보건복지부, 2003, 2015). 그러나 2015년 재가노인복지시설의 이용인원 정원(18,852명)은 65세 노인인구(약 6,549,000명) 대비 약 0.3%에 불과하며, 노인여가시설의 99% 이상은 단순 휴식의 공간을 제공하는 경로당이다(보건복지부, 2015). 이는 곧 지역 내 노인복지서비스를 제공하는 재가노인복지시설과 노인여가복지시설의 공급은 여전히 부족함을 의미한다. 이는 다른 의미에서 보면 시설부족만이 아니

1) 사회복지프로그램은 일종의 변화모델로서, 사회적으로 무엇이 바람직한지 혹은 바람직하지 않은지에 대한 가치판단이나 이를 통해 바람직한 상태로의 변화라는 목적들이 결정되고, 그러한 목적 상태에 도달하기 위해 필요한 실천적인 과정을 주도하는 것이 프로그램이 된다. 즉, 사회복지프로그램이란 의도적인 개입을 통해 개인이나 집단, 혹은 사회에 대한 변화를 시도하는 것이다(김영종, 2007: 248). 사회복지행정에서 프로그램의 중요성은 현대사회의 복잡성, 사회복지기능의 확산, 그리고 그러한 기능을 실현하기 위한 실천 활동 등에서 사회복지행정은 필요하다. 기획, 실행, 평가 및 수정 등을 포함하는 실천 활동은 사회복지조직과 프로그램을 통해 수행되며, 그 중에서도 사회복지적 목표를 달성하는 데에 프로그램이 직접적으로 관여하기 때문에 프로그램의 유지와 관리가 사회복지행정의 주요한 과제이다.

라 프로그램의 부족과 많은 노인이 삶의 질을 높일 수 있는 서비스 없이 공원 또는 경로당에서 시간을 보낼 수밖에 없는 여건인 것이다. 이에 노인복지기관에서의 프로그램 활성화를 통해 주변 경로당과 지역 공간을 활용한 프로그램 개발과 진행이 필요하다.

노인복지프로그램의 중요성은 빈약한 프로그램[2]과 충실한 프로그램[3]과의 비교를 통해 보다 명확하게 이해될 수 있을 것이다.

2. 노인복지프로그램의 분류와 구성요소

1) 노인복지프로그램 분류

복지프로그램들은 사회 정책을 실현하기 위한 전략적·조직적인 요소들로서, 사회정책들은 의도적인 재분배의 문제를 주로 다룬다. 그에 따라 복지프로그램들은 대개가 전형적인 정치학 문제를 다루게 된다. 복지프로그램들은 크게 두 가지 방법으로 분류될 수 있다. 첫째, '누구'에 관한 문제로서, 서비스 대상자를 결정하는 프로그램 자격 기준들에 따라 구분될 수 있으며, 둘째, '무엇'에 관한 문제는 제공되는 서비스 형태에 의해 구분된다(장동일, 2006: 216-218).

(1) 자격요건에 의한 분류

프로그램의 자격요건이란 '누가' 서비스의 수혜자인가를 결정하는 것으로, 정책

2) 복지현장에서의 빈약한 프로그램의 경우는 직원과 관리자는 가장 작은 것에서 가장 많은 것을 요구하게 되며, 직원과 클라이언트의 기대, 목적이 명확하지 않아 무엇을 위한 프로그램인지 구분되지 않게 된다. 또한, 다른 기관, 클라이언트, 주민이 갈등 있는 프로그램의 목적, 원인에 대하여 알지 못한다. 그리고, 기부자는 과업들의 비현실적인 기대를 알기 어렵게 되며, 조직의 힘에 비해 실천이 개선되지 못하고, 창의적인 프로그램의 개입이나 탐색이 회피되고 선택된다.

3) 복지현장에서의 충실한 프로그램의 경우는 사려 깊은 설계를 통해서 결점들을 약화시키며, 효과성·능률성을 높여 직무만족도가 좋다. 또한, 조직체로부터 많은 지지를 확보할 수 있으며, 조직의 실천행위를 개선할 수 있다.

에서 의도한 욕구에 부합하는 상황이나 사람들이 누구인지를 판단하기 위해 몇 가지 조작적인 기준들이 동원된다(김영종, 2007: 252-256). 복지프로그램들은 서비스 수혜자들의 자격요건을 판단하는 데 한 가지의 기준만을 사용하지 않고, 대부분 두 가지 이상의 기준들을 혼용하여 자격요건을 판단하게 된다.

① 생활수단-검증(means-tested) 기준

본 기준은 주로 공적 프로그램들과 같은 선별적 프로그램들에서 나타나는 기준으로, 자산이나 소득을 근거로 집단의 평균이나 중간 값에 대비해서 일정한 위치에 속하는 사람들을 선별하여 기초생활보장이나 의료보호 등의 서비스 대상자를 책정할 때 적용되는 대부분의 기준이 속한다.

② 지위(status) 기준

지위 기준은 주로 보편적 프로그램에서 사용되며, 특정 연령집단, 특정 지역사회거주자 등과 같은 개인들의 지위에 따라 자격요건을 설정하는 것으로, 즉 개인적인 특성에 의해서보다는 그 개인이 속한 집단적인 특성에 의한 분류이다. 본 기준은 노인수당, 가족수당 등에서 적용된다.

③ 보상적(compensatory) 기준

보상적 기준은 '누가 사회적인 기여를 했는가, 혹은 누가 사회에 의해서 손해를 입었나' 등에 기준해서 보상적 차원으로 이루어지는 것으로, 사회보험이나 보훈관련 프로그램들이 그 대표적인 경우들이다. 공동체 사회의 상호의존성이라는 원칙에 의거하여, 한 개인이 공동체 사회를 위해 기여한 정도에 따라 보상 수준을 결정하는 것이 보상적 기준으로, 연금이나 의료보험, 고용보험, 산업재해보상보험 등과 같은 사회보험에서는 개인들이 국가 공동체를 위해 헌신한 노력에 대한 보상이므로 그 자격 기준은 '얼마나 일을 했는지'와 주로 관련되어 있다.

④ 진단적(diagnostic) 기준

진단적 기준은 대인적 사회서비스 프로그램들의 경우에 이 기준을 많이 사용하는데, 본 기준은 프로그램의 자격요건을 결정하는 데 사용되는 여러 기준들 중에서 가장 까다로운 방법이다. 다른 기준들은 대개가 사전에 명백한 규정을 갖고 있으면서 그에 비추어 적합성의 여부를 판단하는 데 비해, 본 기준은 표준화된 규정을 미리 만들어 두기가 어려워, 법원의 결정, 정신과 의사나 일반의의 평가, 인테이크 케이스워커의 결정 등의 많은 부분들이 이러한 진단적 기준들이 적용되는 경우로서 사전에 객관적으로 규정된 엄격한 자격요건들이 존재하기 어려운 까닭에, 대부분 이런 기준을 적용하는 프로그램들은 전문가를 필요로 한다.

(2) 서비스 급여에 의한 분류

사회복지프로그램들은 다양한 유형의 급여들을 갖추는데, 서비스에서 제공되는 급여의 질적인 특성에 따라, 사회복지프로그램들은 다음의 유형들로 나뉠 수 있다(김영종, 2007: 256-261).

① 기회(opportunity) 제공

유형의 재화나 서비스가 아니라 기회와 같은 잠재적, 무형의 급여를 제공하는 것으로 어떤 개인이나 집단에 대해 이전에는 부정되었던 급여의 접근을 가능하게 만드는 것이다. 비록 무형적이기는 하지만, 중요한 사회정책의 목적들은 때론 이러한 기회전략을 통해서 성취되는 경우가 많으나 이러한 급여는 단지 잠재적 수급자들에 대해 가능성이나 기회를 제공하는 것이므로, 그들이 실제로 그러한 가능성을 활용하는지에 대해서는 통제할 수 없다.

② 현금이전(cash-transfer)

한 개인이나 제도로부터 다른 개인이나 제도로 일정 금액이 이전되어 할당되는 것이 현금이전이다. 임금이나 이용 요금 등과는 다른 것이, 이런 식의 급여들은 반대급부가 없이 이루어진다는 것이다. 기초생활보장과 같은 공공부조 프로그램들은 국민이나 주민들로부터 거두어진 세금이 저소득층의 수급자들에게 현금 이전되는 것으로, 계층 간 이동의 대표적인 경우이다. 국민연금이나 의료보험과 같은 사회보험 프로그램들에서는 계층들 간에 급여가 이동한다기보다는 계층들 내에서 시간적으로 이동하는 경향이 높게 나타난다.

③ 현물(in-kind) 제공

현금으로 지급되는 서비스가 갖는 문제점들로 인해, 수혜자들에게 의도되는 서비스 급부들을 현물로 지급하는 것이다. 부식비의 명목으로 현금을 지급하는 대신에 부식이 되는 쌀이나 반찬을 직접 제공하거나 이와 유사한 효과를 내는 교환권 등을 지급할 수도 있다. 프로그램이 의도했던 목적에 적합하게 자원이 쓰여지도록 통제하려는 것이다. 다음의 두 가지 전략들은 현물 서비스의 성격에 가깝다.

㉠ 신용(credit) 전략

특정 재화나 서비스의 소비를 권장 혹은 억제하고자 하는 경우나, 수급자들을 최대한 통제하려고 할 때 사용된다. 세금제도가 신용 전략의 수행을 위한 주요 도구로써 사용될 수 있다. 각종 소득세, 재산세, 부가가치세, 연금이나 의료보험비 등의 세금들을 조절함으로써 특정 재화나 소비에 대한 통제를 가하는 방법이다.

㉡ 바우처(voucher, 인환권) 전략

현재 이루어지는 소비가 특정한 상품이나 서비스들로 한정되도록 하기 위한 것이다. 인환권은 일종의 교환을 보증하는 증서를 말한다. 상품권, 식권, 건강보험증, 경로버스표 등이 이러한 인환권에 속한다. 비록 구입될 수 있는 특정 재화나 서비스의 종류는 명시되어 있지만, 어떤 서비스 공급자를 선택할 것이지는 수급자들이 결정하게 된다.

④ 사회서비스

사회서비스는 보다 직접적인 서비스 제공의 형태로 문제에 대한 직접적인 개입을 시도하는 것으로 자활이 목적이라면 자활이 가능하도록 사람들에게 직접적으로 개입하여 변화를 시도하는 것이다. 자활에 필요한 심리사회적 태도의 변화, 취업교육, 취업알선 등을 재활대상자들에게 제공함으로써 자활의 목적에 도달하게 된다.

㉠ 보편적 사회서비스

보편적이고 제도적인 사회복지 개념과 밀접히 관련되는 의료, 교통, 주택, 취업 등과 같은 일반적인 사회서비스들이 여기에 포함된다. 대인적 사회서비스들 중에서 발전이나 사회화의 강화 등을 강조하는 '사회공익성'의 성격을 띤 프로그램들은 여기에 속한다.

㉡ 선별적 사회서비스

대부분의 대인적 사회서비스들이 여기에 해당한다. 이러한 서비스들은 사회공익성 모델이 아니라 '사회적 개입'의 모델을 사용한다. 개인들의 사회에 대한 부적응, 문제, 질환, 어려움 등에 대처하기 위한 서비스들이다.

3. 노인복지프로그램의 재정

복지프로그램 재정을 지원하는 데는 다양한 방법들이 사용될 수 있다. 복지 서비스가 제공되는 데 따르는 비용을 누가 지불하는가의 문제가 프로그램 재정 원천의 결정에서 중심적인 고려사항이 된다. 개별 서비스 프로그램의 관점에서는 자원이 어떻게 동원되는가를 기준으로, 재정자원의 원천으로 구분된다(김영종, 2007: 261-266).

1) 재정 원천의 유형

(1) 이용자 요금 부담

서비스를 이용한 사람이 직접 그에 대한 비용을 부담하는 것으로, 보편적 사회서비스들에서 이러한 방식을 많이 채택한다. 교육, 의료, 주택, 보육서비스, 유로양로 등이 그런 경우로 서비스에 대한 이용료는 서비스 이용 정도에 따른 차등적인 요금 산정 방식을 적용하는 것이 일반적이다. 그러나 대부분의 사회복지프로그램들은 이용자 수입만으로는 자립적이지 못하고, 공공기관이 제공하는 자금들로 보조되는 것이 보통이다. 특히 사회적으로 권장되는 서비스들에 대해서는 이용자들이 지불하는 요금을 소득세에서 공제해 주는 등의 방식으로 간접 보조되기도 한다. 보육이나 의료, 교육비 등에 대한 소득공제가 대표적인 경우이다.

(2) 민간 조직 제공

자선활동에 대한 기부를 목적으로 하는 조직들이 프로그램에 대해 재정 지원하는 것으로, 지역사회의 각종 공동모금 기구들이나 개인, 기업의 출연금에 의한 복지재단들이 이러한 조직에 해당한다. 미국의 경우 적십자나 유나이티드웨이(UN)와 같은 공동모금 조직들이 사회서비스 조직들을 지원하는 비중은 상당히 크다. 이들 조직은 기업의 출연금, 개인들의 기탁금 등과 같은 각종 자원들에 대한 모금활동을 전담하는데, 이렇게 해서 모아진 자원을 지역사회의 사회서비스 프로그램들에 배분하는 역할을 수행한다.

(3) 제3자 제공방식

서비스 이용자의 요금을 제3자가 대신해서 서비스 제공 기관에 지불하는 방식이다. 건강보험과 같은 경우가 대표적이다. 의료기관이 환자에게 제공한 서비스들에 대해 그 요금의 전액 혹은 일부를 제3자인 국민건강보험공단이 지불하는 방식이다.

(4) 보험 원칙

보험 원칙은 '지금 지불하고, 나중에 혜택을 받는 것'이다. 연금과 같은 각종 사회보험 프로그램들은 기금이 정부 기관에 의해 수집되고, 이 기금은 고용주나 근로자 혼합에 의해서 불입된다. 대부분의 주요 사회보험들은 그 규모로 인하여 이것을 행정 관리하는데 거대 관료제적 조직을 필요로 한다(노인복지서비스의 대표적인 사회보험의 예: 노인장기요양보험제도).

(5) 정부지원

우리나라의 경우 생활시설이나 이용시설 할 것 없이 대부분의 민간 사회복지기관들이 정부 보조금에 의해서 운영자금을 획득하고 있는데, 정부지원에는 특정한 서비스 제공에 대한 보상 방식과 서비스 조직의 유지와 운영을 위한 지원방식이 있다. 인건비를 비롯한 경상운영비 위주로 제공되는 정부보조금 방식들은 후자에 속한다.

2) 정부 지원의 형태

대부분의 복지서비스 프로그램들의 주된 재정자원의 원천은 정부 지원에 의존된다. 정부 지원은 크게 보조금 지원과 서비스 구입의 형태로 이루어진다.

(1) 보조금 지원

지방 정부 단체나 민간기관들의 서비스 제공에 대해 중앙 정부나 지방 정부가 이를 일정 부분 보조해 주는 것이 보조금이다. 정부보조금의 방식은 특별교부금과 일반교부금으로 나눌 수 있는데, 사용처가 미리 정해진 제한적인 보조금을 특별교부금이라 하고, 일반교부금은 사용처가 비지정된 보조금이다. 보조금 방식에 전적으로 의존해 운영되는 사회복지프로그램의 문제점은 보조금 관리를 위해 사용되는 행정사무비용이 많다는 것이다.

(2) 서비스 구입

자원을 가진 조직이 서비스 대상자들에게 직접적으로 서비스를 제공하는 것이 아니라 서비스제공 능력을 가진 조직들로부터 서비스를 구입하여 간접적으로 서비스를 제공하는 방식이 서비스 구입이다. 본 방식은 보조금 지원방식보다 자금제공과 업무수행의 가이드라인이 엄격하고, 서비스의 실패에 대해서는 보다 강한 책임을 물을 수 있다. 민간기관에서 서비스를 구입하는 것이 정부조직의 관료제적인 경직구조에 얽매이지 않고 서비스가 조직되고 전달될 수 있어서 보다 높은 유연성과 창의성을 가질 수 있기 때문에 정부 기관이 직접 서비스를 전달하는 것보다 효과적이다.

4. 노인복지프로그램 개발의 고려사항

복지프로그램은 참여자가 잠재능력을 가지고 있고 시간의 경과에 따라 성장·변화할 수 있다는 기본 전제하에서 만들어져야 하며, 프로그램을 개발할 때 고려사항으로는 “가치, 실현가능성, 합리성, 효율성 등” 여러 가지가 있다. 이는 5P(Person, Problem, Purpose, Process, Place)를 들 수 있는데, 그 내용은 다음과 같다(신복기 외, 2002: 380-382).

1) Person(사람)

능력 수준과 흥미에 대한 적합성으로 프로그램 내용 선정에 있어서 가장 중요한 것이 대상자에 대한 고려이다. 프로그램의 내용은 대상자의 필요와 흥미 또는 능력 수준을 고려하여 친밀감이 있는 것으로 선정하여야 하고, 대상자뿐만 아니라 대상자와 관련된 가족 등도 포함하여야 한다.

2) Problem(문제)

프로그램의 통합성이란 프로그램에 참여하는 대상자의 문제해결이나 목표달성을 위하여 단편적인 서비스의 제공만이 아니라 인간의 경제적·사회적·심리적·문화적 제반 측면들을 통합적으로 고려하는 프로그램을 제공하여야 한다. 즉, 비행청소년이나 범죄자의 경우 비행의 감소, 재범방지 및 사회복귀에만 그치는 것이 아닌 대상자와 그 가족의 사회적 관계망 유지와 회복, 정서적인 안정, 자립 및 갱생에 도움이 될 수 있는 대인적 서비스도 고려되어야 할 것이다.

3) Purpose(목적)

합목적성 및 일관성으로, 프로그램의 내용은 목표에 입각하여 결정되어야 한다.

참여자로 하여금 협동심을 고취시킨다는 목표를 세워놓고 그 내용에는 경쟁 상태의 활동내용만을 포함시켰다면, 프로그램의 내용과 목적이 일치되지 못한 경우이다. 따라서 프로그램 내용에 지나치게 치중하여 목적이나 목표에 전도되는 '목표전치' 현상이 발생하지 않도록 유의하고 프로그램을 진행하는 도중에 목적과 목표에 대한 점검이 필요하다.

4) Process(과정)

프로그램의 지속성과 네트워크화로 프로그램은 지속성과 안전성을 확보하여야 한다. 프로그램은 일시적·일회적 내용이 아닌 장기적·체계적인 계획아래 제도화되어야 하며, 프로그램은 공공시설, 기업, 민간, 종교단체 등 다양한 인적·물적 자원과 연결시키는 체계적인 네트워크 시스템을 구축해야 한다.

5) Place(장소)

프로그램은 지역적인 특성을 고려해야 하며, 지역복지의 측면에서 지역의 문화적 특성이나 전통, 관습, 방언 등을 발굴하여 프로그램명이나 집단명으로 활용할 때, 프로그램의 참여자나 팀 구성원 및 지역사회 주민들이 프로그램에 보다 쉽게 접근할 수 있고 호응을 얻을 수 있다.

5. 노인복지프로그램 개발과정

복지프로그램은 그 종류가 매우 다양하며, 그 규모도 단 시간 내에 이루어지는 단편적인 것에서부터 장시간의 시간을 필요로 하는 매우 복잡하고 광범위한 내용으로 이루어지는 프로그램도 있다. 이러한 프로그램을 얼마나 효과적으로 잘 개발하는가의 문제는 곧 효과적인 사회복지실천과도 직접적으로 관련된다. 프로그램 개발은 "문제발견, 욕구분석, 포괄적인 목적과 구체적인 목표의 조작·설정 및 목적과 목표달성을 위한 실행체계"이다. 프로그램 개발의 과정으로 PROGRAM의 머리글자를 활용한 7단계로 구분하여 설명하고자 한다(신복기 외, 2002: 385). 이 과정은 보통 기획과정과 비슷하다.

1) 문제와 욕구사정(Problem and Need Assessment)

프로그램 개발과정은 문제와 욕구사정에서부터 시작하며, 문제분석을 통해 프로그램의 목적이 설정된다. 사회복지프로그램들은 목적이 불분명하다는 점에서 많은 비판을 받아왔으며, '삶의 질 개선'과 같은 매우 추상적인 목적에서부터, '지역사회의 빈곤 해소'와 같은 지나치게 의욕적인 목적들을 제시하는 데 따른 문제점이다. 이러한 불분명한 목적 설정은 철저하지 못한 문제분석에서부터 비롯된다.

(1) 문제의 구체화

문제분석은 무엇이 문제인지를 규정하는 과정으로, 이를 통해 목적 설정이나 노력의 방향, 투입될 자원들의 할당에 대한 근거를 제시한다. 얼마나 명확하게 문제를 분석하는가에 의해서 프로그램의 목적들이 보다 명확하게 나타날 수 있는가를 좌우하는데, 불분명한 문제분석은 모호한 목적설정과 부적절한 개입전략으로서 부정확한 서비스의 대상을 만들어 자원의 낭비를 초래하고 해결되지 않는 문제들을 축적되게 한다.

① 사회문제의 규정

사회문제란 사람들이나 그들이 갖는 환경의 조건들이 바람직하지 않은 것으로 규정된 것이다. 바람직하지 않은 조건이란, 어떤 것의 존재나 성격을 바람직하지 않게 변경시키려는 현상을 의미한다. 사회문제들의 경우에 열악한 건강 상태, 실업, 낮은 소득, 신체 학대 등의 조건들은 사람의 존재 자체나 혹은 성격에 바람직하지 않은 변화를 만들어 낸다. 서비스란 이러한 사회문제를 해결하기 위한 방법으로 조건과 서비스는 구분되는 것이며 서비스의 부재가 곧 사회문제는 아니다. 한 조건이 사회문제로서 규정되기 위해서는 최소한 공공의 의견 합치가 필요하고, 한 사람의 눈에 문제로 보이는 것이 다른 사람의 눈에는 그렇게 보이지 않을 수도 있다. 따라서 한 조건이 사회문제로서 자격을 갖추려면 다음이 충족되어야 한다. 첫째, 그 조건은 상당히 많은 사람들에 의해 바람직하지 않은 것으로 인식되어야 하고, 둘째, 다른 조건들보다는 훨씬 더 바람직한 대안적인 해결방안들을 가진 것으로 인식되어야 한다. 셋째, 사람들로 하여금 기존의 상황을 변화시키고자 하는 동기를 유발하기에 충분할 만큼 중요해야 한다.

② 문제분석의 틀

사회문제의 복잡성으로 인해 사회문제를 분석하기란 쉽지 않지만 프로그램 설계를 위해서는 사회문제에 관한 기본적인 요소들이 확인될 필요가 있다. 그것들이 프로그램의 본질적인 성격을 규정하는 기반이 되기 때문으로 첫째, 사회에 대한 문제로서, 사회에 대한 자원비용의 문제, 사회구성원들의 건강과 안전에 대한 위협, 사회통합과 같은 사회적 가치에 대한 위협 등이다. 둘째, 개인에 대한 문제로서, 건강과 체면유지를 위한 최저기준의 박탈, 학대와 착취의 위협, 완전한 사회적 참여에 대한 장애 등이다. 셋째, 문제의 존재나 유포에 기여하는 요인들로서, 개인, 가족, 지역사회, 역사적, 정치적 요인들에 의한 생물학적·물리적·행동적·사회적·심리적·경제적 조건들이 있다. 일차적으로 문제가 사회에 귀속되었는지 혹은 개인에 귀속되었는지를 확인하는 것이 필요한데, 대부분의 문제들은 개인과 사회적 차원에서 동시에 발생한다. 따라서 문제의 분석은 어떤 형태의 사회적 문제와 어떤 형태의 개인적 문제가 유발되는지를 함께 분석해 보는 것이 보통이다.

(2) 욕구사정

욕구사정은 한정된 지역 안에서 사람들의 욕구수준을 확인해내고 이를 수량화하는 방법으로, 사회복지프로그램이 효과적으로 기획, 집행, 평가되기 위해서는 서비스 욕구에 대한 체계적인 분석에 근거해야 한다.

① 욕구의 개념

욕구사정을 이해하기 위해서는 먼저 욕구의 개념을 명확히 해야 할 필요가 있고, 여기에서 욕구(need)라는 용어는 개인적인 필요나 원함(want)이 아닌 사회적 욕구를 의도하는 것이다. 즉, 개인이나 집단이 사회인으로서 기능하기 위한 잠재성을 충분히 발휘하는 것을 제한하는 것으로 확인된 어떤 경제·사회·심리·신체적 조건들을 말하는 것이다. 이러한 단순한 개념에서 조금만 더 들어가면, 욕구와 관련해서는 다양한 규정들이 존재함을 알 수 있는데, 인간의 욕구를 설명하기 위해서는 크게 두 가지 접근방법이 사용된다. 모든 인간들이 갖는 보편적인 욕구를 보는 심리학적 접근과 사회문화적 영향에 의한 욕구의 다양성을 보는 사회학적 접근이 있다.

첫째, 보편적인 욕구를 보는 심리학적 욕구로, 매슬로우(A. Maslow)의 5단계 욕구이론, 알더퍼의 ERG이론, 맥클리랜드의 성취동기이론이 있다. 매슬로우는 인간의 욕구를 다섯 가지로 분류하는데, 즉 ① 생리적 욕구, ② 안전의 욕구, ③ 사랑의 욕구, ④ 존경의 욕구, ⑤ 자아실현의 욕구 등이다.

| 표 11-1 | 매슬로우의 5단계 욕구

구분	내용
5단계 자아실현의 욕구 (self-actualization need)	이상의 모든 욕구가 충족되면 자아실현에 대한 욕구가 발생한다. 자아실현은 자신이 성취할 수 있는 모든 것을 이루려는 욕구를 말한다. 예컨대, 자아를 실현한다는 것은 자신의 재능, 능력, 잠재력을 충분히 발휘하여 자기가 원하는 종류의 사람이 되는 것이다.
4단계 존경의 욕구 (self-esteem need)	존경의 욕구는 사랑을 받고 남을 사랑하려는 욕구로서, 자기존중과 타인으로부터의 존경이다. 이것은 능력, 신뢰감, 자신감, 자기개발, 긍정적인 자아관 등을 포함한다.
3단계 사랑의 욕구 (love need)	사랑의 욕구는 주로 생리적, 안전의 욕구가 충족되었을 때 나타나며, 동기부여된 개인은 타인과의 애정적인 관계, 준거집단, 사회적 관계 등을 갈망하는 욕구를 가지게 된다.
2단계 안전의 욕구 (safety need)	일단 생리적 욕구가 만족되면 개인은 새로운 안전 욕구에 관심을 갖게 되고, 이러한 동기는 개인의 환경 내에서 안전성, 안락함, 평정, 평온 등을 보장받고자 하는 욕구이다.

구분	내용
1단계 생리적 욕구 (physiological need)	인간의 욕구 중에서 가장 기본적이고 강하며 분명한 욕구이다. 예) 배고픔, 갈증, 수면, 성욕, 피로 등 감각적 자극에 대한 욕구

위에서 살펴본 이론에 의하면, 인간의 욕구는 인간생활의 깊이와 관련되어 있다. 이 욕구들의 발생은 특정 집단에의 접근, 이탈, 저항, 대항, 대결 등을 초래하기도 하고 타인의 도움을 통해 개인의 욕구충족을 해소하기도 하고, 단순한 생존에 있는 것이 아니라 개인의 성격(personality)을 개발하고 형성하는 데 있어서 중요하다. 이와 같은 개인의 성장은 전반적인 사회적 활동을 통해서 이루어진다. 예를 들면, 우정, 동료관계, 결혼, 취업활동, 이웃관계, 자원봉사활동, 교회활동 등의 상호관계적 경험을 통해 자신의 성격이 바람직하게 형성되고 사회의 일원으로서 성장되어가는 것이다.

둘째, 사회학적 욕구의 대표적인 것은 브래드 쇼(J. Bradshaw)의 4가지 욕구(규범적 욕구, 인지된 욕구, 표현된 욕구, 상대적 욕구)가 있다.

| 표 11-2 | 브래드 쇼의 4가지 사회욕구

구분	내용	예시
규범적 욕구 (normative need)	전문가가 주어진 상황에서 욕구라고 정의한 것으로, 즉 바람직한 수준이 정해지고 실질적으로 존재하는 수준과 비교하여 개인이나 집단이 바람직한 수준에 미치지 못하면 그들은 욕구상태에 있다고 본다. 규범적 욕구는 쉽게 수량화될 수 있어서 구체적 표적을 제시할 수 있다는 장점이 있으며, 단점으로는 이 욕구의 기준들이 사람에 따라 달라질 수 있고, 시간에 따라 변화할 수 있다는 것이다.	• 정부가 정한 절대빈곤 수준이나 최저임금 수준 • 어린이 영양기준
인지된 욕구 (felt need)	개인이나 집단의 욕망(want)과 동일시되는 욕구로, 인지된 욕구는 욕구의 주관적 지각에 초점을 맞추고 있다. 따라서 인지된 욕구는 그 자체만으로 '진짜 욕구(real need)'를 적절하게 측정하기 위한 기준이 될 수 없다.	• 개인에 따라 기준이 달라 진실한 욕구파악이 중요하다.
표현된 욕구 (expressed need)	인지된 욕구가 행위로 전환된 것이 표현된 욕구이다. 즉, 사람들이 어떤 서비스가 필요하다고 느끼면서, 욕구가 충족되길 요청하거나 요구하는 행동을 취하는 경우의 욕	• 사회복지서비스 분야에서 활용한다.

구분	내용	예시
	구를 말한다. 따라서 서비스를 이용하려는 사람들의 수와 서비스 이용자들의 수가 많을수록 욕구들이 더 크다는 것을 반영한다. 표현된 욕구는 휴먼서비스에서 가장 통상적으로 사정되는 욕구이다.	
상대적 욕구 (comparative need)	상대적 욕구는 각기 다른 인구 집단에 존재하는 서비스들의 수준 차이를 설명하기 위해 도입된 개념으로, 집단들 간의 상대적인 비교를 통해 욕구의 존재를 확인하려는 것이다.	• 사람, 지역에 대한 서비스 수준차이 비교에 활용된다.

사회적 욕구는 인간이 지닌 기본욕구가 개인적 차원에서가 아니라 사회적 차원에서 발생가능하다는 인식에서 존재하게 된다. 즉, 사회적 욕구는 기본적 욕구들 중에서 사회적 맥락을 지닌 욕구를 지칭하는 욕구로 사회복지에서 관심을 가지게 되는 사회적 욕구는 기본적 욕구의 사회적 특징을 반영하고 있다. 따라서 사회과학의 발달은 사회변동으로 인한 욕구불만족의 원인을 개인적인 것에서 사회적인 것으로 인식할 수 있는 안목을 제공하였다. 특히, 빈곤문제와 연관하여 개인의 결함으로 인식하였다. 초기 빈곤이론들이 시간이 흐름에 따라 점차 가족에서 집단 혹은 지역사회 및 국가와 세계수준에 이르기까지 확장되어 왔고, 이러한 맥락에서 빈곤문화이론, 사회해체이론, 세계체제론 등이 나오게 된 배경이다. 예를 들어, 빈곤의 원인에 대한 해석이 고대사회로 거슬러 올라갈수록 개인 책임으로 규정한 반면, 현대사회로 가까이 오면서 점차로 가족, 집단, 지역 혹은 국가나 국제사회 등으로 확대해 가는 경향을 발견할 수 있다.

② 욕구사정의 정치경제학

욕구사정이란 해당지역 안에 있는 사람들의 욕구수준을 확인하고 이를 수량화하는 것을 말하는 것으로, 욕구확인과 욕구추산을 포함한다. 특정한 상황에서 욕구들이 규정되는 구체적인 과정과 그 안에서 이루어지는 작용들, 즉 정치적 영향력과 경제적 자원들이 지역사회와 조직들에 조달, 할당되는 과정과 영향 등에 대해 잘 설명해 줄 수 있어 사회복지를 중심으로 하는 휴먼서비스 프로그램이나 조직의 이해에 유용하다. 이 관점은 욕구를 분배적 개념으로 해석하는 것이 특징으로 결국 정치경제학의 관점의 욕구란 개인이나 집단이 갖는 결핍이나 박탈이 사회의 정치경제적 역학관계를 통해서 사회적으로 인정되고 배분이 허용되는 상태를 뜻하는 것이다.

두 가지 차원의 욕구개념이 있다. 욕구를 분배의 개념으로 해석하면, '누가 무엇을' 필요로 하는가를 결정하는 것이 곧 욕구분석이 된다. '누가'에 해당되는 부분은 욕구의 주체적 개념이고, '무엇을'에 해당되는 부분은 욕구의 객체적인 개념이 된다. 첫째, 욕구의 주체란, 빈민, 장애인, 아동, 노인 등과 같은 사회적 약자들, 문제나 욕구를 지닌 특정 지역이나 집단들을 의미하고, 둘째, 욕구의 객체들이란 의식주, 취업, 의료, 재활, 보육, 양로 등과 같은 재화나 서비스들을 의미한다. 이처럼 정치경제학적 관점의 욕구에 대한 분석은, 정치적 영향력과 경제적 자원들의 배분과 관련된 역학관계를 통해서 욕구들이 어떻게 인정되고, 규정되고, 이해되며, 개입을 요구하는 문제로 결정되는지 등에 대해 다룬다.

③ 욕구의 확인과 추산

욕구사정은 크게 두 가지로 분리될 수 있는데, 욕구를 확인하는 과정과 확인된 욕구를 추산해내는 과정으로 욕구확인은 어떤 종류의 사회적·경제적·인간적 조건들을 조직적 개입의 요청을 통해 결정하는 것이다. 욕구산출은 욕구를 가진 사람들의 수를 헤아리거나 혹은 그러한 조건을 완화시키기 위해 필요한 서비스 단위들의 수를 헤아리는 과정으로 첫째, 욕구확인(need identification)으로, 욕구사정의 일차적인 과정이다. 욕구확인은 개인과 사회의 안녕에 중요한 것으로 간주되는 인간적·사회적 존재의 '질적인' 상태를 확인하고 표시하는 것으로서, 이러한 상태는 '박탈' 혹은 '장애' 등으로 규정될 수 있고, 정치적 과정과 문제해결의 기술이 가능할 때 기대될 수 있는 결과와 대비해서 나타난다. 둘째, 욕구 추산(need enumeration)으로, 욕구확인이 문제의 규정과 관련한 질적인 단계라면, 욕구 추산의 과정은 추상적인 문제규정을 조작화하고 수량화하는 '양적인' 단계이다. 이 단계는 박탈이나 소외와 같은 문제들에 대해 적정선을 긋는 작업과도 같으며, 이러한 선은 자연적이며 생물학적으로 주어진 것이 아니라 인위적인 작업으로 결정되는 것이며, 인간 욕구의 상위 단계로 올라갈수록 이러한 수량화된 선을 긋는 작업은 점차 복잡한 과정이 된다.

④ 욕구사정의 기법

욕구사정이란 주어진 인구집단이 다양한 삶의 영역들에서 적절한 수준에서 기능할 수 있음을 보장하기 위해 무엇이 요구되는지를 규정하려는 시도로서, 경험적이고도 설명력 있는 자료들을 수집하는 것은 무엇보다도 중요하다. 욕구사정의 기법들은 자료가 도출되는 원천에 따라 ㉠ 간접자료조사법(기존 자료의 활용), ㉡ 사례조사법(서비스 제공자의 정보), ㉢ 직접관찰법(지역사회 서베이), ㉣ 지역사회 포럼 등이 있다.

㉠ 간접자료조사법(기존자료의 활용, 규범적 욕구를 파악)

이것은 기존의 기록이나 자료를 활용하는 방법이다. 사회지표 분석방법, 행정자료조사방법, 이차적 자료분석(개인 기록자료 조사방법), 비활용 자료분석방법 등이 있다. 이 방법은 당면한 욕구사정 조사를 위해 직접적으로 자료를 수집한 것이 아니라, 다른 일차적인 목적에 의해 수집된 각종 사회조사들이나 예전에 수행된 연구 자료들을 활용하여, 지역사회의 욕구를 추정할 자료를 얻는 방법이다. 따라서 신속하고 저렴한 것이 장점이나, 문제는 개별욕구사정의 상황에 적합한 구체적인 자료들을 얻기가 쉽지 않다는 것이다.

㉡ 사례조사법(서비스 제공자의 정보, 표현된 욕구를 파악)

현재 서비스를 제공하고 있는 기관들에서 정보를 획득하는 방법으로, 클라이언트의 수와 특성, 서비스 성격과 분포, 서비스 활용의 특성, 서비스 전달체계의 적합성과 충분성, 미충족된 욕구에 대한 추정, 비서비스 지역 등에 관한 정보 획득에 유용하다.

자료수집의 도구에 따라서 첫째, 인터뷰 방법으로 대략적인 주제를 정하여 정형화된 질문과 응답 없이 자유롭게 인터뷰를 수행한다. 장점은 비용이 적게 들고 신속하고, 심도 있게 추적해 들어가면서 예상치 못했던 자료들을 획득할 수 있는 재량도 갖지만, 단점은 자료들 간의 일관성의 부족과 어떤 인물을 선택할 것인가와 그들이 필연적으로 갖고 있는 편견을 어떻게 발견해서 배제할 것인가 등의 문제가 있다. 둘째, 서베이 조사방법으로, 구조화된 설문지나 인터뷰를 사용하여 기관들로부터 정보를 수집한다. 장점으로는 개별화된 선택의 문제가 배제되어 있기 때문에 수집된 자료들이 종합적인 관점을 유지할 수 있다는 것이지만 단점으로는 높은 비용이다. 설문제작, 인터뷰에 드는 시간, 우편 비용, 후속조사, 자료분석 등에 드는 비용이 만만치 않고, 심도 있고 세밀한 정보를 얻기도 어렵다. 셋째, 서비스 이용자료 조사로서, 서비스 조직이 클라이언트에 관해 축적해 놓은 데이터를 활용하는 것으로 이 방법의 장점은 저렴한 비용으로 자료를 얻을 수 있다는 것이다. 또한 지역사회 주민들의 욕구와 서비스 경향간의 관계를 분석하는 데도 유용하게 쓰일 수 있지만, 클라이언트 정보에 대한 기밀 보호성 때문에 외부 기관이 이러한 자료들에 접근하는 것이 쉽지 않고, 서비스 이용 자료들은 대개 경영통제와 책임성 등의 목적으로 만들어지기에 욕구사정의 목적으로 활용하기는 힘든 경우가 많다.

ⓒ 직접관찰법(지역사회 서베이, 인지된 욕구를 파악)

해당되는 개인들에게서 직접적으로 자료를 얻는 방법으로, 장점은 사회지표들과 같은 2차적 자료의 한계가 극복되며, 특정서비스 제공자들이 갖는 공급자의 편견과 특정서비스를 염두에 두고 하는 욕구 산출을 피할 수 있다. 또한, 서비스를 받을 사람들의 의견과 인지를 직접 끌어낼 수 있게 하지만, 단점은 시간과 비용이 많이 들고, 전문 인력을 필요로 한다. 또한 장기간에 걸친 서베이로 욕구의 성격이 변화할 수 있고, 프로그램에 대한 지역사회의 기대감을 상승시키는 부정적인 효과가 있다.

ⓓ 지역사회 포럼

지역사회 포럼(forum, 공청회)은 지역사회의 다양한 구성원들로부터 가치나 태도, 의견 등은 직접적으로 청취해서 자료를 수집하는 방법으로 직접관찰법이다. 장점은 자유로운 의견을 도출할 수 있고, 지역사회 전체 분위기를 파악할 수 있다. 또한, 비용이 적게 들지만, 단점은 자료들이 지나치게 방만하거나 협소한 측면만을 다룰 수 있으며, 대표성을 가진 인물을 확보하기 어려우며, 의사진행이 어렵다는 점 등이다.

| 표 11-3 | 욕구사정의 기법 정리

제목	내용	예시
• 서베이(survey) 조사 (직접관찰법)	지역사회 전체를 대표할 수 있는 일부 표본을 선정하여 질문지 또는 면접을 통한 욕구 조사 방법	지역사회복지관 욕구조사
• 주요정보제공자 조사 (사례조사법)	기관의 서비스 제공자, 관련 전문가 등 지역사회 전반의 문제를 알고 있는 사람들을 대상으로 쉽고 편리하게 욕구를 조사하는 방법	자문위원회, 주민 참여 운영위원회
• 사회지표 조사 (간접자료조사법)	기존의 사회적으로 인정된 측정 지표를 통하여 경향이나 그 추이를 통한 욕구 파악 방법	소득수준, 빈곤인구율, 실업율, 5년 단위 인구 센서스
• 이차적 자료분석 (간접자료조사법)	지역사회 내의 복지관의 클라이언트와 관련된 자료를 검토하여 욕구 파악하는 방법	인테이크 자료, 면접기록표, 업무일지, 서비스 대기자 명단, 상담 기록지
• 지역사회공청회 (직접관찰법)	지역사회 주민이 참여하여 욕구나 문제에 대한 공개적인 논의를 하는 방법	지역사회 토론회
• 델파이법 (직접관찰법)	지역사회의 특정한 문제 및 욕구에 대해 소수의 전문가들에게 설문지 등의 방법을 사용하여 의견을 반복적으로 묻고 분석하여 일정한 정도의 합의점이 도달하면 그것을 욕구로 파악하는 방법	학교 폭력에 대한 전문가 내방 조사

또한 자료수집 방법의 구분을 해 보면 표 11-4와 같다.

| 표 11-4 | 자료수집 방법의 예시

구분	내용
1. 직접 관찰법	욕구를 특정 집단을 대상으로 직접조사 1) 서베이 조사방법 2) 델파이 방법 3) 관찰법 4) 직접경험방법 5) 지역사회 공청회 6) 대화와 집단토의 7) 체크리스트 8) 테스트 등
2. 사례조사법	관계를 맺고 있는 제3자들을 접촉하여 조사하는 방법 1) 프로그램 운영자 및 서비스 제공자 조사방법 2) 주요 정보제공자 조사방법 3) 결정적 사건 분석방법 4) 직무분석 5) 서비스 이용 통계치 활용 방법 등

구분	내용
3. 간접자료조사법	기존의 기록이나 지표 또는 자료를 활용 1) 행정자료 조사방법 2) 이차적자료분석방법 3) 비활동 자료분석방법 4) 사회지표 분석방법 등

2) 자원체계의 확인

자원체계의 확인(resource system identification)이란 해당 프로그램에 클라이언트 집단, 인적·물적 자원, 기관에 대한 조건 파악을 포함한다.

(1) 클라이언트 집단의 파악

① 일반집단

프로그램에 관련되는 전체 대상을 지칭한다. 예를 들어, 프로그램이 "저소득 치매노인의 일상생활 수행능력 향상 프로그램"이라면 일반집단은 ○○시 △△구에 거주하는 65세 이상 노인으로 설정된다.

② 위험집단

일반집단 중 프로그램이 겨냥하고 있는 해당 문제에 노출 위험이 있거나 취약한 상태에 있는 사람들을 지칭한다. 예를 들어, 위기집단은 ○○시 △△구에 거주하는 치매노인으로, 즉 우리나라 치매 유병률 5~7%에 비추어 △△구 거주 치매노인 숫자를 ***명이라고 추정할 수 있다.

③ 표적집단

위험집단 중 프로그램 직접적인 수혜자가 될 적격성을 갖춘 사람들을 말하는데, 즉 위험집단 중에서 프로그램이 구체적인 개입대상으로 삼을 만한 사람들을 말한다. 예를 들어, 위기집단 중에서 저소득 치매노인으로 대상이 설정됨으로 △△구 「국민기초생활보장법」 수급권자는 ****여 명으로 이 중 30%인 약 ****명이 노인비율이다. 여기에 다시 치매 유병률에 비추어 저소득 치매노인의 숫자를 ***명 이상이라고 추정한다.

④ 클라이언트 집단

표적 집단 중에서 실제 프로그램에 참여하게 되는 사람들을 말한다. 예를 들어, 표적 집단 중에서 당사자가 희망하거나, 가족 또는 기관의 의뢰를 받은 경증 치매노인(**명)이다. 경증치매의 기준은 사회생활이나 작업상의 능력이 상실되더라도 아직 독립적인 생활을 영위할 수 있고, 적절한 개인위생을 유지하며, 비교적 온전한 판단력을 보유하고 있는 상태를 말한다. 경증치매의 판단은 본 기관의 자문위원인 재활의학과 및 정신과 의사의 판단으로 결정한다.

(2) 인적 · 물적 자원 검토

첫째, 사회복지서비스 자원의 성격으로 사회복지프로그램은 자원을 어떻게 동원·관리하느냐에 따라 계속 유지, 또는 프로그램이 폐지될 수 있다. 스테이너(R. Steiner)는 특히 '휴먼서비스 조직들의 존재, 생존, 성장, 소멸 등이 그 조직들의 자원을 좌우할 수 있는 능력에 의존한다'고 보았다(Richard Steiner, 1977: 152). 이들 자원이 외부환경에 의해서 결정된다는 것을 감안한다면, 조직을 움직이는 결정요인들은 '그들의 직접적인 통제 바깥에 있는 환경에서 운영된다'고 볼 수 있다.

예를 들어, 노인의 치매예방 프로그램의 경우에서 노인들의 치매문제가 파악되고 나면, 예방 프로그램 시행에 필요한 자금이 확보되었는지(재정), 필요한 인원 동원이 가능한지(인력), 프로그램 장소의 확보 여부(시설), 프로그램에 필요한 장비 등이 준비되어 있는지(장비) 등을 세밀히 검토해야 한다.

둘째, 내부 자원과 외부 자원의 파악으로 내부 자원을 획득하는 과정들은 주로 정규적인 예산과정을 통해 이루어지는 것이 보통이며, 외부 자원을 획득하는 것은, 기관 내부의 자원 부족으로 인해서 혹은 보다 혁신적인 프로그램 개발을 위해서 사용되는 방안이다. 외부 자원에 대한 장점으로는, 지역사회에서 프로그램의 권위를 확보하는 데 도움이 되고, 기관에서의 위치 강화와 혁신적인 서비스를 시범할 수 있다. 또한, 서비스 확장에 도움을 줄 수 있지만, 외부 자원의 주된 단점은 안정적이지 못하다는 데 있다. 외부 자원의 확보에서 중요하게 고려해야 할 것은, 외부 자원은 지속적이 아니라, 일회적, 단기간에만 지원되므로 외부 자원 확보에 따르는 이익과 비용에 대한 현실적인 평가가 필요하고, 보조금 기관의 목적과 목표들에 귀속되기 쉽고, 각종 보조금 집행과 관련한 보고서 제출 등 실질적인 행정비용이 추가된다. 또한, 적어도 외부 자금지원에 따르는 프로그램 목적과 목표들의 변화는 본 기관이 추구하는 목적과 목표들에 배치되지 않아야 한다.

(3) 기관의 조건 검토

기관의 조건 검토를 분석하기 위해 소위 스와트(SWOT; Strength 강점, Weakness 약점, Opportunity 기회, Threat 위협) 분석을 통해 체계적으로 파악할 수 있다.

| 표 11-5 | 스와트(SWOT) 분석

구분	내용
Strength (강점)	• 조직내부 강점을 연결함(적극적 업무, 우월한 프로그램) • 기관(프로그램)의 목적을 효과적으로 달성시키는 데 도움을 줄 수 있는 요소를 규명 • 기관의 모든 강점을 목록화
Weakness (약점)	• 기관 내부의 취약점에 초점 (예: 봉사자의 사기, 재원부족 등) • 기관의 모든 약점을 목록화
Opportunities (기회)	• 기관의 목적 달성과 운영에 도움이 되는 요소 • 기관의 발달에 기여할 수 있는 요소 (국가의 재정지원 강화, 사회문제의 비중이 큼)
Threats (위협)	• 조직발달에 불리한 외부환경 요소 (외부 재정지원의 감소, 유사 프로그램 존재, 조직의 인지도 낮음)

3) 목적 및 세부목표 설정

목적(goal)이란 조직이 어떤 활동을 통해 달성하고자 하는 미래의 상태를 의미하며, 목표란 목적을 달성해 나가는 단계라 할 수 있는데, 작성 방법으로 목적이란 프로그램의 개입으로 인해 성취될 결과를 의미하므로, 목적을 기술할 때에는 문제의 분석에서 도출해야 하고 성과 지향적이어야 한다. 또한, 현실적인 것과 명확하게 기술되고, 클라이언트 인구에 대한 언급을 담고 있어야 한다. 그리고 추후에 관찰되고 측정될 수 있는 것이어야 하며, 긍정적이어야 한다. 목표(objective)들이란 주어진 시간 안에 프로그램이 성취하기를 의도하는 결과와 영향을 기술하는 것으로, 대개 하나의 목적 성취를 위해 다수의 목표를 설정한다. 목표는 목적과 관련되어 있어야 하며, 단일한 기준(숫자, 퍼센트, 비율)을 설정해야 하며, 측정 가능해야 한다. 또한, 시간요인(재정년도, 프로그램 연도, 분기 등 표기)을 갖고, 가능한 클라이언트에 대한 성과 위주로 기술한다. 그리고 명확해야 하며, 긍정적이면서 현실적이어야 한다.

4) 자료수집과 대안선택

프로그램 설계자가 대상집단이나 대상문제와 관련한 프로그램 그리고 해당기관과 타 기관 및 시설의 유사한 경험이나 프로그램, 외국의 실례 등을 조사해 본다.

5) 실천계획의 수립

실천계획의 수립이란 앞에서 결정된 프로그램에 대해서 실제 활동할 수 있도록 사업내용을 구체화시키는 작업이다. 구체적으로 해야 할 일들을 선정하고 할 수 있는 범위를 단계적으로 정하여 목적, 목표, 프로그램을 기술한 기본계획 및 활동시간, 장소, 예산, 업무분담 등 구체적 실천방안을 기술한 실천계획서를 만들어야 한다.

6) 프로그램의 실천 활동과 시행

프로그램의 실행이란 앞서 고려한 사항들을 염두에 두고 정해진 시간 내에 계획한 서비스를 실시하는 것을 의미하는데, 프로그램을 실행하면서 특히 유의해야 할 것은 프로그램 계획에 지나치게 얽매여서 목표전치가 발생하지 않도록 해야 한다. 프로그램은 효율적이고 효과적인 서비스를 제공하기 위한 도구이지 그 자체가 목적은 아니며, 프로그램 실행에는 탄력적으로 운영할 수 있는 융통성이 필요하다. 때로는 목적 달성을 위하여 프로그램의 실행 계획이 수정될 수도 있는 것을 꼭 명심해야 한다.

(1) 오리엔테이션 및 사전연습

보통의 경우, 이상의 작업이 끝나면 관계자들은 곧바로 프로그램 실시에 들어가는데, 때로는 보다 효과적인 프로그램 수행을 위해 사전 훈련작업을 갖는 것도 필요하다. 사전훈련은 프로그램 관계자들이 모여 협력과 의사소통 그리고 책임감과 문제해결 기술 등에 대해 합의를 하는 경우와 시행착오를 하지 않기 위해 전문가나 유사한 프로그램을 실시한 기관의 관계자로부터 설명 또는 조언을 듣는 형태를 취하기도 한다.

(2) 슈퍼비전

매일 매일의 프로그램을 마치고 프로그램 관계자들은 프로그램 관리자나 슈퍼바이저와 함께 그날의 일들을 토의하거나 조언을 듣는데, 이러한 슈퍼비전은 프로그램이 진행되는 동안 중간 과정의 형성평가에 해당되는 활동으로 매우 중요하다.

7) 프로그램의 측정과 평가

프로그램 측정과 평가란 프로그램의 목적과 목표를 달성하기 위해 선정된 활동을 매개로 클라이언트가 행동변화를 성취하는 실행과정과 최종성과를 평가하는 것이다. 프로그램을 평가하는 이유에는 여러 가지가 있지만, 그러한 이유를 정리하면 다음과 같다(Posavac & Caret, 1980: 7; 신복기 외, 2002: 430 재인용). ① 프로그램에 대한 공적인 인정의 충족, ② 프로그램 재정의 결산, ③ 프로그램

정보요구에 대한 대응, ④ 행정적인 의사결정에의 참고, ⑤ 프로그램 개발에 직원들의 참여 유도, ⑥ 의도하지 않은 효과들에 대한 학습 등이다.

프로그램의 평가는 ① 프로그램 개시 직후, ② 프로그램 진행 도중, ③ 프로그램 종료 후에 할 수 있다. 하지만 대개의 경우 평가는 프로그램 종료 후에 이루어지지만, 새로운 정보나 상황 변화에 적응하기 위해서 프로그램 개시 직후 및 진행 과정 중에 이루어질 필요가 있다.

| 표 11-6 | 사용목적에 따른 평가방법의 분류

구분	내용
형성평가	• 프로그램 운영 도중에 이루어지는 평가(과정평가) • 프로그램 형성에 초점을 둔 평가 • 서비스 전달체계 향상 및 서비스의 효율성 증진을 도모
총괄평가	• 프로그램의 종료 후 실시(종결평가) • 프로그램의 지속, 중단, 확대 등에 관한 총괄적인 의사결정을 할 경우 • 효율성·효과성을 판단하기 위해 평가
통합평가	• 형성평가 + 총괄평가

6. 노인복지프로그램 예시

1) 노인복지관[4]의 주요프로그램

(1) 노인상담 프로그램

인구고령화로 인한 다양한 노인문제의 증가로 노인전문상담의 중요성을 인식하

---

4) 수원시 권선구 구운로 4번길 34에 소재한 서호노인복지관을 중심으로 작성하였다.
서호노인복지관은 지역 어르신들의 다양한 욕구파악을 통해 효율적인 여가선용과 정서적 안정을 위한 서비스를 제공하여 어르신들의 삶의 질을 향상시키고 권익증진을 도모하고자 한다. 또한 지역 내 소외된 계층 및 다양한 어르신들의 문제를 예방하고 해결하기 위한 네트워크를 구축하여 건강하고 풍요로운 노후생활을 영위할 수 있도록 지원하기 위해 설립되었다.
① 운영주체: 대한불교조계종사회복지재단 용주사 수원포교당
② 개 관 일: 2002년 11월 14일
③ 내시번적: 4,664㎡(1,410평)
④ 연 면 적: 3,773㎡(1,141평)
⑤ 시설규모: 지하 2층, 지상 4층

4층	서호재가노인지원서비스센터 / 노인돌봄기본서비스센터
3층	열린강당 / 어울마당
2층	정토실 / 정보화교실 / 반야실 / 이미용실 / 물리치료실 / 장기바둑실 여자휴게실 / 운영회의실
1층	사무실 / 지혜실 / 상담실 / 연화식당 / 다독다독북카페 / 휴게실 / 자원봉사자실
지하 1층	스포츠센터 사무실 / 헬스장 / 매점 / 세탁실
지하 2층	수영장 / 탈의실 / 기관실

⑥ 조직도

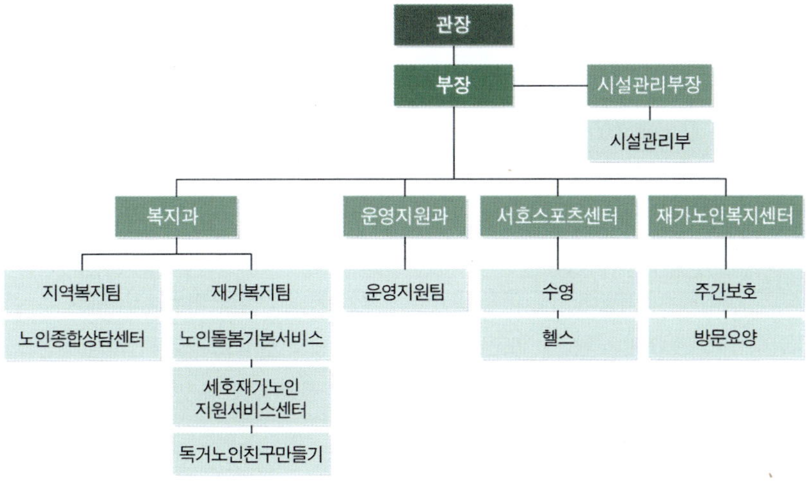

여 노인복지기관에 '노인상담센터'를 설치 및 운영하여 노인과 노인 가족에게 보다 전문적인 상담서비스를 제공하고 있으며, 지역 내 60세 이상의 어르신 및 가족이 이용할 수 있다.

(2) 평생교육사업

건전하고 의미 있는 여가생활과 배움의 기회를 제공하여 어르신 및 지역주민 욕구에 맞는 다양한 프로그램을 개발하고 운영함으로써 자기개발을 통한 정서함양과 건강하고 활기찬 삶을 영위할 수 있도록 하는 사업으로 지역 내 60세 이상의 어르신이 이용할 수 있다.

(3) 지역복지사업

지역주민 스스로 지역사회 문제를 해결하고 복지증진에 참여할 수 있도록 지원하여 주민들의 공동체 의식과 지역사회에 대한 소속감 향상 및 각종 편의시설 제공을 통해 지역사회와의 유대감을 조성하고자 운영하고 있으며, 지역 내 60세 이상 어르신이 이용할 수 있다.

| 표 11-7 | 지역복지사업 프로그램의 예

프로그램	내용	세부내용
특별강좌		인권 및 교양강좌를 통해 다양한 정보 제공
전통민속 문화행사	정월대보름	한 해의 복을 기원하고 전통놀이 진행(척사대회, 제기차기, 투호, 오곡밥, 부럼)
	한가위	명절 맞이 특별 공연
	동지	팥죽 나눔, 난방비 지원, 달력 제공
특별행사	가정의 달	가정의 달을 맞이하여 특별공연 및 무료급식(카네이션 전달, 노인인식개선 그림공모전 등)
	초복맞이	여름 보양식 제공을 통해 건강한 여름나기 지원
	노인의 날	노인의 날 맞이 특별행사 실시로 경로효친사상 실천
여가 프로그램	무료영화상영	월 1회 무료영화상영 진행(매월 네 번째 금요일)

프로그램	내용	세부내용
전통문화탐방		연 2회 국내 전통문화관광지 답사 및 나들이
실습지도		사회복지 전문인력 양성을 위한 실습지도 실시(연 2회 / 동계·하계)
휴게실 이용		복지관 시설 개방을 통한 지역주민 편의 증진
강당 대관		복지관 시설 개방을 통한 지역주민 편의 증진

출처: 서호노인복지관 홈페이지(http://www.seoho.or.kr).

(4) 재가복지사업

복합적인 어려움을 겪고 있는 지역 내 저소득 어르신들에게 지역사회 인적·물적 자원 개발 및 연계를 통해 재가복지서비스 및 맞춤형 사례관리를 제공하여 공식·비공식적인 지지체계를 형성하고 건강한 삶을 영위할 수 있도록 지원하는 사업으로, 이용대상은 만 65세 이상의 기초생활수급권자 및 저소득 어르신이면 연중 이용할 수 있다.

이용절차는 ① 대상자 어르신 발굴 및 의뢰 → ② 가정방문 및 실태조사 → ③ 선정회의 및 대상자 선정 → ④ 서비스 계획 및 제공 → ⑤ 서비스 평가

| 표 11-8 | 재가복지사업 프로그램의 예

프로그램	세부내용
일상생활지원	밑반찬 배달, 세탁지원, 외식서비스, 주거환경 개선
정서지원	가정방문 및 상담, 명절선물 지원, 칠·팔·구순잔치, 나들이, 문화공연
경제지원	후원금품 제공, 의료서비스 연계, 난방비 지원

출처: 서호노인복지관 홈페이지(http://www.seoho.or.kr).

(5) 기능회복사업

지역 어르신들의 건강한 생활을 돕기 위하여 지역의 공공기관 및 의료기관과의 협력관계를 구축하여 어르신들의 질병을 예방하고 조기에 발견하여 치유될 수 있도록 함으로써 어르신과 지역공동체의 신체적·정신적 기능을 증진시켜드리고자 운영하며, 지역 내 60세 이상의 어르신이 이용할 수 있다.

(6) 기타서비스

이미용 등의 복지후생서비스와 노인사회활동지원사업[5], 사례관리 등의 서비스가 운영되고 있다(자세한 사항은 서호노인복지관 홈페이지를 참고한다).

(7) 재가노인지원서비스

경제적·정신적·신체적인 이유로 독립적인 일상생활을 영위하기 어려운 복지사각지대 노인들에게 일상생활지원, 정서지원, 서비스연계 등을 제공함으로써 지역사회 내 건강하고 안정된 생활을 영위할 수 있도록 예방적 복지를 실현하고 사회안전망을 구축하는 사업이다.

① 이용대상: 만 65세 이상 지역 내 저소득 어르신

② 우선순위: 기초수급 > 차상위 > 월평균 150% 이하 저소득/장기요양등급외 자

③ 제외대상: 노인생활시설 입소자
(유사한 재가서비스를 받고 있는 자: 방문요양, 노인돌봄 등)

④ 이용시간: 09:00~14:30

⑤ 이용절차
㉠ 서비스신청 및 대상자 발굴 / 의뢰 → ㉡ 기초상담 → ㉢ 대상자 선정회의 → ㉣ 대상자 선정 → ㉤ 서비스 계획수립 → ㉥ 서비스 제공 → ㉦ 재사정 → ㉧ 종결

⑥ 이용방법: 직접신청, 공공기관(주민센터)을 통한 신청, 의뢰에 의한 신청

| 표 11-9 | 재가노인지원서비스 프로그램의 예

대분류(사업)	중분류(프로그램)	소분류(서비스)
예방적 사업 (직접서비스)	일상생활지원	신체활동지원, 일상업무 및 행정지원, 가사지원, 건강관리 및 신체기능향상지원, 차량지원, 서비스연계

5) 노인사회활동지원사업은 은퇴한 어르신들에게 다양한 역할 및 사회봉사의 기회를 제공함으로써 활기찬 노후를 지원하며 삶의 질을 높이기 위한 사업으로, 만 65세 이상 기초연금 수급자 중 관련 분야에 관심 및 경력이 있으신 어르신이 활동이 가능하다.

대분류(사업)	중분류(프로그램)	소분류(서비스)
	상담 및 정서지원	방문/전화를 통한 심리지지 서비스, 상담
	주거환경개선지원	주거지개선서비스연계(도배, 장판 등)
	여가활동지원	나들이, 문화체험
	지역사회자원개발	결연후원, 외식지원, 생계비 및 난방비 지원, 후원(금)품 지원
사회안전망 구축 사업 (간접서비스)	연계지원	노노케어 지원, 건강검진 및 의료연계 지원(안검진, 보청기, 틀니 등), 노인돌봄 기본, 종합 서비스 지원, 장기요양서비스 연계
	교육지원	노인학대예방, 치매 및 뇌졸중 등 질병예방, 자살예방, 응급상황 대응교육, 성공적인 노후와 죽음준비
긴급지원 사업 (긴급 서비스)	긴급지원	위기지원, 응급지원(응급상황 호출 서비스-u-carre, 안심팔찌, 24시 센터 전화안내), 화재 및 가스 유출 감시

출처: 서호노인복지관 홈페이지(http://www.seoho.or.kr).

2) 주 · 야간보호센터의 주요프로그램

| 표 11-10 | 주 · 야간보호센터 주요사업

사업분류	세부내용
기획사업 및 홍보사업	직원교육, 연수, 회의, 장기요양급여비용청구, 홈페이지 및 온라인 홍보, 사업안내지제작, 가정통신문발송, 욕구만족도조사
입소 및 관리사업	입소선정, 입소상담, 이용자 및 보호자 상담, 이용자 일상 행동관찰, 사례관리 및 평가회의
급식사업	중식지원, 간식지원, 석식지원, 특·간식지원서비스
건강관리사업	외부한방진료, 건강검진, 건강체크(주·야), 물리치료
신체기능지원사업	태극권체조, 맷돌체조, 실버체조, 스트레칭, 레크리에이션
인지기능지원사업	웃음치료, 미술치료, 원예치료, 노래교실, 민요교실, 자율노래방
사회적응지원사업	생신잔치, 명절행사, 문화행사
가족특화사업	송년행사, 작품전시회, 가족간담회, 가족나들이
복리후생사업	다도서비스, 이·미용서비스, 개인위생서비스(주·야), 양치지도서비스(주, 야), 송영서비스(주·야)
지역사회자원개발사업	강사간담회, 소식지발간, 운영위원회, 자원봉사 개발/관리, 자원봉사자 교육 및 간담회, 실습생지도, 외부프로그램 지원사업
주말운영	장기요양 급여비용 청구, 이용자 행동관찰, 다도서비스, 중식지원, 간식지원, 건강체크, 개인위생서비스, 양치지도서비스, 지남력훈련, 자율노래방

출처: 서초구립방배데이케어센터[6] 홈페이지(http://www.bangbae.org).

| 표 11-11 | 주 · 야간보호센터 주요프로그램 일정표

시간	월	화	수	목	금
09:00~10:00	오전송영서비스				
10:00~10:10	의복단정서비스				
10:10~11:00	출석체크, 다도서비스, 기초건강체크(혈압 및 혈당 측정)				
11:00~12:00	태극권	맷돌체조	레크리에이션	한방진료 월1회 미술치료	스트레칭
12:00~12:40	점심식사(식사도움 및 투약관리)				
12:40~13:00	양치 및 청결서비스 / 용변도움				
13:00~14:00	민요교실	이미용 서비스 노래교실	자율노래방	실버체조	웃음치료
14:00~15:00	그룹작업치료	개별활동	요리활동 월2회	그룹작업치료	레크리에이션
15:00~15:30	간식서비스				
15:30~16:30	물리치료, 발마사지, 개별작업치료(기능회복훈련)				
16:30~17:00	기억훈련(지남력기르기 / 인사하기 / 귀가준비), 의복단정서비스				
17:00~18:00	야간이용자 물리치료 / 1차 오후 송영서비스				
18:00~18:40	저녁식사(식사도움 및 투약관리)				
18:40~19:00	양치 및 청결서비스 / 용변도움 / 야간 기초건강체크				
19:00~20:00	건강체조	기억(지남력) 훈련	건강체조	기억(지남력) 훈련	건강체조
20:00~21:00	2차 야간 송영서비스				
21:00~22:00	3차 야간 송영서비스				

출처: 서초구립방배데이케어센터 홈페이지(http://www.bangbae.org)

6) 서초구립 방배데이케어센터는 2010년 8월에 개소한 서울형 어르신 주·야간 보호 인증기관으로 치매로 인하여 혼자서는 일상생활이 불가능한 어르신들을 주·야간 동안 안전하고 편안하게 보살펴 드림으로써 부양가족의 신체적·정신적 부담을 경감시키고, 어르신들에게 생활 안정과 심신기능의 회복, 유지향상을 위해 전문적인 프로그램을 제공하여 밝은 노후 생활을 영위할 수 있도록 운영하고 있다.

| 표 11-12 | 주간보호센터 주요사업

서비스 내용	세부내용
상담서비스	가족상담, 생활상담, 이용상담, 정보제공상담
신체활동지원서비스	생활지도 및 일상생활 동작훈련, 중식 및 간식 제공 서비스, 송영서비스
위생지원서비스	이미용서비스, 신변처리서비스(화장실/손톱정리)
간호 및 처치 서비스	건강체크서비스(혈압/체온/혈당/체중), 무료진료, 독감예방접종, 치매검사
기능회복서비스	물리치료, 재활운동
전문강사프로그램	인지학습, 미술치료, 원예치료, 건강체조, 맷돌체조, 웃음체조, 노래교실, 음악치료, 전통민요, 레크리에이션
특별행사	나들이(봄/가을), 생신잔치(격월), 명절행사, 전시회(송년회포함)
기타	가족간담회, 강사간담회, 자원봉사활동, 홍보/후원활동, 정서안정 말벗서비스

출처: 서호노인복지관 홈페이지(http://www.seoho.or.kr).

| 표 11-13 | 주간보호센터 프로그램

시간/요일	월	화	수	목	금	토
8:30~10:00	송영서비스(가정→주간보호센터)					
10:00~11:00	tea-time/기초건강체크(혈압, 체온, 혈당측정) / 아침조회					
11:00~12:00	음악치료	원예치료	맷돌체조	미술치료	웃음체조	종이아트
12:00~13:00	중식/양치지도/투약서비스/휴식					
13:00~14:00	물리치료/운동서비스/산책 및 휴식					
14:00~15:00	건강체조	사회적응	노래교실	사회적응	인지학습	인지학습
15:00~15:30	간식					
15:30~16:00	레크리에이션(투호/고리/오재미/알까기/율동 등)				체중측정, 손톱정리	레크리에이션
16:00~16:30	오후종례/귀가 준비					
16:30~18:00	1차 송영서비스(주간보호센터→가정)/실내청소 및 환경정리					
18:00~19:00	석식/양치지도/투약서비스/휴식					
19:00~20:00	365돌봄 학습 프로그램					
20:00~21:00	귀가준비/환경정리/2차송영서비스					

출처: 서호노인복지관 홈페이지(http://www.seoho.or.kr).

| 표 11-14 | 주간보호센터[7] 프로그램 이용료

월 이용료: 장기요양등급별 본인부담금(1일 수가×서비스제공일수×15%)+비급여(1일 3,500)
이용시간별 급여비용(원) (2016.01.01 고시 기준)

구분	1일 8시간 이상~10시간 미만, 월 20일 이용				1일 10시간 이상~12시간 미만, 월 20일 이용			
	1일 수가	본인부담금 (15%)	비급여 (중 · 간식)	월 이용료 (이용대상자 부담금)	1일 수가	본인부담금 (15%)	비급여 (중 · 간식)	월 이용료 (이용대상자 부담금)
3등급	38,080원	114,240원	70,000원	184,240원	41,980원	125,940원	70,000원	195,940원
4등급	37,040원	111,120원	70,000원	181,120원	40,930원	122,790원	70,000원	192,790원
5등급	35,990원	107,970원	70,000원	177,970원	39,880원	119,640원	70,000원	189,640원

※ 본인부담 일반 15%, 경감 7.5%, 기초생활 수급권자 0%
※ 비급여 항목: 중식 2,500원/1식, 간식: 1,000원/1회
출처: 서호노인복지관 홈페이지(http://www.seoho.or.kr).

3) 방문요양서비스[8]의 주요프로그램

(1) 방문요양서비스 주요프로그램

| 표 11-15 | 방문요양서비스 주요프로그램

서비스 내용	세부내용
신체활동지원	세면도움/구강관리/머리감기기/옷갈아입히기/목욕도움/식사도움/체위변경/이동도움/신체기능의 유지 및 증진/화장실 이용하기

7) 주간보호센터는 치매·중풍 등의 노인성 질환으로 인해 일상생활에 도움이 필요하거나 가정 내 보호가 어려운 어르신들을 낮 시간 동안 안전하게 모시고 다양한 프로그램을 제공함으로써 일상생활능력을 유지하고 심신기능의 유지 및 향상을 도모하고자 하며, 이용대상은 장기요양 3~5등급 판정을 받은 어르신 중 자립보행 및 신변처리가 가능한 어르신(단, 등급 외 어르신은 본인부담(실비)으로 서비스 이용가능)이다. 이용시간은 주중(08:30~18:00)이다.

8) 방문요양사업은 노령이나 치매, 중풍, 파킨슨 등의 노인성 질환으로 일상생활에서 도움이 필요한 노인들에게 요양보호사가 가정을 방문하여 신체활동이나 일상생활에 필요한 가사활동을 지원해 줌으로써 노인의 삶의 질을 향상시키고 가족의 수발 부담을 덜어주어 가족기능의 회복을 돕고자 하는 사업이다.
① 이용대상: 노인장기요양 1~5등급 판정자(등급 외 자는 본인부담(실비)으로 서비스 이용 가능)
② 이용시간: 오전 8시~오후 6시(1~4시간), 오후 6시 이후 가산금 발생
③ 이용절차: 건강보험공단 장기요양신청 → 공단 인정조사 및 등급판정 → 서비스 신청 → 상담 및 서비스 계약 → 대상자 욕구사정 → 서비스 연결(요양보호사 파견) → 방문요양 서비스 이용

서비스 내용	세부내용
정서지원	말벗, 격려/생활상담/의사소통도움
가사 및 일상생활지원	취사/청소 및 주변정돈/세탁/외출 시 동행/일상업무 대행
인지활동 지원	인지자극활동/신체능력 잔존·유지

※ 5등급은 치매특별등급으로 인지활동 서비스만 지원 가능함.
출처: 서호노인복지관 홈페이지(http://www.seoho.or.kr).

(2) 방문요양서비스 이용료

| 표 11-16 | 방문요양서비스 이용료 (2016.01.01 고시 기준)

등급	1등급	2등급	3등급	4등급	5등급
월간 이용한도액	1,196,600	1,054,300	981,100	921,700	784,100

구분	시간당 수가	본인부담금(15%) 1일	본인부남금 (20일 기준)	비고
1시간/1일	17,490원	2,620원	52,470원	
2시간/1일	29,610원	4,440원	88,830원	5등급의 경우 2시간만
3시간/1일	37,200원	5,580원	111,600원	월 23일 이용가능
4시간/1일	43,500원	6,520원	130,500원	

※ 본인부담 일반 15%, 경감 7.5%, 기초생활 수급권자 0%
※ 오후 6시 이후 20% 가산, 공휴일 30% 가산 발생
출처: 서호노인복지관 홈페이지(http://www.seoho.or.kr).

4) 교회의 주요프로그램

■ **부광감리교회[9] 노인복지프로그램**

1. "(사단법인) 행복한 사람들" 프로그램: 저소득층 및 취약계층을 위한 급식지원 사업

(1) 급식지원 사업
(2) 반찬지원[10] 사업
(3) 건강지원 및 상담사업
① 알코올 환자 상담지원: 취약지역 및 저소득층의 알코올 중독을 예방하고, 상담을 통한 문제해결에 전문적인 도움을 제공하는 데 있으며, 취약 계층(쪽방 거주자)을 대상으로 하고 있고, 상담은 취약지역 방문 또는 법인사무실상담소(상담 자격증 소지자 주재)에서 하고 있다.
② 목욕지원: 취약지역 및 저소득층 노인의 신체 청결과 경제적 부담을 해소하는 데 있으며, 취약계층(쪽방 거주자)을 대상으로 하고 있다.
(4) 사회복지 지원 사업
① 이·미용 지원 사업
② 공동 김장 지원
(5) 취약 계층에 대한 사회복지 연구와 봉사자 연수 사업
① 사회복지 연구, 연수 사업: 저소득층 취약 지역의 복지 증진 방안 및 복지 서비스 프로그램을 개발하고, 전문 봉사자로서의 자질을 향상 도모하는 데 목적이 있으며, 취약 계층, 봉사자 등을 대상으로 하고 있다.
② 사례집 발간: 저소득층 취약지역 복지 서비스에 대한 사례 분석을 통한 서비스의 질 향상을 모색하는 데 목적이 있다.
(6) 재가장기요양사업
① 방문 요양 ② 방문 목욕

2. 노인대학 프로그램(http://bukwang1004.org)

부광노인대학은 2005년에 설립되어 교육부로부터 비영리민간단체 인증을 받아 현재 어문학부, 음악예술학부, 건강학부, 교양학부로 운영 중이다.

3. 효사랑 · 효실천 프로그램

(1) 노인건강 축제: 노인문화 부재 시대에 노인들이 주체가 되어 놀이문화 축제를 즐김으로 노령사회의 본이 되는 프로그램이다.
(2) 3대가 함께하는 가족 합창대회

9) 부광감리교회는 인천광역시 부평1동에 위치하고 있다(www.bukwang.or.kr).
10) 가정이 어렵거나 거동이 불편하여 반찬을 만들지 못하는 저소득층 및 노인들에게 반찬을 제공하여 그들이 식사하는 데 부식이 부족함이 없게 하는 데 그 목적이 있으며, 대상은 저소득층, 특히 독거노인이며, 90가정 월 2회(첫째, 셋째 금요일)를 목표로 하고 있다.

(3) 사랑의 금혼식: 소외된 계층이 사회에서 관심과 사랑을 받으며 구성원으로서의 자존감 회복과 함께 사랑의 금혼 혼례식을 통한 세대 간의 교류 및 문화를 이해하기 위해 결혼 50주년 이상의 금혼 혼례식 대상자와 생활보호대상자 및 차상위 계층, 결혼당시 결혼식을 치루지 못하고 살아오신 부부, 60세 이상으로 결혼 50년 이상 된 부부를 대상으로 부광교회 본당에서 효사랑 효실천 사랑의 금혼 혼례식을 실시하였다.

출처: 오연례 "교회의 노인복지 프로그램 활성화 방안"에 관한 연구논문.

PART

05

노인과 사회생활에 대한 이해

Chapter

12

노인의 여가문화와 노인교육

노인에게 여가시간은 일정한 사회적·가정적 역할에 있어서 그 역할을 추구하는 도중에 갖게 되는 여유 있는 시간을 말하고, 자신에게 부여된 일정한 역할이 없어서 막연하게 보내는 긴 시간을 말한다. 여가란 인간관계의 긴장상태에서 해방되어 휴식을 취하고 자기생활의 균형을 회복하는 본연의 의미를 가지고 있다.

1. 노인의 여가문화

1) 노인여가문화 활동의 의의와 유형

(1) 여가활동의 개념과 의의

여가(leisure)는 어원적으로 보면 자기의 교양을 높이기 위한 적극적 행위와 아무것도 하지 않는 소극적 상태라는 두 가지 의미를 동시에 가지고 있다. 여가는 노동의 반대개념이고, 강제성 및 의무성이 적은 행위이며, 정신적·정서적인 면에서 자유, 휴식 및 즐거움을 추구하는 자유 활동으로써 활동 자체가 목적인 활동이라고 정의할 수 있다.

또 여가의 개념을 시간, 활동의 내용, 활동의 질이라는 조작적으로 정의할 수 있다. 첫째, 시간을 기준으로 하여, 생활 총 시간 24시간에서 노동시간, 수면시간이나 식사 등 기본적 욕구 충족에 필요한 생리적 필수시간, 그리고 개인에게 의미 있는 활동을 위한 시간을 뺀 나머지를 여가시간으로 규정할 수 있다. 둘째, 활동의 내용을 기준으로 한 정의로서, 휴식, 기분전환, 사회적 성취 및 개인적 발전을 위한 활동을 여가활동으로 규정한다. 셋째, 활동의 질을 기준으로 하여, 주관적 판단에서 자유롭고 평화로움을 느끼는 활동을 여가활동으로 규정한다.

카플란(Kaplan)은 여가의 활동과 관련한 노인의 욕구를 다음과 같이 구분하고 있다. 첫째, 여가를 친구들과 함께 지내고 싶어 하는 욕구, 둘째, 오래도록 건강을 유지하고 싶은 욕구, 셋째, 사회적으로 공헌하면서 봉사활동을 하고자 하는 욕구, 넷째, 자신의 존재를 타인에게 인정받고 싶어 하는 욕구, 다섯째, 가족관계를 원만히 유지하려는 욕구, 여섯째, 종교적 신앙을 포함한 정신적 안정을 얻으려는 욕구, 일곱째, 자기표현과 성취감의 기회를 가지려는 욕구이다. 이상의 개념과 정의를 반영하여 여가를 정의해 본다면 "경제적 보상과 개인, 가족, 및 사회적 의무감에서 하는 활동이 아니면서 자발적으로 선택하여 자유와 평화의 감정을 느낄 수 있는 활동의 시간"이라 할 수 있다(최원석 외 2011: 222).

(2) 노인여가활동의 중요성

휴식과 피로회복, 자기 개발 및 사회적 성취 등 젊은이들이 생각하는 여가 개념을 노인에게 그대로 적응시킬 수는 없다. 노년기에 있어 시간의 여유는 '무엇인가 하고 남은 시간'이 아니라 '생활의 대부분'이 되어 버렸기 때문이다.

더욱이 조기퇴직이나 강제퇴직제도로 인하여 일하고 싶어도 일할 수 없는 상황에서, 노년기의 여유시간은 자발적 선택이라기보다는 어느 정도 강제적으로 부여된 여가시간의 성격이 강하다. 결국 오늘날의 노인들은 늘어난 시간을 즐기기보다는 '무위고'로 괴로움을 당하고, 시간을 헛되이 흘려 보내고, 고독과 소외, 자존감의 하락 등으로 힘든 시간을 보내고 있다.

노년기에 적극적으로 여가활동에 참여하게 되면 노후생활의 적응에 많은 긍정적인 효과를 기대할 수 있다. ① 여가활동에 참여함으로써 직장동료관계, 가족관계 등의 위축된 사회적 관계망을 보완·유지 또는 확대할 수 있는 기회를 갖게 되므로, 고독과 소외감을 경감할 수 있다. ② 여가활동을 통해 무위 상태를 벗어나 자기유용감과 자아개념에 긍정적인 변화가 온다. ③ 직장이나 가정 때문에 발휘하지 못했던 잠재적 재능을 확인하고 이를 표현함으로써 자아실현의 기회를 가질 수 있다. ④ 여가활동에 참여를 통해 신체 및 정신건강을 유지·향상시킬 수 있다. ⑤ 후 세대에 삶의 지혜와 전통문화를 전수하고 더 나아가 사회발전에 기여할 기회를 가질 수 있다. ⑥ 여가활동을 통해 삶의 활력을 찾고, 사기와 삶의 만족도가 높아진다. ⑦ 여가활동에 참여하는 과정에서 자신의 삶을 자율적으로 결정할 수 있는 기술과 능력이 증진되어 삶에 대한 통제력이 높아진다(최원석 외

2011: 222-223).

이렇듯 노인의 여가활동은 노화의 과정에서 발생되는 심리적인 고독감과 외로움을 긍정적인 방향으로 해소시켜주고 있으며, 은퇴로 비롯된 사회적 역할의 상실을 보충해 준다. 즉, 노인의 여가활동은 노년기의 여러 가지 욕구를 위하게 되며 사회적으로 보다 활동적이고 생산적일 수 있게 한다는 점에서 중요하다.

2) 노인의 여가활동의 유형과 현황

(1) 노인여가활동의 유형

노인여가활동에 영향을 주는 다양한 요인들을 조합하여 한거형, 자기완성형, 근로형, 사교 오락형, 사회참여형, 폐쇄형의 여섯 가지로 분류하였다.

첫째, 한거형은 비교적 여유 있는 경제력과 시간을 활용하여 독서, 그림 음악 등의 여가활동을 즐기며 심신의 안녕을 추구하는 형이다.

둘째, 자기완성형은 은퇴 전에 하지 못했던, 또는 평소 하고 싶었던 활동을 여가와 연계하여 추진하는 것으로 주로 각종 교양강좌의 수강, 토론회 참여 등으로 인격의 완성을 위하여 노력하는 형이다.

셋째, 근로형은 대부분의 농촌노인들이 해당되며 가정 내 소일, 시간제 일을 통하여 소액의 경제적인 이득과 여가를 동시에 추구하는 형이다.

넷째, 사교 오락형은 대부분의 노인들이 추구하는 여가활동으로 골프와 같은 스포츠, 낚시 또는 여행과 같은 취미활동을 통하여 사교 또는 오락을 즐기는 형이다.

다섯째, 사회참여형은 각종 사회 및 지역사회활동에 적극적으로 참여하여 자아를 개발하는 형이다.

여섯째, 폐쇄형은 건강 또는 경제적인 이유로 가정 내에서 머물며 여가활동을 영위하는 형으로 하루 종일 소일로 여가활동을 대치하는 것으로 나타났다(김치영 외, 2014: 200-201 재인용).

노년기의 여가활동은 활동장소, 관계범위, 활동목적에 따라 다양한 유형으로 분류할 수 있다.

| 표 12-1 | 노인여가활동의 유형 분류

구분	유형	내용
활동장소에 따른 분류	가족 중심형	자녀와의 대화 등과 같은 가족 내에서 활동
	가족 외 활동 중심형	가족 외부에서의 취미, 오락, 학습, 단체활동에 참여
	단독 충실형	미술, 음악감상, 수집, 사진, 서예, 독서 등의 개인활동 위주
	우인 교류형	친구들과 어울려 회식, 대화를 나누고 관혼상제에 적극 참여
	가족 충실형	가족단위의 외식, 소풍, 정원손질, 집수리 등에 참여
	사회 참여형	지역봉사활동, 친목회, 향우회, 동창회, 정치단체 활동 등에 참여
활동목적에 따른 분류	긴장해소활동	휴식, 수면 등
	기분전환활동	TV 시청, 라디오 청취, 독서, 영화, 스포츠 관람 등
	발전적 활동	학습, 취미활동, 여행, 사회단체 참여, 종교활동 등
	창의적 활동	요리, 집수리, 토의, 창작활동 등
	감각쾌락활동	게임, 사냥, 운동, 춤, 술 등

자료: 최원석 외(2011: 224).

(2) 노인의 여가활동실태

2017년도 노인실태조사에서 나타난 노인여가 및 사회활동 실태에 따르면, 가장 많이 하는 여가활동으로 TV시청이 99.3%로 가장 높았고, 산책 27.5%, 스포츠 참여 16.6%, 화초, 텃밭가꾸기가 12.0%, 종교활동이 10.7%로 나타났다(보건복지부, 2018).

| 표 12-2 | 노인의 여가활동

항목			2008	2011	2014	2017
연령 구성	구성별	65~69	38.0	29.8	31.7	32.4
		70~74	28.4	30.4	27.1	24.9
		75~79	17.6	22.6	20.6	21.1
		80세 이상	16.0	17.3	20.6	21.7
	평균연령		72.9	73.7	73.9	74.1
여가활동 유형별 비율		TV시청	–	99.0	82.4	99.3
		산책	–	7.0	17.8	27.5
		스포츠 참여	–	–	10.2	16.6
		화초 텃밭가꾸기	–	10.4	10.1	12.0
		종교활동	–	–	8.3	10.7

자료: 보건복지부(2018). 2017년 노인실태조사. p.12-13.

통계청 2015년 사회통계조사결과(복지, 사회참여, 문화와 여가, 소득과 소비, 노동)의 결과를 보면 노인에게 앞으로 시간적·경제적 여유가 생긴다면 TV시청 이외에 가장 하고 싶은 것은 관광활동(54.0%)이었고, 다음은 휴식활동(27.8%), 사회 및 기타 활동(24.0%), 자기개발(19.5%) 순으로 나타났다. 성별로 살펴보면, 남자는 여가시간에 관광 활동과 취미, 자기계발 활동을, 여자 또한 관광 활동과 취미, 자기계발 활동을 희망하는 것으로 나타났다.

|표 12-3| 60세 이상 인구의 여가시간 활용 의향(복수응답)

	TV시청	문화 예술 관람	문화 예술 참여	스포츠 관람	스포츠 활동	관광 활동	컴퓨터 게임, 인터넷 검색 등	취미 자기 개발 활동	휴식 활동	사회 및 기타 활동	기타
2015년	69.9	16.5	2.8	4.3	13.4	11.1	19.0	14.7	50.8	11.3	2.1
	(15.8)	(34.2)	(9.2)	(9.4)	(24.1)	(59.4)	(5.6)	(34.2)	(20.4)	(16.1)	(0.2)
도 시	69.6	17.6	2.9	4.6	14.0	11.4	20.0	15.1	50.5	11.1	2.0
(동 부)	(15.3)	(35.8)	(9.7)	(9.6)	(25.1)	(59.7)	(5.8)	(35.1)	(19.8)	(15.9)	(0.2)
농어촌	70.9	11.2	2.2	3.0	10.5	9.3	14.1	12.4	51.9	12.3	2.3
(읍면부)	(18.0)	(26.9)	(6.5)	(8.6)	(19.4)	(58.0)	(4.4)	(29.8)	(23.1)	(17.2)	(0.2)
남 자	68.0	14.0	2.8	6.8	20.2	10.4	24.8	14.4	47.5	8.3	1.6
	(16.2)	(28.0)	(8.6)	(15.1)	(32.9)	(56.1)	(8.7)	(31.2)	(19.7)	(12.9)	(0.2)
여 자	71.7	18.9	2.8	1.9	6.8	11.7	13.4	15.0	53.9	14.3	2.5
	(15.4)	(40.3)	(9.8)	(3.8)	(15.6)	(62.6)	(2.6)	(37.1)	(21.0)	(19.2)	(0.2)
13~19세	60.5	22.1	5.4	4.1	17.0	4.0	54.8	20.7	40.5	9.4	1.8
	(16.9)	(45.8)	(12.4)	(12.1)	(31.0)	(44.9)	(21.5)	(38.8)	(19.4)	(7.6)	(0.3)
20~29세	60.1	30.4	4.5	7.4	12.3	9.5	35.2	23.2	47.0	7.8	1.3
	(9.9)	(45.9)	(13.2)	(13.1)	(28.5)	(58.4)	(9.7)	(42.2)	(16.7)	(9.9)	(0.0)
30~39세	68.0	22.3	3.0	5.6	12.2	21.5	21.3	14.3	51.3	7.0	3.5
	(10.7)	(43.3)	(10.3)	(10.9)	(30.2)	(64.8)	(5.0)	(41.5)	(18.7)	(9.5)	(0.1)
40~49세	69.0	17.9	2.3	4.8	16.4	14.5	14.6	14.1	56.8	11.3	1.8
	(10.9)	(38.6)	(9.3)	(10.0)	(29.6)	(65.3)	(2.9)	(37.5)	(17.9)	(16.3)	(0.1)
50~59세	72.2	9.9	2.3	3.6	16.2	10.0	8.1	13.0	52.1	14.7	1.6
	(15.4)	(27.7)	(8.7)	(8.6)	(22.3)	(62.8)	(2.1)	(31.8)	(19.4)	(22.6)	(0.4)
60세	81.2	3.8	1.1	1.5	8.2	4.6	2.8	8.2	51.1	15.5	2.3
이상	(28.4)	(15.0)	(4.4)	(4.5)	(9.4)	(54.0)	(1.3)	(19.5)	(27.8)	(24.0)	(0.4)

주: ( ) 안의 수치는 '앞으로 하고 싶은 여가활동'임
자료: 통계청(2015: 32).

(3) 노인의 사회참여도

통계청 2017년 노인실태조사의 결과를 보면 사회활동 유형별 비율 중 평생교육참여는 12.9%, 자원봉사참여는 3.9%로 나타났다.

단체활동에 참여자 중 친목여가활동에 참여한 사람이 66.4%로 가장 많았고, 다음은, 종교활동(50.2%), 친목단체활동(45.2%) 순으로 많은 활동을 보였으며 학습활동(11.8%), 자원봉사활동(6.5%), 정치사회단체활동(1.0%)로 나타나 상대적으로 적은 활동을 하는 것으로 나타났다.

| 표 12-4 | 사회단체 참여(복수응답)

항목		2008	2011	2014	2017
사회활동 유형별 비율	평생교육참여율	13.3	6.7	13.7	12.9
	자원봉사참여율	–	3.9	4.5	3.9
희망하는 사회참여활동	자원봉사활동	58.4	2.5	6.4	6.5
	학습활동	–	1.1	13.0	11.8
	취미여가활동	38.0	4.1	61.6	66.4
	종교활동	45.1	5.8	45.6	50.2
	정치사회단체활동	–	–	0.7	1.0
	친목단체활동	–	–	40.1	45.2

자료: 보건복지부(2018). 2017년 노인실태조사. p.12-13.

3) 노인여가복지시설

「노인복지법」에 따르면 노인여가복지시설은 노인의 여가생활을 보람 있고, 자율적으로 보낼 수 있도록 이에 필요한 프로그램 및 장소를 제공하는 시설로 규정한다. 노인여가복지시설은 노인복지관, 경로당, 노인학교로 구분된다.

통계청 2017년 노인실태조사에서 노인복지시설 이용률에서 경로당 이용률은 25.9%, 노인복지관 이용률은 8.9%로 나타났다.

| 표 12-5 | 노인여가복지시설 이용률(복수응답)

항목		2008	2011	2014	2017
노인여가복지시설 이용률	경로당 이용률	46.9	34.2	25.9	23.0
	노인복지관 이용률	–	8.8	8.9	9.3

자료: 보건복지부(2018). 2017년 노인실태조사. p.12-13.

(1) 노인복지관

노인복지관은 무료 또는 저렴한 요금으로 노안에 대하여 각종상담에 응하고 건강의 증진 교양, 오락 기타 노인 복지증진에 필요한 편의를 제공함을 목적으로 하는 시설로 「노인복지법」에서 규정한다. 노인복지관은 노인의 교양·취미생활 및 사회참여활동 등에 대한 각종 정보와 서비스를 제공하고, 건강증진 및 질병예방과 소득보장, 재가복지, 그 밖에 노인의 복지증진에 필요한 서비스를 제공한다. 노인복지관은 노인의 전반적인 복지증진을 위한 종합적인 노인복지센터로서의 기능을 수행하며, 상담 및 지도, 취업상담 및 알선, 기능회복훈련, 교양강좌 등을 기본사업으로 수행하고 있다. 이외에 노인의 상태나 지역여건을 감안하여 필요한 사업을 할 수 있으며, 거동이 불편한 노인을 위한 재가노인복지시설을 운영할 수 있다(박현식 외, 2015: 316).

| 표 12-6 | 노인복지관 사업구분

사업 구분		프로그램(예시)
상담	상담 및 정보제공	노인의 일반상담(이용상담, 접수상담), 전문상담(경제, 법률, 주택상담, 연금상담, 건강상담, 세무상담), 심리상담, 치매상담, 노인학대상담 등
	정서 및 사회생활지원	우울 및 자살예방프로그램, 죽음준비프로그램, 집단프로그램, 자조모임 등
사례관리	위기 및 독거노인 지원	취약노인의 신체·정서·사회적 자립 지원 프로그램 운영, 독거노인돌봄서비스, 사례관리사업, 읍면동행정복지센터 및 유관기관 등과 연계(취약노인연계망구축사업)
	가족기능지원	가정봉사원파견, 방문간호, 노인돌봄서비스사업 등
건강생활 지원	건강증진지원	건강교육, 건강상담, 건강교실(건강체조, 기체조, 요가 등), 독거노인지원사업(기존 재가사업), 이·미용, 노인건강운동, 치매예방 인지활동서비스, 물리치료 등
	기능회복지원	양·한방진료, 작업요법, 운동요법, ADL훈련 등
	급식지원	경로식당(중식서비스), 밑반찬·도시락배달, 푸드뱅크 등
노년사회화 교육	평생교육지원	노인역량강화교육, 정보화교육, 사회화교육, 시민사회교육, 한글교실, 외국어교실, 교양교실, 인문학교육, 예비노인 은퇴준비 프로그램 등
	취미여가지원	예능활동(음악, 미술, 생활도예, 서예, 댄스), 문화활동(연

사업 구분		프로그램(예시)
		극, 사진, 영화, 바둑, 장기, 레크리에이션), 취미활동(종이 접기, 손뜨개질, 민속놀이), 체육활동(탁구, 당구, 게이트볼), 동아리활동 등
지역조직 및 세대통합	지역자원개발	자원봉사자 발굴·관리, 후원자 개발, 외부 재정지원기관 사업 수탁 등
	지역복지연계	경로당 프로그램 연계 등의 지역복지기관 연계, 지역협력사업(경로행사, 나들이 등) 등
	주거지원	주택수리사업, 주거환경 개선사업(도배 등), 등
	가족통합지원	가족상담, 가족관계프로그램, 가족캠프, 세대통합프로그램 등
사회참여 및 권익증진	사회참여지원	노인자원봉사 활성화사업, 노인일자리 및 사회활동지원 사업, 지역봉사활동, 교통안전봉사, 동아리·클럽 활동 지원, 교통편의서비스 등
	노인권익증진	정책건의, 노인인권 옹호, 노인인식개선사업, 편의시설 설치, 노인소비자피해예방교육, 양성평등교육, 성교육 등
	고용 및 소득지원	고령자취업지원 사업, 경제교육, 취업교육 등
돌봄	요양서비스	치매환자 프로그램, 주·야간보호 등

※ 기타 제시되지 않은 사업은 자체 수행 가능
자료: 보건복지부(2019). 2019 노인보건사업안내. p.123.

통계청 2017년 노인실태조사에서 노인복지관을 이용하는 이유로는 취미여가 프로그램 이용(49.9%), 친목도모(42.3%), 식사서비스(27.5%), 건강증진프로그램 이용(26.4%)으로 나타났다.

| 표 12-7 | 노인복지관 이용 이유(복수응답)

항목		2008	2011	2014	2017
노인복지관 이용 이유	친목도모	-	16.9	14.9	42.3
	취미여가프로그램 이용	-	57.9	53.2	49.6
	식사서비스	-	12.8	17.6	27.5
	건강증진프로그램 이용	-	5.4	3.8	26.4

자료: 보건복지부(2018). 2017년 노인실태조사. p.12~13.

(2) 경로당

경로당은 65세 이상 지역 노인들이 자율적으로 친목도모, 취미활동, 공동작업장을 운영 및 각종 정보교환과 기타 여가 활동을 할 수 있도록 하는 장소를 제공함을 목적으로 설치된 시설이다. 경로당의 설치목적은 건전한 노인여가문화 조성과 확산에 기여하고, 지역사회의 세대 간 유대강화 및 노인세대 내 교류증진 그리고 봉사하는 노인상을 정립하는 것이다. 일반적으로 경로당에서는 사회봉사활동, 취미활동, 오락활동, 수입조성활동 등이 가능하지만 실제적으로 경로당에서 이루어지는 활동은 단순한 취미활동과 오락활동에 국한되어 있는 실정이다(박현식, 2015: 318).

증가하는 노인들의 복지욕구를 충족시키고 경로당의 소극적인 운영을 개선하기 위하여 1999년 이후 경로당활성화사업을 전개하고 있다. 지역사회에의 접근성이 높은 경로당의 강점을 살리되, 그동안 관리프로그램이 없어 효과적으로 활용되지 못했던 문제점을 보완하기 위하여 노인의 종합적 여가시설인 노인복지회관과 연계하여 경로당에 여가선용 및 건강관리 프로그램 등을 공급하여 경로당의 효과적인 운용을 기하도록 하는 것이 활성화사업의 목적이다. 이에 경로당운영활성화사업은 이를 전담하는 프로그램 관리자를 노인복지회관에 두고 회관의 물적·인적 자원을 활용하여 지역의 경로당에 여가프로그램, 건강관리프로그램 등을 제공하는 것을 기본 모델로 하고 있다. 경로당활성화사업을 통하여 제공되는 프로그램 운영의 목적은 첫째, 지역사회 노인의 기초적인 여가공간으로서 경로당 기능을 강화하고, 둘째, 프로그램을 통하여 노인의 신체기능감퇴를 방지하며, 셋째, 지역사회 내 노인이 어른으로서의 역할 수행 등 적극적인 사회참여와 넷째, 노인교육을 통해 노인의 계속적인 능력개발을 도모하는 것으로 이를 통하여 궁극적으로 밝고 긍정적인 현대적 노인이미지를 형성하는 데 주안점을 두고 있다.

통계청의 2017년 노인실태조사에서 경로당을 이용하는 이유로 친목도모(91.4%), 식사서비스(57.2%), 건강증진프로그램 이용(9.0%), 취미여가프로그램 이용(8.3%) 등으로 나타났다.

| 표 12-8 | 경로당 이용 이유(복수응답)

항목		2008	2011	2014	2017
경로당 이용 이유4)	친목도모	-	89.7	85.5	91.4
	식사서비스	-	3.7	6.6	57.2
	건강증진프로그램이용	-	1.2	0.5	9.0
	취미여가프로그램이용	-	3.6	4.4	8.3

자료: 보건복지부(2018). 2017년 노인실태조사. p.12-13.

(3) 노인교실

노인교실은 60세 이상의 자를 이용대상으로 노인의 사회활동 참여 욕구를 충족시키기 위하여 건전한 취미활동 노후 건강유지 소득보장, 기타 일상생활과 관련된 학습 프로그램을 제공함을 목적으로 하는 시설이다. 그러나 실제로 노인들이 원하는 분야의 교육프로그램을 중심으로 운영되고 있어 학습보다는 여가의 성격을 많이 갖는다.

4) 노인여가활동 참여의 문제점 및 촉진방안

현재 우리나라 노인들의 여가활동 문제는 우선 노화에 따른 건강 약화와 경제적인 어려움(퇴직에 따른 소득 중단)을 꼽을 수 있다. 다음으로는 노년기 여가활동에 대한 낮은 인식과 준비를 들 수 있다. 동시에 이런 노화와 노인의 여가활용 능력의 미약뿐만 아니라 여가서비스의 한계도 노인의 여가활동의 문제를 더욱 악화시키고 있다.

노년기의 삶의 질에 커다란 영향을 미치는 여가활동 참여를 촉진시켜나갈 방안을 살펴보면 첫째, 노인들 스스로 여가에 대한 인식변화를 통하여 새로운 노년기 문화를 정립하여야 할 것이다. 둘째, 노인들이 여가활동에 필요한 기본적인 자원을 국가와 가족들이 제공하여야 한다. 이에 따른 물적·인적 자원의 국가적 지원의 확대뿐만 아니라 노인여가활동을 지도할 수 있는 전문적인 인력 양성과 시의 적절한 배치가 필요하다. 셋째, 노인들의 개별적인 특성을 고려한 다양한 여가 프로그램이 개발되어야 한다. 이를 위해서는 노인종합복지관, 종합사회복지관, 경로당 및 노인복지기관 등에서 실시하고 있는 획일적인 프로그램을 지양하고 노인들의 욕구, 동기에 부합하는 여가활동 프로그램의 개발이 필요할 것이다.

2. 노인교육

1) 노인교육의 의미

최근 노령화의 급속한 진전과 더불어 노인교육, 노인교육학이 중요한 분야로 부상하고 있다. 노인교육학은 노인을 개상으로 하는 교육이라는 협의의 노인교육에서 더 나아가 노인을 위한 교육과 노인에 관한 교육, 그리고 노인에 의한 교육까지를 포함하는 넓은 의미의 노인교육 이론과 실천을 지칭한다(최원석 외, 2011: 236).

2) 노인교육의 필요성

노인교육은 노인문제를 보다 근본적으로 해결하고 노인들의 삶의 질을 향상시키며 고령사회의 진전에 적극적으로 대응할 수 있는 힘을 제공해 준다.

첫째, 노인교육은 노인들에게 학습의 주체로서 성장기회를 제공한다. 보다 많은 노인들의 사회에 참여할 수 있고, 자신들의 주장을 펴고 권리를 당당히 요구할 수 있도록 돕는 교육 그리고 노인기의 여러 가지 변화에 효과적으로 적응할 수 있도록 도우며, 늘어난 노인기를 보다 보람 있고 유익하게 보낼 수 있도록 돕기 위한 교육이 요구된다. 평생교육적 차원에서 노인기는 쇠퇴의 시기가 아닌 계속적인 발전과 성장의 시기로 간주되기 때문이다.

둘째, 노인교육은 젊은 세대가 노후를 설계하고 노인에 대한 이해를 증진시키도록 한다. 계속적인 평균수명의 증가로 노인기의 연장은 노후를 새로운 인생의 과정으로 설계하여야 할 필요성이 크다. 젊은 세대들은 앞으로 다가올 노인기 동안을 효율적으로 적응하고 준비하기 위해서는 노인기에 이르기 이전부터 자신의 노후를 설계하고 준비해야 한다. 그러므로 노인기에 대비하고 성공적인 노후를 계획할 수 있도록 돕는 교육이 요구된다. 노인에 관한 지식의 습득과 올바른 태도의 형성은 노인들과 효과적으로 관계형성을 할 수 있는 가능성을 높여주고 세대 간의 화합과 이해를 증진시켜 더불어 사는 사회를 만드는 데 기여한다.

셋째, 노인교육은 고령화사회에서 노인의 역할을 새롭게 모색한다. 노인들이 사회의 중요한 일원으로서 참여하고 공헌하며 봉사하기 위하여 복지와 경제적인 뒷받침과 더불어 교육의 주체로서의 중요성이 높아지고 있다. 노인들이 일생을 통해 축적한 귀중한 경험과 지식, 기술이 버려지지 않고 사회에 다시 환원되어 부가적인 가치를 발휘하도록 해야 한다. 노인들로 하여금 사회 참여의 보람과 자신의 존재가치를 맞볼 수 있도록 하기 위해 교육이 필요하다.

넷째, 노인교육은 젊은 세대에게 노인과 노화에 관한 자연스런 교육이 이루어지게 한다. 노인들은 중요한 교육자원으로서 지역사회에 참여하여 다른 세대와 공유하고 함께 경험하는 기회를 확산시킴으로써 세대 간의 화합을 증대시킬 수 있다. 특히 다양한 자원봉사활동을 통해 젊은 세대들에게 생활의 지혜를 전수하는 기회를 갖게 된다.

노인기는 발달의 과정 중에 있는 시기로 노인들은 학습이 가능하고, 활동할 수 있으며, 사회에 영향력을 갖는 사회에 기여하는 존재로서의 새로운 모습이 요구된다. 따라서 노인의 모습은 주변인이 아닌 중심인, 쇠퇴와 조력의 노인기가 아닌 계속적인 성장과 발달을 위해 준비하고 노력하는 노인기, 실패의 노인기가 아닌 성공의 노인기, 망각의 시기가 아닌 계속적인 학습과 자기개발의 시기, 무능과 정체의시기가 아닌 활동과 힘의 노인기, 피부양인이 아닌 자활인으로서의 노인이다. 노인은 다양한 개인차를 지닌 존재로서 돈으로도 환산할 수 없는 삶의 지혜와 경험을 축적한 이들이다. 따라서 노인의 모습은 소비하며 부담을 주는 존재가 아니라 봉사하고 기여하고 생산하는, 그리고 힘과 자기주장과 실천력을 가진 존재다.

이러한 노인들의 욕구가 충족되기 위해서는 우선 건강과 학습, 경제력, 환경이

뒷받침되어야 한다. 이는 노인에 관한 전문적인 도움, 그리고 교육을 통해서 실현될 수 있다. 더 이상 경로사상에 의한 노인의 위상 정립이 아니라 자기 개발을 통한 노인의 정체성이 확립되도록 노인교육의 역할이 모색되어야 한다(기영화, 2007: 27-29).

3) 노인교육의 영역

노인교육은 노인을 위한 교육과 노인과 노화에 관한 교육, 노인에 의한 교육으로 나누어 볼 수 있다(최원석 외, 238: 238-242).

(1) 노인을 위한 교육

노인을 위한 교육의 중요성은 우선, 노인들의 자기계발 욕구에서부터 찾아야 한다. 노년기는 쇠퇴인 동시에 계속적인 발달과 성장의 시기이다. 이러한 노인을 위한 교육의 목적은 첫째, 노인들로 하여금 노인과 노화의 특성을 이해하게 함으로써 노화에 보다 잘 적용하고 노년기의 발달과업을 성취할 수 있게 할 뿐 아니라 자신의 문제를 스스로 해결해 나갈 수 있도록 돕는 데 있다. 둘째, 노인들로 하여금 사회의 변화를 이해하고 그에 적응할 수 있도록 돕고, 더 나아가 노인들도 변화하는 사회에 능동적으로 참여할 수 있도록 돕는 데 있다. 셋째, 노인들의 학습과 자기개발 욕구를 충족시킬 수 있도록 학습의 기회를 제공하는 데 있다. 넷째, 교육의 장을 통하여 노인들이 폭넓은 사회적 관계망을 유지·확대하는 것을 돕는 데 있다. 다섯째, 교육에의 참여를 통해 노인들이 보다 적극적이고 능동적인 삶의 태도를 갖게 하는 데 있다. 여섯째, 노인들의 사회 참여와 취업에 필요한 지식과 기술을 제공함으로써 노인들의 경제적 자립과 지속적인 사회참여를 돕는 데 있다.

(2) 노인에 관한 교육

노인인구의 증가와 사회 전반의 급격한 변화는 노인과 노화에 관한 이해를 증진시키기 위한 노인에 관한 교육의 중요성이 증가하고 있다. 노인에 관한 교육의 중요성을 살펴보면 다음과 같다. 첫째, 세대 간의 갈등을 극복하기 위해 노인에 관한 교육이 요구된다. 둘째, 인간은 누구나 노인이 된다는 불변의 진리를 생각해 볼 때 노화와 노인에 관한 교육은 모두에게 노년기에 대한 준비교육으로서 중요한 의미를 갖는다. 셋째, 노화는 진행된 결과인 동시에 계속적으로 진행되는 과정이다. 그러므로 이미 노인인 사람들에게도 현재의 상태에 잘 적응하고 당면 문제를 대처하기 위한 노인에 관한 교육이 필요하다.

노인에 관한 교육의 목적은 첫째, 노인에 대한 이해를 증진시키고, 더 나아가 세대 간의 이해를 증진시키기 위한 목적이 있다. 둘째, 노인에 대한 교육을 통해 노인에 대해 가졌던 그릇된 편견이나 오해를 수정하여 노인을 보다 잘 이해할 수 있다. 셋째, 자신의 노화와 노년기를 구체적이고도 효율적으로 준비할 수 있다. 넷째, 이미 노년기에 접어든 노인들에게는 자신이 처한 상황을 직시하게 함으로써 그가 당면한 여러 문제들에 더욱 적극적이고 효과적으로 대응해 나갈 수 있게 함에 있다.

(3) 노인에 의한 교육

노인들은 삶의 경험 속에서 책이나 형식적인 교육만을 통해서 얻을 수 없는 수많은 지혜를 쌓아 왔다. 이러한 노인의 지혜와 통찰은 중요한 가치를 가진다. 이러한 이유로 노인에 의한 교육은 중요하다. 노인에 의한 교육의 중요성은 첫째, 노인들의 공헌과 참여로 전통을 바르게 이어나가는 일이 가능하며 젊은 세대에게 우리의 전통, 윤리, 예절을 올바르게 전해 줄 수 있다는 것이다. 둘째, 노인들의 참여를 통하여 교실에서 추상적으로 머물기 쉬운 이론 중심의 교육에 현실감과 생명력을 불어 넣어 줄 수 있다. 셋째, 교육에 노인들이 직접 참여함으로써 사회에 참여하고 공헌하고자 하는 노인들의 욕구를 충족시켜 줄 수 있다.

노인에 의한 교육의 목적은 젊은 세대들로 하여금 보다 다양한 인생의 경험을 배우고 실제적이고 역사적인 지식을 얻을 수 있도록 하며, 노인들에게는 계속적인 사회 참여와 봉사의 기회를 제공하여 자신의 가치를 인식하고 삶을 보다 보람 있게 하는 데 그 목적이 있다. 또 노인에 의한 교육은 노인 세대와 젊은 세대의 상호 이해와 상호작용을 높여 사회발전과 세대 간 융화에 많이 도움을 줄 수 있다.

노인교육 활성화를 위한 과제로는 첫째, 현재 운영 중인 노인교육기관의 기능은 여가·복지와 교육의 측면이 혼합되어 있으므로 이들 기관에 대한 체계적 관리·지원이 필요하다. 둘째, 노인의 평생교육에 접근성의 제고가 필요하다. 셋째, 노인교육과 관련한 전문인력이 확충되어야 한다. 넷째, 노인교육 프로그램의 개발 및 내실화를 위해 노인의 다양한 욕구를 충족시킬 수 있도록 특성화된 노인교육 프로그램이 개발되어야 할 것이다(최원석 외, 2011: 238-243).

4) 노인교육 프로그램

(1) 외국의 교육프로그램

① 미국의 노인교육 프로그램

미국의 노인교육 프로그램은 노인들의 학습 요구와 함께 사회적 변화에 민감하게 대응하고 다른 세대와 정보를 교환할 수 있는 교육 프로그램을 개발하고 있으며, 이러한 프로그램 개발은 급격히 증가하는 추세에 있다. 또한 노인 세대들 간의 네트워크 형성은 다양한 노인교육을 활성화하고 있다. 대표적인 노인교육 프로그램은 다음과 같다.

첫째, 노인 네트워크이다. 노인네트워크(SCAN: Senior Citizens Activities Network)는 50세 이상의 노인들을 회원으로 관리하면서 예술, 인문학, 건강, 재정관리, 정보화, 사진, 사교춤, 음악감상 등 한 학기에 130여 개의 프로그램을 중심으로 운영되고 있다. 대부분의 교육과정은 회원으로 가입하면 무료 참여가 가능하고 몇몇 프로그램의 경우, 학습비 형식으로 약 3달러 이하의 기부금 납을 요구하기도 한다.

둘째, 대학 중심의 노인교육이다. 배움에 뜻을 가진 노인들에게 배움의 기회를 주는 프로그램으로는 다음과 같은 것 들이 있다. ① 'Donovan 프로그램'이는 퇴직 전 준비교육으로 대학입학 및 편입을 허가하고 경우에 따라 학위취득의 기회도 제공한다. ② 'GED 프로그램' 이 프로그램을 통해 교육을 받은 노인들은 고등학교 과정 수료의 기회를 제공받으며 학력도 인정받는다. ③ 'Ever Green 프로그램'은 보스턴 대학교에서 Ever Green이라는 프로그램을 통해 지적 호기심이 있는 고령자라면 성별, 학력을 가리지 않고 강좌당 15달러 정도의 저렴한 비용으로 청강을 할 수 있다. 그밖에 'Emeritus 대학'에서는 은퇴한 교수들에게 교수의 기회를 제공한다. ④ 노인학습여행은 60세 이상의 노인들이 대학에서 운영하는 기숙사나 호텔에 숙박하면서 대학 수준의 각종 교육을 단기간에 집중적으로 수강하고 대학의 행사에 참여하거나 지역사회의 시설을 방문, 전문적인 학습, 미지의 세계를 향한 여행, 노인 상호 간의 교류 등을 동시에 경험할 수 있도록 하고 있다. ⑤ 세대 간 교류 프로그램에는 직업기술 전수하기(SOS: Sharing Our Skills), 노인학교 자원봉사. 노인·어린이 상부상조 그리고 세대 간 이해증진 프로그램 등이 있다. '직업기술 전수하기 프로그램'은 노인자원봉사자가 교사를 도와 학생들의 직업기술 개발을 돕는 것을 내용으로 하는 프로그램이다. '노인학교 자원봉사 프로그램'은 노인들에게 자신들이 거주하는 지역사회에서 봉사할 기회를 제공하는 프로그램이다. '노인·어린이 상부상조 프로그램'은 어린이 양육시설에서 노인들이 어린이를 돌봄으로써 노인들과 어린이들이 서로에게 도움을 주고 받을 수 있도록 하는 프로그램이다. '세대 간 이해증진 프로그램'은 노화에 대한 고정관념을 없애고 세대 간 이해 증진과 세대통합을 위해 제공하는 프로그램이다.

② 일본의 노인교육 프로그램

일본은 고령자의 보람된 삶을 돕기 위한 종합사업으로 지역 내 노인교육에 관한 각종 프로그램을 조사하고, 관계기관과의 정보교환 및 상호연계에 의해 노인교육을 종합적으로 조정하는 노인교육 촉진회의를 운영하고 있다(이 사업을 통해 노인교육 프로그램을 개발하고, 평생교육 프로그램을 개발하고, 평생교육의 이념을 실천하며, 지역사회에 기초한 고령자의 자조정신과 지역사회에 대한 책임감을 배양하기 위한 자원봉사자를 양성하는 강좌를 개설). 대표적인 노인교육 프로그램은 다음과 같다.

첫째, 사회통신 교육으로 일본에서는 고령자뿐만 아니라 모든 사람들에게 다양하고 수준 높은 학습기회를 제공하는 방책으로 사회통신 교육을 활용하고 있다.

둘째, 방송대학 교육이다. 일본의 방송대학은 1998년 1월부터 통신위성을 이용한 '스카이 퍼펙트 TV'의 디지털 방송에 의해 전국 방송을 개시하여 학습자에 대한 서비스 향상을 도모하고 있다(전국 40개소에 설치된 학습센터의 현재 학생 수는 약 7만 명이며, 60세 이상의 학습자가 11.8%를 차지).

셋째, 대학의 공개강좌이다. 일본은 대학의 전문적·종합적인 교육·연구 기능을 사회에 개방함으로써 일상생활이나 직업상의 지식, 기술 및 일반적인 교양을 위한 학습기회를 널리 사회인에게 제공하고 있다(대학 개방화 사업 중에서 고령자의 학습을 지원하는 대학의 공개강좌가 최근 인기).

넷째, 세대 간 교류사업이다. 일본에서는 고령화 사화의 문제를 고령자뿐만 아니라 모든 세대의 문제로 다루고 있다. 세대 간 교류 사업은 고령자 삶의 의미를 촉진하기 위한 하나의 방책이며, 동시에 젊은 세대가 고령자와 접촉하면서 배울 수 있는 좋은 기회를 제공하기도 한다(정옥분 외, 2008: 267-293).

③ 한국의 노인교육 프로그램

우리나라 최초의 노인학교는 1972년 10월 서울 종로 태화관에서 문을 연 서울평생 교육원이다. 그 후 1973년 서울 명동 가톨릭여성회관 내에 덕명의숙, 1974년 서대문구 문화촌에 인왕노인학교가 설립되었으며, 뒤를 이어 각종 노인단체, 사회봉사단체, 종교단체 및 개인들에게 의해 전국 각지에 노인학교가 개설되었다. 현재 우리나라에서 운영되고 있는 노인교육시설은 운영기관을 기준으로 다음과 같은 여섯 가지 형태로 분류해 볼 수 있다.

첫째, 보건복지부의 지원을 받는 노인교실, 둘째, 역시 보건복지부에서 지원하는 노인복지회관과 사회복지회관에서 운영하는 노인교육 프로그램, 셋째, 대한노인회에서 지원하는 노인대학과 노인학교, 넷째, 대학이나 대학교의 평생교육원 및 사회교육원에서 설치·운영하고 있는 노인교육 프로그램, 다섯째, 각종 종교기관에서 운영하고 있는 노인교육 프로그램, 여섯째, 민간에서 운영하고 있는 노인교육 프로그램들이다.

한편, 노인교육기관의 프로그램은 표준화된 교육과정이 없고 기관마다 프로그램의 내용과 진행방법에 차이가 많다. 그리고 운영자의 의지, 담당자나 담당 사회복지사의 열의와 전문성에 따라 다양하게 진행되고 있다. 국내 여러 단체에서 실시되고 있는 노인교육 프로그램을 내용의 특성에 따라 분류하면 노후생활교육, 직업교육, 지도자교육 등 세 영역으로 분류할 수 있다. **표 12-9**에서 노인교육은 생활교육 영역의 프로그램들을 중심으로 이루어지고 있다.

| 표 12-9 | **노인교육 영역별 프로그램 실태**

영역	내용	프로그램
생활 교육	교양	어학, 한문, 한글, 역사, 동양고전, 윤리, 종교, 서예, 컴퓨터, 시사, 전통문화, 시민생활 등
	여가 및 취미	요가, 체조, 댄스, 단전호흡, 게이트볼, 배드민턴, 탁구, 가요, 민요, 고전무용, 탈춤, 에어로빅, 장고, 가야금, 사군자, 시조, 등산, 관광, 여행, 스포츠마사지, 요리, 화초재배, 꽃꽂이, 윷놀이, 영화관람, 비디오시청, 연극, 소풍 등
	건강 및 안전	위생, 질병예방과 치료, 영양섭취, 식이요법, 수지침, 교통안전, 범죄대책, 죽음대비 등
	인간관계	고부관계, 부모교육, 손자녀관계, 대인관계, 자기표현훈련 등
	생활정보	노인문제, 노인복지, 생활법률, 외국노인의 생활 등
	동아리 활동	국악, 율동, 음악, 합창, 서예, 등산, 종교, 봉사활동 등
직업 교육	퇴직대비	건강관리, 퇴직생활 설계, 퇴직생활 사례 등
	재산관리	용돈관리, 연금과 재산관리 등
	재취업	직업의식, 재취업 사례 등
지도자 교육	일반, 전문과정	노후의 삶, 노년학, 노인심리, 정신건강, 노인과 사회, 가족관계, 생활의학, 노인과 법률, 노인복지, 노인여가와 레크리에이션, 노인상담, 노인복지시설 운영론, 자원봉사론 등

자료: 교육부(1998: 186).

5) 노인교육 프로그램의 개선방안

노인교육 프로그램의 개선방안은 다음과 같다.

첫째, 정부의 적극적인 지원과 노인교육을 관장하는 행정부서의 마련이다. 우리나라의 노인학교는 운영자가 학교 운영비를 전담하거나, 지출내역 중 어떤 한 부분을 분담하는 경우, 지역사회 유지들로부터 찬조금을 받아서 운영하는 경우, 학생들의 학생회비로 운영되는 경우들이다. 이제는 정부의 적극적인 지원과 시·도 자체의 지원이 필요하다. 교육부와 복지부의 논쟁으로 또 관할 행정부서가 존재하지 않아 노인학교는 무수히 많지만, 노인학교에 관한 정책이나 관련된 학문이 발전하지 못하고 있다.

둘째, 우리나라 노인교육을 활성화시키는 하나의 방안으로써, 정규학교가 노인교육을 위해서 기여할 수 있는 제도적 장치가 마련되어야 할 것이다. 미국의 경우, 일반 대학이나 중·고등학교가 노인교육을 위해서 학교시설을 제공하고 있을 뿐 아니라, 강사진 등 인적 자원을 할애하는 방향으로 정책을 펴고 있다. 이런 우수한 시설과 인적 자원을 이용해서 노인교육 프로그램개발을 해 나가야 할 것이다.

셋째, 각 지방자치단체에 따라 다양한 노인 교육프로그램이 있을 수 있을 것이다. 그 복지관이나 단체의 다양성을 인정하면서, 그 지역사회의 문화와 특성을 잘 반영하는 프로그램을 개발하여 제공해야 할 것이다.

넷째, 노인복지관이 수행하고자 하는 평생교육 프로그램 운영을 위해서 지역사회의 다양한 자원연계를 위한 시스템을 구축해야 할 것이다. 지역사회의 대학교, 관공서, 복지기관, 교육기관과 협력을 통하여 강사의 인력풀 관리나 평생교육프로그램을 교류하여 효과적인 방식으로 이루어져야 할 것이다.

다섯째, 다양한 계층의 노인들을 끌어안을 수 있는 프로그램이 필요하다. 국내의 노인교육 프로그램들은 교육수준, 생활, 경제, 능력 등의 고려없이 중·상층 이상의 경제능력을 가진 노인들을 대상으로 제작되었다. 경제적으로 어려운 노인들도 끌어안아 사회로 다시 재취업시킬 수 있는 교육의 필요한 것이다.

여섯째, 노인복지관 평생교육 프로그램 기획단계에서 참여대상 노인 대표와 전문 강사에게 의사결정에 대한 참여 기회를 확대해야 할 것이다. 지금 시행되고 프로그램에게 수동적으로 정해져 있는 프로그램을 선택하고 받는 교육을 행하고 있다. 노인교육의 목표는 노인들이 질 좋은 삶을 살 수 있도록 돕는 데 있다. 노인교육의 특성상, 노인들이 직접 필요한 프로그램 건의해서 개발할 수 있고 프로그램 제작에 도움을 줄 수도 있다. 그런 시스템이 자율적으로 이루어져야 노인교육이 좀 더 그 목적에 맞게 이루어질 것이다. 또 지금의 노인교육에서 프로그램 전문 강사가 그저 결정된 프로그램을 그대로 따를 것이 아니라, 노인들에게 필요한 교육을 프로그램 개발과정에서 직접 참여해서 개발하고 진행해야 효과적인 교육이 될 것이다.

Chapter

13

노인과 성

현대사회는 노인들의 성문제가 심각한 사회문제로 대두되고 있다. 인간은 사회적 존재이기에 성행동이 사회·문화적인 환경에 좌우됨을 감안할 때, 앞으로 한국 노인의 성의식이나 성행동에 대한 올바른 지식과 이해를 증진하면서 노인들의 긍정적인 성생활을 새롭게 조명하는 것은 필수불가결한 일임을 알 수 있다. 사실 노인들의 성생활은 신체뿐 아니라 심리·사회적인 요인도 크게 작용한다. 규칙적인 성생활은 노인에게 정신적으로나 심리적으로 좋은 영향을 줄 수 있기 때문이다. 노년기 가족생활과 성생활의 다양한 측면의 고찰과 바람직한 노년기의 가족생활과 성생활의 정립이 필요하다.

1. 노인과 가족

1) 가족주기의 변화

사람은 일반적으로 결혼이라는 제도를 통하여 가정을 꾸림으로써 가족이라는 체계를 형성하고 발달시켜 나가며, 축소되어가는 일련의 과정을 거치게 된다. 시간의 흐름에 따라 가족이 변화하고 발달해가는 것을 각 전기별로 단계를 두어 가족생활주기를 설정한다. 사회변화와 가치관의 변화에 따라 가족의 삶은 영향을 받고, 이에 따라 가족생활주기도 영향을 받게 되었다. 가족생활주기의 변화현상은 많은 시사점을 내포하고 있는데(김혜경, 2016; 이영주 외, 2015), 만혼화 현상과 고학력주의, 부양의식의 변화, 여성취업의 일반화, 저출산현상 등이 가족생활주기의 변화에 계속적인 영향요인이라 볼 수 있다(이영실 외, 2016).

사회변화에 따른 가족생활주기의 특징을 살펴보면 다음과 같다.

① 결혼 전 독립기의 연장이다. 이는 결혼 연령이 높아지고 독신을 선택하는 경향도 증가하고 있고 출산율의 감소로 가족확대기는 짧아지게 되었다. 이는 개인적 가치관과 사회경제적 어려움으로 인해 경제적 독립의 시기가 늦추어졌기 때문으로 보고 있다.

② 가족확대기의 단축이다. 가족확대기는 초혼연령의 상승과 출산율의 저하로 첫 자녀 출생에서 막내가 때어날 때까지의 기간이 매우 짧아지고 있다. 종래에는 다산으로 가족확대기의 기간이 길었지만, 최근에는 저출산으로 짧아졌고 기혼여성들의 취업과도 연관이 있다. 여성의 고학력화와 취업에 대한 인식의 변화, 자녀 양육기간의 단축 등이 작용했다고 볼 수 있다. 또한 출산율의 저하는 여성의 삶뿐만 아니라 국가적인 문제를 수반한다. 젊은층의 감소로 노동력 부족과 노인부양 부담의 증가, 국방인력의 감소 등 다양한 문제가 대두되고 있다.

③ 가족확대완료기의 확장이다. 가족확대완료기는 막내 출생에서 첫째 결혼까지의 기간으로 보는데 종래보다 길어졌다. 그 이유는 결혼이 늦어져 자녀를 적게 낳는 반면에 막내 출산은 빨라졌기 때문이다. 이 시기의 부모는 자녀의 양육과 교육으로 부담이 가장 많은 시기이다.

④ 자녀결혼완료 이후 배우자의 사망을 거쳐 남겨진 배우자의 사망에 이르기까지의 축소완료기는 단축되고 가족해체기는 길어지고 있다. 가족축소기는 첫째 결혼에서 막내 결혼까지의 기간으로 자녀가 적기 때문에 모든 자녀가 결혼하기까지 불과 몇 년밖에 걸리지 않는다. 이때부터 가족은 축소되는 시기에 접어든다. 특히 가족축소기 이후 두 부부만 남는 '빈둥지 시기(empty nest stage)'가 급격히 확대되는 변화를 보인다. 이는 자녀를 적게 낳기 때문에 독립시기까지의 기간이 줄었으며, 수명이 연장됨에 따라 노년기가 길어졌음을 의미한다. 이러한 가족주기의 변화는 가족관계에도 영향을 미쳐 부자중심에서 부부중심으로 가족의 핵은 변화되었으며, 사람들은 원만하고 행복한 부부생활의 중요성을 인식하여 가족활동, 여가활동, 사회활동에 참여하는 경우가 늘었다. 자녀관도 변화하여 과거의 집과 부모를 위한 자녀의 필요성보다는 사회와 자녀 자신을 위한 자녀양육과 교육의 필요성을 지니게 되었다.

1960년대 가족의 생활주기			
20대 초	30대 초	40대	60대
결혼, 출산	가족의 완성기	가족 해체기 (자녀 결혼, 출산)	사망
함께 거주(대가족)			

2010년대 가족의 생활주기			
30대 중반	40대	60대	80대
결혼, 출산	가족 완성기	가족 해체기 (자녀 결혼, 출산)	사망

| 그림 13-1 | **가족생활 주기의 변화**

2) 노년기 부부가족의 변화

오늘날 서구에서는 전형적인 노인가구 형태로서 부부단독 가구가 보편화되어 가고 있는 추세이다. 따라서 오늘날 가족학자들은 노년기 부부의 적응문제에 관심의 초점을 두고 있다.

한국에서는 종전에는 노후의 가정생활에서 기혼자녀와의 동·별거가 관심의 초점이 되고 부부문제는 거의 관심을 두지 않았다. 그러나 한국에서도 노년기 부부단독가구가 증가하고 있는 추세이므로 노년기의 부부관계에 대한 연구가 점점 중요성을 더해 가고 있다. 그동안 한국에서 노년기의 부부관계를 중요시하지 않은 이유로는 직계가족의 경우 생활주기가 복선으로 중복되었기 때문인데, 근래에 와서 서구의 부부가족의 이념이 침투되면서 상황이 변화되었다. 즉, 우애적 결혼관의 증가로 인하여 결혼을 자녀출산의 도구로 보지 않고 결혼 그 자체에 의미를 부여하게 되었고, 가업으로서의 농업을 계승해야 할 농가가 감소하고 봉급생활자 가정의 증가로 노부모와의 동거필요성이 감소되었으며, 평균수명의 연장과 자녀수의 감소로 인하여 자녀 독립 후의 노년기가 길어지는 가족생활주기상의 변화가 초래되었다.

이와 같은 상황변화에 따라 노후의 가정생활을 충실하게 하기 위해서는 원만한 부부 관계를 어떻게 유지·발전시킬 것인가가 중요한 문제이다. 부부단독 가구는 물론 기혼 자녀와 동거하는 경우에도 원만한 부부관계를 유지하는 것이 무엇보다도 필요하다. 이러한 의미에서 앞으로 노년기 가족 중에서의 부부관계가 더욱 중요성을 갖게 될 것이다. 부부관계가 어떠한 특성을 가지고 있고 부부관계의 질이 어떠한가에 따라 노년기 부부 적응에 많은 영향을 주며, 또한 두 부부만의 가정으로 돌아가는 데 많은 생활패턴의 변화를 수반한다.

3) 부부 적응과 스트레스

노년기 부부의 상호작용에 대한 역동성을 면밀히 고찰하기 위해서는 가족 내 역할상의 변화에 대한 고찰로부터 시작해야 한다. 이는 노년기의 주된 생활장소가 남녀 모두 가정으로 바뀜에 따라 나타나는 현상이라 하겠다.

노년기의 부부는 함께 지내는 시간이 증가하게 되고 그에 따라 대화시간도 증가하게 된다. 그러나 실제로 함께 지내는 시간의 증가가 대화시간의 증가로 연결되는지는 의문이다. 한국적인 부부관계에서는 남녀 간 권위구조가 상당 정도 유지되고 있고 따라서 부부간 의사소통이 적은 편이다. 특히 부부가 함께 지내는 시간이 많아지는 노년기에 부부간 대화가 충분하지 않는 경우 그 가정은 스트레스와 부정적인 상황이 나타나기도 한다. 그러므로 부부간의 의사소통을 더욱 활발하게 전개시키려는 노력이 필요하다.

부부간의 의사소통을 원활하게 하기 위해서는 공통의 화제가 있어야 하는데, 그렇게 하기 위해서는 공통의 취미나 관심을 가지려는 노력이 필요하다. 특히 부부공통의 체험을 갖는 것은 화제를 풍부하게 하므로 부부간 반려성을 높이는 것이 매우 중요하다.

노년기 가족의 스트레스를 발생시키는 원인은 **표 13-1**과 같다.

| 표 13-1 | 노년기 가족의 스트레스 발생원인

스트레스의 원인	내용
신체적 변화	노인에게 발생할 가능성이 큰 질병으로 인한 스트레스 시력·청력 등 신체의 노쇠로 인한 스트레스
직업상의 변화	은퇴나 직업능력 감소로 인한 소득의 감소, 사회적 지위의 감소, 사회적 교제기회의 감소, 역할상실 등으로부터 스트레스 발생
고부관계	기혼자녀와 별거하는 경우 노후에 대한 불안감 증가로 인한 스트레스. 기혼자녀와 동거하는 경우 가족관계에 대한 세대 간 의식차이로부터 발생하는 스트레스
배우자상실	반려자 상실에 대한 충격과 고독감, 가사 등 가정 내 역할의 감소 및 상실, 생계담당자 상실로 인한 소득감소

출처: 김귀환 외(2010). p.56.

4) 노인가족의 부양 스트레스

자녀는 부모를 보살피는 과정에서 노부모가 건강하지 못하고 의존적일 때 노부모에 대한 스트레스를 느낀다. 부양 스트레스는 부양 부담 정도, 부양으로 인한 부정적인 감정 내지 부정적인 결과, 부양자 긴장, 부양 문제, 부양으로 인한 짐, 부양으로 인한 고통, 역효과 등과 같은 의미로 성인자녀가 노부모를 부양하는 과정에서 생기는 어려움을 뜻한다.

신체적·정신적으로 손상되거나 경제적으로 어렵고 무능한 자녀들은 건강이 악화되고 우울, 걱정, 근심, 분노, 무력감, 불면증, 사기저하, 재정적 어려움, 갈등, 소회, 여가 시간 활동의 제약 등을 경험하기도 한다. 한국에 대한 연구를 보면, 노부모의 의존도와 부양 스트레스는 밀접하게 연관되어 있고, 며느리가 딸보다 노부모의 의존도를 높게 지각하여 스트레스가 더 높은 것으로 나타났다. 또한 노부모와의 관계가 애정적인 친밀함으로 이루어진 상황에서는 부양 스트레스를 증가시키는 다른 요인들이 작용할지라도 부양 스트레스는 그다지 증가하지 않는 것으로 나타났다.

가족 내 스트레스를 발생시키는 요인을 살펴보면 **표 13-2**와 같다.

| 표 13-2 | 가족 내 스트레스 발생요인

스트레스 요인	내용
경제적 요인	수입부족, 빈곤, 빚, 경제적 부양의 부족, 유산 상속, 가업운영, 가계관리 등을 둘러싼 갈등
신체적 요인	노인 측에서는 와상 노인, 병고, 신변처리의 곤란 등이고, 가족 측에서는 간호서비스의 부담 등
상호작용 요인	혼자 사는 것, 가족 내의 고립화, 동·별거에 따른 갈등, 결혼, 이혼, 가출 등
인성 요인	노인이나 다른 가족구성원에게 나타나는 성격의 왜곡, 즉 고집불통, 급한 성격, 냉담, 방종, 변덕 등

출처: 김귀환 외(2010). p.57.

2. 노인과 성

1) 노년기 성에 대한 일반적 태도 및 편견

노인에 대한 교육이나 상담에 있어 신체적 질병, 정서적 변화, 사회적 문제 등은 상세히 다루어져 왔지만, 성에 관련된 문제는 그간 거의 주목받지 못했다. 이는 노인의 성에 대해 드러내놓고 논의하는 것을 수치스러워하는 한국 문화에서 기인하는 것이라 할 수 있다. 하지만 건강이나 의료 등과 마찬가지로 노인의 성 문제해결을 위해서는 우선적으로 노인의 성에 대한 올바른 정보가 주어져야 할 것이다. 대중매체에서 노인의 성은 '주책' 등 대체로 부정적이거나 희화적인 모습으로 그려지고 있다.

한국사회에는 노인의 성에 대해 다음과 같은 편견이 지배적이다. 첫째, 노인에게 성은 중요하지 않다. 둘째, 노인이 성적 행위에 관심을 갖는 것은 비정상적이다. 셋째, 노인의 재혼을 권장해서는 안 된다. 넷째, 남성 노인이 젊은 여성을 찾는 것은 합당하나 그 반대는 합당치 않다. 다섯째, 장기요양시설에서의 노인들은 성별로 구분되어 수용되어야 한다.

이와 같이 잘못된 생각은 일반 국민은 물론이거니와 노인문제 전문가들 사이에서도 만연되어 있으며, 노인 스스로도 그렇게 생각하고 있다. 이러한 편견은 노인의 성에 대하여 상투적이고 부정적인 사회적 태도를 이끌어내므로 바람직하지 못하다.

2) 노년기 성활동에 영향을 미치는 요소

(1) 생리적 요소

① 여성

나이가 들면서 생리적·심리적인 많은 변화를 경험한다. 노화과정을 겪으면서 에스트로겐의 감소의 결과로 생리적이고 행동적인 변화를 나타나게 된다. 에스트로겐의 감소는 성생활에 큰 영향을 주게 된다(직접적인 자극에 대한 음핵 반응의 지연, 성적인 흥분 동안 질의 건조, 덜 강렬한 오르가즘 등). 최근에는 에스트로겐 감소에 대한 영향을 최소화하기 위해 에스트로겐 교체치료 등을 사용하기도 한다.

② 남성

남성의 테스토스테론의 생산은 대개 40세경부터 감소하기 시작하여, 60세까지 점차적으로 감소한다. 그러면 생식기에 문제가 생겨 성생활에 어려움이 생긴다. 이러한 신체적 변화는 남성갱년기로 나타나기도 하고 이 기간 동안 남성은 신경과민, 얼굴이 달아오르거나 불면증을 경험하게 될 것이고, 이것이 성에 대해 흥미를 잃게 할 수도 있다.

(2) 심리적 요소

노년화가 진행되는 과정에서 생의 변화가 아닌 생의 종말로 생각하며 부정적인 생각을 갖기도 하며, 중년이 되면 최고 소득 수준에 도달하고 어떤 사람들은 본인이 도달하기를 원했던 소득만큼 얻지 못한 사실을 깨닫게 이러한 심리적인 변화는 성생활에 영향을 주며 자신감을 상실하는 등 여러 방면으로 힘든 상황과 부딪히게 된다.

노인들의 성생활에 부정적인 영향을 미치는 요소는 첫째, 자신감 감소 및 여성 노인의 관심 감소는 상대방을 만족시킬 수 있을까에 대한 불안감이 작용하기 때문이다. 성생활을 하려면 어느 정도 신체적인 성적 욕구가 있어야 한다. 자신에 대해 부정적 이미지를 갖고 있는 경우에 성적 관심이 줄며 결국 성적 욕구도 감소하게 된다. 둘째, 노후생활의 성행위에 있어서 노인의 심리적인 특성은 성행위 여부에 상당히 중요한 역할을 하는 것으로 죄의식, 우울감, 단조로움, 분노, 수행에 대한 불안감, 성에 대한 관심부족 등이다. 환경으로 성욕은 떨어뜨리는 환경에서 성 생활하는 노인들이 많은데, 만약 노인 부부만 한적하고 밝고 젊게 꾸민 집에서 산다면 문제는 다르다. 셋째, 여성들의 성생활에 영향을 주는 요인으로는 관심의 감소, 혹은 파트너의 부재로서 결혼상태로서 홀로되는 경우 여성의 대부분은 성생활을 끝내나 남성들은 상대를 구하는 경우가 많다.

(3) 사회적 환경

노인의 성에 영향을 미치는 사회적 요인은 다음과 같다.

첫째, 노인의 성을 압박하는 폐쇄적인 사회적 분위기로 우리나라 대다수 사람들은 노인이 되면 성생활을 끝났다는 편견을 가지고 노인이 성생활에 관심을 보이면 주책이라고 여겨 노인의 성을 금기시하며 부정적인 시선으로 본다. 노년기 성을 이해하지 않은 채 노인의 성을 떳떳하지 못한 것으로 여기게 하는 풍토가 노인으로 하여금 자신의 성적 욕구를 자연스럽게 표현하지 못하고 사회적으로 강제된 금욕으로 자신 스스로를 제약하여 건강한 성생활을 누리는 데 커다란 걸림돌이 되고 있다.

둘째, 연령보다는 사회적 환경, 주변인의 태도이다. 성적 활동 감소의 원인은 성에 대한 공포, 무관심, 잘못된 죄책감 등의 악순환 때문이다. 즉, 마음의 자세로서 '이제 와서 무슨 성생활이냐'라는 주변의 생각과 자신의 마음자세에서 지레 손을 놓는데 폐경기를 거친 여성에게 이런 경우가 많이 나타난다. 하지만 폐경은 성과의 작별이 아니다.

(4) 노인의 질환과 약물

건강상태이다. 질병, 신체불구, 약물복용 여부가 영향을 주는데 건강할수록 성생활을 잘한다. 노인성 질환과 약물복용에 의해서도 성생활에 어려움이 따른다. 갑상선의 기능부전, 뇌하수체의 땀샘, 전립선의 문제, 혹은 알코올 중독 등으로 성에 대한 욕구가 사라질 수 있다.

3. 노년기 성의 실제

일반적인 사회의 통념은 노인들 스스로에게도 큰 영향을 미친다. 따라서 노인들은 자신들이 나이가 들었기 때문에 성적 욕구가 사라지게 되는 것이 당연하다고 생각하게 되고, 성적 욕구가 생기는 것을 비정상적인 것으로 생각하게 된다. 그러나 한편으로는 많은 노인들이 자신의 성을 적극적으로 표현하기도 한다. 많은 연구들이 노인들이 육체적으로 성적 표현을 할 능력이 있음을 보여준다. 일반적으로 노화에 따라 성적 활동이 감소하기는 하지만, 노인의 성적 관심과 활동은 드문 현상이 아니며 많은 노인이 활발한 성적 활동을 하고 있다.

노년기의 성적 활동은 첫째, 성 능력이 감퇴되는 것이 아니라 다만 그 빈도가 줄어든다. 둘째, 빈도는 남녀차이가 있지만 생리적 반응 유형이 변하지는 않는다. 셋째, 성반응, 질병은 성행위의 제한 요인이 된다. 넷째, 부부의 금실과 성적 활동은 깊은 관계가 있다. 다섯째, 초기에 형성된 행위 유형이 계속되는 경향이 있으나 연령 증가에 따라 수행능력은 떨어진다. 여섯째, 성적 수행능력은 개인차가 크며, 심리적·신체적 요인이 성행위에 큰 영향을 미친다. 즉, 노인의 성 활동은 빈도는 줄어들지 모르지만 없어지는 것은 아니다. 앞으로 경제활동이 나아지고 건강보호체제가 진전되면서 노인 건강은 더욱 향상될 것이고, 따라서 노인의 성은 현실과 괴리된 문제가 아닌 노인생활과 관련된 주요 문제로 대두할 것이다.

여러 연구에 의하면, 노인시설에 입소된 노인에게서도 노인들이 매우 강한 성적 욕구를 가지고 있다는 것과 다양한 양상으로 성적 욕구를 분출시키고 있는 것으로 나타난다. 이렇듯 성적 욕망이란 지속적인 것일 뿐만 아니라 다른 영역에서의 상실로 인해 더욱 상승될 수 있는 것이다. 실제로 노년기에서의 생활통제감의 상실, 고립감, 외로움은 성적 욕구를 유일한 즐거움으로 상승시키는 역할을 하기도 한다. 또한 조사에 의하면 건전한 성생활은 수명에도 좋은 영향을 나타내고 있는 것으로 보고되고 있다.

1) 노인 성생활 빈도

2009년 서울시내 노인복지관을 이용하는 65세 이상 노인 대상으로 "노인의 성"에 관한 설문조사 분석 결과를 보면, 응답자의 28.4%가 월 1회 이상 성관계를 한다고 응답하였다. 성생활을 지속하는 노인의 월평균 성관계 횟수는 1회가 31.3%, 2회가 40.8%로써 이들 중 53.4%가 만족한다고 답변하였다. 주 성관계 대상자는 배우자가 76.4%, 이성친구가 16.2%로 조사되었다. 이에 서울시는 노인들을 대상으로 성교육 프로그램을 운영키로 하였다[1].

| 표 13-3 | 서울시 노인복지관 이용자의 성생활 조사

조사 대상자	서울시내 노인복지관을 이용하는 65세 이상 노인 1,000명 (남자: 464명, 여자: 536명)
조사 시기	2009년 8~9월 설문조사 실시
성관계 횟수[2]	월 평균 2회: 40.8%, 1회: 31.3%
성관계 만족도	만족한다 53.4%
성관계 시 사용도구	발기부전치료제 사용 11.6%, 윤활제 사용 2.1%, 사용하지 않는다 81.8%
성관계 대상	배우자 76.4%, 이성 친구 16.2% 유흥업소 종업원 또는 성매매여성 1.6%
이성친구 유무	있다 21.7% (남성: 있다 154명, 없다 301명 / 여성: 있다 58명, 없다 391명)

1) 본 설문조사는 2009년 8~9월 서울시립대학교 산학협력단에서 서울시내 노인복지관을 이용하는 65세 이상 노인 1,000명(여자 536명, 남자 464명)을 대상으로 실시하였다.

이성친구 사귀는 곳	복지관·경로당 51.3%, 각종 모임과 단체 13.1% 공원 10.5%, 콜라텍 8.2%
성매매 인식	남성: 필요 35%, 불필요: 58% 여성: 필요 12%, 불필요: 73%
성매매 이유	남성: 성적만족 51명 스트레스 해소 26명 외로움 21명 호기심 20명 여성: 성적만족 5명 스트레스 해소 8명 외로움 5명 호기심 4명
성매매 경험	있다 16.2%(남성: 28.4%, 여성: 4.6%), 없다 83.8%
성매매 횟수	지난 2년간 5회 이하: 56.7%, 6~10회: 26%
성매매 장소	모텔: 70.5%, 집창촌: 9.6%
성매매 상대연령대	40대: 30%, 30대: 20.7%, 50대: 20%, 60대: 18.6%
성매매 비용	평균 6만 원 (최소 2,000원에서 최대 20만 원까지 다양한 응답이 나왔으며, 나이가 많은 여성노인은 2,000~5,000원에 성매매가 이뤄지고 있다.)
성병 감염 유무	있다: 10.3% 없다: 89.7%
성병 감염 경로	성매매: 65.2%(남성: 68.3%) 이성 친구: 19.6%(남성: 20.7%) 배우자: 6.5%
성교육 유무	받아본 적 있다: 18.3%

출처: 김귀환 외(2010). p.60.

2011년 보건복지부가 처음 노인의 성생활 실태를 조사(2011년 6월부터 12월까지 65세 이상 서울·경기지역 노인 500명을 대상)한 서울·경기지역 노인 성생활 조사에 의하면 우리나라 노인 중 단 10~20%만이 성욕이 없다고 응답했을 뿐 61~65세 남성의 37%, 66~71세 남성의 28%가 주 1회의 성생활을 즐기는 것으로 나타났다. 또한, 노인들은 1개월간 성생활빈도가 2.83회로 조사됐고, 노인의 23%가 4회 이상의 성생활을 하는 것으로 나타났다.

또 전체 응답자의 35.4%인 177명이 성매수 경험이 있다고 답했고, 44.7%(80명)는 성매매 시 콘돔을 전혀 사용하지 않았으며, 성생활 중인 노인 36.9%인 122명이 성병에 걸린 적이 있었다고 밝혔다. 고령화 및 건강·수명의 연장에 따라 건강한 노인이 증가하고 있으나, 사별, 이혼 등으로 부부관계를 통한 성생활이 곤란한 노인 수도 증가하고 있고, 성 관련 소비자 피해나 성 범죄·가정불화 등의 문제가 있는 것으로 나타나고 있다. 이에, 보건복지부는 2012년부터 인구보건복

2) 성관계를 한다고 답한 노인들만 답변하였다.

지협회를 통해 '황혼미팅', 노인복지 시설종사자 등을 위한 '노인의 성 이해' 안내책자 제작, 황혼의 부부문제 예방을 위한 '부부교육', 노인밀집지역의 '순회 성교육·성 상담' 등 노인의 건전한 성문화 조성과 사회의 이해도를 높이겠다고 밝혔다.

| 표 13-4 | 보건복지부 서울경기지역 60세 이상 노인성생활 조사

조사 대상자	서울·경기지역 60세 이상 노인 500명 (남자: 428명, 여자: 63명, 성별 무응답 9명)
조사 시기	2011년 6~12월 설문조사 실시
설문 주제	성생활 여부·매춘·성병·성인용품 사용 등 설문조사
성생활 유무	한다 66.2%(331명), 안 한다 33.8%(169명)
성생활 노인 중 성병 걸린 적 있나	있다 36.9%(122명)
감염된 성병 종류	임질 50%(61명), 요도염(질염) 17.2%(21명), 사면발니 5.7%(7명), 매독 1.6%(2명), 미상 15.6%(16명)
성관계시 콘돔 사용여부	사용하지 않는다 44.7%(80명), 가끔 사용한다 27.9%(50명), 항상 사용한다 27.4%(49명)
성생활 노인 중 성기능 향상을 위해	발기부전 치료제 구입한다 50.8%(168명)
발기부전 치료제 구입 이유	성기능 향상 위해 55%(94명), 호기심 23.4%(40명), 발기부전 치료 19.9%(34명)
성생활 노인 중 성인용품 구입 경험	있다 19.6%(65명)
	정품 사용 58.3%(98명), 비정품 사용 23.8%(40명), 모르고 사용 17.9%(30명)
성인용품 구입경험 노인 중 성인용품종류	남성용 자위기구 23.5%(16명), 무허가 진공음경흡입기 23.5%(16명), 성기능 보조의료기기 13.6%(9명)
성인용품 구입경험 노인 중 구입 경로	성인용품 매장 49.2%(32명), 신문·TV광고 18.5%(12명), 전단지 7.7%(5명), 인터넷 7.7%(5명)
구입경험 노인 중 용품관련 불만사항	위생 상태 불량(냄새, 재질 등) 30.6%(19명), 가격 대비 실망스런 성능 22.6%(14명), 잦은 고장 6.5%(4명)
구입경험 노인 중 의료기기사용 부작용	부작용 없음 42.9%(18명), 부작용 경험 57.1%(24명)

출처: 보건복지부(2012). 서울경기지역 노인성생활 조사.

2013년 울산광역시노인복지관은 울산 사회복지공동모금회(회장 김상만) 지원으로 2013년 6월 1일부터 2013년 12월 31일까지 울산광역시 8개 노인복지관 이용 어르신 775명을 대상으로 '울산시 노인의 성인식 및 성 생활실태' 조사연구를 실시했다. 성생활 여부에 대해서는 전체 응답자의 39.0%가 성생활을 '하고 있다'고 응답했으며, 성생활을 '하고 있다'고 응답한 비율은 여성에 비해 남성이 높은 편으로 나타났는데, 특히 연령이 높아질수록 성생활을 '하고 있다'는 응답 비율은 감소한 것으로 나타났다. 성관계 빈도와 관련하여 '1개월에 1~2번'이 52.8%로 가장 많았으며, '3개월에 1~2번' 17.3%, '1주일에 한번 이상' 11.0%, '일 년에 1~2번' 6.3%, '6개월에 1~2번' 6.0%로 나타났다. 성생활 대상에 대해서는(중복응답) '배우자'인 경우가 72.2%, '이성대상'이 34.8%, '성매매' 10.3%로 나타났다. 성생활 대상이 배우자인 응답자의 결혼생활에 대한 만족도를 살펴보면, '만족(만족+매우 만족)'이 46.8%, '보통' 45.8%, '불만족(불만족+매우 불만족)' 7.4%로 나타났다. 노년기 성생활이 삶의 만족에 있어서 얼마나 중요한지에 대해 '중요하다(중요+매우 중요)'가 42.4%, '보통' 27.4%, '중요하지 않다(중요하지 않다+전혀 중요하지 않다)' 30.3%로 나타났다. 80세 이상은 노년기 성생활 중요도를 다른 연령대에 비해 상대적으로 낮게 평가한 것으로 조사됐다.

2) 노년의 성 관련 프로그램 수요

2011년 인구보건복지협회의 노인 성상담 실적 사례를 분석한 결과에 의하면 성 기능 상담 21%, 부부 성 갈등 19%, 이성교제 11%, 성충동 6%, 약물·성병 등 기타 43%로 상담이 이루어지고 있다. 점점 노인도 성에 대한 관심과 그동안 부끄러움 등의 이유로 홀로 간직하던 성 문제를 드러내고 있는 것으로 나타나고 있다.

| 표 13-5 | 2011년 인구보건복지협회 노인 성상담 실적 사례 유형

성 기능	부부 성 갈등	이성교제	성 충동	약물, 성병 등 기타
21%	19%	11%	6%	43%

출처: 김귀환 외(2010). p.62. 재인용.

2013년 '울산시 노인의 성인식 및 성 생활실태'의 조사연구에 따르면 성에 대한 교육 프로그램이 있다면 받아보고 싶은 의향이 '있다'는 39.6%, '없다'는 60.4%로 나타났으며, 여성에 비해 남성이 프로그램 참여 의향에 대해 '있다'의 응답 비율이 더 높게 나타났다. 노년기 성과 관련하여 가장 큰 고민이나 문제가 무엇인지에 대해 질문한 결과(중복응답), '별로 없다'가 62.6%로 가장 많고, '성기능의 악화, 상실' 18.3%, '상대를 찾기 어려움' 10.1%, '성적 욕구 불만' 5.5%로 나타나 보건복지부의 연구결과와 같이 성기능의 문제가 가장 큰 고민으로 나타났다. 상담을 받을 때 원하는 상담형태로는(중복응답) '1:1 개인상담'이 41.9%로 가장 높은 비율을 보였고, 다음으로는 '다른 사람과 같이하는 집단 상담' 21.6%, '동년배 상담' 12.1%, '전화나 인터넷 상담' 7.1%, '가족상담' 5.8% 순으로 응답되었다.

이러한 연구조사를 살펴보면 현대사회에 노인문제로 새롭게 등장하고 있는 노인들의 성 문제는 노인에게 있어서 매우 중요한 삶의 부분임에 틀림없으며, 노인 성에 대한 올바른 인식전환과 긍정적인 노인 성문화 형성은 건강한 노년기를 보내는데 기여할 수 있을 것으로 사료된다.

4. 노인의 성적 변화

1) 생리적 측면의 변화

노인 남성이나 여성에게 성기능 장애는 나이에 따르는 호르몬 변화와 관계 있고, 신체의 노화로 인한 혈관 및 신경계의 질환이 많은 영향을 미친다. 성기능 장애 중에 나이와 밀접한 관계를 가지고 있는 것은 남성에게서는 발기부전이고, 여성에게서는 질 건조증이다.

노년기의 성적 반응의 생리적 특성은 **표 13-6**과 같다.

| 표 13-6 | 청년과 노인의 성적반응의 생리적 특성

	청년	노인
발기까지 소요 시간	5~10초	60~70세는 3배 이상 소요
발기 시 음경과 복벽과의 각도	30~50도	60세 이후는 -30도
발기 지속시간	50분	60~70세는 10분 이하
극치감	2단계	1단계
사정거리	외요도구에서 30~60cm	10~30cm
성교능력 회복시간	30분	12~24시간

출처: 김귀환 외(2010). p.62.

2) 사회문화적 · 심리적 측면의 변화

사회의 일반적인 노년기 성에 대한 태도나 편견은 노인 자신들의 견해에도 부정적인 영향을 미친다. 연령에 따른 신체변화에 대한 지식 부족은 노인에게 좌절감과 공포를 불러일으키고 상투적인 편견을 쉽게 받아들이도록 한다. 성적 파트너와의 사별이나 기타 성적 표출을 방해하는 사회적 변수들도 노인의 성생활에 부정적 영향을 미친다. 파트너의 가용성은 성적 활동에 매우 중요한 문제이다. 특히 여성 노인은 남성 노인의 수가 적기 때문에 성적 파트너를 구하는 데 어려움을 겪게 된다. 남성 노인들은 상대적으로 여성 노인에 비해 성적 파트너를 구할 수 있는 기회는 많으나 사회적으로 결혼 이외의 다른 성적 활동이 금기시되는 상황에서는 많은 곤경에 직면할 수밖에 없다.

노인의 성적 표현에 대한 또 다른 장애요인으로는 건강, 경제적 상태, 가족의 반대 등이 있다. 노인의 상당수는 건강의 약화를 경험한다. 건강상의 변화는 질병 때문이기도 하나, 일부는 생리적 변화로부터 초래되므로 정상적인 노화의 변화를 이해함으로써 노인들의 건강변화에 대한 공포심을 어느 정도 약화시킬 수 있다.

경제적 문제는 특히 경제력이 없는 노인들이 재혼을 원할 경우에 발생하게 된다. 자식들은 부모의 정신상태를 의심하고 재혼 상대자의 의도와 상속문제 등을 문제삼는다. 또한, 노인의 성생활에 부정적 영향을 미치는 기타 심리적 요소에는 죄의식, 우울, 단조로움, 분노, 수행에 대한 불안감 등이 있다.

5. 노년기 성문제해결을 위한 과제

성은 육체적 성행위 이상의 의미를 지니고 있으며 인간의 남성성과 여성성 형성에서 가장 중요한 자아정체감의 요소이다. 노인에 대한 전인적 돌봄을 제공하기 위해서는 성에 대한 정보를 통합해야 할 것이며 노인상담 과정에서는 노화에 따른 정상적 변화에 관한 정보를 제공하고 적극적인 성생활을 유도하여야 한다. 비록 노화로 인해 성생활을 성공적으로 수행하지는 못한다고 하더라도 상호지지 등의 역할을 추구하기 위해서는 성생활을 계속 지속하는 것이 필요하다. 특히 성기능에 커다란 영향을 미치는 질병, 사회·심리적 요인을 이해하고 원인을 제거하기 위한 노력과 더불어 적극적인 심리·사회적 지지, 사회적 관심과 제도의 지원을 통해 노인이 인간적인 노후생활을 영위할 수 있도록 도와야 한다.

이에 대한 해결방안으로 첫째, 노혼(老婚)의 필요성이 대두된다. 우리나라에서는 아직도 노인의 재혼을 인정하기에는 장벽이 많다. 노인 스스로가 소유한 낡은 성 도덕관과 자기억제, 자녀들의 반대, 독립된 생계를 유지할 능력(경제력, 주택문제 등)의 부족, 노인의 성애나 결혼에 대한 상담기관의 부족과 전문가의 결여 들이다. 그렇지만 노인이 삶의 보람을 느끼게 하기 위해서는 노혼에 노인의 재혼은 단순히 성적 만족만을 위한 것이 아니라 정신적으로 서로를 위로하면서 생의 보람을 찾게 한다는 데 그 참된 의미가 있기 때문이다. 둘째, 독신자 모임 등의 참여이다. 노년기의 심각한 성 문제는 인간관계 상실에서 그 원인을 찾을 수 있다. 즉, 외로움이다. 그래서 선진국은 독신자들의 모임 프로그램을 활발히 진행하고 있다. 자녀교육, 취업문제에 대한 대처, 친교와 오락활동으로 여생을 영위하는 데 새로운 힘을 제공하는 사회복지프로그램이다. 그러므로 이러한 독신자 모임은 지역사회와 교회 등의 종교기관 등이 시행하기에 매우 적절한 프로그램이다. 사실 노인의 성 문제 자체의 관점보다는 단절된 인간관계를 연결한다는 관점에서 해결해야 하기 때문이다.

Chapter

14

노인과 치매

치매는 나이가 들면서 뇌세포가 후천적 외상이나 질병 등 외부적 요인과 질적 요인에 의해 파괴되어 학습장애, 언어장애, 판단력 및 지능저하 등 고도의 정신기능이 점진적이고 비가역적으로 손상되며, 이로 인하여 사회적·직업적 기능 또는 타인과의 관계를 유지하는 능력을 상실하는 복합적 임상증후군을 통칭한다.

1. 치매의 이해

1) 치매의 개념

치매(dementia)라는 용어는 라틴어의 'dement'에서 유래된 말로서 '없다'라는 'de'와 '정신'이라는 'ment'가 합해져 '정상적인 마음에서 이탈된 것', '정신이 없어진 것'이라는 의미를 갖고 있다(이윤로 외, 1996: 11). 한문으로는 '어리석을 치(痴)'와 '어리석을 매(呆)'가 합쳐진 단어로 '의심이 많아지거나 아는 것에 병이 든 상태'를 의미한다. 과거에는 치매를 망령, 노망이라고 부르면서 노인이면 당연히 겪게 되는 정상적인 부분, 즉 노화에 따르는 생리적인 현상으로 간주했으나 최근에는 중추신경계의 대표적인 질환으로 인식하게 되었다(오병훈, 2002: 13).

미국 정신의학협회의 기준 DSM-IV(1994)에 의하면 치매를 '사회, 직업기능의 중요한 손상, 그리고 이전 기능에 비해 뚜렷이 감퇴되는 것'이라 정의한다(이영실, 2011: 292).

현재 치매진단은 2013년 발표된 미국 신경정신과학회의 DSM-V가 주로 사용되고 있다. DSM-V의 진단기준에서는 치매라는 용어 대신 좀 더 포괄적으로 신경인지장애(NCD: Neurocognitive disorders)로 진단기준을 개정하였다. 핵심적인 치매진단 기준은 첫째 인지기능의 저하, 둘째, 인지기능 저하가 검사에서 확인될 정도이며, 셋째 이로 인해 일상생활에 어려움이 있을 때 치매라고 진단한다.

이러한 치매는 정상적으로 성숙한 뇌가 후천적인 외상이나 질병 등의 외인에 의해서 기질적으로 손상 내지는 파괴되어 전반적으로 지능, 학습, 언어 등의 인지 기능과 고등 정신 기능이 감퇴하는 복합적인 임상증후군을 일괄하여 지칭하는 것이다(오병훈, 2002: 7).

2) 치매의 원인

치매의 원인적 질환으로는 80여 가지의 질환이 보고되고 있다. 치매의 원인은 증상이 다양하고 임상적 경과 또한 매우 다양하기 때문에 대표적으로 신경병리학적 소견에 의한 분류, 원인에 따른 분류, 병변의 진행에 따른 분류 등이 이루어지고 있다. 그러나 이 중에서도 노인성 치매의 원인으로 대표적으로는 알츠하이머병, 혈관성 치매(Vascular dementia)와 루이 소체 치매(Diffuse lewy body disease) 등이 3대 치매의 원인 질환으로 알려져 있다. 그러나 우리나라의 경우에는 알코올성 치매 및 뇌 손상 후 치매가 특히 문제시 되고 있다. 현재 치매의 원인은 분자생물학 및 유전학의 발달로 점차 규명되어 가고 있으며, 이러한 원인 규명은 신약 개발로 이어져 치매치료의 새로운 지평을 열어주고 있다(오병훈, 2002: 13).

조선일보 김경원 기자는 치매 원인과 진행 과정에 대해 여러 조사를 하였다. 그중 발병 원인을 다음과 같이 이야기한다. “알츠하이머병에 걸리면 뇌에 아밀로이드 단백이 침착되면서 신경 섬유가 비정상적인 다발 모양으로 뭉친다. 그러면 뇌신경 세포가 죽어서 뇌가 쪼그라들고 따라서 정상적인 뇌 기능이 이루어지지 않아 치매가 나타난다(김경원, 2010).”

이러한 치매의 종류는 크게 두 가지의 형태로 구분되는 데 가역성 치매와 비가역성 치매이다.

(1) 가역성 치매

가역성 치매는 원인 질환을 치유하면 다시 정상으로 되돌아올 수 있는 치매로서 첫째, 우울증을 비롯하여 약물, 알코올 및 화학물질 중독에 의한 정신과적 질환 등이 원인이다. 둘째, 전해질 이상, 갑상선 질환, 비타민결핍증, 일시적인 뇌기능 장애를 초래하는 감염성 뇌질환, 두부외상 등이다. 셋째, 정상 압력 뇌수종과 다발성 경색증 등도 가역성 치매를 유발할 수 있다.

(2) 비가역성 치매

비가역성 치매는 첫째, 알츠하이머병, 픽병 등을 포함한 퇴행성 뇌질환이 대표적인 원인이다. 둘째, 혈관성 치매, 크로이펠츠-야콥병(Creutzfeldt-Jakob disease)에 의한 치매, 대사질환으로 인한 치매, 알코올성 치매 등이다.

이러한 치매의 위험인자는 알츠하이머병, 우리나라에서 가장 낳은 요인이 되는 혈관성 치매, 가성 치매(우울증 등), 외상성 치매(교통사고, 산업재해 등) 등이다.

2. 치매의 유형

1) 알츠하이머병

알츠하이머형(Alzheimer's disease) 치매는 1906년 초기에 망상적 사고를 보이면서 기억력의 장애가 급격히 진행되다가 사망한 55세 여자환자의 뇌부검에서 신경섬유덩어리(Neurofibrillary tangle)와 신경반을 발견한 알로이스 알츠하이머(1864~1915)의 이름을 따서 명명한 질병이다.

(1) 원인

아직까지도 알츠하이머형 치매에 관하여 여러 원인설이 있지만, 아직 확실히 밝혀지지 않았으며 지금까지 가능성이 높다고 알려진 대표적 위험요인으로는 고령여성, 낮은 교육수준, 가족력, 출생 시 부모연령, 두부외상, 흡연, 다운증후군의 가족력, 우울증의 과거력 등을 들 수 있다(이영실, 2011: 386). 이러한 알츠하이머형 치매는 다음과 같은 위험 요소가 알려져 있다.

① 연령과 성별, 교육수준

- 60세 이후 급격히 증가한다고 하여 매 5.1년마다 거의 두 배로 증가한다고 한다.
- 여성에게 많이 나타난다고 하여 위험요인으로 생각되어 왔으나, 여자의 평균 수명이 남자보다 훨씬 길고 연령에 따라 치매의 빈도가 증가함을 고려하면 해석이 달라질 수도 있다.
- 일반적으로 교육수준이 낮을수록 알츠하이머형 치매의 빈도가 높다고 한다.

② 가족력, 출생 시 부모 연령

- 알츠하이머형 치매의 가족력이 있을 경우 3~4배 높으며 직계 가족에서 발병률이 높다고 되어 있다.
- 출생시 어머니의 연령이 높은 경우(40세 이상)에 알츠하이머형 치매의 발병과 연관이 높다는 보고가 있다.

③ 두부 외상

- 독소나 바이러스에 대한 방어력의 저하로 상당한 정도의 신경세포를 손상시켜 알츠하이머형 치매를 일으킬 가능성이 높아 그 위험요인으로 인정되고 있다(권투선수 등).

④ 흡연 및 알코올이나 진통제의 남용

- 흡연, 알코올이나 진통제의 남용이 중추신경계에 영향을 미친다는 보고도 있다.

⑤ 다운증후군의 가족력, 기타

- 다운(Down) 증후군 환자가 30~40세 이후까지 생존하는 경우의 연구결과에 따라 21번 염색체 삼체성 형성이 알츠하이머형 치매를 일으키는 위험요인

이 된다고 보고된 바가 있다.

- 독성물질에의 노출, 즉 알루미늄 중독 등이 있을 때 보다 위험하며 전기충격요법의 병력이 있거나 장기간의 비활동성 등이 위험요인으로 본다(이영실, 2011: 386~387).

(2) 특징 및 증상

치매의 특징적인 뇌병변은 신경세포체 안팎에서 신경섬유 덩어리를, 혈관벽에서는 혈관 아밀로이드를 형성하는 것인데, 자세한 병태생리나 원인은 아직 밝혀지지 않고 있다(박석돈, 2013: 353).

조선일보 김경원 기자는 "알츠하이머병은 발병해서 말기에 이를 때까지 8~10년 걸리며, 초기에는 주로 기억력이 떨어져 최근 일을 자주 잊어버린다거나, 날짜와 시간에 대해 잘 모른다거나, 계산이 자주 틀리고, 관심과 의욕이 떨이지고, 짜증이 늘고, 남을 의심하는 등의 증상이 나타나고, 3~4년쯤 지난 중기에는 자기 집이 어디인지 망각하며, 집 주소나 전화번호, 가까운 가족이름 등 옛날 기억조차 잊어버리며, 의심이 심해지거나 폭력적으로 변하고, 환각을 경험하는 단계이고, 발병 6~8년쯤 지나 뇌가 전체적으로 위축된 상태로, 운동영역과 감각영역을 담당하는 부위까지 손상되어, 자신이 누구인지도 모르고, 배우자나 자식을 알아보지 못하며, 근육이 굳어지면서 거동이 힘들어져 대부분 누워서 지내게 되며 대소변을 가리지 못하고, 말기에 이르면 폐렴, 욕창, 요도감염 등으로 사망한다(김경원, 2010)."고 조사하였다.

2) 혈관성 치매

혈관성 치매(Vascular dementia)는 뇌 중의 크고 작은 동맥이 좁아지거나 막혀서 뇌기능이 크게 장애를 박아 일어나는데 뇌혈관성 치매를 북미나 유럽에서는 다발 경색성 치매라고도 한다. 이것은 뇌혈관성 치매의 원인이 뇌질에 다수의 경색이 생겨서 피가 순환되지 않고 신경세포가 사멸하여 일어나는 것이라 생각하여 지어진 병명이다. 그러나 엄격하게 말한다면 경색에 의해서만 치매가 오는 것이 아니고 저산소증, 또는 뇌출혈 이후에도 생기는 것으로 알려지면서 혈관성 치매라고 불리게 되었다. 따라서 뇌혈관 장애를 유발할 수 있는 고혈압, 심박동이상 같은 심장병, 당뇨병, 지나친 흡연 및 과음, 고지질증 등은 뇌혈관 장애를 유발할 수 있는 위험한 조건들이라 하겠다. 그리고 혈관성 치매의 경우 환자의 증상은 손상 받은 뇌의 부위에 다라 달라지며 손상 받은 뇌 조직의 병위와 손상이 정도가 비례한다고 볼 수 있다.

(1) 증상

① 다발성 뇌 기능 장애

사지가 뻣뻣해지고 반사운동이 증가된다. 또 걸음걸이가 이상해진다든가 요실금, 변실금이 나타나고 말이 어눌해지며 상황에 맞지 않게 울거나 웃거나 한다. 대부분 혈압이 높고 85%의 환자가 심박동이상, 관상동맥이상, 심전도이상을 보인다.

② 대뇌 고위 기능이상

지남력에 장애가 있고, 최근 기억 손상, 계산 능력 저하 등이 흔하다. 말하기와 쓰기에 이상이 생겨 짧은 문장으로 말하고 제한된 어휘를 사용한다. 흔히 우울증과 같은 정신병증이 나타나고 신경에 이상이 오기도 하지만 간혹 정상적인 경우도 있다.

(2) 원인

뇌혈관이 막혀서 뇌경색이 오는 까닭은 뇌에 혈액을 공급하는 작은 동맥의 형상이 독특하기 때문이다. 일반적으로 우리 몸에 있는 혈관들은 한 곳이 막혀도 다른 혈관을 통하여 혈액을 공급할 수 있도록 되어 있지만, 신장을 비롯하여 뇌는 오로지 책임진 부위에만 혈액을 공급한다. 따라서 혈관이 중간에 막혀서 혈액을 충분히 공급하지 못하면 그 부분의 산소들은 죽게 된다. 특히, 뇌 조직의 경우,

산소에 매우 민감하여 산소공급이 단 5분 동안이라도 중단되면 치명적인 손상을 입게 되고 더욱 중요한 사실은 뇌세포는 다른 조직과 달리 재생되지 않는다.

(3) 특징

알츠하이머병보다 젊은 나이에 발생할 수 있고, 여자보다 남자가 1.5배 내지 2.5배 정도 많으며 정신장애가 나타난 나이부터 사망할 때까지 평균 생존기간이 알츠하이머병보다 20% 정도 짧다. 이러한 환자들은 치매증상이 갑작스럽게 발생하고 질환 초기단계에서 증상이 일정 기간 유지되다가 갑자기 조금 나빠져 지속되고 그러다 또 나빠지는 계단형 악화증상을 보이고 야간에 혼돈이 심해진다. 그러나 일단, 치매증상이 오면 치료가 어렵지만, 치매의 원인이 되는 조건을 조기에 발견해서 진단한다면 그에 상응하는 치료를 해서 치매 증상이 나빠지는 것을 방지할 수 있고, 제한적이나마 증상이 호전된다(이영실 외, 2011. 386-387).

3) 파킨스병

파킨스병(Parkinson's dementia)은 1817년 파킨슨(Parkinson)에 의해 명명된 것으로 정확한 기전은 알 수 없으나 도파민(dopamin) 결핍상태로 나타난다고 보고되고 있다. 이 질병은 뇌의 기저핵에서 도파민이라는 신경 전달 물질이 저하되어 생기는 것으로 떨림(tremor), 경직(rigidity), 서동(bradykinesia)을 특징적으로 보인다. 파킨슨병은 50세 이하에서는 거의 발병하지 않으나 연령이 증가함에 따라 파킨슨병의 발현율이 증가하며, 이 병을 가진 환자의 25~40%에서 치매증상을 보인다. 파킨슨에 의한 치매의 초기에는 기억장애나 언어장애가 두드러지지 않지만 여러 가지 운동장애가 먼저 나타난다. 파킨슨병의 증상으로는 총총걸음, 우울, 의욕저하 등의 정신증세와 성격변화를 볼 수 있으며 때로는 환각과 망상이 나타나기도 한다. 이 질병의 원인이 되는 도파민은 근육활동 조절에 필요한 중요한 물질이다. 간혹 길거리에서 균형잡기 힘든 걸음으로 발을 질질 끌로 걷는 노인을 본 적이 있을 것이다. 이것은 파킨슨병에 걸린 사람이 보이는 증상의 하나로 도파민의 부족으로 나타나는 근육이상으로 발생하게 된다.

4) 루이 소체 치매

루이 소체(Diffuse lewy body disease)는 망가져 가는 신경세포 안에서 발견되는 단백질 덩어리로써 파킨슨병 환자의 주요 병변 부위인 뇌간의 흑질 부위에서 잘 관찰된다. 이런 루이소체가 대뇌 전체에 걸쳐서 광범위하게 발견될 때에는 알츠하이머병의 증상과 매우 유사한 치매증상을 보이지만 차이점이 있다. 이 치매도 알츠하이머형 치매와 같이 질병 자체의 치료는 현재까지 불가능하다.

이러한 퇴행성 뇌신경질환들을 유발할 수 있는 유전적인 이상이 그 동한 우리가 알고 있던 것보다 매우 흔하다는 것이다(이영실 외, 2011: 389).

5) 알코올성 치매

알코올성 치매는 병원환자들에서나 지역사회 노인들에게서 많은 부분을 차지하기 때문에 알코올중독이 많은 우리나라에서는 심각한 문제이다. 그러나 알코올중독은 조기에 치료하거나 베르니케 뇌증에서 대량의 티아민을 투여함으로써 알코올성 치매의 발생을 예방될 수 있고, Victor 등(1989)은 만성 알코올 중독 환자들에게서 치매를 설명할 수 있는 특이한 중추 신경병리를 찾을 수 없다는 이유로 알코올성 치매의 존재를 부정하기도 한다.

6) 두부외상 및 대사성 질환

(1) 두부외상

개방성 두부외상, 뇌 좌상, 뇌출혈 등에 의해 광범위한 뇌손상을 입은 후에도 치매 증상을 보일 수 있다. 심한 경우에는 지속적인 식물인간 상태가 되기도 하며, 가볍게는 경미한 지적 장애만 나타나는 상태로 머무를 수도 있어 그 정도는 천차만별이다.

(2) 대사성 질환

저산소증(연탄가스 중독 등), 저혈당, 요독증(콩팥이 나쁜 경우), 갑상선 기능저하증, 간성뇌병증(간염, 간경화증에서 동반되는 치매), 윌슨병, 악성 빈혈, 엽산 결핍증 등이 있다(이영실 외, 2011: 390).

3. 주된 증상 및 경과에 따른 증상들

1) 인지적 장애증상

치매의 주요 증상으로는 지남력 장애, 언어장애, 기타 고등인지장애 등이 수반될 수 있다.

| 표 14-1 | 인지적 장애 증상

장애	증상
기억력 장애	• 초기에는 새로운 것을 잘 기억하지 못하지만, 진행될수록 오래된 것도 망각하게 된다.
지남력 장애 (指南力 障碍)	• 시간, 장소, 사람에 관한 파악력이 저하된다. • 일반적으로 시간에 대한 장애가 먼저 나타나 날짜 관념이 흐려지기 시작하고 점차 진행되면 계절이나 밤낮도 구분하지 못하게 된다. • 장소에 대한 파악력이 흐려지게 되면 늘 다니던 길도 헷갈리게 되어 길을 잃는 일이 생기며, 나중에는 집안에서도 방이나 화장실을 구분해서 찾아가지 못하게 된다. • 치매가 상당히 진행된 다음에야 사람에 대한 지남력이 손상되는데, 심하지 않을 때는 가끔씩 만나는 사람을 알아보지 못하다가 말기에 이르게 되면 자신의 자녀나 배우자와 같이 매우 가까운 사람도 알아보지 못하게 된다.
언어 장애	• 말을 표현하는 능력이나 이해하는 능력이 점차 감퇴한다. • 초기에는 적절한 단어를 떠올리지 못해 말문이 막히는 정도의 증상을 보이다가 점차 다른 사람이 하는 말을 제대로 이해하지 못해 엉뚱한 대답을 하거나 횡설수설하기도 하며, 말기에 이르면 표현력을 상실하여 함구증 상태가 되기도 한다.
기타 고등인지기능	• 판단력, 추상적 사고력, 실행능력, 공간 구성력 및 지각력, 계산력 등 다양한 고등인지기능들이 손상된다.

자료: 박석돈(2013: 355).

2) 정신행동 증상

치매가 진행되면서 이차적으로 망상, 환각, 오인, 우울증, 성격 및 행동의 변화 등의 증상이 흔히 발생하는데, 이에 대한 적절한 치료가 이루어지지 않으면 환자를 관리하는 데 상당한 어려움이 동반되므로 결국 조기 수용화의 주요 원인으로 작용하게 된다.

| 표 14-2 | 정신행동 증상

장애	증상
망상	• 가장 흔한 형태는 자신의 물건을 누군가 훔쳐갔다는 내용의 도둑망상이다. • 누군가 자신을 해치려 하거나, 버리려 한다는 내용의 피해망상, 간병인이 사기꾼이라는 내용의 망상, 배우자가 부정한 짓을 했다고 믿는 부정망상 등이 나타난다. • 이러한 망상으로 인해 난폭행동이나 우울, 불안, 초조 행동이 유발되기도 한다.
환각	• 실제로 존재하지 않는 것을 마치 있는 것처럼 느끼는 것을 말한다(환각, 환시, 환청). • 드물긴 하지만 촉각이나 후각, 미각 등에 대해서도 환각이 일어나기도 한다.
오인	• 환각과는 달리 실제로 존재하는 것을 실제와는 다르게 인지하는 것을 말한다. • 예를 들면 거울에 비친 자신의 모습을 보고서 마치 다른 사람을 대하듯이 행동하거나, 텔레비전에 나온 인물의 영상을 보고서 마치 자신 앞에 실제로 존재하는 사람을 대하는 것처럼 반응하기도 하고, 바에 놓여 있는 베개를 자신의 아기인 것처럼 다루는 행동과 같이 물건에 대한 오인이다.
우울증	• 치매환자에게 나타나는 우울증은 일반 노인에게 나타나는 것과 같은 형태로 나타날 수 있다. 잠깐 동안 나타나는 경미한 우울감에서부터 극단적인 허무감, 비관적 사고, 죽음에 대한 집착, 의욕이나 즐거움의 상실, 식욕의 상실 및 체중 감소, 초조감, 죄책감, 울음 등을 보이는 주요 우울증까지 다양한 양상으로 나타난다.
불안증세	• 망상과 관련된 걱정, 주변 상황이 파악되지 않는 데에 따른 막연한 불안, 특정 대상에 대한 공포 반응, 공황발작, 긴장되어 보이는 얼굴표정이나 몸가짐 등의 불안 증세가 나타난다.
초조행동	• 사회적으로 부적절한 언어(또는 음성) 및 신체활동을 총칭한다. • 명백한 이유 없이 방황하면서 돌아다니는 '배회행동'과 무의미해 보이는 부적절한 동작의 반복, 안절부절못하면서 왔다갔다하는 행동, 동일한 문장이나 질문, 불평 등을 되풀이하는 것 등의 '반복행동'을 나타낸다.
성격변화	• 활동이 이전에 비해 위축되고, 소극적 수동적인 자세를 보인다. • 원래 즐겨하던 취미활동이나 집안 대소사에 대해 무관심, 무감동해지는 등의 변화가 나타나거나 병에 걸리기 전과는 달리 쉽게 짜증이나 화를 내거나, 이기적인 성격으로 변한다.

장애	증상
수면의 변화	• 심한 불면증 및 이에 동반되어 나타나는 초조행동, 수면주기의 변화, 착란상태 등의 변화가 나타난다.
식욕의 변화	• 치매의 진행과 함께 식욕이나 음식 기호도가 변한다(영양상태나 체중의 심각한 변호 초래).
성욕의 변화	• 드물긴 하지만 일부 환자에서 언어적 혹은 신체적인 성적 표현을 노골적으로 하거나, 다른 사람이 있는 데서 자위행위를 하는 등 과항진(過亢進)된 성적 행동을 나타내는 경우가 있다.

자료: 박석돈(2013: 356).

3) 치매의 징후(徵候)

치매의 초기는 증상이 서서히 시작되지만 기억력과 언어력을 포함한 인지기능 장애가 심하지 않기 때문에 타인의 도움을 받지 않더라도 독자적인 생활은 가능한 상태이다. 따라서 건강한 노인에서 발생하는 건망증과 유사한 증상을 보이기 때문에 초기에는 전문가의 진찰을 받지 않으면 감별되지 않는 경우가 많다.

치매의 중기는 증상이 진행되면서 신경인지 기능상의 장애증상이 보다 뚜렷해지기 때문에 치매임을 알 수 있다. 이 시기에는 부분적으로나마 타인의 도움을 받아야 생활이 가능하다.

치매의 말기는 증상이 심해지면서 모든 면에서 타인의 도움을 필요로 하게 된다.

| 표 14-3 | 치매의 징후

진행단계	징후
초기	• 물건 놓은 곳을 잊어버리는 일이 빈번하게 일어나고 그로 인하여 소동을 일으킨다. • 같은 말을 계속하여 반복하고 똑같은 말을 되풀이한다. • 버스를 타고 가는 도중에 목적지를 잊어버리고 도중에 내린다. • 조금 전에 전화를 받고도 누구로부터 전화가 왔었는지 기억하지 못한다. • 먹는 것에 대하여 부족하다고 느끼고 다량의 식사를 한다. • 비상식적인 행동을 일상적으로 행한다. • 자주 화를 내고 흥분하기 쉽다. 항상 안절부절못하고 불안정한 생태가 지속된다. • 식사한 것은 기억하고 있으나 무엇을 먹었는지 기억하지 못한다.
중기	• 말없이 자물쇠를 열고 밖으로 나가려고 한다.

진행단계	징후
	• 목적 없이 배회하며 자기 방을 알지 못한다. • 가족의 얼굴은 알지만 친지에 대해서는 알지 못하고 이름 등을 생각해내지 못한다. • 속옷을 입은 채 목욕하려고 한다. • 좌우 분별을 못하고 가스불 켜는 방법을 모른다.
후기	• 가족의 얼굴을 모른다. • 먹는 것과 그렇지 않은 것의 구별이 불가능하고 아무것이나 입에 넣는다. • 뜻을 알지 못하는 말을 중얼중얼한다. • 대소변을 가리지 못한다. • 거울을 보고, 거울 속의 사람과 이야기한다. • 어떤 상황에 대한 이해나 분석능력이 전혀 없다. • 언행이 공격적이고 폭력적으로 변한다.

자료: 박석돈(2013: 357).

4. 치매의 진단과 치료

1) 진단

치매를 진단한다는 것은 치매 유무를 판단하는 것과 아울러 원인을 파악하는 것이며 일반적으로 치매유무의 진단은 미국정신과학회의 DSM-V(diagnostic and statistical manual of mental disorder, 5th edition) 진단기준에 따른다. 증상이 심한 경우는 일반인들이 봐도 치매라고 쉽게 알 수 있으나, 치매의 초기 단계에서는 치매의 여부를 감별하는 것은 쉬운 일이 아니다. 이를 위해서 자세한 환자의 문진과 함께 신경학적인 검사와 신경심리검사를 실시해야 한다. 치매의 진단은 다음과 같은 단계에 걸쳐 이루어진다(국가정보포털).

① 자세한 병력청취

환자를 가장 잘 알고 있는 보호자의 보고를 통한 병력청취를 통해 환자의 기억장애 상태, 인지능력 장애 유무 및 정도를 평가하여 치매를 진단하게 된다. 또한 인지장애로 인해 발생되는 일상생활 수행능력변화와 이상행동을 파악하고 향후

치료 계획을 세우게 된다. 치매진단의 가장 중요한 과정으로 환자뿐만 아니라 가족들 및 환자를 관찰해 온 친지들과의 면담이 필요하다. 환자의 교육 정도, 직업 활동, 경제적 사회적 성취도, 발병 전 성격이나 대인관계 등이 기본적인 정보를 제공한다. 또한 병력에서 진단에 중요한 역할을 하는 항목에는 치매의 기간, 발병 양상, 경과 및 선생질환의 유무 등이 포함되어야 한다.

치매환자 가족에게 환자의 병력에 대한 질문

① 환자는 현재 어떤 증상을 보이나요?
② 환자의 증상은 언제 시작했고 어떻게 변해 왔습니까?
③ 환자가 현재 복용하고 있는 약물이나 앓고 있는 병이 있습니까?
④ 환자는 치매의 가족력이 있습니까?

② 신경학적 검사 및 신체검사

전문 신경학적 검사 및 신체검진을 통해 치매의 원인이 노인성 치매 외에 뇌졸중, 뇌종양, 파킨슨병, 갑상선질환 등의 특정 신체질환 및 뇌신경계 질환의 증후가 있는지를 판단하게 된다.

③ 신경심리검사

신경심리검사는 뇌기능의 여러 면을 검사하는 것으로 기억력, 주의집중력, 언어능력, 수행능력, 계산능력과 시공간감각 등을 검사하는데, 전문적인 지식을 가진 검사자에 의해서 수행되어야 하며 이를 통해서 치매의 유무와 치매의 정도, 손상된 뇌 부위를 알 수 있다.

④ 혈액검사

혈액검사(간기능, 혈당, 신장기능, 빈혈 검사), 뇌파검사, 갑상선 기능검사, 아포지단백 형질검사 등도 실시하게 된다. 이를 통해서 치매의 원인을 알 수 있고 적절한 치료를 실시하게 된다.

⑤ 뇌영상검사

뇌영상검사는 치매의 원인을 알기 위해서 꼭 시행해야 하는 검사이다. 뇌 자기공명촬영(MRI), 단일광자방출촬영(SPECT)으로 뇌혈류 검사를 하고, 양전자방출단층술(PET)로 뇌세포의 대사 및 비정상적인 단백질 축적 여부를 살펴볼 수 있다. 이 검사로 혈관성 치매 여부를 알 수 있으며 뇌종양이나 수두증, 만성경막하혈종 등을 알아낼 수 있다.

⑥ 뇌조직검사

치매의 대부분의 원인인 알츠하이머병과 같은 퇴행성 뇌질환의 최종 확진은 사후 뇌조직검사이다. 그러나 환자가 살아 있는 동안 뇌조직검사를 할 수는 없으므로 현재 의학적 기술로는 이상의 문진, 신경심리 검사, 뇌영상검사, 혈액검사 등을 통하여 진단하지만, 이러한 종합적인 검사를 통하여 진단 시 진단율이 매우 높다.

이상과 같은 자세한 치매 진단 평가는 환자 가족들에게 다음과 같은 정보를 줄 수 있다.

- 치매의 원인이 무엇인가?
- 병을 호전시키거나 치료할 수 있는가?
- 장애의 형태나 뇌 기능 장애는 어느 정도인가?
- 앞으로 예상되는 변화들은 무엇인가?
- 환자 간호에 도움이나 지원을 받을 수 있는 방법은 어떤 것이 있는가?

2) 치료적 접근

현재까지 알려진 치매의 종류는 약 70여 종에 이르며, 이중 치료가 가능한 치매는 약 20% 정도로 추정하고 있고, 나머지 80%는 치료가 불가능한 것으로 알려져 있다. 치매를 치료하려면 환자의 정확한 발병원인 탐색과 조기 발견이 필수적이다.

치매의 원인에 대한 접근은 치료 가능한 치매환자에게 우선적으로 적용시킬 수 있는 방법으로 원인에 따라 수술을 하거나 영양소의 섭취 및 투여, 금주, 적절한 약제사용 등의 치료를 행하는 것이다. 이는 치료 가능한 원인을 가진 약 20%의 환자에게 적용시킬 수 있는 방법이다. 치료 가능한 치매에는 뇌종양, 대사성 장애, 독성상태, 감염질환, 수두증, 영양결핍 등이 있다.

(1) 약물적 치료 접근

① 알츠하이머병의 약물치료

아직 알츠하이머병의 근본적인 치료방법은 개발되지 않았고, 증상을 완화시키고 진행을 지연시킬 수 있는 약물이 사용되고 있다. 뇌의 신경전달물질인 아세틸콜린의 감소를 보충하고 뇌손상이 심하지 않은 경도 및 중등도 환자에 보다 효과적인 약인 아세틸콜린 분해효소 억제제가 대표적이다. 우리나라에도 사용되고 있으며, 기억력 등 인지기능의 장애를 완화시키거나 치매 진행속도를 늦추는 효과와 초기나 중기의 환자에게만 한시적으로 증상을 개선시키는 효과가 있다(이영실 외, 2011: 405). 중등도 이상으로 진행된 알츠하이머병에 대해서는 NMDA수용체 길항제가 사용되기도 한다.

② 혈관성 치매의 약물치료

뇌졸중의 재발을 방지하기 위해 사용하는 약물에는 항응고제, 혈소판 응집억제제가 있고, 여기에 혈류순환 개선제나 뇌기능 개선제 등을 첨가하게 된다. 항응고제는 심장이나 목 부위의 큰 혈관에서 생긴 혈전이 떨어져 나와 혈관이 막히는 색전증에 주로 사용된다. 최근에는 알츠하이머병의 치료에 쓰이는 아리셉트와 엑셀론이라는 약물이 혈관성 치매에도 효과가 있다는 결과가 나와 일부 인정된 혈관성 치매의 경우 위의 약제들과 같이 사용되고 있다.

(2) 유전학적 치료접근

유전학적 치료방법이 많이 연구되어 왔으나 아직 믿을 만한 생물학적 지표가 규명되어 있지 않은 상태이다. 단백질 유전자가 알츠하이머병 환자의 특정 염색체에 존재하는 것으로 밝혀지면서, 치료법을 개발하려는 많은 연구가 실시되고 있다.

(3) 심리사회적 치료접근

치매환자의 심리사회적 치료접근법은 비약물치료의 방법으로 환자의 신체질환이나 불편감 및 주변 환경 문제와 같은 행동심리증상(야간행동, 공격성, 불안, 우울, 망상 섬망 등등)을 초래할 만한 원인들을 찾아 교정해 주는 것이다. 약물치료 없이도 상당 정도의 정신행동증상이 호전될 수 있다. 지남력 증가나 의사소통증진을 위한 현실감각훈련, 인생회고 및 회상치료, 사회기술 훈련, 활동치료, 작업치료, 오락치료, 인지치료, 행동치료 등이 있다. 프로그램에서는 복잡한 것보다는 단순한 활동을 중요시하고 환자의 단점보다는 장점을 살리도록 노력하며 환자의 미세한 변화나 반응에 민감하게 대응하면서 격려·지지해야 한다.

(4) 사회환경적 치료

치매환자의 재활을 위해서 가장 중요한 것이 사회환경적 치료인데 이는 치매의 원인을 가족간의 갈등이나 주거환경 등 외부의 환경적 요인에 초점을 두어 개선시켜 나가는 방법이다. 이는 각종 지역사회 서비스와 장기요양소, 양로원, 노인들을 위해서 고안된 주택 등 노인주거시설이 포함된다. 의사의 치료적 개입 외에도 다양한 지역사회 치료계획 프로그램과 연계시켜 서비스를 활용하게 하며, 비공식 지지체계인 친척, 친구, 성직자, 집배원 등의 도움을 받게 하는 것도 필요하다. 무엇보다도 제일 중요한 것은 치매환자와 가족의 문제를 이해하는 것이다.

현재 우리나라의 치매환자에 대한 사회환경적 치료지원으로 지역치매지원센터 활용, 국가의 노인장기요양보험제도 이용, 치매전문요양병원 등이 있다.

3) 예방적 접근

(1) 치매노인 부양방법에 대한 교육 및 정보제공서비스

부양가족이 치매환자의 증상과 욕에 효과적으로 대처하기 위해서는 치매에 대한 명확한 이해와 치매가족모임, 교육집단 프로그램, 병원진료 시 전문의와의 상담 그리고 정보통신 등의 교육매체를 통하여 치매의 임상적 특성에 대한 교육과 부양방법과 기술에 대한 훈련서비스 교육을 실시함이 바람직하다.

(2) 부양자의 자기관리방법에 대한 교육 · 훈련

치매환자가족에게 건강관리방법에 관한 교육과 스트레스 관리방법에 대한 교육 및 훈련이 필요하다. 부양자는 개인시간이 부족하고 가사활동, 가족부양 등으로 인하여 과중한 역할부담이 있기 때문에 휴식 서비스가 필요하며, 가정도우미, 가사보조서비스, 유급가정도우미제도, 가정봉사원 서비스제도 등이 있다. 그리고 상담 또는 가족치료, 자조집단 프로그램 등 다양한 개입방법들을 활용할 수 있다.

(3) 치매가족모임 또는 자조집단 프로그램의 활성화

치매가족들로 구성된 자조집단은 정서적 지지는 물론 자신들이 필요로 하는 자원과 정보를 상호 교환할 수 있는 이점을 지니고 있지만 노인복지재정이 미흡한 상황이기에 자조집단을 활성화할 필요가 있다.

(4) 치매가족을 위한 가족워크숍 프로그램 제공

가족워크숍에서는 주부양자들이 치매에 대한 이해와 치매증상에 대한 대처기술을 증진시키고 다른 참여가족들과의 정서적 공유를 통하여 부양부담을 경감하는 것이 주된 목표이며, 현재 운영되고 있는 치매상담소, 치매가족치료센터, 전문 치매교육을 받은 교육센터나 치매노인 복지관련 기관 등에서 제공받을 수 있다(이영실, 2011: 409-410).

5. 우리나라의 치매예방관리 사업 및 관련 사업

우리나라에서는 치매의 예방과 관리를 위하여 60세 이상의 치매환자 및 가족을 대상으로 다음과 같은 사업을 진행하고 있다(노인보건복지사업안내, 2019: 421-609).

1) 치매상담센터

(1) 설립목적

치매 예방, 상담, 조기진단, 보건·복지 자원 연계 및 교육 등 유기적인 「치매통합관리 서비스」 제공으로 치매 중증화 억제 및 사회적 비용을 경감, 궁극적으로는 치매환자와 그 가족, 일반시민의 삶의 질 향상에 기여함을 목적으로 한다(치매정책사업안내, 2019: 4).

(2) 근거법령

치매상담센터는 「치매관리법」 제11조(치매검진사업), 「치매관리법 시행령」 제8조(치매검진사업의 범위)~제9조(치매검진비용 지원 대상자), 「치매관리법 시행규칙」 제3조(치매검진 방법 등)에 근거하여 설치한다.

(3) 사업의 필요성 및 추진체계

치매는 다양한 원인에 의해 발생되며 조기에 발견하여 적절히 치료할 경우 완치 또는 중증 상태로의 진행을 억제시키거나 증상을 개선하는 것이 가능하다. 따라서 치매를 적절히 치료관리하고 치매에 동반된 문제증상들을 개선시킬 경우 환자와 그 가족의 고통과 부담을 크게 경감시킬 뿐만 아니라 치매로 인한 사회적 비용도 절감할 수 있다.

치매 조기검진 대상자의 확대를 통해 효과적으로 치매를 예방하고 치료·관리한다. 또한 치매 조기검진을 통해 발견된 치매노인에 대해서는 관련 기관 간의 협력을 통해 적절한 치료·관리 서비스를 연계하여 지원한다.

| 표 14-4 | 치매안심센터 추진체계

추진주체	역할
보건복지부	• 국가치매관리사업 총괄 및 전달체계 수립 및 관리·지원 • 광역치매센터·치매안심센터 예산 지원 및 지도·감독 • 광역치매센터·치매안심센터 운영지침 수립 • 성과평가를 통한 사업 질 관리 및 운영 효율화 도모
중앙치매센터	• 국가치매관리사업 기획 및 연구 • 광역치매센터 사업수행을 위한 기술 지원 • 광역치매센터·치매안심센터 성과평가 수행 지원 • 치매안심센터 운영지침 수립 지원 • 치매안심센터 종사자 표준 교육과정 및 교재 개발 • 광역치매센터·치매안심센터 간 연계 지원
광역지자체 (시도)	• 광역자치단체의 치매관리사업 시행계획 수립 및 시행 • 광역치매센터 설치 및 운영 • 광역치매센터 치매관리사업 지도 및 감독 • 광역치매센터·치매안심센터 예산 교부 및 교부집행 관리 • 광역치매센터 행정적·재정적 관리 및 지원 • 치매안심센터 치매관리사업 지도 및 감독
광역치매센터	• 지역치매관리사업 기획 및 연구 • 치매안심센터 사업수행을 위한 기술 지원 • 치매안심센터 성과평가 수행 지원, 종사자 교육 및 훈련 • 치매관련 자원 강화 및 연계체계 마련
기초지자체 (시군구 보건소)	• 치매안심센터의 치매관리사업 시행계획 수립 및 시행 • 치매안심센터 설치 및 운영, 행정적 관리 및 지원
치매안심센터	• 상담 및 등록관리 사업 • 조기검진 사업 • 쉼터 운영 사업 • 가족 지원 사업 • 치매 인식개선·홍보 사업

자료: 보건복지부(2019). 치매정책사업안내. p.4.

(4) 치매안심센터 구성 및 기능

① 치매안심센터

치매안심센터는 초기상담 및 치매조기검진, 1:1사례관리, 치매단기쉼터 및 치매카페 운영, 관련 서비스 안내 및 제공기관을 연계한다.

중요 사업으로 첫째, 인지기능저하자의 선별·진단검사 실시, 상담 후 대상자 등록, 욕구파악, 치매어르신 및 가족 맞춤형 서비스 제공계획 수립한다. 둘째, 치매 어르신 및 가족들이 안심하고 살아가도록 전담 코디네이터를 1:1로 매칭하여 필요한 서비스를 연계하고, 전체 돌봄경로를 관리한다.

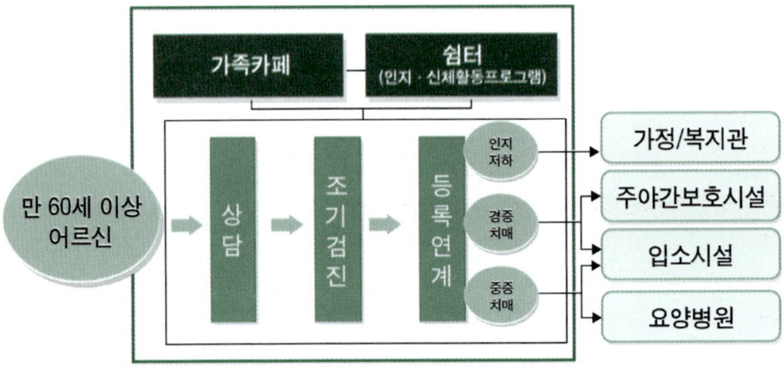

| 그림 14-1 | 치매안심센터의 구성 및 기능

자료: 보건복지부(2019). 치매정책사업안내. p.5.

② 쉼터

상담 이후 서비스 연계 전까지 초기 안정화(3~6개월)를 위한 단기이용시설인 치매단기쉼터를 설치한다. 쉼터는 초기 경증 치매어르신의 치매악화 지연을 위한 인지재활 프로그램, 상담·교육, 송영서비스 등 낮시간 보호를 제공한다. 정원 25명 내외, 전담인력 2~3명을 배치한다.

③ 카페

치매어르신이 쉼터를 이용하는 동안 치매 가족이 정보교환, 휴식, 자조모임 등을 할 수 있는 치매카페를 설치하여 정서적 지지 기반을 마련한다.

2) 치매조기 검진 및 예방관리 사업

(1) 사업목적

치매 검진사업은 치매의 위험이 높은 만 60세 이상 노인을 상으로 치매 조기검진을 실시하고 치매 환자를 조기에 발견·관리함으로써 치매노인 및 그 가족들의 삶의 질을 제고하고 치매환자의 등록·관리를 통해 효과적으로 치매를 치료·관리하는 데 목적이 있다.

① 일반 조기검진

역사회 거주 노인을 대상으로 치매 조기검진을 실시하고 치매 및 고위험 노인을 조기에 발견·관리함으로써 치매를 예방하고 치매환자 및 그 가족들의 삶의 질 제고에 목적이 있다.

② 고위험군 집중검진

치매조기검진사업을 통해 등록된 노인 및 지역사회의 치매 고위험군을 대상으로 집중검진을 실시하고 치매를 조기 발견하여 치매 유병률을 감소시키는 데 목적이 있다(치매정책사업안내, 2019: 5).

(2) 근거법령

치매 검진사업의 근거법령은 「치매관리법」 제11조(치매검진사업), 「치매관리법 시행령」 제8조(치매검진사업의 범위)~제9조(치매검진비용 지원 상자), 「치매관리법 시행규칙」 제3조(치매검진 방법 등)이다.

(3) 추진체계

① 중앙치매센터

치매 조기검진 지침 개발 및 제공, 치매안심통합관리시스템 고도화 및 자료관리, 국가 검진 통계 분석 등을 담당한다.

② **광역치매센터**

치매 조기검진사업 교육 및 기술지원, 지자체 검진 통계 등을 담당한다.

③ **치매안심센터**

치매 조기검진사업 시행, 치매안심통합관리시스템 입력 및 정도 관리 등을 담당한다.

(4) 일반 조기검진 사업

치매는 다양한 원인에 의해 발생되며 조기에 발견하여 적절히 치료할 경우 완치 또는 중증 상태로의 진행을 억제하거나 증상을 개선하는 것이 가능하다. 따라서 치매를 적절히 치료·관리하고 치매에 동반된 문제증상들을 개선시킬 경우 환자와 그 가족의 고통과 부담을 크게 경감시킬 뿐만 아니라 치매로 인한 사회적 비용을 절감할 수 있다.

주요내용으로는 첫째, 선별검사 및 진단검사 수행, 둘째, 감별검사 협약병원 의뢰 등이다.

| 표 14-5 | **일반 조기검진 수행절차**

※ ①, ③번의 자세한 사항은 1. 상담 및 등록관리 사업에서 확인 가능
자료: 보건복지부(2019). 치매정책사업안내. p.41.

(5) 고위험군 집중검진 사업

경도인지장애 대상자의 경우 정상인에 비해 치매에 걸릴 확률이 8배 이상으로 치매 고위험군에 해당되는 독거노인, 75세 이상 고령 노인을 치매로 진행되지 않도록 치매예방 교육 및 상담 등의 집중 검사관리가 필요하다.

고위험군 집중검진 사업의 주요내용은 대상자별(인지저하자/만 75세 이상 독거노인/만 75세 진입자) 집중검진사업이다.

| 표 14-6 | **고위험군 집중검진 수행절차**

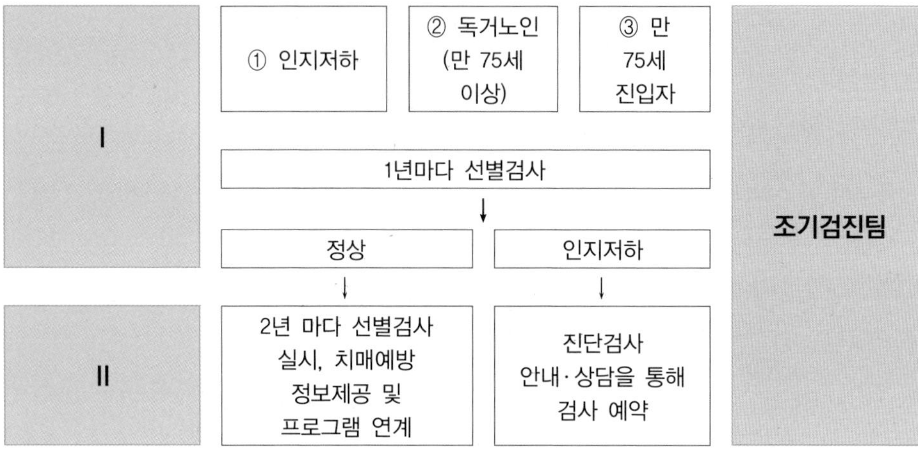

자료: 보건복지부(2019). 치매정책사업안내. p.43.

3) 치매 치료관리비 지원사업

(1) 사업목적

치매 치료관리비 지원사업은 치매를 조기에, 지속적으로 치료·관리함으로써 효과적으로 치매증상을 호전시키거나 증상 심화를 방지하여 노후 삶의 질 제고 및 사회경제적 비용 절감에 기여함을 목적으로 한다. 조사에 의하면 치매 조기 약물 치료 시 8년 후 요양시설 입소율이 70% 감소하며, 중증 치매환자는 경도 치매환자에 비하여 약 7배의 경제적 부담이 발생한다.

(2) 근거법령

치매 치료관리비 지원사업은「치매관리법」제12조(치매환자의 의료비 지원 사업),「치매관리법 시행령」제10조(의료비 지원 상·기준 및 방법 등)에 근거한다.

(3) 사업개요

① 대상: 치매치료제를 복용 중인 치매환자

② 지원 내역: 치매치료관리비 보험급여분 중 본인부담금(치매약제비 본인부담

금 + 약 처방 당일의 진료비 본인부담금)

③ 기간: 2017년 1월 1일 ~ 12월 31일

④ 지원 금액: 사업기간 내 발생한 치매치료관리비 본인부담금: 월 3만 원(연 36만 원) 상한 내 실비 지원

⑤ 지급 방식: 치료제 복용 개월 수에 따라 일괄 지급

| 표 14-7 | 업무흐름도

업무	업무시행팀	업무시행시기 및 방식	업무제공대상	업무제공내용
상담	등록관리팀	- 시기: 치매환자로 등록된 자로서 본인이나 보호자가 지원을 원하는 경우 - 방식: 전화, 내소, 방문 등	치매환자로 등록되고 본인이나 보호자가 지원을 원하는 자	- 치매치료관리비 대상자 선정 기준 및 신청 절차 안내
접수·선정	등록관리팀	- 시기: 지원을 원하는 자가 신청서 및 구비서류를 제출하는 경우 - 방식: 내소, 방문, DB 입력 등	지원을 원하는 자	- 신청서 및 구비서류 접수 - 지원 자격 충족 여부를 확인하여 대상자 선정 - 국민건강보험공단 홈페이지 '요양기관 정보마당'을 통해 등록
지급	국민건강보험공단	- 시기: 지원 대상자로 선정된 자가 치매 치료를 한 경우 - 방식: 대상자 계좌로 직접 지급	지원 대상자로 선정되고 치매 치료를 한 자	- 해당 지원 금액 한도 내 일괄 지급
관리	등록관리팀	- 시기: 매 2년마다 소득기준 조사 시 - 방식: 전화, 문자 발송 등	지원 대상자 중 정기 소득기준 조사일이 도래한 자	- 매 2년마다 지원자격 확인 - 국민건강보험공단 홈페이지 '요양기관 정보마당'을 통해 관리

자료: 보건복지부(2019). 치매정책사업안내. p.21.

4) 광역치매센터 운영

(1) 추진배경

광역치매센터는 「치매관리법」 시행('12.2.5) 및 국가치매관리종합계획 수립·시행('12.7~)에 따라 국가치매관리 정책을 지역실정에 맞게 확대·보급의 필요성이 증대되었다. 이에 따라 급증이 전망되는 지역 내 치매 치료·돌봄기관에 대한 서비스 기술 지원 및 종사인력에 한 교육·훈련을 수행할 인프라가 필요하게 되었다.

(2) 추진목표

광역치매센터는 광역 시·도별로 역량 있는 병원 등에 광역치매센터를 구축하여 지역사회 치매관리 사업의 내실 있는 추진을 위한 기반을 확보하는 데 있다. 지역사회 내 치매관리 서비스 기획 및 자원조사, 전문인력 육성, 인식개선을 위한 홍보, 연구기능 강화 등을 목적으로 한다.

(3) 지원근거

광역치매센터는 「치매관리법」 제16조의2(광역치매센터의 설치), 제18조(비용의 지원), 제20조(위임과 위탁)에 근거한다.

(4) 추진 경과 및 지원 현황

국립대병원에 설치된 노인보건의료센터(강원대, 충남대, 전북대, 경북대)에 권역치매센터를 지정('12.4월), 사업대상자 공모, 선정 및 지정 절차를 거쳐 '13년 7월 국립대병원 등 총 11개소('12.4월 지정된 4개 권역치매센터 포함)를 광역치매센터로 지정하고 설치비(보조율은 국고 70%), 치매관리사업비를 지원하고 있다.

| 표 14-8 | 광역치매센터 현황

시도명	선정기관명	시도명	선정기관명
서울	서울대병원	강원	강원대병원
부산	동아대병원	충북	충북대병원
대구	경북대병원	충남	단국대병원
인천	가천대 길병원	전북	전라북도마음사랑병원
광주	조선대병원	전남	성가롤로병원
대전	충남대병원	경북	동국대경주병원
울산	동강병원	경남	경상대병원
세종	충남대병원	제주	제주대병원
경기	명지병원	총 17개소	

자료: 보건복지부(2019). 치매정책사업안내. p.168.

(5) 광역치매센터 추진체계

광역치매센터는 중앙치매센터, 시·도 및 시·군·구 보건소, 지역사회 의료기관과 협력하여 지역의 치매관리사업을 수행한다.

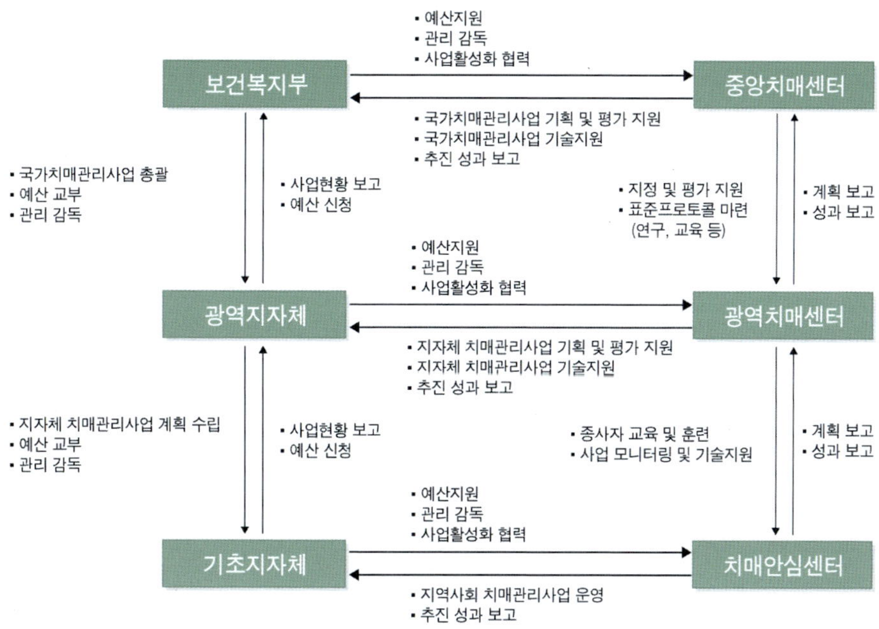

| 그림 14-2 | **광역치매센터 추진체계**

자료: 보건복지부(2019). 치매정책사업안내. p.170.

중앙치매센터는 국가 치매관리사업의 중추적인 기관으로서 광역치매센터의 사업수행을 기술적으로 지원한다.

광역치매센터는 중앙치매센터와 유기적인 협조체계를 구축하여 치매와 관련한 지역 중심기관으로서의 역할을 수행하며 광역 및 기초자치단체의 치매 관련 대책 수립, 조사 및 교육훈련 등의 지원사업에 적극 참여한다.

5) 공립요양병원 운영 및 치매기능보강사업

치매노인에 한 전문적인 치료 및 요양서비스를 제공하여 치매질환의 악화방지 및 치매노인 가족의 부담경감을 목표로 1996년부터 '공립요양(치매)병원' 확충하고 지원하였다. 2011년 12월 「노인복지법」 개정으로 '노인전문병원'이 폐지됨에 따라 「의료법」에 따른 '요양병원'으로만 기능한다(단, 기존 노인전문병원으로 허가받은 병원의 경우 경과조치로 종전의 「노인복지법」 규정에 적용을 받음). 「치매관리법」 시행(2012.2.5.)에 따른 치매관리체계를 구축하고, 치매환자 및 가족 지원 확대를 위하여 공립요양병원의 공공보건의료 기능 재정립을 목적으로 한다.

6) 실종노인의 발생예방 및 찾기 사업

실종노인의 발생예방 및 찾기 사업은 정당한 사유 없이 사고 또는 치매 등의 사유로 인하여 보호자로부터 이탈된 "실종 노인"의 조속한 발견과 복귀를 지원함으로써, 노인을 안전하게 보호하고, 실종노인 가정의 복지 증진에 이바지함을 목적으로 한다.

실종노인의 발생예방 및 찾기 사업은 「노인복지법」 제39조의10 및 제39조의11조, 제55조의3 및 제55조의4, 제61조의2, 동법 시행규칙 제29조의13, 「실종아동 등의 보호 및 지원에 관한 법률」에 근거한다.

대표적인 사업으로는 노인 실종예방 인식표 발급 사업, 실종노인 찾기 지원, 실종 및 무연고 노인 보호 등을 실행하고 있다.

7) 치매공공후견사업

급속한 고령화로 치매 유병률은 계속 상승하여 환자 수도 2019년 약 79만 명에서 2025년 약 108만 명, 2050년 약 302만 명을 넘을 것으로 추산된다. 치매노인은 기초연금·생계급여 등 통장관리와 의료행위에 대한 동의 등 신상 결정이 필요한 경우가 많으나, 정신적 제약으로 한계가 있다. 2017년 9월 「치매관리법」 개정으로('18.9.20 시행) 후견 심판 청구절차, 후보자 추천절차, 비용지원 등이 규정되어 치매노인에 대한 성년후견 지원사업이 실시되어 기반이 마련되었다.

치매공공후견사업의 목표는 의사결정능력 부족으로 어려움을 겪고 있는 치매노인에게 성년후견제도를 이용할 수 있도록 지원함으로써 인간으로서의 존엄성을 보장하는데 있다. 「치매관리법」 제12조의3(성년후견제 이용지원) 및 동법 시행령 제11조에 근거한다.

Chapter

15

노인과 자원봉사

과거의 자원봉사활동은 인류애를 기본으로 한 단순한 자선의 형태였다. 그러나 현대사회는 다양하고 새로운 사회문제들이 대두되고 있으며 개인 이기주의적 현상이 날로 팽창하여 사회규범의 붕괴, 인간성 상실 등 공동체적 의식이 상실되고 있다. 이러한 문제를 해결하기 위한 방법으로 자원봉사에 대한 참여와 필요성이 사회적으로 대두되고 있는 시점이다. 그러나 자원봉사의 참여는 학생들과 주부단체 그리고 종교단체를 통해 이루어지고 있다. 현재 우리나라의 고령화가 빨라지면서 노인인구가 한 축을 이루고 있고 경제적으로 안정적인 노인인구도 늘어나고 있다.

그만큼 여가시간과 수준이 향상된 노인인구를 통한 자원봉사가 사회적·국가적으로 요구-기대되는 시점에 와 있다. 뿐만 아니라 노인들의 연륜과 사회적인 경험은 융통성과 인간애가 요구되는 자원봉사에 있어 더욱 기대되는 사항이라 하겠다.

1. 노인개념과 노인문제

1) 노인의 개념

노인은 말 그대로 나이 들어 늙은 사람이고, 늙어간다는 것, 노화[1]는 생물학적·심리적·사회적 기능이 쇠퇴해 간다는 의미이다. 노인에 대한 개념을 정확하게 정의하는 것은 매우 어려운 작업이며 문화와 역사, 사회적 맥락에 따라 다양하게 규정되었다. 노인의 개념은 국가나 사회문화적·경제적 배경과, 개인의 신체적·정신적·사회적 요인 등이 고려되어야 한다(김귀환, 2010: 139-143).

1) 노화란 연령의 증가와 함께 점진적으로 발생하는 생체조직과 생체기능의 약화 현상이다. 그러나 노년학은 노화 현상을 단순히 생리적·신체적 상태와 기능의 변화만을 연구하는 것이 아니라 심리적 상태와 기능의 변화를 통해 노화 현상을 관찰한다거나 사회적 상태와 기능의 변화를 통해 노화를 이해하는 등 다양한 영역을 통해 종합적으로 접근한다. 따라서 노화란 인간의 생리적 조직과 기능의 약화 현상 및 심리적·사회적 기능의 약화 현상 등을 포괄적으로 의미한다.

국제노년학회[2)]는 노인의 개념 정의를 다음과 같이 다섯 가지 특성을 가진 사람으로 설명한다. 첫째, 환경 변화에 적절히 적응할 수 있는 조직기능이 감퇴되고 있는 사람이다. 둘째, 생체의 자체 통합능력이 감퇴되고 있는 사람이다. 셋째, 인체의 기관, 조직, 기능에 쇠퇴 현상이 일어나는 시기에 있는 사람이다. 넷째, 생활상의 적응능력이 결손되어 가고 있는 사람이다. 다섯째, 조직의 예비능력이 감퇴하여 적응이 제대로 되지 않는 사람이다.

반면, 브린(Breen)은 노화의 생리적·심리적·사회적의 세 영역을 동시에 고려하여 노인의 개념정의를 하였다. 첫째, 생물학적 및 생리적 측면에서 퇴화기에 있는 사람이다. 둘째, 심리적 측면에서 정신기능과 성격이 변화하고 있는 사람이다. 셋째, 사회적 측면에서 지위와 역할이 상실되어 가는 사람이다.

이러한 개념들을 종합하여 정리해 보면, 노인이란 노화의 과정 또는 그 결과로써 생리적·심리적·사회적 기능이 약화되어 자립 생활능력과 환경에 대한 적응능력이 약화되고 있는 사람이라고 규정할 수 있다.

2) 노인의 문제

노인문제의 원인은 현대화[3)]의 요인과 연결되며, 노인의 문제는 다음과 같은 것들이 있다.

(1) 빈곤과 역할상실 문제

노인들은 심신기능이 쇠퇴하게 되면 노동능력이 감퇴되어 사회의 일선에서 물러나게 되고, 이로 인해 소득 및 지위상실에 다른 고통을 겪게 된다. 그동안 자녀

2) 국제노년학회(International Association of Gerontology)는 1938년 설립된 노령연구회가 발전하여, 1950년에 제1회 국제노년학회가 개최된 것을 계기로 결성된 단체이다. 본부는 이스라엘에 있으며, 세계 34개국의 국내 조직이 가맹되어 있는 단체이다. 국제노년학회는 3년마다 국제회의를 개최하여, 각국의 노년학단체의 국제협력을 통해서 생물학적·의학적·사회적 노년학 연구와 전문가의 교육훈련 촉진 및 노인문제에 대한 관심의 환기를 촉구하는 활동을 하고 있다.

3) 현대화 현상은 건강기술과 생산기술의 발전, 산업화, 도시화, 교육의 대중화로 인하여 노인의 지위가 급격히 저하되었다.

부양 등으로 노후 대비에 미흡하여 경제적 어려움과 현대사회의 급격한 사회변천에 따른 세대 간의 의식 및 가치관의 격차가 노인의 지위를 격하시키고 있으며, 노인은 직업생활로부터 떠나 사회의 일선에서 후퇴하게 되어 역할상실과 함께 노인들은 사회의 잘못된 고정관념에 의해 편견의 대상으로 시달리게 된다.

(2) 질병 문제

노인은 신체적·정신적으로 매우 쇠약해져 가는 과정에 있는 사람으로 심신장애가 발병하게 되며 질병에 쉽게 걸릴 뿐만 아니라 만성적이어서 장기화되거나 다른 질병과 중복이 되어 나타나기 쉽다. 이는 의료비 부담의 과중과 간호, 보호의 어려움으로 가족역할 문제 등을 가져온다. 또한 요양시설, 노인전문병원의 부족으로 고령화사회의 노인환자의 증가에 대한 대책이 시급히 필요한 상황이다.

(3) 사회심리적 문제

산업화, 도시화, 핵가족화, 여성의 사회진출 증가와 성인자녀와 노부모와의 지리적 분리 등으로 가족 부양기능의 변화가 나타나고, 배우자, 정년퇴직으로 인한 사회적 지위와 특권 등 사회적 상실감의 증대 등 소외와 고독감의 증가가 더욱 심화된다.

또한, 가족해체로 인한 기능의 감소를 대체할 복지대책과 서비스의 부족 등 노인복지서비스 전반이 취약하다.

(4) 고독과 여가 문제

정년퇴직제도에 의해 자신의 정든 직장으로부터 박탈되어 사회의 일선에서 물러나게 되면 고독하고 할 일이 없는 노인으로 전락하게 되어 노인들은 고독감, 소외감이 점점 심화되고 사회적 의미를 상실하면서 스스로 삶의 의욕을 잃고 죽음을 재촉하는 경우가 있다. 현재 노인들의 여가에 대한 인식이 부족하고, 재취업의 어려움이 있다. 비노인층들의 기본적 여가, 사회화의 부족은 여가시설과 프로그램 발전의 저해요소로 작용하여 여가시설과 여가 프로그램의 미비로 이어지고 있다.

2. 노인자원봉사활동

1) 노인 자원봉사활동의 개념

우리나라는 자원봉사[4]를 진흥시키기 위하여 2005년 8월 4일 법률 제7669호로 「자원봉사활동 기본법」을 제정하여 2006년 2월 5일부터 시행하였다. 동법에 따라 자원봉사활동이란 개인 또는 단체가 지역사회·국가 및 인류사회를 위하여 대가없이 자발적으로 시간과 노력을 제공하는 행위를 말한다.

노인 자원봉사활동이란 노인이 자원봉사의 주체가 되는 노인에 의한 봉사활동을 말한다. 노인은 자원봉사로 여가시간의 활용과 사회참여를 통해 사회통합적인 노년기 활동으로 고독과 역할상실 문제를 해결할 수 있다. 즉, 노인자원봉사활동은 자원봉사와 자원봉사활동의 개념을 정리하여, 노년기에 과거의 경험과 지혜를 살려 계속적인 성장과 자기회복을 도모하며, 지역사회복지 증진을 위해 활동하는 일체의 행위이다. 즉, 노인의 신체적·물질적 능력과 여가 시간을 할애하고 그들이 가진 경험 등을 활용하여 사회복지를 위해 기여하는 활동이다.

2) 노인자원봉사자의 동기와 만족

노인자원봉사의 동기는 '이타적(altruistic)'인 것과 '이기적(egoistic)'인 것에

4) 자원봉사라는 용어는 1930년 세계사회사업가대회에서 처음으로 사용하게 되었다. 우리나라는 1998년 사회복지사업법에서 자원봉사의 용어를 사용하여 자원봉사활동에 대한 근거를 마련하였다. 권중돈 교수(2009)는 자원봉사란 '한 개인이 가지고 있는 자신의 직접적 자원이나 능력을 활용하여 자발적으로 타인과 사회의 발전을 위하여 어떠한 보상도 요구하지 않으면서 지속적으로 수행하는 시민들의 자발적 계획 활동'이라 정리하였다.

대해 명확한 구분이 없이 나타나는 혼합적인 현상이라고 말한다. 즉, 단일한 동기가 아닌 여러 가지 동기에서 나오는 보상적 경험(rewarding experience)이라고 설명하고 있다(Cnaan & Goldberg-Glen, 1991: 269-284). 특히 노인자원봉사자의 중요한 동기는 시간활용의 문제로 보고 있다. 노인자원봉사자들은 젊은 봉사자들에 비해 '바쁘게 움직이고 활동적으로 살기 위한 방법'으로 여기면서 참여하고 있다(Fischer, Mueller & Cooper, 1991: 183-194). 리와 버든(Lee & Burden)의 연구에서, 노인의 자원봉사활동은 자신들이 무엇인가 할 일이 있기 때문에 봉사할 동기가 있다고 설명하고 있다(Lee & Burden, 1991). 또다른 노인들의 중요한 봉사활동의 동기는 여타 어려운 사람들을 돕는 데 있다(Morrow-Howe & Mui, 1989: 21-34).

그러므로 노인들의 봉사활동에 대한 동기와 만족은 이타주의에 근거를 두고 있으며, 그것은 가족이나 친구들이 경험한 혜택과 종교적인 관심 등이 주요 이유로 보고 있다. 그리고 노인자원봉사활동은 가끔 교우관계의 필요성에서 동기부여를 받고 있다(O'Reilly & Caro, 1994: 39-74). 노인들은 자원봉사활동을 통해 교우관계를 형성하고 자신들이 함께 일하는 동료들과의 친분관계가 봉사활동의 경험에 있어 가장 흥미 있고 중요한 부분이 된다고 노인들은 언급하고 있다. 따라서 노인들의 자원봉사에 대한 동기부여는 적합한 봉사활동을 통해서 스스로 의식변화를 갖게 하는 데 있다. 대다수 노인들은 수동적이고 피부양자라는 부정적인 이미지를 내면화하여 자신의 잠재능력을 소홀하게 여기는 경향이 있다. 그렇다면 수동적으로 받기만 하는 대상이 아니라, 도움을 줄 수 있고 사회적 책임의식을 갖는 인식전환이 필요하다.

3) 노인자원봉사활동의 지속성

최근 노인자원봉사자들이 많은 숫자로 증가하고 있지만(Chamber, 1993: 221-227), 현실적으로 봉사활동을 시작한 후 1년 안에 그만두는 사례가 매우 빈번하다. 대부분의 노인들은 자신들이 활동해 왔던 것보다 더 높은 수준의 만족감과 일에 대한 기대감을 가지고 있으며, 봉사활동을 통해서 다른 사람과 접촉하며 자신이 인정을 받고 칭찬받기를 바라는 것으로 나타났다. 쿤과 시어스(Kuene & Sears)는 가족들과 활동하는 노인자원봉사활동을 지속하기 위해서 봉사자들에게 공개적인 인정, 동료집단의 지지, 교통편의의 제공, 식사제공 등과 같은 활동유지의 전략이 필요하고, 자원봉사자들의 동기에 유의해서 바람직한 봉사활동의 기회로 연결시키는 배려가 필요하다고 권고하고 있다(Kuene & Sears, 1993: 425-438).

그리고 노인자원봉사활동을 지속시키는 중요한 요인으로서 제도적인 지지를 강조하고 있다(Sainer & Zander, 1971: 201-204). 자원봉사활동은 다른 사람을 도우면서 자신이 생산적이며 유용한 존재라고 느끼고 있음에도 불구하고, 더욱 중요한 것은 자원봉사 프로그램의 효과성과 자원봉사자의 만족도를 높이는 데 있어서 그 프로그램에 대한 제도적 지지에 달려 있다고 강조하였다(Strom & Storm, 1994: 329-339). 따라서 노인자원봉사활동의 지속성과 프로그램의 성공을 위해 몇 가지 제시해 보면, 첫째는 자원봉사자들이 그들의 관심사항을 파악해서 일의 할당과 스케줄에 투입해야 하고, 둘째는 자원봉사자들을 선발하는 장치를 구축하고 그들의 정보내용을 받아 연수교육의 기회를 주면서 완성해야 할 특정한 임무를 확인하고 평가해야 하며, 셋째는 자원봉사자들이 자신들의 봉사활동에 대해 충분히 인정을 받게 하는 것 등으로 요약할 수 있다.

4) 노인자원봉사의 필요성

우리나라 노인들은 대부분 직장에서 은퇴하고 가정에서도 뚜렷한 역할없이 많은 시간을 무료하고 지루하게 보내고 있다. 노인들은 은퇴한 후 강제적이고 의무적인 일에서 벗어나 자신들의 모든 시간들을 여가시간으로 보내고 있지만, 이러한 시간들을 유용한 여가활동으로 전환시켜 주는 것이 더욱 중요하다고 볼 수 있다. 그러나 대부분 노인들은 여가에 대한 인식부족과 경제적인 어려움, 국가시책과 사회적 자원 등이 미흡하여 만족스러운 여가활동을 누리지 못하고 있는 실정이다. 노년기의 경우에 하루 24시간이 전부 여가일 수도 있는 노인들의 생활은 여가를 어떻게 보내는가에 따라 노년기의 삶을 풍요롭고 성공적으로 영위할 수 있는지를 결정하게 된다. 노인들이 가질 수 있는 자유시간을 충분히 갖는다는 것은 그들에게 주어진 특권이다. 그러므로 노인들에게 주어진 풍부한 시간을 개인의 만족과 지역사회의 기여를 위해서 어떻게 최대한 활용해야 할 것인지에 대한 관심이 점차 확산되고 있다.

퀸즈랜드 대학의 연구에 의하면, 노인자원봉사는 다음의 두 가지 요인에 의하여 건강한 노화방지에 기여할 수 있다고 강조하였다. ① 노인이 목적의식을 갖고 인생을 의미 있게 느끼며 스스로가 능동적으로 행복을 누리고 있다고 생각하는 노인일수록 지역사회에 덜 관여하는 노인들에 비하여 질병에 걸릴 확률이 낮다는 것이다. ② 노인의 자원봉사활동은 병약한 노인을 위한 서비스에 있어서 매우 중요한 기여요인이 되므로, 이는 노인자원봉사자들이 노인을 위한 활동에 있어서 쉽게 감정이입을 할 수 있기에 '후기노인(old-old)'을 위하여 자원봉사하는 '초기노인(young-old)'의 사례로 제시하였다.

이에 따라 노인자원봉사활동에 대한 필요성을 몇 가지로 대변하면 다음과 같다(Fischer & Schaffer, 1993: 215-217). ① 노인층의 잠재적 생산력은 중요한 사회경제적 자원이 될 수 있다. ② 노인자원봉사활동이나 고령자 고용 그리고 기업정신에 입각하여 노인층에게 생산적인 노화를 위한 기회를 제공하는 것은 사회와 공공의 책임이다. ③ 노인자원봉사활동이 사회적 문제들은 완전히 해결할 수는 없지만 사회복지를 위하여 괄목할 만한 영향력을 행사할 수 있다. ④ 노인자원봉사활동에 대한 지지와 투자는 우리사회와 개인 모두의 책임이다. 루치아니(Luciani)의 연구에서는 "자원봉사를 하는 노인들은 자원봉사를 하지 않는 노인보다 인생의 만족도도 높았으며, 특히 노인들에게 정신적·육체적 건강에 도움을 주며 뜻하지 않은 경험을 얻을 수 있다"고 강조하였다(Luciani, 1992: 3-54).

이상의 맥락에서 노인자원봉사의 필요성을 종합적으로 제시하면 다음과 같다.

첫째, 노인들에게 퇴직으로 상실되었던 사회적 지위와 역할을 자원봉사활동으로 보충해 준다. 노인의 자원봉사참여는 사회의 일선에서 물러나 자칫하면 상실되기 쉬운 자신의 사회적 가치성을 회복하거나 유지할 수 있게 해 주며, 아직도 자신이 사회에서 유용하고 필요한 존재가 되고 있다는 가치를 갖게 해 준다.

둘째, 노인들에게 자원봉사활동의 경험을 통해 일상생활을 계획적으로 영위할 수 있도록 해 주며, 신체적으로나 정신적으로 건강한 삶을 유지할 수 있도록 해 주는 수단이 된다.

셋째, 노인들에게 자원봉사활동은 폭넓은 대인관계를 형성하고 유지할 수 있으며, 기존의 사회적 단절감과 고독감 등에서 스스로 해방될 수 있게 해 준다.

넷째, 노인들에게 자원봉사활동은 지역사회의 전통문화를 계승하고 발전할 수 있는 기회와 사회에 공헌할 수 있는 기회가 된다. 특히 자원봉사활동을 통해 노인으로서 모범적인 삶의 모습을 통해 후손들에게 귀감을 보여줄 수 있다.

다섯째, 노인들에게 자원봉사활동은 노인 스스로가 변화하는 사회 속에서의 다양한 지역문제를 이해하게 된다. 그리고 지역사회 속에서 자신의 역할과 존재성을 후손들에게 인식시키게 되어 점차 쇠퇴해 가는 노인에 대한 존경심을 회복할 수 있다.

5) 노인 자원봉사활동 관련법의 이해

(1) 노인복지법 제23조(노인사회참여 지원)

국가 또는 지방자치단체는 노인의 사회참여 확대를 위하여 노인의 지역봉사 활동기회를 넓히고 노인에게 적합한 직종의 개발과 그 보급을 위한 시책을 강구하며 근로능력이 있는 노인에게 일할 기회를 우선적으로 제공하도록 노력하여야 한다.

국가 또는 지방자치단체는 노인의 지역봉사활동 및 취업의 활성화를 기하기 위하여 노인지역봉사기관, 노인취업알선기관 등 노인복지관계기관에 대하여 필요한 지원을 할 수 있다.

(2) 노인복지법 제24조(지역봉사지도원위촉 및 업무)

국가 또는 지방자치단체는 사회적 신망과 경험이 있는 노인으로서 지역봉사를 희망하는 경우에는 이를 지역봉사지도원으로 위촉할 수 있다.

지역봉사지도원의 업무는 첫째, 국가 또는 지방자치단체가 행하는 업무 중 민원인에 대한 상담 및 조언, 둘째, 도로의 교통정리, 주·정차단속의 보조, 자연보호 및 환경침해 행위단속의 보조와 청소년 선도, 셋째, 충효사상, 전통의례 등 전통문화의 전수 교육, 넷째, 문화재의 보호 및 안내, 다섯째, 기타 대통령령이 정하는 업무 등이다.

(3) 대한노인회 지원에 관한 법률 제2조(활동)

대한노인회는 노인의 권익신장과 복지향상 및 사회봉사 촉진을 도모하기 위하여 첫째, 노인의 권익신장 및 복지향상, 둘째, 노인 자원봉사활동의 증진, 셋째, 노인교실 및 경로당 관리·운용, 넷째, 노인 취업활동 및 노인 사회적 기업의 지원 등을 한다.

3. 노인자원봉사의 현황

1) 보건복지부 운영 노인자원봉사활성화사업

보건복지부의 노인 자원봉사활성화사업의 목적은 노인의 경륜을 사회에 재투자할 수 있도록 노인자원봉사를 활성화하여 노인의 적극적 사회참여 및 노인의 인적 자원 활용의 극대화 추진에 있다.

이를 위한 세부 목표는 첫째, 노인에게 적합한 새로운 봉사활동 개발로 사회참여기회 확대, 둘째, 노인의 지식, 경험, 기술을 지역 내 사회복지 자원으로 유도, 셋째, 노인 스스로 자립하고, 존경받고, 공헌하고, 지혜로운 노인상, 새로운 노년상 제시 등이다. 이를 위한 사업 내용은 다음과 같다.

(1) 노인자원봉사클럽(봉사단) 운영 지원

노인자원봉사클럽(봉사단) 운영지원의 목적은 첫째, 자기주도적인 노인상(부양받는 노인에서 책임지는 노인으로) 구현, 둘째, 노인자원봉사활동을 위한 실질적인 지원체계 구축, 셋째, 지역사회를 변화시키는 다양한 노인자원봉사 활동 모형 개발 및 활성화, 넷째, 노인자원봉사활동을 위한 역량 있는 리더의 육성 등이다.

노인자원봉사클럽(봉사단)의 조직구성은 경로당·노인복지관 중심으로 구성(20~30명 내외)하며 클럽(봉사단)의 활동계획에 의거하여 지속적으로 자원봉사활동을 수행한다.5)

활동내용으로는 노인치매예방활동, 노인건강증진활동, 노인 우울·자살예방 활동 등으로 지역별 소요와 지역 내 공익활동, 재능나눔활동과 중복되지 않게 활동한다. 이에 따른 지원형태는 클럽(봉사단)단위로 운영비(약 20만 원/월, 최대 7개월 이내) 등을 민간경상보조, 대한노인회·한국노인종합복지관협회를 통해 지원한다.

(2) 노인자원봉사단 운영 매뉴얼 개선

노인자원봉사단 운영 매뉴얼 개선은 노인자원봉사단 운영에 필요한 실무 정보를 집약하여 관리 소요를 최소화하고, 원활한 봉사단 운영에 기여함을 목적으로 한다.

노인자원봉사단 운영 매뉴얼 개선의 내용은 첫째, 노인 자원봉사 프로그램 공모사업에 선정된 프로그램의 기획, 사전준비, 실행 및 점검, 평가 과정 전반에 관한 자료를 수집하여 노인 자원봉사 모델 개발, 둘째, 노인자원봉사 운영과정에 필요한 공통 기준(실비 지원, 보험, 각종 보상 기준 등)을 마련하여 효과적인 노인자원봉사 지원체계 구축, 셋째, 노인 자원봉사자 확보, 봉사수요처 개발, 봉사자 교육 및 양성, 소요자원의 동원, 봉사자 관리방법 등 노인자원봉사 프로그램 실행 기술을 발굴·정리하여 매뉴얼로 제작·보급하는 것 등이다.

5) 자원봉사 활동단위는 개인이 아니라 클럽(봉사단)단위로 활동

(3) 전국 노인자원봉사 대축제 개최

전국 노인자원봉사 대축제 개최의 목적은 사회발전을 위하여 봉사하는 적극적이고 활동적인 노인상을 제시하고 노인자원봉사자의 자긍심 고취 및 노인자원봉사 활성화 계기를 마련하는 데 있다.

행사 내용은 노인자원봉사 축제 기념식, 노인자원봉사 프로그램 사례발표, 노인자원봉사 리더십 교육, 노인자원봉사 프로그램 박람회, 노인자원봉사 캠페인 및 직접 프로그램 시연 등이다.

(4) 노인 자원봉사 홈페이지 운영 지원

노인 자원봉사 홈페이지 운영지원의 목적은 노인 자원봉사에 대한 다양한 정보교류의 장을 마련하여 노인자원봉사 활동의 활성화를 도모하며 노인자원봉사활동에 대한 적극적인 홍보를 통해 노인자원봉사에 대한 사회적 인식 및 참여제고에 있다.

노인 자원봉사 홈페이지의 내용은 노인자원봉사 프로그램 안내 및 소개, 전국 노인자원봉사 기관 및 단체 소개 및 안내, 노인자원봉사에 대한 각종 자료 공유 및 의견 제시, 노인자원봉사단 및 활동 프로그램 운영 자문 채널로 활용, 전국 노인자원봉사 대축제 관련 자료 게재, 노인자원봉사 수기 및 사진 공모전 관련 내용, 노인자원봉사 활동 소감, 사진 등 각종 홍보물, 노인자원봉사 관련 커뮤니티 구성·운영 등이 있다.

2) 노인의 자원봉사활동 실태

(1) 노인인구 현황

우리나라는 급격한 산업화와 보건위생 개선과 평균수명 연장 등의 영향으로 인구의 고령화[6]가 급속하게 진행되고 있다. 통계청 자료에 의하면 1970년 평균수

6) 국제연합(UN)이 정한 바에 의하면, 65세 이상 노인인구 비율이 전체 인구의 7% 이상을 차지하는 사회를 고령화사회, 65세 이상 노인인구 비율이 14% 이상이면 고령사회, 21% 이상이면 초고령사회로 구분하

명은 61.9세였으나, 2008년 80.1세로 증가하였고, 2020년에는 81.5세로 늘어날 것으로 전망되고 있다.

2011년 65세 이상 노인인구의 수는 5,537천 명에서 통계청에 의하면 2019년 현재 우리나라 전체 인구는 5,170만 9천 명으로 2028년까지 계속 증가 후 감소하는 반면, 65세 이상 인구는 768만 5천 명으로 2050년(1,900만 7천명)까지 지속적으로 증가할 것으로 전망되고 있다.

이는 초고속 고령화, 핵가족화, 부양의식 및 가치관 변화 등으로 1인 노인가구가 증가하고 있으며, 이들은 고독감, 생활고 등 사회관계 취약으로 정서적 고립 및 고독사[7] 발생가능성이 염려되고 있다. 특히 2020년경부터 1950년 한국전쟁 직후의 베이비붐 시대에 출생한 연령층이 노인세대로 대량 진입하게 돼 노인인구는 급격하게 증가할 전망이다. 이 같은 노인인구의 증가세는 2000년 전체인구 대비 노인인구 비율이 7.2%로 고령화사회에 처음 진입한 뒤 급속히 증가하기 시작하여 2009년 10.7%, 2015년 12.9%, 2018년 14%를 넘어 2019년 현재 65세 이상 고령자는 14.9%, 2025년 20.3%, 2067년 46.5%가 될 것으로 예상되면서 일본을 제치고 세계 최고령 국가가 될 전망이다.

(2) 노인 자원봉사활동 인구 현황

자원봉사는 정부의 강제나 시장에서의 이해관계 때문이 아니라 공공의 이익을 위해 혹은 도움이 필요한 사람들을 위해 자발적으로 일하는 이타주의의 발현이다. 자원봉사는 도움을 필요로 하는 사람들에게는 혜택을 주고 자원봉사를 하는 사람들에게는 만족감을 주어 시민의식과 공공선이 고양되는 결과를 가져온다.

고 있다. 우리나라는 2000년 7월 1일을 기준으로 65세 이상의 인구가 전체 인구의 7.1%를 차지해 고령화사회에 진입했다.

7) 최근 일본에서 사회문제로 나타나는 고독사란 옆에 아무도 없이 혼자서 숨지고, 시신은 죽은 지 24시간 이후에 발견되는 경우를 말한다(자살과 타살 제외). 고독사는 혼자 살다 병으로 갑자기 쓰러져 숨지는 경우가 대부분이다. 일본의 『고령사회백서(2009)』에 따르면 65세 이상 노인가구는 전체 가구의 약 40%인 1,926만 가구다. 고령가구의 23%는 독거노인이고, 30%는 부부가 함께 산다. 65세 이상 독거노인이 443만 가구에 이르러 1997년(248만 가구)에 비해 1.8배로 늘어난 것이다. 국립사회보장·인구문제연구소에 따르면, 2030년 독거가구 비율은 전체의 약 40%(1,824만)까지 높아질 전망이다.

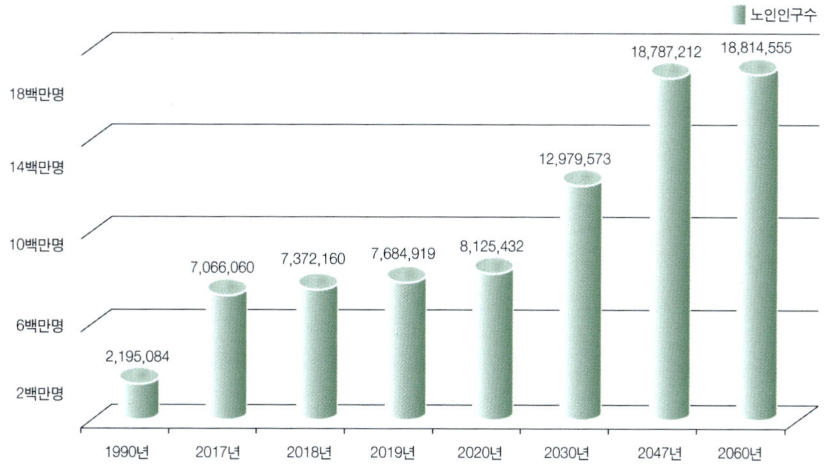

	1990년	2017년	2018년	2019년	2020년	2030년	2047년	2060년
인구 성장률(%)	0.99	0.28	0.48	0.2	0.14	−0.03	−0.7	
구성비(%)	5.1	13.9	14.4	14.9	15.7	25.0	38.4	43.9
노령화지수	20.0	105.1	111.9	119.4	129	259.6	417.2	546.1

| 그림 15-1 | 노인인구의 인구지표 및 인구구조 추이

자료: 통계청 「인구주택총조사」 각년도, 「장래인구특별추계」 2019.3.
2018년 이전은 인구주택총조사 자료, 2019년 이후는 장래인구추계 자료
1. 외국인 포함
2. 구성비: 전체인구중 65세 이상의 노인인구 구성비
3. 노령화지수 = (65세 이상 인구/0~14세 인구)×100

사회 전반적으로 자원봉사가 활발해지면 사회적 결속과 유대가 높아지고 공동체가 활성화되며, 이는 다시 자원봉사를 활성화시키는 선순환을 낳는다.

평균수명의 연장과 인구의 고령화 현상은 자원봉사활동에 대한 욕구를 증대시킴과 동시에 노인인구 집단의 자원봉사활동에의 참여를 불가피하게 만들고 있다. 그렇지만 아직까지 자원봉사활동에 참여하고 있는 노인의 수는 많지 않은 실정으로, 외국의 경우에는 65세 이상 노인 비율은 미국 40%, 호주 17%가 자원봉사를 하고 있는 것으로 파악되며, 이에 비해 우리나라의 경우는 현저히 낮은 수치임에 틀림없다. 많은 노인들이 소일거리가 없어 노인정 등에서 화투나 바둑 등으로 시간을 보내면서도 자원봉사에 나서지 못하는 것은 무엇보다 자원봉사에 대한 의식

이 부족하기 때문으로, 노인은 당연히 봉사를 받아야 하는 사람이지 봉사를 하는 주체자일 수 없다는 선입견도 작용하고 있다.

우리나라의 자원봉사참여율은 1999년에서 2006년까지 13~14% 수준이었다가 2009년 19.3%로 증가한 후 2019년 현재까지 16~19% 수준을 유지하고 있다. 자원봉사참여가 늘어나는 것은 사회적 결속과 유대가 증진되고 있음을 의미한다고 할 수 있다. 그러나 최근 자원봉사참여의 증가가 국민 전체에서 고르게 이루어지는 것은 아니다. 자원봉사참여율이 20세 미만의 학령인구를 중심으로 가파르게 증가한 사실이 이를 뒷받침한다. 성인의 자원봉사 참여가 더 높아져야 할 필요가 있다. 다음의 **표 15-1**은 노인의 자원봉사활동의 참여현황이다.

| 표 15-1 | **성별 및 연령집단별 자원봉사참여율** (단위: %)

		1999	2003	2006	2009	2011	2013	2015	2017	2019
전체		13	14.6	14.3	19.3	19.8	19.9	18.2	17.8	16.1
성	남자	12.2	15.1	14	19.3	19.6	19.6	17.7	16.8	15.1
	여자	13.8	14.1	14.6	19.3	20.1	20.1	18.7	18.8	17
연령집단	20세 미만	33.8	52.4	59.5	79.8	77.7	80.1	76.6	78.4	76.1
	20~29세	7.8	10.3	8.3	13.9	13.2	13.7	11.6	11.5	9.9
	30~39세	13.2	11.6	10.2	13.6	11.2	11.2	10.6	10.7	9.8
	40~49세	13	14.2	13.9	18.6	17	17.3	15.6	17	15.4
	50~59세	10.8	12.2	12.4	15.5	14.6	14.5	14.6	14.2	12.6
	60세 이상	6.7	6.7	6.5	7	7.2	7.8	7.8	7.8	8.1

출처: 통계청(2019). 사회조사.
주석: 1) 자원봉사참여율은 지난 1년 동안 자원봉사 활동에 참여한 적이 있는 사람들의 비율임.
2) 2009년까지는 15세 이상, 2011년부터는 13세 이상 인구를 대상으로 함.

노인들이 활동할 수 있는 봉사 프로그램의 분야로는 2019년 통계청에서 발표한 자원봉사 통계자료에 따르면, 국내의 노인 자원봉사 영역은 재해지역돕기, 국가 및 지역행사, 아동·청소년 지도, 자녀교육 관련 순으로 나타났다. 이와 같은 결과를 토대 살펴보면 앞으로 노인자원봉사는 특수직이나 전문직에 종사했던 노인들이 경험과 기능을 충분히 발휘할 수 있는 자원봉사활동 프로그램의 개발이 필요하다고 사료된다. 표 15-2는 노인이 실제 참여한 자원봉사활동의 분야이다.

| 표 15-2 | 자원봉사활동 참여분야(복수응답): 2017-2019 (단위: %)

구분	자원봉사 활동참여율	참여분야					
		아동, 청소년 노인, 장애인	환경보전 범죄예방	자녀교육 관련	국가 및 지역행사	재해지역 주민돕기	기 타 (무료상담)
2017년	17.8	3.6	3.1	2.5	4.8	5.1	3.2
2019년	16.1	3.3	2.7	1.8	4.2	4.4	2.9
남자	15.1	3.4	2.8	2.2	4.3	4.5	3.0
여자	17.0	3.2	2.6	1.7	4.8	4.4	2.8
13~19세	76.1	3.1	2.6	-	4.3	4.1	2.8
20~29세	9.9	3.6	3.1	1.8	5.1	4.8	3.0
30~39세	9.8	3.7	3.2	1.6	4.7	5.6	3.3
40~49세	15.4	3.3	2.8	1.7	3.8	4.2	3.1
50~59세	12.6	3.4	2.7	2.2	4.0	4.4	3.3
60세 이상	8.1	3.2	2.7	3.3	4.1	3.9	2.9
65세 이상	6.5	3.1	2.7	2.7	4.1	4.0	2.8

자료: 보건복지통계연보(2019: 249).

4. 노인자원봉사활동의 문제점 및 활성화 방안

1) 노인자원봉사활동의 문제점

우리나라 노인들이 봉사활동에 참여하지 않는 이유가 무엇인가에 대한 질문에서 우선 자원봉사활동에 대한 부정적인 태도의 측면을 몇 가지 제시하면 다음과 같다.

첫째, 자원봉사활동에 대한 부정적인 평가로서 봉사활동을 자기희생적이라고 생각하거나, 봉사자들이 흥미를 가질 수 없는 경우이다. 또한 다른 사람과 비교해서 별로 중요하지 않은 일이라고 생각할 경우 자원봉사활동에 참여하기를 꺼리게 된다. 자원봉사활동이 제공하고 있는 다양한 기능들, 즉 보람, 가치, 흥미, 자기실현, 사회적·물질적 보상 등에 대한 정보를 가질 기회가 없었거나, 일방적으로 봉사자들의 자기희생적인 모습들이 노출되었을 가능성이 크다는 점이다. 또 다른 부정적인 평가로는 봉사활동이란 재미없는 것이라는 생각이다. 노후의 여가를 재미있고 보람 있게 보내려는 동기를 가지고 있는 잠재적 봉사자의 경우, 자원봉사활동이 흥미와는 무관한 사회활동이라는 인식을 가지면서 당연히 봉사활동을 기피하고 있으며, 자신의 욕구에 부합한 봉사활동이 없다는 것이다.

둘째, 자원봉사활동과 관련된 부정적인 자기인식의 측면에서 살펴보면, 봉사자 스스로가 자기 이미지로 인해 자원봉사활동에 대해 소극적이고 수동적인 성향을 지니는 경우이다. 노인들은 가족이나 친지들의 만류로 인해 봉사활동의 참여가 좌절되는 경우도 많다. 비록 가족들이 노부모를 염려하는 경우로서 애정이 담겨 있기는 하지만, 한편으로는 노인의 능력에 대한 불신과 과소평가가 자리잡고 있다는 것이다. 또한 우리나라 노인의 권위주의적 성향으로 인해 자원봉사활동을 거부하는 경우가 지배적이다. 즉, 다른 사람들이 하는 일이 자신의 봉사활동보다 더 가치 있다고 인식했을 경우, 자신의 체면이 손상된다는 생각에서 봉사활동을 거부하고 있다. 그리고 자신이 퇴직 이전에 지니고 있었던 사회적 지위에 부합되지 않은 봉사활동에 대해서도 부정적인 태도를 보이고 있다.

셋째, 자원봉사활동에 대한 강력한 욕구가 있음에도 불구하고 건강상태가 좋지 않아 활동적인 일을 할 수 없는 경우이다. 현재 직장에 다니고 있거나 다른 여가생활로 인해 자원봉사활동을 할 시간이 없는 경우도 있다. 이외에도 계절적인 요인이나 지리적인 요인 혹은 교통수단의 문제 등도 지적할 수 있다. 즉, 추운 겨울이나 무더운 여름기간에는 봉사자들의 수가 감소되는 것이 일반적인 현상이다. 특히 노인들이 눈이 오거나 거리에 얼음이 얼었을 때 바깥출입을 하는 것이 커다란 부담이 될 수 있다.

넷째, 자원봉사활동에 관한 무관심으로 가족의 이기주의적 성향, 은둔형의 퍼스낼리티, 유급직종에 대한 집착 등 다양한 이유로 인해 봉사활동 자체에 대해 관심이 없는 경우이다. 즉, 노인들은 봉사활동이 자신과 상관없는 일이라고 생각하는 태도이다. 자신 가족의 일만이 중요하고 남을 위한 일에는 인색한 가족 이기주의적 성향은 당연히 봉사활동을 기피하는 이유가 되고 있다. 또한 자신만의 생활공간에서 스스로 사회적 관계를 줄여 나감으로써 사회적 참여를 기피하는 은둔형의 퍼스낼리티도 봉사활동을 기피하는 요인이 되고 있다. 그리고 봉사활동에 따른 대가가 반드시 있어야만 그 일에 몰두하고 가치가 있다고 생각하는 것도 봉사활동을 방해하는 요인이 되고 있다(이금룡, 1999: 4-30).

다섯째, 노인들을 다양한 관계망을 중심으로 참여를 유도하지 못했으므로 봉사활동에 참여하지 못하는 이유를 지적하는 경우이다(최성재, 1999: 22-24). 즉 자신 주변의 친지나 친구 혹은 자신이 속해 있는 기관이나 단체 등의 권유를 통해서 봉사활동에 참여한 봉사자들이 많은 만큼, 이러한 권유가 없어서 봉사활동을 하지 않은 사람들도 대다수이다. 자원봉사자를 모집하는 데 한계가 있고 봉사활동에 대한 개인적인 태도가 형성되지 않은 상태에서 봉사활동을 할 경우 중도에 포기할 가능성이 매우 크다고 본다.

여섯째, 자원봉사활동의 참여방법에 대한 정보부족으로 봉사활동을 하고 싶어도 그 방법을 몰라서 포기하는 경우이다. 대부분 노인들이 봉사활동에 접근하지 못하는 원인은 홍보 및 정보부족으로 봉사활동에 노출될 기회를 얻지 못하거나, 자원봉사를 하고 싶어도 단지 '알지 못해서' 참여를 포기하는 경우가 대부분이다(이금룡, 1999: 4-30).

2) 노인자원봉사활동의 활성화 방안

노인자원봉사의 활성화를 위한 방안은 다음과 같이 요약될 수 있다.

첫째, 잠재적인 노인자원봉사자를 발굴하기 위해 적극적인 홍보전략의 개발이다. 노인자원봉사자를 발굴하고 모집 때는 계속적인 모집방식으로 많은 자원봉사자를 확보하는 것이 바람직하다. 노인들에게 자원봉사에 관한 동기와 흥미, 각종 정보를 제공하기 위해서는 대중매체를 이용하여 공익광고로서 행정기관의 광고, 봉사단체의 광고, 사회복지기관의 홍보는 물론, 전문가 단체의 모임, 노인학교, 지역부녀회 등을 대상으로 홍보하고 모집하는 전략이 효과적이다. 기존의 노인단체가 노인복지기관의 홍보물, 현재 활동 중인 노인자원봉사자를 통해 홍보하는 방법, 매스컴을 통한 홍보 등을 활용할 수 있다. 그리고 어떠한 모집방법이 효과적인지 대한 평가작업을 거쳐 홍보전략을 수정, 보완해 나가는 것이 필요하다.

둘째, 노인자원봉사를 위한 건강증진과 소득보장이다. 자원봉사활동에 적극적으로 참여하기 위해서는 우선 건강유지와 일정한 소득이 보장되어야 한다. 대부분의 노인들은 봉사활동에 참여하지 못한 이유가 건강문제와 용돈문제로 나타났다. 대개 노인이 되면 생리적 노화현상에 따라 비활동적일 수 있으나, 대다수가 비활동의 원인을 노인자신의 욕구가 아닌 사회적 추방의 결과로 받아들이고 있다. 그러므로 노후생활의 만족을 얻기 위해서는 자원봉사활동을 통해 기존의 사회적 역할을 대신하여 건강유지와 삶의 보람을 갖게 하는 데 있다. 또한 노인자원봉사활동의 붐을 조성하기 위해 「국민기초생활보장법」에 의한 생계지원의 확대, 보건의료서비스, 간병서비스의 제도화 등이 실시되어야 한다.

셋째, 노인자원봉사의 인센티브로서 사회적 제도의 도입이다. 자원봉사활동의 추진단체가 주최하는 행사에서 발생하는 사고에 대비하고, 아울러 노인들의 사기진작과 지속적인 활동의 동기부여를 위하여 노인자원봉사의 상해제도, 포상제도, 저축제도 등을 적극적으로 도입해야 한다. 그리고 노인들은 생산적 활동에 참여하에 생활하는 경우보다는 자신이 축척한 재원이나 자녀에게 의존하여 생활하는 경우가 대부분이므로, 봉사활동에 소요되는 비용에 대한 부담이 되지 않도록 해야 한다. 그러므로 봉사활동 중의 사고와 위험에 대비를 위한 상해보험제도를 도입하기 위한 재원의 확보가 필요하고, 노인들의 활동비를 지원해 주기 위해서는 정부와 지방자치단체에서의 재정지원이 마련되어야 한다.

넷째, 노인들의 자원봉사활동에 지속성을 위한 프로그램개발이다. 노인자원봉사활동을 유지시키기 위해서는 지리적 재배치, 개인적인 건강, 충분한 시간 등을 고려하여 봉사활동을 통한 성취감의 기회를 제공해야 한다. 특히 노인들이 자원봉사기관에서 소속감을 느끼든지 타인으로부터 격려를 받는다면 봉사활동을 지속시키는 수단이 될 수 있다. 노인들에게 봉사활동유지에 향상을 기하기 위해서는 노인의 인구사회학적 특성, 즉 성별, 연령, 종교 등과 경제적 상황, 건강상태를 개별적으로 충분히 고려하여 봉사활동을 위한 동기부여, 만족감 고취 등이 제공되어야 한다.

다섯째, 노인자원봉사자에 대한 사전교육의 강화이다. 노인자원봉사활동을 효율적으로 수행하기 위해서는 개인의 봉사활동에 필요한 기본적 철학, 봉사활동의 원칙, 봉사활동에 필요한 지식과 실천기술에 대한 교육이 필요하다. 노인자원봉사교육은 예비훈련, 기본훈련, 현직훈련 프로그램 등을 단계적으로 실시하여 봉사활동의 효과성을 높여야 한다. 효과적인 교육을 위해서는 노인들의 오랜 경험과 지식을 활용하면서 교육내용이 흥미롭고 쉽게 설명된 시각적 자료를 활용하는 것이 중요하다. 이에 따라 노인들의 특성에 적합한 자원봉사 교육프로그램을 개발하여 토착적인 노인자원봉사자들을 확대시켜 나가야 한다.

참고문헌

강희갑 외(2016). 사회복지정책론. 양성원.

교육부(1998). 한국형 노인교육 프로그램의 모델개발을 위한 연구.

국민건강보험공단(2017.6.13.보도자료). 2017년 1/4분기 건강보험 주요 통계.

국민연금공단(2015). 2016알기쉬운 국민연금 사업장 실무안내. 국민연금공단.

국민연금공단(2019). 홈페이지.

기영화(2007). 노인교육의 실제. 학지사.

김경우(2016). 사회복지정책론. 동문사.

김경원(2010). "치매 원인과 진행과정", 조선일보 2010. 9. 8.

김귀환 외(2010). 사회복지정책론. 21세기사.

________(2012). 노인복지론. 동문사.

김치영 외(2014). 노인복지론. 동문사.

나직균 외(2011). 사회복지개론. 동문사.

박석돈 외(2013). 노인복지론. 양서원.

박현식 외(2015). 노인복지론. 양서원.

배기효 외(2015). 노인복지론. 양서원.

보건복지부(2009). 2008년도 노인실태조사-전국노인생활실태 및 복지욕구 조사-.

________(2011). 노인보건복지사업 안내. 보건복지부.

________(2011). 서울경기지역 60세 이상 노인성생활 조사.

________(2015). 2015 노인보건복지 사업안내(I).

________(2015). 2015 노인보건복지 사업안내(II).

________(2016). 노인복지시설 현황.

________(2019). 2019 노인복지시설 현황.

________(2019). 2019 노인보건복지 사업안내(I).

________(2019). 2019 노인보건복지 사업안내(II).

________(2019). 2019 치매정책사업안내.

________(2019). 보건복지통계연보.

사회복지교육연구센터(2015). 사회복지정책론. 사회복지교육연구원.

서울시립대학교 산학협력단(2009). 서울시 노인복지관 이용자의 성생활 조사.

오병훈(2002). 치매. 무지개사.

울산광역시노인복지관(2013). 울산시 노인의 성인식 및 성 생활실태.

원석조(2010). 사회복지정책론. 양서원.

이금룡(1999). "노년 자원봉사활동의 활성화 방안." ≪밝은 노후모임 창립 1주년 기념행사 및 학술세미나≫.

이영실(2011). 정신건강론. 창지사.

이윤로 외(1996). 치매환자의 치료와 간호. 학서당.

이인수(2000). 노년기 주거환경과 실버산업. 도서출판 夏雨.

임정문 외(2016). 사회복지개론. 동문사.

정옥분 외(2008). 노인복지론. 학지사.

중앙노인보호전문기관(2019). "2018년 노인학대 현황 보고서".

질병관리본부(2020). 국가건강정보포털.

채구묵(2009). 사회보장론. 학현사.

채옥채(1999). 사회복지실천론. 인간과 복지.

최성재 · 장인협(2002). 노인복지학. 서울대학교출판부.

최성재(1999). "우리나라 노인복지의 현황과 문제점." ≪사회복지≫. 제114호. 한국사회복지협의회. pp. 22-24.

최순옥 외(2014). 노인복지의 이해. 태영사.

최원석(2011). 노인복지론. 양서원.

통계청(2015). 2015년 사회통계조사결과(복지, 사회참여, 문화와여가, 소득과소비, 노동).

______(2015). 인구주택총조사 표본집계결과.

______(2015). 장래인구추계.

______(2016). 고령자통계조사 보도자료.

______(2019). 사회조사.

______(2019). 인구주택총조사 특별장래인구추이: 2017-2067년.

______(2019). 장래인구특별추계: 2017-2067년.

현외성(2014). 사회복지정책강론. 양서원.

Cnaan, R. & Goldberg-Glen(1991). "Measuring Motivation to Volunteers in Human Services." *Journal of Applied Behavioral Science.* 27(30).

Chambre, S.(1993). "Volunteerism by Elders: Past Trends and Future Prospect:" *The Gerontologist.* 33(2).

Fischer, L. Mueller, D. & Cooper, P.(1991). "Older Volunteers: A Discussion of The Minnesota Senior Study." *The Gerontologist.* 31(2).

Fischer, L. & Schaffer, K.(1993). *Older Volunteers.* California Sage Publications.

Kuehne, V. & Sears, H.(1993). "Beyond the Call of Duty: Older Volunteers Committed to Children and Families." *Journal of Applied Gerontology.* 12(4).

Luciani, J.(1992). "Motivational Determinants of Volunteer." *Ph. D. dissertation.* The University of Pennsylvania.

Morrow-Howell, N. & Mui, A.(1989). "Elderly Volunteers: Reason for Initiating and

Terminating Service." *Journal of Gerontological Social Work.* 13(3/4).

O'Reilly, P. & Caro, F.(1994). "Productive Aging: An Overview of the Literature." *Journal on Aging and Social Policy.* 6(3).

Sainer, J. & Zander, M.(1971). "Guideline for Older Person Volunteers." *The Gerontologist.* 11.

Strom, R. & Strom, S.(1994). "Grandparent Volunteers in the School: Building a Partnership." *Journal of Institutional Psychology.* 21(4).

찾아보기

저자소개

■ **임정문**

성결대학교 사회복지학 박사(Ph. D)
EBS교육방송 강사, 경복대학교 겸임교수
고려직업전문학교 사회복지과 교수
현) 포천다문화가정지원센터 부소장
은평여성인력개발센터 운영위원
경민대학교 교수

■ **나직균**

성결대학교 사회복지학과 및 동 대학원 졸업
사회복지법인 굿네이버스, 희망을 나누는 사회복지연구소
대림대, 성결대, 세계사이버대, 순천제일대학 강사
사회복지사 1급 국가고시 전문 강사
현) 아세아연합신학대학교 평생교육원

■ **이덕희**

신라대학교 사회복지학 박사
신라대학교, 부산예술대학교 외래교수
동부산대학교 초빙교수
현) 동부산대학교 사회복지과 겸임교수
경상남도 양산시 굿모닝 요양원 이사
한국사회복지상담학회 이사
부산시 한마음장애인종합지원센터 운영위원
사회복지법인 가버나움 관선이사

■ **이상민**

동국대학교 대학원 졸업(사회복지학 석사)
대구한의대학교 대학원 졸업(사회복지학 박사)
한국노인복지의료학회 이사
선린대학교 평생교육원 원장
현) 선린대학교 사회복지과 전임교수

■ **한현지**

대구가톨릭대학교 대학원 심리학 박사
현) 성덕대학교 아동보육복지과 교수
성덕대학교 원격평생교육원장

노인복지론 개정판

초　판 1쇄 발행 / 2017년 9월 8일
초　판 2쇄 발행 / 2018년 8월 30일
개정판 1쇄 발행 / 2020년 2월 25일
개정판 2쇄 발행 / 2025년 3월 5일

•

공저자 / 임정문 · 나직균 · 이덕희 · 이상민 · 한현지
발행인 / 이　중　수
발행처 / 동　문　사

•

서울특별시 서대문구 홍제원 1길 12
(홍제동 137-8)
Tel : 02)736-3718(대), 736-3710, 3720
Fax : 02)736-3719
등록번호 : 1974.04.27. 제9-17호
가격 : 21,000원

•

ISBN : 979-11-6328-184-9 (93330)
E-mail : dong736@naver.com
www.dongmunsa.com